Philipp Lederer
Die Haftung von Aufsichtsratsmitgliedern und nicht geschäftsführenden Direktoren

Schriften zum Europäischen und Internationalen Privat-, Bank- und Wirtschaftsrecht

EIW Band 40

Schriften zum Europäischen und Internationalen Privat-, Bank- und Wirtschaftsrecht

EIW Band 40

De Gruyter

Philipp Lederer

Die Haftung von Aufsichtsratsmitgliedern und nicht geschäftsführenden Direktoren

Eine rechtsvergleichende Untersuchung des deutschen, englischen und US-amerikanischen Rechts

De Gruyter

Dr. iur. *Philipp Lederer*, LL.M. (London).

ISBN 978-3-11-026102-8
e-ISBN 978-3-11-026103-5

Bibliografische Information der Deutschen Nationalbibliothek

Die Deutsche Nationalbibliothek verzeichnet diese Publikation in der Deutschen Nationalbibliografie; detaillierte bibliografische Daten sind im Internet über http://dnb.d-nb.de abrufbar.

Druck: Hubert & Co. GmbH & Co. KG, Göttingen

∞ Gedruckt auf säurefreiem Papier

Printed in Germany

www.degruyter.com

Meinen Eltern

Vorwort

Die vorliegende Untersuchung wurde im Sommersemester 2010 von der Juristischen Fakultät der Humboldt-Universität zu Berlin als Dissertation angenommen. Die Arbeit ist für die Druckfassung aktualisiert worden. Gesetze, Literatur und Rechtsprechung sind bis Juni 2011 berücksichtigt.

Meinen außerordentlichen Dank möchte ich in erster Linie meinem geschätzten Doktorvater Herrn Professor Dr. Dr. Stefan Grundmann aussprechen, der mich bereits seit meinem Studium als studentischer Mitarbeiter an seinem Lehrstuhl an der Friedrich-Alexander Universität Erlangen-Nürnberg und durch seine Empfehlung für mein LL.M.-Studium in London in vielfältiger Weise gefördert hat. Ihm verdanke ich den thematischen Anstoß zu dieser Arbeit, die stets ausgezeichnete Betreuung meines Promotionsvorhabens und nicht zuletzt die Aufnahme meiner Dissertation in die Schriftenreihe zum Europäischen und Internationalen Privat-, Bank- und Wirtschaftsrecht.

Herr Professor Dr. Hans-Peter Schwintowski, der das Zweitgutachten erstellte, ließ mir wertvolle ergänzende Hinweise zuteil werden. Hierfür bedanke ich mich vielmals.

Die Untersuchungen zu den ausländischen Rechtsordnungen entstanden während Forschungsaufenthalten an der New York University School of Law, USA, und an dem British Institute of International and Comparative Law, London, Großbritannien. Beiden Instituten und insbesondere dem seinerzeitigen Direktor des BIICL, Herrn Professor Dr. Mads Andenas, für aufschlussreiche Diskussionen darf ich herzlich danken.

Besonderer Dank gebührt meiner Familie. Gewidmet ist diese Arbeit meinen lieben Eltern. Ihnen verdanke ich mehr als allen anderen, meinem Vater Dr. Helmut Lederer nicht zuletzt stets fachlich anregende Ideen.

Nürnberg, Juni 2011 *Philipp Lederer*

Inhaltsverzeichnis

3. Teil: Außenhaftung

8. Kapitel: Outside directors nach US-amerikanischem Recht

9. Kapitel: Non-executive directors nach englischem Recht

Abkürzungsverzeichnis

a.A.	anderer Ansicht
ABA	American Bar Association
Abs.	Absatz
a.F.	alte Fassung
AG	Aktiengesellschaft
AktG	Aktiengesetz v. 6. 9. 1965 (BGBl. I S. 1089)
ALI	American Law Institute, Principles of Corporate Governance: Analysis and Recommendations, 1994
All ER	The All-English Law Reports, London (GB)
Alt.	Alternative
AR	Aufsichtsrat
ARAG	BGHZ 135, 244
Art.	Artikel (auch im Plural)
ARUG	Gesetz zur Umsetzung der Aktionärsrichtlinie v. 30. 7. 2009 (BGBl. I S. 2479)
ASE	American Stock Exchange
Az.	Aktenzeichen
BaFin	Bundesanstalt für Finanzdienstleistungsaufsicht
BB	Der Betriebsberater
BCLC	Butterworths Company Law Cases
bes.	besonders
BGB	Bürgerliches Gesetzbuch v. 18. 8. 1896 (RGBl. S. 195)
BGBl.	Bundesgesetzblatt (Aufgliederung in mit röm. Ziffern bezeichnete Teile)
BGH	Bundesgerichtshof
BilMoG	Gesetz zur Modernisierung des Bilanzrechts v. 25. 5. 2009 (BGBl. I S. 1102)
BörsG	Börsengesetz v. 16. 7. 2007 (BGBl. I S. 1330, 1351)
BT-Dr	Drucksachen des Deutschen Bundestages
BVerfG	Bundesverfassungsgericht
BVG	Berliner Verkehrsbetriebe
bzw.	beziehungsweise
ca.	zirka
CA 1985/2006	Companies Act 1985 bzw. 2006
CA	California
Ca. Super. CT	The Superior Court of California
CEO	Chief Executive Officer
CFO	Chief Financial Officer
ch	Chapter (Kapitel)
CLR	Company Law Review
Co./Corp.	Corporation
DAX	Deutscher Aktienindex
DB	Der Betrieb
DCGK	Deutscher Corporate Governance Kodex (geltende Fassung v. 26. 5. 2010)
Del.	Delaware
Del. Ch.	Delaware Chancery Reports

Derivative Litig.	derivate litigation
ders.	derselbe
D&O	Directors and Officers
DoL	United States Department of Labor
DrittelbG	Gesetz über die Drittelbeteiligung der Arbeitnehmer im Aufsichtsrat v. 18. 5. 2004 (BGBl. I S. 974)
DstR	Deutsches Steuerrecht – Zeitschrift für Praxis und Wissenschaft des gesamten Steuerrechts
DTI	Department of Trade and Industry
DZWIR	Zeitschrift für Wirtschafts- und Insolvenzrecht
E.D.N.C.	US District Court for the Eastern District of North Carolina
EG	Europäische Gemeinschaft
endg.	Endgültig
ERISA	Employment Retirement Income Security Act 1974 – The Law and the Code, Ausgabe 2007
EU	Europäische Union
EuGH	Europäischer Gerichtshof
EuZW	Europäische Zeitschrift für Wirtschaftsrecht
EWG	Europäische Wirtschaftsgemeinschaft
EWiR	Entscheidungen zum Wirtschaftsrecht
f., ff.	folgende (Singular/Plural)
FMStFG	Finanzmarktstabilisierungsfondsgesetz v. 17. 10. 2008 (BGBl. I S. 1982)
FMStFV	Finanzmarktstabilisierungsfonds-Verordnung v. 20. 10. 2008 (eBAnz. 2008, AT123 V1)
Fn.	Fußnote(n)
FS (Name)	Festschrift (Festgabe, auch ausländische) für (Name)
FSA	Financial Service Authority
FSMA	Financial Services and Markets Act 2000
FTSE	Financial Times Stock Exchange
GmbHG	Gesetz betreffend die Gesellschaften mit beschränkter Haftung i. d. Bek. v. 20. 5. 1898 (RGBl. S. 369)
GmbHR	GmbH-Rundschau
GWR	Zeitschrift zum gesamten Wirtschaftsrecht
Harv. Bus. Rev	Harvard Business Review
HGB	Handelsgesetzbuch v. 10. 5. 1897 (RGBl. S. 219)
HL	House of Lords
h.M.	herrschende Meinung
HRE	Hypo Real Estate
Hrsg.	Herausgeber
IAS	International Accounting Standards
i.d.R.	in der Regel
IKB	Deutsche Industriebank AG
Inc.	Incorporation
In re	in regard to
ins.	insbesondere
InsO	Insolvenzordnung v. 5. 10. 1994 (BGBl. I S. 2866)
i.S.v.	im Sinne von
i.V.m.	in Verbindung mit
Kap.	Kapitel
KapInHaG	Kapitalmarktinformationshaftungsgesetz (Entwurf)
KapMug	Kapitalanleger-Musterverfahrensgesetz v. 16. 8. 2005 (BGBl. I S. 2437)
KfW	Kreditanstalt für Wiederaufbau

KG	Kammergericht; Kommanditgesellschaft
KOM	Kommissionsdokument(e)
KonTraG	Gesetz zur Kontrolle und Transparenz im Unternehmensbereich v. 27. 4. 1998 (BGBl. I S. 786)
LB	Landesbank
LBBW	Landesbank Baden-Württemberg
Ldt.	Limited Company
lit.	littera (Buchstabe)
LJ	The Law Journal
LMK	Kommentierte BHG-Rechtsprechung
Mass.	Massachusetts
MBCA	Model Business Corporation Act, Official Text with Official Comments and Statutory Cross-References, Revised through June 2005
MitbestG	Mittbestimmungsgesetz v. 4. 5. 1976 (BGBl. I S. 1153)
MoMiG	Gesetz zur Modernisierung des GmbH-Rechts und zur Bekämpfung von Missbräuchen v. 23. 10. 2008 (BGBl. I S. 2026)
MüKoAktG	Münchener Kommentar zum Aktiengesetz
m. w. N.	mit weiteren Nachweisen
NASDAQ	National Association of Securities Dealers Automated Quotation (system)
NED(s)	Non-executive director(s)
n. F.	neue Fassung
NJOZ	Neue Juristische Online-Zeitschrift
NJW	Neue juristische Wochenschrift
N.M. Ct. App.	New Mexico Appelate Court
No.	Number (Nummer)
Nr.	Nummer
NSM	Nasdaq Stock Market
NStZ	Neue Zeitschrift für Strafrecht
N.Y. BUS. CORP. LAW	New York Business Corporation Law
NYSCRF	New York State Common Retirement Fund
NYSE	New York Stock Exchange
NZG	Neue Zeitschrift für Gesellschaftsrecht
NZI	Neue Zeitschrift für das Recht der Insolvenz und Sanierung
OLG	Oberlandesgericht
OSAH	Occupational Health and Safety Act 1970
para.	Paragraph
PHI	Haftpflicht international, Recht und Versicherung
Plc	Public limited Company
QB	Queen's Bench
RabelsZ	Rabels Zeitschrift für ausländisches und internationales Privatrecht
REG.	Regulation
RegBegr	Regierungsbegründung
Rn.	Randnummer(n), Randziffer(n)
Rs.	Rechtssache
RVG	Rechtsanwaltsvergütungsgesetz v. 5. 5. 2004 (BGBl. I S. 718, 788)
S.	Satz; Seite; siehe
S.D.N.Y.	The United States District Court for the Southern District of New York
S.D. Ohio	The United States District Court for the Southern District of Ohio
SE	Societas Europaea (Europäische Aktiengesellschaft)
SEAG	SE-Ausführungsgesetz v. 22. 12. 2004 (BGBl. I S. 3675)
SEBG	SE-Beteiligungsgesetz vom 22. 12. 2004 (BGBl. I S. 3686)
SEC	The United States Securities and Exchange Commission

sec.	Section
SE-Richtlinie	Richtlinie 2001/86/EG zur Ergänzung des Status der Europäischen Gesellschaft hinsichtlich der Beteiligung der Arbeitnehmer
SE-VO	Verordnung (EG) Nr. 2157/2001 des Rates vom 8. 10. 2001 über das Statut der Europäischen Gesellschaft (SE), ABl. 2001 L 294/1
S'holder	Shareholder
sog.	so genannt
S&P 500	Standard & Poor s 500
StGB	Strafgesetzbuch i. d. Bek. v. 13. 11. 1998 (BGBl. I S. 3322)
str.	strittig
TransPuG	Gesetz zur weiteren Reform des Aktien- und Bilanzrechts, zu Transparenz und Publizität (Transparenz- und Publizitätsgesetz) v. 19. 7. 2002 (BGBl. I S. 2681)
TUG	Transparenzrichtlinie-Gesetz v.16. 8. 2001 (BGBl. I S. 2141)
u. a.	unter anderem
UMAG	Gesetz zur Unternehmensintegrität und Modernisierung des Anfechtungsrechts v. 22. 9. 2005 (BGBl I S. 2802)
UmwG	Umwandlungsgesetz v. 28. 10. 1994 (BGBl. I S. 3210; 1995 I S. 428)
UK	United Kingdom (Vereinigtes Königreich Großbritannien)
US(A)	United States of America (Vereinigte Staaten von Amerika)
U.S.C.	United States Code
v.	von(m); versus
VerkProspG	Verkaufsprospektgesetz i. d. Bek. v. 9. 9. 1998 (BGBl. I S. 2701)
vgl.	vergleiche
Vol.	Volume
VorstAG	Gesetz zur Angemessenheit der Vorstandsvergütung v. 31. 7. 2009 (BGBl. I S. 2509)
Wall ST.J.	Wall Street Journal
WM	Zeitschrift für Wirtschafts- und Bankrecht, Wertpapiermitteilungen
WpHG	Wertpapierhandelsgesetz i. d. Bek. v.09. 9. 1998 (BGBl. I S. 2708)
WpÜG	Wertpapiererwerbs- und Übernahmegesetz v. 20. 12. 2001 (BGBl. I S. 3822)
WuB	Entscheidungssammlung zum Wirtschafts- und Bankrecht
z. B.	zum Beispiel
Ziff.	Ziffer
ZGR	Zeitschrift für Unternehmens- und Gesellschaftsrecht
ZIP	Zeitschrift für Wirtschaftsrecht
ZPO	Zivilprozessordnung i. d. Bek. v. 5. 12. 2005 (BGBl. I S. 3202; 2006 I S. 431; 2007 I S. 1781)

Im übrigen wird auf *H. Kirchner/D. Pannier*, Abkürzungsverzeichnis der Rechtssprache, 6. Aufl., De Gruyter Recht Berlin 2008, verwiesen.

Einleitung

Die interne Unternehmenskontrolle wird im internationalen Vergleich im Wesentlichen von Organmitgliedern übernommen, die in die Führung des operativen Geschäfts des Unternehmens nicht unmittelbar einbezogen sind. In Deutschland kommt diese Rolle Aufsichtsratsmitgliedern zu. In Großbritannien und in den USA wird die interne Kontrolle der Unternehmensleitung durch sogenannte non-executive directors bzw. outside directors erfüllt.[1]

Die Aktualität der Untersuchung wird verdeutlicht durch Wirtschaftsskandale und Unternehmenskrisen in jüngerer Zeit, nicht zuletzt die Bilanzskandale zu Beginn des Jahrtausends und die Finanzmarktkrise. Eine unzureichende Überwachung der Geschäftsführung hat teilweise nicht unerheblich hierzu beigetragen. Im internationalen Vergleich gerät daher die Haftung von nicht geschäftsführenden Organmitgliedern und in Deutschland die von Aufsichtsräten zunehmend in den Blickpunkt des öffentlichen Interesses, ist Gegenstand gerichtlicher Verfahren sowie reger Bestandteil der wissenschaftlichen Diskussion wie auch der nicht juristischen Fachpresse[2].

Nach den zwei größten Unternehmenszusammenbrüchen in der Geschichte der USA haben sich frühere nicht geschäftsführende Direktoren von Enron und WorldCom bereit erklärt, einen Beitrag zu den Schadensforderungen der betroffenen Anleger zu leisten. Im Januar 2005 haben jeweils zehn frühere outside directors von WorldCom sowie von Enron zugestimmt, persönlich einen Betrag von 18 bzw. 13 Millionen US-Dollar zur vergleichsweisen Erledigung der Streitigkeiten beizusteuern.[3]

---

1 Im Rahmen dieser Arbeit wird für Organmitglieder, die in die Geschäftsführung nicht unmittelbar einbezogen sind und jeweils die interne Kontrolle der Unternehmensführung übernehmen, also Aufsichtsräte, non-executive directors und outside directors, als Oberbegriff „nicht geschäftsführende Organmitglieder" verwendet. Die einzelnen Mitglieder, die diese Kontrollfunktion übernehmen, werden in ihrer Gesamtheit als „internes Kontrollorgan" bezeichnet. Outside („außenstehende") directors ist die bevorzugte Terminologie in den USA, wohingegen in Großbritannien der Begriff der non-executive („nicht geschäftsführenden") directors verwendet wird. Stehen nicht geschäftsführenden Direktoren im einstufigen Verwaltungssystem im Allgemeinen zur Debatte, so werden diese einheitlich als non-executive directors (kurz: NEDs) bezeichnet.

2 FAZ v. 7. 1. 2009, Das Haftungsrisiko von Aufsichtsräten steigt und steigt; FAZ v. 12. 5. 2009, Haftungsrisiko für Aufsichtsräte; Handelsblatt v. 28. 10. 2008, Schwache Kontrolleure, 27; Financial Times Deutschland v. 10. 3. 2009, Managerhaftung – Erdrückende Fakten, 22 („Die einen rufen nach schärferen Gesetzen, die anderen wollen die Aufsichtsräte in die Pflicht nehmen"); Financial Times Deutschland v. 1. 9. 2009, Ungemach für schwache Chefs – Nachlässigen Aufsichtsräten drohen vermehrt Klagen – spätestens wenn der Insolvenzverwalter kommt.

3 Näher dazu 8. Kap. I.1.b) und c).

In Großbritannien war das Verfahren von Equitable Life – eine britische Lebensversicherungsgesellschaft, die im Jahre 2000 kurz vor der Unternehmenspleite gestanden hat – von besonderem Interesse. 15 frühere Direktoren, darunter neun nicht geschäftsführende Direktoren, waren von der Gesellschaft auf Schadensersatz in Höhe von 1,7 Milliarden britische Pfund verklagt worden. Letzte Klagen wurden schließlich im Dezember 2005 zurück genommen.[4]

In Deutschland fand der sog. Mannesmann-Prozess große Beachtung. Das Verfahren ist im November 2006 gegen die Zahlung von Auflagen von insgesamt 5,8 Millionen Euro vor dem Landgericht Düsseldorf endgültig eingestellt worden. Dabei standen insbesondere die früheren Aufsichtsräte von Mannesmann im Verdacht, sich strafrechtlich relevant verhalten zu haben.[5]

In der sog. Korruptionsaffäre hat der Siemens Konzern Vergleichsvereinbarungen mit ehemaligen Vorständen und Aufsichtsräten erzielt, welchen die Hauptversammlung im Januar 2010 zugestimmt hat.[6] Danach haben sich die Organmitglieder zu Vergleichszahlung an die Siemens AG verpflichtet. Die größte Summe entfiel auf den vormaligen Vorstands- und Aufsichtsratsvorsitzende Heinrich von Pierer, welcher 5 Millionen Euro entrichtet hat. Gegen zwei Vorstandsmitglieder, die zu der außergerichtlichen Einigung nicht bereit waren, hat der Konzern Schadensersatzklage bei Landgericht München eingereicht.[7]

Im Rahmen der Finanzkrise wird nach den Ursachen, Verantwortlichen und Lösungen gefragt.[8] Als mitursächlich wird ein erhebliches Kontrolldefizit betrachtet. Die Verantwortung wird zum einen bei den Finanzinstituten gesucht, zum anderen wird die staatliche Verantwortung und die persönliche Verantwortung von Managern einschließlich derer, die die Geschäftsführung zu überwachen haben, problematisiert.[9]

---

4 Näher dazu 5. Kap. I. und II.1.b).

5 Näher dazu unten 6. Kap. II.2.b)(2) und 14. Kap. III. Einer der Aufsichtsräte war der derzeitige Vorstandsvorsitzende der Deutschen Bank Josef Ackermann, welcher angekündigt hatte, seinen Anteil von 3,2 Millionen Euro persönlich bezahlen zu wollen.

6 Vgl. Financial Times Deutschland v. 27. 1. 2010, Siemens – Mission erfüllt. Die Vergleichsvereinbarungen sind veröffentlicht unter http://w1.siemens.com/investor/pool/de/investor_relations/events/hauptversammlung/2010/einladung_hv2010_d.pdf (1. 3. 2011). Näher dazu 6. Kap. II.1.b). In der Korruptionsaffäre, die den MAN Konzern betrifft, verlangt das Unternehmen Schadensersatz von dessen ehemaligem Vorstandsvorsitzenden i. H. v. 237 Millionen Euro sowie von fünf weitere Vorstände. Als Schaden wird nicht nur das Bußgeld sowie Berater- und sonstige Folgekosten geltend gemacht, sondern auch der von der Staatsanwaltschaft abgeschöpfte Gewinn von fast 150 Millionen Euro. Aufsichtsräte sind – soweit bekannt – nicht in die Klagen einbezogen, vgl. Artikel v. 19. 1. 2011 abrufbar unter www.juve.de (1. 3. 2011).

7 Handelsblatt v. 26. 1. 2010, Siemens verklagt Ex-Finanzchef.

8 *Schwintowski*, Finanzmarktkrise Ursachen – Folgen – Reformkonzept – Pittsburgh –, abrufbar unter http://schwintowski.rewi.hu-berlin.de/_pdf/Finanzmarktkrise.pdf (1. 3. 2011).

9 Dazu *Grundmann/Hofmann/Möslein* (Hrsg): Finanzkrise und Wirtschaftsordnung (nach der Konferenz an der Humboldt-Universität zu Berlin, European Law School und Institut für Bank und Kapitalmarktrecht – Finanzkrise: Grundsatzfragen und politische Verantwortung, v. 4. und 5. 12. 2008); Handelsblatt v. 15. 12. 2008, Banken im Fadenkreuz der Justiz: „Bankvorstände und Aufsichtsräte geraten im Zuge der Kreditkrise zunehmend unter Beschuss der Justiz. Bundesweit prüfen Staatsanwälte die Einleitung von Ermittlungsverfahren. Betroffen sind die Landesbank Baden-

Vorgenannte Beispiele führen zu der Annahme, dass sich bei Mitgliedern der internen Kontrollorgane das Risiko, in den Blickpunkt der persönlichen Haftung zu geraten, im internationalen Vergleich deutlich erhöht hat. Ob eine drohende Haftung von nicht geschäftsführenden Organmitgliedern sowie gesetzgeberische Reformmaßnahmen zur Verbesserung der Arbeit des Aufsichtsrates[10] deren Kontrolltätigkeit und insgesamt die Corporate Governance von Unternehmen tatsächlich verbessern, lässt sich auf empirischer Grundlage nur schwer feststellen. Vieles spricht jedoch dafür, die Voraussetzungen einer Haftung zu konkretisieren und im Einzelfall auch zu prüfen. Das Bewusstsein für die Pflicht zur ordnungsgemäßen Erfüllung der Aufsichtsratstätigkeit ist durch die Diskussion zur Aufsichtsratshaftung jedenfalls geschärft worden.[11] Zudem sind die Risiken, die von einer potentiellen Haftung ausgehen, für die Gesamtwirtschaft überschaubar. Die Gefahr, dass weitere Missbrauchsfälle auftreten, übermäßiges unternehmerisches Risiko eingegangen wird und dabei Kontrolldefizite vorherrschen, ist dagegen zunächst größer und – bestätigt durch die Finanzmarktkrise – durchaus real. Diese Arbeit untersucht daher die Haftung nicht geschäftsführender Organmitglieder in den Rechtsordnungen Deutschland, Großbritannien und den USA aus rechtsvergleichender Sicht.

Württemberg (LBBW), die HSH Nordbank, die BayernLB und der Münchener Immobilienfinanzierer Hypo Real Estate (HRE). Gegen IKB, KfW und SachsenLB laufen bereits Ermittlungen. Die Vorwürfe: Untreue, unrichtige Darstellung einer börsennotierten Gesellschaft und Falschbilanzierung. Im Fadenkreuz der Ermittler stehen dabei mögliche Fehlspekulationen der Bankmanager mit US-Ramschhypotheken, die zu Beinahe-Pleiten der Institute geführt hatten. Auch die Aufsichtsräte, die diese Geschäfte jahrelang abgesegnet haben, werden von der Justiz unter die Lupe genommen." Näher zu einzelnen Verfahren 22. Kap. II.1.b)(2) und Fn. 27 (in den USA).

10 Z.B. die in Deutschland bereits zur Wende des Jahrtausends verabschiedeten Gesetze zur Kontrolle und Transparenz im Unternehmensbereich (KonTraG) v. 27. 4. 1998, BGBl. Abs. 1 1998, 786, und das Gesetz zur weiteren Reform des Aktien- und Bilanzrechts, zu Transparenz und Publizität (Transparenz- und Publizitätsgesetz) v. 19. 7. 2002, BGBl. I 2002, 2681.

11 Tendenzen zur sorgfältigeren Überwachung sind in der deutschen Wirtschaftspraxis durchaus erkennbar: vgl. z.B. Süddeutsche Zeitung v. 28. 5. 2008, Chefs wechseln so häufig wie nie, 19, Bezug nehmend auf eine Untersuchung der Unternehmensberatung Booz & Company: „Die Rolle von Aufsichtsräten habe sich gewandelt (...). Die Zeit der Hobbymandate sei vorbei. Größere Haftungsrisiken führen dazu, dass Aufsichtsräte die Arbeit ihrer Konzernchefs wachsamer verfolgen." *Hoffmann-Becking,* Das Recht des Aufsichtsrats zur Prüfung durch Sachverständige nach § 111 Abs. 2 S. 2 AktG, ZGR 2011, 136, 138.

1. Teil: Untersuchung, Boardmodelle samt Kontrollfunktion und Haftungsunterschiede

Problem und Gang der Untersuchung

I. Ausgangspunkt

Die interne Unternehmenskontrolle ist Bestandteil der international geführten Corporate Governance Diskussion.[1] Es besteht derzeit keine einheitliche Definition für **Corporate Governance.**[2] Aus US-amerikanischer Sicht ist Corporate Governance „als Prozess der Kontrolle und der Verwaltung des Vermögens und der Mitarbeiter einer Aktiengesellschaft im Interesse der Eigentümer der Gesellschaft" beschrieben worden.[3] Vorherrschend in Großbritannien ist die Definition des sog. Cadbury Report von 1992, wonach Corporate Governance als System der Leitung und Überwachung eines Unternehmens verstanden wird.[4] In Deutschland wird demgegenüber ein weiteres Verständnis zugrunde gelegt, das nicht allein auf das Verhältnis zwischen Unternehmenseignern und Unternehmensleitung abzielt, sondern auch die Arbeitnehmermitbestimmung, die Rolle der Banken sowie börsen- und kapitalmarktrechtliche Rahmenbedingungen miteinbezieht.[5]

Ein zentrales Problem der Corporate Governance, welches das Gesellschaftsrecht zu lösen versucht, ist die **Trennung von Unternehmensträgerschaft und Unternehmensführung.**[6] Diese Trennung verursacht Kosten (sog. agency cost). Um opportunistischem Verhalten der Unternehmensführung entgegenzuwirken (Princi-

---

1 Statt vieler: *Hopt/Wymeersch/Kanda/Baum* (Hrsg.), Corporate Governance in Context.

2 Instruktiv zum Begriff und Ziel von Corporate Governance: *Grundmann*, Europäisches Gesellschaftsrecht, § 13 Rn. 438–440; *Marsch-Barner*, in: *Marsch-Barner/Schäfer* (Hrsg.), Handbuch börsennotierte AG, Aktien- und Kapitalmarktrecht, § 2 Corporate Governance, Rn. 1–3; *v. Werder*, in *Hommelhoff/Hopt/v. Werder* (Hrsg.): Handbuch Corporate Governance – Leitung und Überwachung börsennotierter Unternehmen in der Rechts- und Wirtschaftspraxis, Ökonomische Grundfragen der Corporate Governance, 4 ff.

3 Aus der deutschsprachigen Literatur: vgl. *Leyens*, Deutscher Aufsichtsrat und U.S.-Board: ein- oder zweistufiges Verwaltungssystem?, RabelsZ 2003, 60.

4 „The System by which companies are directed and controlled", vgl. Report of the Committee on the Financial Aspects of Corporate Governance 1992.

5 Vgl. *Marsch-Barner*, in: *Marsch-Barner/Schäfer* (Hrsg.), Handbuch börsennotierte AG, § 2 Corporate Governance, Rn. 1; *v. Werder*, in *Hommelhoff/Hopt/v. Werder* (Hrsg.): Handbuch Corporate Governance, 4 ff.; *Leyens*, Deutscher Aufsichtsrat und U.S.-Board: ein- oder zweistufiges Verwaltungssystem?, 60.

6 Grundlegend: *Berle/Means*, The Modern Corporation and Private Property, 1932.

pal Agent Problem) und Kosten zu minimieren, haben sich jeweils gegenseitig beeinflussende und kombinierbare Lösungsansätze entwickelt.[7]

Eine Möglichkeit ist die direkte **Haftung** der Unternehmensführung gegenüber den Trägern des Unternehmens als repressive Maßnahme (Außenhaftung). Bei der Haftung der Unternehmensführung gegenüber der Gesellschaft (Innenhaftung) partizipieren Anteilseigner nur über eine Steigung des Aktienkurses oder über Sonderausschüttungen an durchgesetzten Ansprüchen. Weiter kommt eine **Stärkung des Einflusses** der Träger des Unternehmens auf die Führung in Betracht, insbesondere die Auswahl und wichtiger noch die Abberufung der Unternehmensführung.

Bedeutsam ist schließlich die **Kontrolle** der Unternehmensführung. Dabei kann zwischen zwei Ansätzen unterschieden werden, der internen und der externen Kontrolle.[8] **Externe** Corporate Governance findet seine Ausprägung vor allem durch die Kontrolle mittels des Kapitalmarkts. Effiziente Kontrolle wird hierbei durch strenge Veröffentlichungspflichten (Publizität), insbesondere für finanzielle Informationen, und Transparenz gewährleistet. Bei der Kontrollleistung, die durch Großaktionäre und durch die Rechnungslegung samt Abschlussprüfung der Unternehmen erbracht wird, fällt eine strenge Kategorisierung als interne bzw. externe Kontrolle schwer.[9] Großaktionäre sichern sich Einfluss in internen Gremien, insbesondere durch Aufsichtsposten, und üben so interne Kontrolle auf die Unternehmensführung aus. Gerade institutionelle Investoren nutzen jedoch im Rahmen der Öffentlichkeit das Medium des Kapitalmarktes, um so von „außen" auf die Geschäftsführung einzuwirken. Einen wichtigen Beitrag zur wirksamen Unternehmenskontrolle erbringen weiter Kreditinstitute, Finanzaufsichtsbehörden und Abschlussprüfer oder werden durch Regelgeber wie die Corporate Governance Kodizes konkretisiert. Im Rahmen der **internen** Corporate Governance kommt vor allem der **formellen Überwachung** eine entscheidende Rolle zu. Bei deren Ausgestaltung differenzieren verschiedene Rechtsordnungen hinsichtlich ihrer Lösungsansätze. Es werden entweder **unabhängige nicht geschäftsführende Direktoren** (sog. independent non-executive bzw. outside directors) in dem einstufigen Boardsystem benannt oder es wird dem zweistufigen Boardsystem mit einem **Aufsichtsrat** gefolgt. Die Verantwortung der internen Corporate Governance tragen zunehmend nicht geschäftsführende Direktoren und Aufsichtsräte.

Im Rahmen des internen Kontrollorgans spielen für die Effizienz der Überwachung verschiedene Faktoren, bei denen erhebliche Interdependenzen bestehen, eine wichtige Rolle. Ohne optimale **Information** und deren Verwertung kann die

---

7 Zu Principal Agent Problemen im Rahmen der ökonomischen Theorie: vgl. *Grundmann*, Europäisches Gesellschaftsrecht, § 3 Rn. 79 ff. bes. 82 ff.

8 Vgl. *Grundmann*, Europäisches Gesellschaftsrecht, § 13 Rn. 440; *Leyens*, Deutscher Aufsichtsrat und U.S.-Board: ein- oder zweistufiges Verwaltungssystem?, 63.

9 Weswegen die Kontrollleistung durch Großaktionäre teilweise als eigene Kategorie angesehen wird: vgl. *Leyens*, Deutscher Aufsichtsrat und U.S.-Board: ein- oder zweistufiges Verwaltungssystem?, 63 mit weiteren Nachweisen. Zur Rechnungslegung: *Grundmann*, Europäisches Gesellschaftsrecht, § 13 Rn. 480–482.

Überwachung nicht gelingen.[10] In persönlicher Hinsicht sind **individuelle Fähigkeiten, Qualifikation** und **Einsatzbereitschaft** unabdinglich. **Unabhängigkeit** und Neutralität des Überwachungsorgans können sich positiv auf die Kontrollleistung auswirken und Interessenkonflikte vermeiden, aber auch Gleichgültigkeit hinsichtlich der Geschicke des Unternehmens bedeuten. Wechselseitige Beziehungen bzw. eine enge Zusammenarbeit zwischen dem Führungs- und dem Überwachungsorgan können sich einerseits vorteilhaft für die Qualität der Beratung und Überwachung erweisen, andererseits aber auch einen nachteiligen Einfluss haben, indem sie mangels Distanz zu einem Verlust an Unvoreingenommenheit und Objektivität führen. Die **Vergütung** und die **Haftung** des Kontrollorgans sind weitere zentrale verhaltenssteuernde Faktoren. Eine hohe Vergütung als Kompensation für ein hohes Haftungsrisiko kann sich negativ auf die Unbefangenheit und Neutralität auswirken. Denn je mehr das finanzielle Wohl des Einzelnen von der Vergütung durch das zu überwachende Unternehmen abhängt, desto unkritischer wird dieser die Unternehmensführung beurteilen.

Ein qualifiziertes und funktionierendes internes Kontrollorgan trägt zu einem erheblichen Teil dazu bei, das Vertrauen in die Kapitalmärkte aufrechtzuerhalten und zu stärken. Als optimal erscheint es, die verschiedenen Komponenten derart ins Gleichgewicht zu bringen, dass die **maximale Effizienz der Überwachung** der Unternehmensführung gewährleistet wird, ohne dabei unternehmerische Entscheidungsabläufe nachteilig einzuschränken.[11]

Die **Haftung des internen Kontrollorgans** kann als Steuerungsinstrument eingesetzt werden, beinhaltet aber einen **Konflikt:**[12] Bei geringer Haftung besteht kaum ein Anreiz zur sorgfältigen Aufgabenerfüllung. Bei großem Haftungsrisiko erscheint es schwer, geeignete Personen zur Übernahme der Überwachungsaufgabe anzuwerben. Das potenzielle Risiko von Organmitgliedern erstreckt sich hierbei – wie oben beispielhaft ausgeführt – von der Verwicklung in Ermittlungsverfahren oder langjährige Gerichtsverfahren und dadurch entstehende Ansehensverluste bis hin zur persönlichen Haftung. Die Haftung des Aufsichtsrats zur Verbesserung der Überwachung wird kontrovers diskutiert.[13] In internationalen

---

10 Ausführlich: *Leyens,* Information des Aufsichtsrats: Ökonomisch-funktionale Analyse und Rechtsvergleich zum englischen Board.

11 *Leyens,* Deutscher Aufsichtsrat und U.S.-Board: ein- oder zweistufiges Verwaltungssystem?, 68.

12 Schon *Hopt/Teubner* (Hrsg.), Directors' Liabilities, 1985.

13 *Peltzer,* Verschärfung der Haftung von Vorstand und Aufsichtsrat und dadurch entsprechende Zielkonflikte – Eine Mahnung, die Nebenfolgen zu bedenken, 539ff. in: FS Hadding, 2004. Für eine Ausweitung der Haftung, insbesondere für die Einführung einer erfolgsorientierten Aktionärsklage: *Fischer,* Die persönliche Haftung, ein wirksames Mittel zur Verbesserung der Kontrolltätigkeit des Aufsichtsrates bei kapitalmarktorientierten Unternehmen? Der Konzern 2005, 67–79. Im Bereich der Außenhaftung als treffendes Mittel zur Verbesserung der Kontrolltätigkeit charakterisierend: *Grotheer,* Außenhaftung von Aufsichtsratsmitgliedern: Ein Anreiz zur Verbesserung der Überwachungstätigkeit? WM 2005, 2070, 2078. Die persönliche Haftung nur für ein begrenztes Mittel zur Verbesserung der Kontrolltätigkeit haltend: *Paal,* Die persönliche Haftung – ein wirksames Mittel zur Verbesserung der Kontrolltätigkeit der Aufsichtsrates bei kapitalmarktorientierten Unternehmen? (Teil I) DStR 2005, 382–385, (Teil II) DStR 2005, 426–432. Aus der Sicht Großbri-

Corporate Governance Debatten wurde eindrücklich auf die nachteiligen Wirkungen extensiver Haftungsrisiken von Organmitgliedern hingewiesen, namentlich das Problem der Rekrutierung hoch qualifizierter Personen und die Beeinträchtigung notwendiger unternehmerischer Risikobereitschaft.[14] Wie darzulegen sein wird, erscheint ein vernünftiges und ausgewogenes Maß einer Haftungsandrohung einschließlich der Möglichkeit einer effektiven Durchsetzung zur Förderung der Kontrolltätigkeit als ein Instrument guter Corporate Governance jedoch durchaus geeignet.[15]

II. Grundlagen

Zunächst soll der Haftungsbegriff im Rahmen dieser Darstellung abgegrenzt werden. Es kann grundlegend sowohl nach **Haftungsursprung** als auch nach den Haftungsfolgen im weitesten Sinne unterschieden werden: Die Haftung kann entweder privatrechtlich oder strafrechtlich bzw. sonst hoheitlich geregelt sein. Die **Haftungsfolgen** können materieller, insbesondere finanzieller Natur sein. Dazu gehören Vermögensminderungen durch die Verpflichtung zur Leistung von Schadensersatz oder Straf- bzw. Bußgeldzahlungen. Neben der persönlichen Haftung im engeren Sinne drohen Direktoren sonstige Konsequenzen, wie z.B. die Verweigerung der Entlastung, die Abberufung aus dem Amt[16] sowie Berufsverbote zur Übernahme eines Direktorenpostens.[17] Solche lösen im Wesentlichen Einkommenseinbußen aus.[18] Immaterielle Folgen können der Verlust an Reputation und Selbstachtung sein.[19] Die Verhängung von Haftstrafen gegen Organmitglieder ist

---

tanniens: Für größere Verantwortlichkeit gegenüber Aktionären etwa *Davies,* Gower's Company Law, 14–33, 410; *Birds/Boyle,* Company Law, 297.

14 *Hopt,* Corporate Governance in Germany, in: *Hopt/Wymeersch* (Hrsg.), Capital Markets and Company Law, 2003, 289, 298f., 323: „Liability is a part of corporate governance, but it must not paralyse personal initiative and lead to risk aversion." *Black/Cheffins/Klausner* „Why directors' Damages May Have Harm Investors" *Financial Times,* Ausgabe UK, 2. Januar 2005, 19.

15 Dazu unten 22. Kap. I.

16 Zu diesen Sanktionen gegen Mitglieder des Aufsichtsrats vgl. *Semler* in: *Semler/v. Schenck,* Arbeitshandbuch für Aufsichtsratsmitglieder, § 1, Rn. 243–253; zu den Handlungsmöglichkeiten des Vorstands und dem Reformbedarf hinsichtlich der Abberufung von Aufsichtsratsmitgliedern vgl. *Thum/Klofat,* Der ungetreue Aufsichtsrat – Handlungsmöglichkeiten des Vorstands bei Pflichtverletzungen des Aufsichtsrats, NZG 2010, 1087–1091.

17 Letztere sollen im Rahmen dieser Untersuchung nicht eingehend besprochen werden. Berufsverbote sind eher präventive Maßnahmen als repressive Haftungssanktionen. Rechtsvergleichend dazu: *Martin,* Berufsverbote für Geschäftsleiter von Kapitalgesellschaften: Analyse und Änderungsvorschläge mit rechtsvergleichender Würdigung des Company Directors Disqualification Act 1986, 2007; *Geist,* Bestellungshindernisse und Tätigkeitsverbote von Geschäftsleitern im Kapitalgesellschafts-, Kapitalmarkt-, und Bankaufsichtsrecht: eine vergleichende Untersuchung unter Einschluss des deutschen, englischen und US-amerikanischen Rechts, 2006. Für Großbritannien: *Griffin,* Personal Liability and Disqualification of Company Directors, 1999.

18 Das breite Spektrum von Sanktionsmechanismen aus ökonomischer Sicht beschreibt *v. Werder,* Persönliche Managementverantwortung aus betriebswirtschaftlicher Sicht, in: *Grundmann/Hofmann/Möslein* (Hrsg): Finanzkrise und Wirtschaftsordnung, 87–103.

19 Handelsblatt v. 12. 1. 2009, Schmach ist die größte Strafe, zum Strafverfahren gegen Ex-Postchef Zumwinkel.

nur in extremen Fällen denkbar. Zudem bestehen erheblich Interdependenzen zwischen den verschiedenen Sanktionsfolgen. Im Rahmen dieser Arbeit soll vor allem die Haftung im engeren Sinne (schadensersatzrechtlicher Haftungsbegriff) untersucht werden, also die persönliche – insbesondere materielle – Verantwortlichkeit eines nicht geschäftsführenden Direktors bzw. eines Aufsichtsratmitglieds für Fehlverhalten.

Die persönliche Haftung kann verschiedene **Zwecke** verfolgen: Diese kann repressiv der Wiedergutmachung durch Schadensbeseitigung (Kompensation) bzw. der Privatgenugtuung oder der Pönalisierung (Strafzwecke) dienen oder präventiv die Abschreckung bzw. die Vermeidung weiteren Fehlverhaltens (Motive der Generalprävention) bezwecken.[20]

In zivilrechtlicher Hinsicht bedeutet Haftung das Einstehenmüssen für einen Schaden, der dadurch entstanden ist, dass ein geschütztes Rechtsgut durch positives Handeln oder Unterlassen rechtlich gebotenen Handelns verletzt wird.[21] Nicht geschäftsführende Direktoren bzw. Aufsichtsratsmitglieder können entweder mit ihren eigenen Mitteln für den verursachten Schaden einstehen oder die Mittel werden durch Dritte, z.B. durch eine D&O Versicherung, zur Verfügung gestellt.[22] Die Unterscheidung nach dem potenziellen **Anspruchssteller** ist von erheblicher Bedeutung: Es kann einerseits die Haftung gegenüber der eigenen Gesellschaft (sog. Innenhaftung) und andererseits die Haftung gegenüber Dritten (sog. Außenhaftung) eintreten. Bei der Außenhaftung ist die Abgrenzung des anspruchsberechtigten Personenkreises entscheidend: Sind dies nur Anteilseigner (Eigenkapitalgeber), sind Inhaber/Gläubiger sonstiger börsengehandelter Wertpapiere (z.B. Anleihen) der Gesellschaft potenzielle Anspruchssteller (Fremdkapitalgeber)[23] oder sind darüber hinaus sonstige Interessenvertreter (Stakeholder) wie Arbeitnehmer und sonstige Fremdkapitalgläubiger in den Kreis der Anspruchsberechtigen miteinbezogen?

---

20 Insbesondere die im US-amerikanischen Schadensrecht anerkannten Privatstrafen (sog. punitive damages) haben neben der Schadenswiedergutmachung auch bestrafenden und generalpräventiven Charakter, welcher dem deutschen Schadensrecht weitgehend unbekannt ist. Der Zweck der „punitive damages" wird nicht für alle US-Bundesstaaten einheitlich definiert. Dazu *Merkt,* Abwehr der Zustellung von „punitive damages"-Klagen, 1995, 71–77, 92–95, 106–108. Zur ökonomischen Funktion der Haftung von Organmitgliedern: *Kraakman,* The Economic Functions of Corporate Liability, in: *Hopt/Teubner* (Hrsg.), Directors' Liabilities, 178 ff.; *Kraakman/Davies/Hansmann/Hertig/Hopt/Kanda/Rock,* The Anatomy of Corporate Law, A Comparative and Functional Approach, 2004.

21 *Hübner,* Allgemeiner Teil des BGB, Rn. 268.

22 *Peltzer,* in: *Wellhöfer/Peltzer/Müller,* Haftung von Vorstand, Aufsichtsrat und Wirtschaftsprüfer: mit GmbH-Geschäftsführer, Rn. 1 mit weiteren Nachweisen.

23 Zu den Finanzierungsformen, Eigen- und Fremdkapital: *Grundmann,* Europäisches Gesellschaftsrecht, § 18 Rn. 607–609 mit weiteren Verweisen.

III. Auswahl[24]

Den Problemkreis der Haftung nicht geschäftsführender Organmitglieder in den verschiedenen Rechtsordnungen – USA, Großbritannien und Deutschland – soll vorliegende Arbeit vor dem Hintergrund einer effektiven Überwachung der Unternehmensführung untersuchen. Diese **Rechtsordnungen** wurden aus folgenden Erwägungen zum Vergleich ausgewählt: Erstens erfolgt eine **Auswahl nach der Breite der Lösungspalette.** Es findet ein Vergleich des überwiegend auf Fallrecht basierenden Common Law Systems mit dem auf vorrangig kodifiziertem Recht basierendem Zivilrechtssystem statt. Freilich besteht im Gesellschaftsrecht auch jenseits des Ärmelkanals bzw. des Atlantiks vielfach kodifiziertes Recht. Zudem werden europäische Rechtsordnungen – beeinflusst durch EU-Recht – mit nicht europäischen Rechtsordnungen verglichen. Wenn gleich die Harmonisierung die hier gestellten Fragen nur am Rande betrifft, lässt dies die Annahme zu, dass sich das US-amerikanische Rechtssystem hierbei am deutlichsten vom deutschen Recht unterscheidet, während sich beim Vergleich mit dem englischen Recht in einigen Bereichen gewisse Schnittmengen – zurückzuführen auf europäisches Gemeinschaftsrecht – finden lassen sollten. Schließlich handelt es sich bei dem Führungssystem angloamerikanischer Prägung um das Recht, das mit der Ausbildung des Aufsichtsrats schon rein strukturell als Gegenbild hervorsticht.[25]

Ähnliches ist auch durch das anzustrebende **Ziel der Geschäftsleitung** zu erwarten. Während im US-amerikanischen Wirtschaftsraum hinsichtlich der an das Leitungsorgan zu richtenden Handlungsaufforderungen (immer noch) der **Shareholder Value** Ansatz vorherrscht, nach dem das Handeln allein am Aktionärsinteresse auszurichten ist, dient das Geschäftsleiterhandeln nach dem in Deutschland gegenwärtigen **Stakeholder** Ansatz daneben auch anderen, mit dem Unternehmen verbundenen Interessenträgern sog. stakeholder wie Arbeitnehmer, Kreditgeber und Lieferanten.[26] In Großbritannien ist kürzlich der **Enlightened Shareholder Value** Ansatz kodifiziert worden, der insbesondere durch die Formulierung der Director's Duties in sec. 172 Companies Act 2006 zum Ausdruck kommt. Dies stellt eine „radikale" Abweichung von der Formulierung des Zusammenhangs zwischen Anstrebenswertem für ein Unternehmen und für die Gesellschaft als Gesamtheit dar.[27] Danach ist das Geschäftsleiterhandeln neben Kollektivinteressen der Aktionäre an weiteren Faktoren, wie den Interessen von Arbeitnehmern und der Umwelt, auszurichten. Die Kontrolle der Geschäftsleitung

---

24 Zur Bedeutung für die rechtsvergleichende Schwerpunktsetzung: *Grundmann,* Europäisches Gesellschaftsrecht, § 3 Rn. 67ff.

25 Dazu insb. 1.-3. Kap.

26 Ausführlich dazu *Grundmann,* Europäisches Gesellschaftsrecht, § 13 Rn. 457–462 mit weiteren Nachweisen.

27 Vgl. *Ministerial statements DTI,* Companies Act 2006, Duties of company directors, Juni 2007, abrufbar unter http://www.berr.gov.uk/bbf/co-act-2006/index.html (1. 3. 2011).

hat sich wiederum nach der an diese zu richtende Handlungsaufforderung auszurichten.[28]

Zweitens erfolgt eine **Auswahl nach wirtschaftlichem Gewicht.** Es wird – gemessen am Bruttoinlandsprodukt – die größte Volkswirtschaft USA mit der respektiv viert- und sechstgrößten Volkswirtschaft Deutschland und Großbritannien einschließlich der am weitesten entwickelten Kapitalmärkte der mitunter wichtigsten Finanzzentren New York, London und Frankfurt gegenübergestellt.[29]

Verglichen wird die Haftung von nicht geschäftsführenden Organmitgliedern in börsengelisteten (Publikums-)Kapitalgesellschaften, also von Aufsichtsräten in deutschen Aktiengesellschaften und von nicht geschäftsführenden Direktoren in diesen strukturell nahe stehenden US-amerikanischen public corporations und englischen public limited companies **(Aktienrechtsvergleichung).** Nicht geschäftsführende Direktoren und Aufsichtsräte sind im Wesentlichen bei diesen Gesellschaftsformen, deren Anteile an Börsen gehandelt werden und sich in Streubesitz befinden, zur Verbesserung der Corporate Governance von entscheidender Bedeutung.

IV. Ziele

Veranlasst durch eine zunehmende Globalisierung und durch die Internationalisierung der Kapitalmärkte erscheint es notwendig, Lösungsansätze anderer Rechtsordnungen zu betrachten, um ökonomische und rechtliche Rahmenbedingungen in der eigenen Rechtsordnung zu optimieren und konkurrenzfähig auszugestalten. Dies ist das leitende Ziel rechtsvergleichenden Gesellschaftsrechts.[30] Lösungsansätze ausländischer Rechtsordnungen können zur Auslegung, Konkretisierung und Fortentwicklung des deutschen Rechts der Aufsichtsratshaftung dienen und für die eigene Gesetzgebung, für unverbindliche Empfehlungen und die Rechtsprechung ausgewertet werden.[31] Die Ausgestaltung der Haftungsbe-

28 Ausführlich dazu: *Spindler*, in: *Spindler/Stilz*, Kommentar zum AktG § 116 Rn. 21–33. Es kann argumentiert werden, dass durch die Berücksichtigung weiterer Interessengruppen umfassendere Kontrollaufgaben bestehen. Denn das Kontrollorgan hat zu überwachen, ob das Leitungsorgan sämtlichen Interessen gerecht wird. Aufgrund erweiterter Kontrollpflichten könnte sich so das Haftungsrisiko erhöhen. Überzeugender erscheint jedoch, dass das Leitungsorgan eine größere Zahl von Ergebnissen und Verhaltensweisen rechtfertigen kann, wenn diesem gestattet wird, verschiedene Interessen zu berücksichtigen. So *Grundmann,* Europäisches Gesellschaftsrecht, § 13 Rn. 460; *Leyens,* Deutscher Aufsichtsrat und U.S.-Board: ein- oder zweistufiges Verwaltungssystem?, 64 mit jeweils weiteren Nachweisen. Gleiches gilt für das Überwachungsorgan, was theoretisch das Haftungsrisiko abschwächen sollte.

29 USA (14 996 Mrd. Dollar prognostiziertes Bruttoinlandsprodukt 2011), China (6460 Mrd. Dollar), Japan (5621 Mrd. Dollar), Deutschland (3127 Mrd. Dollar), Frankreich (2490 Mrd. Dollar), Großbritannien (2403 Mrd. Dollar), Italien (1888 Mrd. Dollar). Quelle: *The Economist,* The World in 2011.

30 Zuletzt *Grundmann,* Europäisches Gesellschaftsrecht, § 2 Rn. 61 ff.; *Hopt,* Comparative Company Law, in: *Reimann/Zimmermann* (Hrsg.), The Oxford Handbook of Comparative Law, 2006, 1161–1191.

31 Zu diesen Zielen der Rechtsvergleichung, vgl. *E. Stein,* Die rechtswissenschaftliche Arbeit, 94.

stimmungen der für die Kontrolle der Unternehmensführung Verantwortlichen beeinflusst Anlegerentscheidungen und kann den „Wettbewerb der Rechtsordnungen" auslösen.[32] Auf europäischer Ebene gilt dies umso mehr. Zum einen wegen der Niederlassungsfreiheit.[33] Zum anderen ist mit Einführung der Europäischen Aktiengesellschaft (Societas Europaea, SE) in Theorie und Praxis – z.B. Allianz SE, Porsche SE – das Verständnis der Funktionen, des Pflichtenkreises und der Haftungsgrundsätze nicht geschäftsführender Direktoren im einstufigen Boardmodell in Deutschland bedeutsam geworden (dazu 6. Teil). Die Haftung von Direktoren nach US-amerikanischem Recht erscheint insbesondere im Hinblick auf Diskussionen über die Erweiterung der allgemeinen Aufsichtsratshaftung in Deutschland betrachtenswert. Die Durchsetzung von Ansprüchen der Gesellschaft durch Aktionäre und die direkte persönliche Verantwortlichkeit von Organmitgliedern gegenüber Aktionären ist in den USA seit Langem gängige Praxis. Nicht zuletzt sind bei zusätzlicher Börsennotierung (cross-listings) – typischerweise an der NYSE – unter entsprechenden Voraussetzungen Klagen gegen Organmitglieder deutscher Publikumsgesellschaften vor amerikanischen Gerichten unter dem jeweils einschlägigem US-amerikanischen Recht möglich. Dies beeinflusst sowohl das Verhalten von Gesellschaften und Organmitgliedern als auch die D&O Versicherungswirtschaft.

Ziel der Darstellung kann nicht eine Detailanalyse des deutschen, des englischen oder des amerikanischen Rechts sein. Vielmehr soll die abstrakte Ermittlung allgemeiner Regeln erreicht werden. Daher werden Streitfragen nur jeweils kurz und exemplarisch erörtert.

V. Aufbau

Ausgehend von der Darstellung der **Verwaltungssysteme** mit Schwerpunkt auf der Ausgestaltung der internen Kontrollfunktion in den verschiedenen Rechtsordnungen werden Implikationen für die hierdurch strukturell und konzeptionell bedingten **Haftungsunterschiede** aufgestellt (1. Teil, 1.–3. Kapitel). Im Mittelpunkt der Untersuchung steht der systematische und funktionale Vergleich der Haftung von outside directors in den USA, der Haftung von non-executive directors in Großbritannien und der Haftung von Aufsichtsräten in Deutschland. Der Schwerpunkt soll auf der privatrechtlichen Haftung liegen. Demnach wird zunächst die **Innenhaftung** von nicht geschäftsführenden Direktoren nach US-amerikanischem Recht und nach englischem Recht sowie die von Aufsichtsratsmitgliedern nach deutschem Recht dargestellt und miteinander verglichen (2. Teil). Entsprechend diesem Aufbau wird die **Außenhaftung** einander gegenübergestellt (3. Teil). Um das Haftungsrisiko in seiner Gesamtheit darzustellen,

---

32 *Paal*, Die persönliche Haftung – ein wirksames Mittel zur Verbesserung der Kontrolltätigkeit des Aufsichtsrates bei kapitalmarktorientierten Unternehmen? (Teil I) DStR 2005, 382, 383.
33 Insbesondere seit EuGH Rs. C-212/97 (Centros), Slg. 1999, I-1459 = NJW 1999, 2027. Ausführlich zur Niederlassungsfreiheit: *Grundmann*, Europäisches Gesellschaftsrecht, § 22 bes. Rn. 760ff.

werden ebenso strafrechtliche und sonstige hoheitliche Sanktionen (**Strafsanktionen**), die nicht geschäftsführende Organmitglieder treffen können, rechtsvergleichend betrachtet (4. Teil). Dem schließt sich die Gegenüberstellung der wesentlichen Unterschiede der nicht geschäftsführenden Direktoren und Aufsichtsräten zur Verfügung stehenden Schutzmechanismen an, namentlich die **Haftungsfreistellung** durch die Gesellschaft und **D&O Versicherungen** (5. Teil). Im Rahmen des Vergleichs sollen die Unterschiede in den faktischen Auswirkungen der Lösungsansätze in den verschiedenen Rechtsordnungen herausgearbeitet und Schlussfolgerungen für das deutsche Recht gezogen werden. Vor dem Hintergrund der Lösungsansätze aus dem angloamerikanischen einstufigen Boardsystem wird die **Haftung von nicht geschäftsführenden Organmitgliedern in der SE nach deutschem Recht** thematisiert (6. Teil). Neben der **Zusammenfassung** der wichtigsten **Ergebnisse** werden abschließend weitere **rechtspolitische Schlussfolgerungen** angestellt (7. Teil). Unter Verzicht auf eine absolute Bewertung der verschiedenen Lösungsansätze anhand einer Bewertung ihrer unterschiedlichen Auswirkungen soll die Frage aufgeworfen werden, inwiefern Lösungsansätze aus dem angloamerikanischen Rechtskreis zur Verbesserung der deutschen Ausgestaltung interner Kontrolle durch den Aufsichtsrat herangezogen werden können und inwieweit eine Übertragbarkeit angelsächsischer (Haftungs-)Prinzipien ins deutsche Recht sinnvoll erscheint.[34]

34 Zum funktionalen Ansatz der Rechtsvergleichung, vgl. *E. Stein,* Die rechtswissenschaftliche Arbeit, 98.

1. Kapitel: Monistisches Führungssystem mit nicht geschäftsführenden Direktoren

I. Funktion, Struktur und Zusammensetzung des einstufigen Verwaltungssystems

1. Allgemein

Das **monistische Führungssystem** ist traditionell vorherrschend im angelsächsischen Gesellschaftsrecht.[35] In der Europäischen Union folgen zahlreiche Mitgliedsstaaten diesem Ansatz. Dies sind Belgien, Griechenland, Großbritannien, Irland, Luxemburg, Malta, Portugal, Rumänien, Schweden, Spanien und Zypern.[36] Moderne gesellschaftsrechtliche Ansätze überlassen der Gesellschaft die freie Wahl zwischen dem monistischen (one-tier Board) und dem dualistischen (two-tier Board) System. So haben Reformen des italienischen und des französischen Gesellschaftsrecht ihren jeweiligen Kapitalgesellschaften das Wahlrecht eingeräumt, ihre Unternehmensleitung monistisch oder dualistisch zu organisieren.[37] Diese Option ist ebenso in Bulgarien, Finnland, Litauen, Slowenien und in Ungarn den jeweiligen Kapitalgesellschaften eröffnet. Gleichsam wurde das Recht der Europäischen Aktiengesellschaft in der SE-Verordnung in dieser Weise ausgestaltet,[38] sodass auch in Mitgliedstaaten, die traditionell dem dualistischen System folgen, nun ein einstufiges Verwaltungssystem zur Verfügung steht. Die Vorschriften für eine SE mit monistischem Führungssystem sind in den Art. 43–45 der SE-Verordnung geregelt. Infolge des Vorschlags der Expertengruppe zum Gesell-

---

35 Rechtsvergleichend zum deutschen und amerikanischen Boardsystem: *Leyens,* Deutscher Aufsichtsrat und U.S.-Board: ein- oder zweistufiges Verwaltungssystem?, 57–105.

36 Quelle: *Kluge/Stollt* (Hrsg.), Die Europäische Aktiengesellschaft (SE) – Perspektiven für eine europäische Unternehmensmitbestimmung, Brüssel 2006, Übersicht: Unternehmensmitbestimmung in den 27 EU-Mitgliedstaaten, abrufbar unter http://www.worker-participation.eu/National-Industrial-Relations/Across-Europe/Board-level-Representation2/comparative-table-board-level-representation-in-the-eu-27/uebersicht-unternehmensmitbestimmung-in-den-27-eu-mitgliedstaaten/(language)/eng-GB (1. 3. 2011). Das Projekt SEEurope wird durch die Hans-Böckler-Stiftung gefördert und vom Europäischen Gewerkschaftsinstitut (EGI-REHS) durchgeführt.

37 *Hopt,* Gemeinsame Grundsätze der Corporate Governance in Europa?, ZGR 2000, 779, 815. In Frankreich gilt dies schon seit 1966; in Italien seit Anfang des Jahrtausends: vgl. *Grundmann,* Europäisches Gesellschaftsrecht, § 11 Rn. 377 mit weiteren Nachweisen.

38 Art 38(b) SE-Verordnung. Verordnung (EG) Nr. 2157/2001 des Rates vom 8. 10. 2001 über das Statut der Europäischen Gesellschaft (SE), ABl. 2001 L 294/1. Der deutsche Gesetzgeber hat aufgrund der Ermächtigung des Art. 43 Abs. 4 SE-Verordung das monistische System einer in Deutschland ansässigen SE in den §§ 20–49 SEAG näher ausgestaltet.

schaftsrecht, soll ein solches Wahlrecht nach der Ansicht der EU-Kommission im Aktionsplan zur Modernisierung des Gesellschaftsrechts und zur Verbesserung der Corporate Governance vom 21. 5. 2003 zumindest allen börsennotierten Gesellschaften innerhalb der EU gewährt werden.[39] Ein solches Wahlrecht ist auch im deutschen Aktienrecht wünschenswert,[40] wobei ein monistisches Führungssystem in Deutschland aufgrund der paritätischen Arbeitnehmermitbestimmung im Anschluss aufgeführte Probleme bereitet.[41]

2. Funktion und Struktur

In angelsächsischen Gesellschaften wird sowohl die **Leitungsfunktion** als auch die **Überwachungsfunktion** von einem einzigen Organ ausgefüllt, dem „Board of Directors". Das Board tagt unter Vorsitz des Chairman, bestimmt die Geschäftspolitik und entscheidet über alle wesentlichen Fragen der Geschäftsführung.[42] Das einstufige Verwaltungssystem wird in den USA von einem in allen Bundesstaaten befolgten Grundmuster – dem Model Business Corporation Act (MBCA) – vorgegeben.[43] In Großbritannien hingegen schreibt keine Vorschrift des Companies Acts englischen Gesellschaften zwingend das monistische System vor.[44] Nichtsdestotrotz ist in Großbritannien, in den USA und dem Commonwealth das einstufige Verwaltungssystem die Norm.[45] Das britische und amerikanische Kapitalgesell-

---

39 Siehe Mitteilung der Kommission an den Rat und das Europäische Parlament, Modernisierung des Gesellschaftsrechts und Verbesserung der Corporate Governance in der Europäischen Union – Aktionsplan vom 21. 5. 2003. KOM(2003) 284 endg., 3.1.3., 18. Die Mitteilung ist beeinflusst durch den Bericht der Hochrangigen Expertengruppe auf dem Gebiet des Gesellschaftsrechts (High Level Group) über moderne gesellschaftsrechtliche Rahmenbedingungen in Europa vom 4. 11. 2002.

40 *Hopt,* Corporate Governance in Germany, in: *Hopt/Wymeersch* (Hrsg.), Capital Markets and Company Law, 2003, 289, 304; *Leyens,* Internal Corporate Governance in Europe – Towards a More Market-Based Approach, in: Kyoto Journal of Law and Politics, 2007, Vol. 4, No. 1, 17, 21. Zur Deregulierung des deutschen Aktienrechts: *Grundmann,* Europäisches Gesellschaftsrecht, § 11 Rn. 373–374 mit weiteren Verweisen.

41 *Hopt,* European Company Law and Corporate Governance, in: *Hopt/Wymeersch/Kanda/Baum* (Hrsg.), Corporate Governance in Context, 119, 139.

42 *Reimann/Ackermann,* Einführung in das US-amerikanische Privatrechrecht, 254.

43 § 8.01 (a) Model Business Corporation Act. Corporate Law ist in den USA überwiegend einzelstaatliches – weitgehend auf Gesetz beruhendes – Recht, jedoch folgt die Mehrzahl der Staaten mindestens zum Teil der Standardausgabe der American Bar Association, Section of Business Law, Model Business Corporation Act, Official Text with Official Comments and Statutory Cross-References, Revised through June 2005. Vgl. dazu *Reimann/Ackermann,* Einführung in das US-amerikanische Privatrechrecht, 251; *Bungert,* Gesellschaftsrecht in den USA: Eine Einführung mit vergleichenden Tabellen, 2f.; *Leyens,* Deutscher Aufsichtsrat und U.S.-Board: ein- oder zweistufiges Verwaltungssystem?, 69, Fn. 44 mit weiteren Nachweisen.

44 In Großbritannien wurde 2006 der Companies Act 2006 verabschiedet, der eine umfassende Reform des britischen Gesellschaftsrechts darstellt und geltende Common-Law-Prinzipien – insbesondere die Pflichten von Direktoren – kodifiziert. Dieses Gesetz tritt an die Stelle des Companies Act 1985. Zur Gesetzgebungslage in Großbritannien vgl. *Grundmann,* Europäisches Gesellschaftsrecht, § 3 Rn. 76.

45 *Davies,* Gower's Company Law, 14–25, 399.

schaftsrecht ist grundsätzlich flexibler ausgestaltet als das deutsche, für dessen Aktiengesellschaften überwiegend zwingendes Recht gilt.[46]

Der Companies Act 2006 verlangt zwar, dass sämtliche britische Aktiengesellschaften (public companies) mindestens zwei Direktoren haben müssen.[47] Das Statut überlässt die Ausgestaltung der **Funktionen** und der **Struktur** des Boards und den den Direktoren übertragenen Umfang an Geschäftsführungsbefugnis jedoch weitgehend der Satzung der Gesellschaft, welche der Gestaltungsfreiheit der Anteilsinhaber unterworfen ist.[48] Der MBCA gibt US-amerikanischen Gesellschaften gem. § 8.03 (a) nur vor, dass das Board aus einem oder mehreren natürlichen Personen bestehen muss.

Bei aller Flexibilität hat jedoch die Corporate Governance Bewegung erheblichen Einfluss auf die **Boardkomposition und -struktur** börsengelisteter Unternehmen ausgeübt. In den **USA** hat vor allem der 2002 erlassene **Sarbanes-Oxley Act** auf nationaler Ebene zwingende Vorschriften zur Förderung der Corporate Governance festgelegt.[49] Das Gesetz fordert von den SEC Rules, diese Vorgaben effektiv umzusetzen.[50] So schreiben die SEC Rules nach der Vorgabe des Gesetzes die Errichtung eines Kontroll- und Prüfungsausschuss (audit committee) vor.[51] Das Gesetz führt wesentlich erweiterte Offenlegungs- und Überwachungspflichten vor allem bei der Abschlussprüfung ein und gilt grundsätzlich für alle Corporations, deren Anteile auf dem amerikanischen Markt gehandelt werden, und damit auch für ausländische Kapitalgesellschaften.[52] Zeitgleich wurden zahlreiche weiter Anforderungen durch verschiedene Institutionen geschaffen. So wurden z.B. neue Börsenzulassungsregeln der New York Stock Exchange (NYSE), die als „Corporate Governance Rules“ bezeichnet werden, erlassen und auch die Gerichtspraxis – insbesondere der Gerichte in Delaware, wo mehr als die Hälfte der Publikumsgesellschaften ihren Sitz haben – hat sich „im Ton deutlich verschärft“.[53]

---

46 § 23 Abs. 5 AktG.

47 Sec. 154 (2) CA 2006 (früher sec. 282 CA 1985). Zur Unterscheidung von public limited und private limited companies in Großbritannien: vgl. *Grundmann*, Europäisches Gesellschaftsrecht, § 1 Rn. 13 bes. Anmerkungen zu Grafik 1.

48 *Davies*, Gower's Company Law, 14-1, 366.

49 Ausführlich dazu *Strauch*, Der Sarbanes-Oxley Act und die Entwicklungen im US-Aufsichtsrecht, NZG 2003, 952–956; *Choper/Coffee/Gilson*, Cases and materials on corporations, 337–344.

50 Die überwiegenden Vorschriften wurden in den Securities Exchange Act 1934 inkorporiert. Zur SEC siehe unten 12. Kap. I.

51 Sec. 10A Securities Exchange Act 1934; *Hamilton/Booth*, Corporations, 553.

52 Siehe dazu *Reimann/Ackermann*, Einführung in das US-amerikanische Privatrecht, 255; *Marsch-Barner*, in: *Marsch-Barner/Schäfer* (Hrsg.), Handbuch börsennotierte AG, § 2 Corporate Governance, Rn. 89. Zu den Auswirkungen auf deutsche Unternehmen *Kersting*, Auswirkungen des Sarbanes-Oxley-Gesetzes in Deutschland – Können deutsche Unternehmen das Gesetz befolgen? ZIP 2003, 233–242; *ders.*, Das Audit Committee nach dem Sarbanes-Oxley-Gesetz – Ausnahmeregelungen für ausländische Emittenten, ZIP 2003, 2010–2017.

53 Dazu *Hamilton/Booth*, Corporations, viii; Einfluss auch durch: *American Law Institute*, Principles of Corporate Governance: Analysis and Recommendations, 1994 (ALI).

Im **Vereinigten Königreich** stellt der **Combined Code on Corporate Governance** die wichtigste Rechtsquelle für die Corporate Governance dar.[54] Das Hauptprinzip A.1 des Combined Codes lautet: „Jede Gesellschaft soll durch ein effektives Board geführt werden, welches die kollektive Verantwortlichkeit für den Erfolg der Gesellschaft trägt." Bezüglich der **Struktur** des Boards betonen die Vorgaben des Combined Codes zwei zentrale Elemente, nämlich die erweiterte Bedeutung der NEDs und die Trennung der Posten des Chairman und des CEO.[55] Das Board als Einheit hat die zweifache Funktion der Unternehmensleitung („lead") und der -kontrolle („control").[56] Der Combined Code, der nunmehr durch die Financial Service Authority (FSA) als Anhang zu den Listing Rules (Börsenzulassungsregeln) publiziert wird, folgt dem comply-or-explain Prinzip. Demnach müssen börsennotierte Gesellschaften entweder den Vorschriften des Combined Code folgen oder im Jahresabschlussbericht ihre Entscheidungsgründe für eine Nichtbefolgung darlegen.[57] Charakteristisch für die Klassifizierung als „soft law" ist nicht die Tatsache, dass der Code von der FSA mittels der „Listing Rules" durchgesetzt wird – deren Nichtbefolgung teilweise schwerwiegendere Sanktionen nach sich zieht als die Verletzungen des Companies Act[58] –, sondern dass weitere Konsequenzen nur durch den Kapitalmarkt drohen (externe Corporate Governance).[59] Dieser kapitalmarktrechtlichen Kontrollwirkung wird, neben der Selbstregulierung, im angloamerikanischen Rechtsraum grundsätzlich mehr Gewicht beigemessen, während

---

54 *Financial Reporting Council,* The Combined Code on Corporate Governance, Juni 2008, abrufbar unter http://www.frc.org.uk/CORPORATE/COMBINEDCODE.CFM (1. 3. 2011). Die Schritte zur Entwicklung des Combine Code: Cadbury Report 1992, Greenbury Report 1998, Hampel Report 1998, Turnbull Proposal 1999; Cadbury, Greenbury und Hampel Report sind abrufbar unter http://www.ecgi.org/codes/all_codes.php (1. 3. 2011). Einen Überblick über die Entwicklung gibt *Davies,* Board Structure in the United Kingdom and Germany: Convergence or Continuing Divergence, (2000) 2 Intl and Comparative Corporate LJ 435–456; *ders.,* Enron and Corporate Law Reforms in the UK and the European Community, in: *Hopt/Wymeersch/Kanda/Baum* (Hrsg.), Corporate Governance in Context, 163–190. Details zum Combined Code: *ders.,* Gower's Company Law, 14-31–14-33, 405 ff.

55 Siehe *Davies,* Gower's Company Law, 14–33, 407 ff.

56 Vgl. *Davies,* Struktur der Unternehmensführung in Großbritannien und Deutschland: Konvergenz oder fortbestehende Divergenz? ZGR 2001, 268–293, 275. Ähnlich auch die Ausgestaltung in § 22 Abs. 1 SEAG: „Der Verwaltungsrat leitet die Gesellschaft, bestimmt die Grundlinien ihrer Tätigkeit und überwacht deren Umsetzung."

57 Listing Rule 9.8.6(5) und (6). Ein Unternehmen, welches nicht in Großbritannien inkorporiert ist, aber dort an der Börse gelistet ist, muss nur erklären, ob es den Vorgaben des Corporate Governance Kodex seines Herkunftsstaates folgt und inwiefern dieser dem Combined Code entspricht. Harmonisiert durch den neuen Art. 46a der 4. Gesellschaftsrechtsrichtlinie eingefügt durch Richtlinie 2006/46/EG des Europäischen Parlaments und des Rates vom 14. Juni 2006. Danach wird in der EU für börsennotierte Unternehmen die Verpflichtung eingeführt, eine solche Erklärung zur Unternehmensführung in ihren Lagebericht aufzunehmen. Dazu *Grundmann,* European Company Law, Rn. 482, 273; *Marsch-Barner,* in: *Marsch-Barner/Schäfer* (Hrsg.), Handbuch börsennotierte AG, § 2 Corporate Governance, Rn. 100. An der NYSE sind Unternehmen zur Veröffentlichung ihrer Corporate Governance Guidelines nach Ziff. 9, 10 NYSE Rules verpflichtet.

58 Beispielsweise können sowohl Unternehmen als auch Direktoren, die sich pflichtwidrig verhalten, Bußgelder in unbegrenzter Höhe auferlegt werden, vgl. sec. 91 Financial Services and Markets Act 2000 (FSMA). Ausführlich zu den Sanktionen bei Nichtbeachtung der Listing Rules: *Davies,* Gower's Company Law, 25–40, 893 ff. und unten 13. Kapitel: Strafsanktionen.

59 *Davies,* Gower's Company Law, 322 f. (in der 7. Aufl.).

dies in Deutschland weiterhin die gesetzlichen Verfassungsbestimmungen sind (interne Corporate Governance).[60]

3. Zusammensetzung

Das Board of Directors setzt sich sowohl in den USA als auch in Großbritannien aus **inside bzw. executive** und aus **outside bzw. non-executive directors**[61] zusammen. Das Management im täglichen Betrieb wird im US-amerikanischen Board auf officers delegiert. Officers können zugleich Mitglieder des Boards sein (beim CEO ist dies fast immer der Fall), werden von diesem bestellt und abberufen und unterliegen dessen Weisungen.[62] In Großbritannien erfüllen executive directors neben ihrer Position als Direktoren geschäftsführende Aufgaben, also die Leitung des Tagesgeschäfts. Wie der *Company Law Review* darlegt, ist zunehmend eine Delegierung vom Tagesgeschäft und wichtigen operativen Entscheidungen von „dem Board" zu einem speziellen „Management Board" (executive committee) zu beobachten.[63]

Die interne **Zusammensetzung** des Boards wird in Großbritannien weitgehend der Satzung der Gesellschaft überlassen, soweit nicht die „soft law rules" des Combined Codes darauf Einfluss nehmen. Art. 3 des Combined Codes bestimmt, dass innerhalb des Boards ein Gleichgewicht an executive und non-executive directors (insbesondere an unabhängigen) herrschen soll. Der Anteil an outside directors ist in den USA grundsätzlich höher als der von non-executive directors in Großbritannien.[64] Der Anteil hauptberuflicher inside directors liegt bei amerikanischen Gesellschaften zwischen einem Drittel und einem Fünftel des gesamten Boards.[65] In Großbritannien besteht die durchschnittliche Größe des Boards börsennotierter Aktiengesellschaften aus sieben Mitgliedern, umfassend drei executive directors, drei non-executive directors und dem Chairman.[66] Bei großen US-amerikanischen Kapitalgesellschaften betrug 2002 die durchschnittliche Stärke des Boards 10,9 Mitglieder.[67]

---

60 So auch *Leyens,* Deutscher Aufsichtsrat und U.S.-Board: ein- oder zweistufiges Verwaltungssystem?, 95; *Grundmann,* Europäisches Gesellschaftsrecht, § 13 Fn. 9, § 3 Rn. 88ff. zur Rechtfertigung von Regulierung und der Theorie vom Marktversagen. Durch das Sarbanes-Oxley Gesetz hat der US-amerikanische Gesetzgeber nun jedoch zu legislatorischen Maßnahmen gegriffen, statt wie bisher auf freiwillige Selbstverpflichtungen der Unternehmen, Publizitätspflichten sowie auf Markt- und Wettbewerbskräfte zu setzen.

61 Inside bzw. outside directors ist die bevorzugte Terminologie in den USA, während man in Großbritannien zwischen executive und non-executive directors unterscheidet.

62 MBCA § 8.40. *Reimann/Ackermann,* Einführung in das US-amerikanische Privatrecht, 254; *Hamilton/Booth,* Corporations, 506; *Choper/Coffee/Gilson,* Cases and materials on corporations, 5.

63 *Company Law Review,* Developing the Framework, Department of Trade and Industry, 2000, para. 3.139.

64 *Monks/Minow,* Corporate Governance, 208.

65 *Black/Cheffins,* Outside Director Liability Across Countries, 1399.

66 *Department of Trade and Industry (DTI),* The current population of non-executive directors, 2003. In den FTSE 100 Firmen betrug im November 2004 der prozentuale Anteil an non-executive directors 62,5%. Quelle: DTI „Building better Boards" (Dezember 2004), 7.

67 *Monks/Minow,* Corporate Governance, 198.

Mit Betonung der Kontrollfunktion der non-executive directors, bewirkt diese **Trennung zwischen Leitungs- und Überwachungsfunktion** verschiedener Direktoren innerhalb des einstufigen Boards eine ähnliche Unterscheidung, die dem konzeptionellen Grundgedanken des zweistufigen Boards entspricht.[68] Die SE-Verordnung gibt ebenfalls die Grundlage für eine solche Funktionstrennung zwischen verschiedenen Direktoren innerhalb des einstufigen Verwaltungssystems.[69]

Es wäre voreilig, anzunehmen, das englische und das bundesstaatlich differenzierende amerikanische Gesellschaftsrecht seien nahezu identisch. Die Unterschiede sind teilweise auch auf europäische Gesetzgebung, insbesondere auf die Gesellschaftsrechtsrichtlinien, zurückzuführen. Ein zentraler Aspekt guter Corporate Governance hinsichtlich der Boardkomposition wird in beiden Rechtsordnungen weitgehend unterschiedlich gehandhabt. Trotz Kritik ist es bei der Zusammensetzung des Boards US-amerikanischer Unternehmen immer noch üblich, dass der **Vorsitzende des Verwaltungsrats** (Chairman of the Board) gleichzeitig den Posten des Geschäftsführungsvorsitzes (Chief Executive Officer, kurz: CEO[70]) innehat und somit weitreichende Befugnisse auf sich vereint.[71] In England ist seit dem Cadbury Committee Report von 1992 die Trennung zwischen CEO, der für die Führung des Unternehmens zuständig ist, und Chairman, der die Verantwortung für die Führung des Boards trägt, „standard practice".[72] Dessen ungeachtet wird auch in England diese Trennung nicht immer strikt eingehalten.[73] Jedenfalls befolgen 95% aller FTSE 350 Unternehmen diese Vorgabe. Die Vorschrift A.2.1 des Combined Codes bestimmt, dass der Posten des CEO und des Chairman des Boards nicht in einer Person vereint werden soll. Dies ist ebenfalls Ausdruck der funktionalen Trennung zwischen Unternehmensführung (executive directors) und Überwachung (NEDs, vorzugsweise unter Führung des Chairman).[74] Es ist üblich, wird jedoch nicht zwingend verlangt, dass der Chairman ein non-executive director und schon gar nicht ein Unabhängiger zu sein hat.[75] Der Chairman soll jedoch bei seiner Benennung unabhängig sein.[76] Es wird daher empfohlen, dass ein ehemaliger

---

68 *Davies,* Gower's Company Law, 14–33, 409.

69 Art. 43 Abs. 1 S. 2. In diese Richtung bestimmt § 40 Abs. 1 S. 2 SEAG, dass Mitglieder des Verwaltungsrats nur zu geschäftsführenden Direktoren bestellt werden, sofern die Mehrheit des Verwaltungsrats weiterhin aus nicht geschäftsführenden Mitgliedern besteht.

70 In den USA wird dieser Posten in der Praxis auch „President" genannt.

71 Hierzu *Monks/Minow,* Corporate Governance, 208; *Choper/Coffee/Gilson,* Cases and materials on corporations, 5 f. Der Trend wandelt sich jedoch auch in den USA langsam: Haben 2002 nur ca. 1/4 der „Fortune 500 firms rated by GMI" den Posten des CEO und den des Chairman getrennt, praktizierte diese Trennung 2005 bereits 1/3 dieser Unternehmen: vgl. Editorial „Nestlé – Discomfort Food" *The Economist* (London UK Vol. 375 16–22 April 2005), 63.

72 Zu diesem faktischen Unterschied auch *Schweitzer/Kumpan,* Changes of Governance in Europe, Japan and the US: Discussion Report, unter Bezugnahme auf *Rickford,* in: *Hopt/Wymeersch/Kanda/Baum* (Hrsg.), Corporate Governance in Context, 687, 723.

73 Vgl. *Derek Higgs,* Review of the role and effectiveness of non-executive directors, January 2003, 23.

74 So auch *Hopt/Leyens,* Board Models in Europe. Recent Developments of Internal Corporate Governance Structures in German, the United Kingdom, France and Italy, 2004, 11.

75 *Hannigan,* Company Law, 145; *Davies,* Gower's Company Law, 324.

76 A.2.2 Combined Code.

CEO nicht den Posten des Chairman übernehmen soll. Art. 45 der SE-Verordnung beschränkt sich darauf, dass das Verwaltungsorgan einen Vorsitzenden aus ihren Mitgliedern zu wählen hat.[77]

Charakteristisch ist weiterhin die Schaffung von speziellen **Ausschüssen** innerhalb des Verantwortungsbereichs des Boards. Große Kapitalgesellschaften haben in der Regel einen Nominierungsausschuss (nomination committee), Vergütungsausschuss (remuneration committee) und einen Kontroll- und Prüfungsausschuss (audit committee). In diesen Ausschüsse spielen gerade die outside bzw. die non-executive directors eine bedeutende Rolle und werden entweder nach best practice oder zwingenden Börsenregeln (z.B. New York Stock Exchange listing standards) exklusiv von diesen besetzt.[78]

4. Arbeitnehmerbeteiligung

Dem monistischen Führungssystem ist eine Vertretung von Arbeitnehmerinteressen im Board der Gesellschaft überwiegend unbekannt.[79] Im angelsächsischen Rechtsraum wird auf eine Arbeitnehmerbeteiligung in der Führungsebene großer Unternehmen gänzlich verzichtet. In Mitgliedstaaten der EU, die keine Vertretung von Arbeitnehmerinteressen in ihrem Gesellschaftssystem kennen, muss jedenfalls im Rahmen der **Europäischen Gesellschaft** hierfür Vorsorge getragen werden.[80] Vorschriften für die Vertretung von Arbeitnehmern im Board (entweder im one-tier oder two-tier Board) müssen geschaffen werden, falls eine Europäische Gesellschaft durch Verschmelzung, Umwandlung oder Gründung einer Holding- bzw. einer Tochter-SE entsteht und Arbeitnehmer in einer der ursprünglichen Gesellschaften im Board vertreten waren. Ausnahmen ergeben sich, falls das Leitungsor-

---

77 Auch bei der deutschen monistisch ausgestalteten SE hat der Verwaltungsrat gem. § 34 Abs. 1 S. 1 SEAG nach näherer Bestimmung der Satzung einen Vorsitzenden zu wählen. Grundsätzlich kann daher auch der Vorsitzende des Verwaltungsrates zugleich CEO bzw. ehemaliger CEO sein. Ausdruck guter Corporate Governance ist dies jedoch sicher nicht und widerspricht auch dem Gedanken der Ziff. 5.4.4 DCGK. Für die entsprechende Anwendung der Empfehlungen des DCGK auf die SE mit Sitz in Deutschland mit monistischem Führungssystem, vgl. 21. Kap. III.

78 *Monks/Minow,* Corporate Governance, 199. Die Mitglieder des audit committees müssen „unabhängig" sein nach sec. 301 des Sarbanes-Oxley Acts. So auch Policy Statement 1995, California Public Employees' Retirement System, einer der weltweit größten und einflussreichsten institutionellen Investoren: www.calpers-governance.org (1. 3. 2011); vgl. *Knepper/Bailey,* Liability of Corporate Officers and Directors, Vol. 1, § 1.09. Die SEC hat für Arbeitnehmervertreter im Aufsichtsrat einer deutschen AG eine Ausnahme zugelassen. Diese gelten als unabhängig, soweit sie nicht Geschäftsführungsfunktionen wahrnehmen: vgl. *Kersting,* Das Audit Committee nach dem Sarbanes-Oxley-Gesetz – Ausnahmeregelungen für ausländische Emittenten, ZIP 2003, 2010, 2012.

79 Ausführlich: *Kluge/Stollt* (Hrsg.), Die Europäische Aktiengesellschaft (SE) – Perspektiven für eine europäische Unternehmensmitbestimmung, Übersicht: Unternehmensmitbestimmung in den 27 EU-Mitgliedstaaten.

80 Richtlinie 2001/86/EG zur Ergänzung des Status der Europäischen Gesellschaft hinsichtlich der Beteiligung der Arbeitnehmer (SE-Richtlinie). In Deutschland wurde die Richtlinie durch das Gesetz über die Beteiligung der Arbeitnehmer in der Europäischen Gesellschaft (SE-Beteiligungsgesetz – SEBG) vom 22. 12. 2004 umgesetzt. Dazu *Lambach,* Das Gesetz über die Beteiligung der Arbeitnehmer in einer Europäischen Gesellschaft (SE-Beteiligungsgesetz – SEBG), Recht der Internationalen Wirtschaft Betriebs-Berater International 03/2005, 161–168.

gan und Arbeitnehmervertreter der Gründungsgesellschaften sich gegen eine solche Mitbestimmung entscheiden. Mitgliedstaaten, dessen Gesellschaftsrecht eine solche Mitbestimmung nicht kennt, müssen somit im Zuge der EU Gesetzgebung zwingende Vorschriften zur Arbeitnehmerbeteiligung am Board der Europäischen Gesellschaft schaffen, für Gesellschaften, die sich dazu entscheiden, sich in dem jeweiligen Mitgliedsstaat zu registrieren, obwohl eine solche Mitbestimmung durch die jeweiligen nationalen Bestimmung nicht vorgesehen ist. Teilweise wird angenommen, dass das Management monistisch organisierter Gesellschaften die Gründung von SEs tunlichst vermeiden wird, die eine Beteiligung von Arbeitnehmern hervorrufen würde, und somit deutsche Gesellschaften als Gründungspartner unter diesem Aspekt außen vor lassen wird.[81] Ebenso werden Aktionäre kaum zustimmen, dass Arbeitnehmer ein Mitspracherecht in sämtlichen Management-Entscheidungen haben werden.[82] Wie *Hopt* erläutert, liegt die einzige Lösung für die deutsche monistisch organisierte SE darin, in dem one-tier Board eine Trennung zwischen Leitungsfunktion und Überwachungstätigkeit vorzunehmen.[83] Dies ist möglich, da die SE-Verordnung nicht die interne Struktur eines one-tier Boards regelt und nach Art. 43 Abs. 1 den Mitgliedstaaten die Möglichkeit eröffnet, der Gesellschaft die Wahl zwischen einem kollektiven Leitungsorgan und einem oder mehreren geschäftsführenden Direktoren zu überlassen.

5. Bestellung und Abberufung

Normalerweise wird das Board in englischen Gesellschaften sowohl von den Aktionären bestellt wie auch entlassen; jedenfalls soweit dies in der Satzung der Gesellschaft („articles of association") entsprechend geregelt ist. Der Companies Act verlangt nämlich weder, dass die Direktoren von den Aktionären in der Hauptversammlung gewählt werden, noch, dass diese sich periodisch zur Wiederwahl stel-

81 So *Davies,* Gower's Company Law, 319, Fn. 63 (allerdings nicht mehr in der 8. Aufl., dort 14–29, Fn. 160 mit der Anmerkung, dass sich bisher mehr deutsche Unternehmen in SEs umgewandelt haben als britische. Zurückzuführen sei dies auch darauf, dass sich deutsche Unternehmen so zumindest teilweise zwingendem Aktienrecht entziehen, z.B. die Zahl der Aufsichtsratsmitglieder verringern (dazu näher unten bei der Zusammensetzung des Aufsichtsrats 2. Kap. II.4.) und durch die Aufnahme von ausländischen Arbeitnehmervertretern den Einfluss der deutschen Arbeitnehmer schwächen); *Hopt/Leyens,* Board Models in Europe. Recent Developments of Internal Corporate Governance Structures in German, the United Kingdom, France and Italy, 8; *Lambach,* Das Gesetz über die Beteiligung der Arbeitnehmer in einer Europäischen Gesellschaft (SE-Beteiligungsgesetz – SEBG), 168, sieht jedoch diesen Pessimismus aufgrund anderer entscheidender Standortfaktoren als „überzogen"; verfassungsrechtliche Bedenken: *Kämmerer/Veil,* Paritätische Arbeitnehmermitbestimmung in der monistischen Societas Europaea – ein verfassungsrechtlicher Irrweg?, ZIP 2005, 369–376. Monografisch, rechtsvergleichend: *J. Schmidt,* „Deutsche" vs. „britische" Societas Europaea (SE) – Gründung, Verfassung, Kapitalstruktur, 2006.

82 So *Hopt/Leyens,* Board Models in Europe. Recent Developments of Internal Corporate Governance Structures in German, the United Kingdom, France and Italy, 8.

83 Vgl. *Hopt,* Board Structures – The Significance of the Rules on the Board of the European Company, 2002 ch 5, 11.

len müssen.[84] Die Bestellung neuer Direktoren soll nach Vorgabe des Combined Codes in einem formalen, strengen und transparenten Verfahren erfolgen.[85] Das Bestellungsverfahren soll durch ein „nomination committee" erfolgen, das mehrheitlich mit unabhängigen NEDs besetzt sein soll.[86] Wie *Davies* beobachtet, obliegt daher die Wahl der NEDs einem Ausschuss des Boards, auch wenn dieses von ihnen selbst dominiert ist, und nicht den Aktionären, deren Aufgabe es nur ist, die Wahl des Boards zu bestätigen und seltener, sie abzulehnen.[87] Der Companies Act legt jedoch zwingend fest, dass die Abberufung von Direktoren jederzeit durch einen ordentlichen Aktionärsbeschluss möglich ist.[88] Im Vergleich dazu werden Aufsichtsratsmitglieder in Deutschland grundsätzlich von der Hauptversammlung gewählt und abberufen,[89] was die Stellung der NEDs als von Aktionärsinteressen unabhängiger erscheinen lässt. Der MBCA geht grundsätzlich nach § 8.03 (c) und 8.08 von der Wahl und Abberufung der Direktoren durch die Anteilseigner aus.[90]

II. Nicht geschäftsführende Direktoren im einstufigen Verwaltungssystem

Um Corporate Governance Vorgaben zu entsprechen, nämlich eine angemessene Kontrolle der Unternehmensleitung zu gewährleisten, und ein Gegengewicht innerhalb des Boards zu schaffen, ist in der Praxis monistisch geführter Kapitalgesellschaften die schon mehrfach angesprochene bedeutsame Unterscheidung zwischen den beiden Arten von Direktoren, executives bzw. inside und non-executives bzw. outside directors, entstanden.

1. Outside directors in den USA

Die Bedeutung der outside directors in den USA wurde schon früh erkannt und entwickelt.[91] Überwiegend wird schon in frühzeitigen Publikationen der outside

---

84 Zur Benennung von Direktoren, vgl. *Davies,* Gower's Company Law, 14-10–14-12, 378 ff., 14-18, 389: „shareholders could be wholly written out of the appointment process", wobei dies nicht den Markt widerspiegelt. Sec. 160 Companies Act 2006 stellt klar, dass ein Vorschlagsrecht nur besteht, wenn dies ursprünglich von der Hauptversammlung einstimmig so festgelegt wurde.

85 Main Principle A.4.

86 Main Principle A.4.1.

87 Vgl. *Davies,* Struktur der Unternehmensführung in Großbritannien und Deutschland: Konvergenz oder fortbestehende Divergenz? ZGR 2001, 279.

88 Sec. 168 CA 2006 (früher Sec. 303(1) CA 1985). Zur Abberufung von Direktoren vgl. *Davies,* Gower's Company Law, 14–18, 389 ff.

89 §§ 101 Abs. 1 S. 1, 103 Abs. 1 S. 1 AktG.

90 *Reimann* legt dar, dass sich in großen US-amerikanischen Kapitalgesellschaften das Management weitgehend selbst wählt (managerialism), indem Anteilseigner ihr Stimmrecht an die officers delegieren, die ihrerseits Direktoren einsetzen, „die sie (oder ihre designierten Nachfolger) im Amt bestätigen"; dieser Praxis wird jedoch durch die SEC nach jüngeren Wirtschaftsskandalen entgegengewirkt und führt zu einer wesentlich direkteren Einflussnahme auf das Management: vgl. *Reimann/Ackermann,* Einführung in das US-amerikanische Privatrechecht, 255 (bes. § 61 Fn. 30). Kritisch zum Bestellungsprozess auch *Monks/Minow,* Corporate Governance, 230–232.

91 *Estes,* Outside Directors: More Vulnerable Than Ever, 51 Harv. Bus. Rev., Jan-Feb. 1973, 107, 112; *Leech/Mundheim,* The outside director of a public corporation, New York: Korn/Fery Interna-

director definiert als ein director, der kein inside director ist; wobei der inside director dabei definiert wird als eine Person, die entweder officer oder Angestellter der Gesellschaft ist.[92] Nach dieser Definition ist der outside director nicht notwendig unabhängig.[93] Die Zunahme der Bedeutung der unabhängigen outside directors war ein Trend, der in den letzten 20 Jahren das amerikanische Board of Directors wesentlich beeinflusst hat.[94] Nach neueren Definitionen wird der Begriff outside director teilweise gleichbedeutend mit den Begriffen des independent oder des unaffiliated director verwendet.[95] Die Wichtigkeit und der Nutzen unabhängiger Direktoren wird von Regulatoren, Marktrichtlinien, Gerichten, Kommentatoren und institutionellen Investoren anerkannt, welche alle das gleiche Ziel verfolgen, namentlich die Qualität der Corporate Governance zu optimieren.[96]

a) Die hauptsächliche **Funktion** der outside directors liegt in der Aufsicht, Auswahl, Bewertung, Vergütungsfestlegung, und falls notwendig, in der Abberufung des CEO, in der Vorgabe der strategischen Ausrichtung und in der Sicherstellung der ethischen und rechtlichen Unternehmensführung.[97] Die Aufgabenerfüllung ist also sowohl vergangenheits- als auch zukunftsbezogen auszurichten.[98]

b) Die Festsetzung der **Vergütung** der Mitglieder des Boards obliegt im Prinzip dem Board selbst, wird jedoch in der Praxis – nach Börsenzulassungsregeln zwingend[99] – auf den Vergütungsausschuss übertragen, um unzulässige Insichgeschäfte zu vermeiden (dazu unten 4. Kap. II.2.b(2)). Nicht geschäftsführende Direktoren werden im Vergleich zu der Geschäftsführung mit erheblich niedrigeren und nicht erfolgsorientierten Beträgen abgefunden, um die Unabhängigkeit von der Gesellschaft zu wahren.[100] Nach den Börsenregeln der NYSE wird ein Direktor nur dann

---

tional, 1976; *Cohen/Loeb,* Duties and responsibilities of outside directors, New York: Practising Law Institute, 1978; *Gilson/Kraakman,* Reinventing the outside director: an agenda for institutional investors, Stanford Law Review, CA, 1990; zuletzt: *Dravis,* The role of independent directors after Sarbanes-Oxley, ABA Section of Business Law, 2007.

92 *Cohen/Loeb,* Duties and responsibilities of outside directors, 44.

93 *Cohen/Loeb,* Duties and responsibilities of outside directors, 44.

94 *Monks/Minow,* Corporate Governance, 227; *Cox/Hazen,* Corporations, § 2.08, 102.

95 *Knepper/Bailey,* Liability of Corporate Officers and Directors, Vol. 1, § 1.09, 1-32.3. Andere Kommentatoren unterscheiden weiterhin zwischen inside, outside und independent directors, vgl. *Fanto,* Directors' and officers' liability, § 3:3.1A, 3–7; *Choper/Coffee/Gilson,* Cases and materials on corporations, 8. Abzugrenzen ist auch der Begriff „desinterested director“: Dies ist ein Direktor (i.d.R. ein unabhängiger), der im Hinblick auf eine Abstimmung zu einem speziellen Geschäft oder sonstigem Arrangement mit der Gesellschaft kein wirtschaftliches oder persönliches Interesse hat, vgl. *Dravis,* The role of independent directors after Sarbanes-Oxley, ABA Section of Business Law, 2007, 5. Insbesondere bei der Lösung von Interessenkonflikten kommt dem desinterested director eine entscheidende Bedeutung zu (näher dazu 4. Kap. II.b)(1)).

96 *Knepper/Bailey,* Liability of Corporate Officers and Directors, Vol. 1, § 1.09, 1-32.3; *Fanto,* Directors' and officers' liability, § 3:3.1A, 3–7.

97 Vgl. *Chew,* Directors' and Officers' Liability, § 2:2, 2-2 f.

98 *Knepper/Bailey,* Liability of Corporate Officers and Directors, Vol. 1, § 3.12, 3–32.

99 NYSE § 303A.05 (a); NASDAQ § 4350(c)(3).

100 *Leyens,* Deutscher Aufsichtsrat und U.S.-Board: ein- oder zweistufiges Verwaltungssystem?, 74 mit weiteren Nachweisen.

als unabhängig betrachtet, wenn seine jährliche Vergütung nicht die Schwelle von $ 100.000 überschreitet.[101]

c) Überwiegend ist man sich einig, dass derjenige Direktor **unabhängig** ist, der außer seiner Mitgliedschaft in dem Board keine Verbindungen zu der Gesellschaft hat.[102] Dies schließt nicht nur Vollzeitangestellte der Gesellschaft aus dem Kreis der unabhängigen Direktoren aus, sondern ebenso Familienangehörige von Angestellten sowie Rechtsanwälte, Banker und Berater der Gesellschaft (sog. affiliated persons).[103] Die Definitionen werden teilweise so eng gefasst, dass angemerkt wird, unter diesen Voraussetzungen darf der CEO dem Kandidaten vorher noch nie begegnet sein.[104] Durch die Unabhängigkeit soll gewährleistet werden, dass diese Direktoren so weit wie möglich frei von Interessenkonflikten sind und somit das Interesse der Eigentümer besser wahrnehmen können, nämlich die Kontrolle des Topmanagements, und insbesondere, dieses von einem Missbrauch seiner Machtposition abzuhalten.[105]

d) Diese Tendenzen haben seit den 70er Jahren dazu geführt, dass bei der **Zusammensetzung** des Boards die Anzahl der outside directors und vor allem das Verhältnis zwischen den outside und den inside directors sich sehr zugunsten Erstgenannter entwickelt hat.[106] Diese Entwicklung wird, mangels des Willens der unabhängigen Direktoren, ihre Befugnisse wahrzunehmen, nicht nur unkritisch beurteilt. Denn Unabhängigkeit kann zugleich auch Gleichgültigkeit bedeuten.[107] Jüngere Bemühungen haben daher angestrebt, neben der Präsenz der unabhängigen Direktoren ihre Rahmenbedingungen so auszugestalten, dass sie die Überwachung der Geschäftsleitung effektiv umsetzen können. Allen voran ist die Anforderung der New York Stock Exchange (NYSE) von 1978 zu nennen, dass jede gelistete Gesellschaft über ein audit committee verfügt, das der Mehrzahl nach aus unabhängigen Direktoren besteht. Sowohl die NYSE, der National tier of the Nasdaq Stock Market (NSM) als auch die American Stock Exchange (ASE) fordern, dass jede gelistete Gesellschaft mindestens zwei unabhängige Direktoren hat.[108] Das Verhältnis zugunsten der outside directors stieg stetig an, sodass heute einige Boards

---

101 NYSE Rules § 303A.02(b)(ii).

102 *Monks/Minow,* Corporate Governance, 227; *Knepper/Bailey,* Liability of Corporate Officers and Directors, Vol. 1, § 1.09, 1–33; *Fanto,* Directors' and officers' liability, § 3:3.1A, 3–7. Detaillierte Definitionen geben auch: NYSE Rules § 303A.02(b) oder NASDAQ Rules § 4350(c); sec. 1.34 von *American Law Institute,* Principles of Corporate Governance: Analysis and Recommendations, 1994, zur Definition von „significant relationship".

103 *Monks/Minow,* Corporate Governance, 227.

104 *Monks/Minow,* Corporate Governance, 227.

105 *Monks/Minow,* Corporate Governance, 227; *Fanto,* Directors' and officers' liability, § 3:3.1A, 3-7.

106 *Monks/Minow,* Corporate Governance, 227.

107 *Monks/Minow,* Corporate Governance, 227.

108 New York Stock Exchange: Listed Company Manual, Section 303.00 (Nov. 4, 2004), einsehbar unter http://www.nyse.com (1. 3. 2011); NASDQ, Marketplace Rules § 4350(c)(1), 4610 (2005), einsehbar unter http://www.nasdaq.com (1. 3. 2011); wobei hier auch Ausnahmen gemacht werden, vgl. *Fanto,* Directors' and officers' liability, § 3:3.1B(2), 3–9, Fn. 24.

nur noch über einen inside director, nämlich den CEO, verfügen.[109] Die allgemeine Meinung geht gerade nach den Skandalen im Jahre 2002 dahin, die Befugnisse der unabhängigen Direktoren weiter zu stärken.[110] Die Börsenzulassungsregeln der NYSE fordern nunmehr von gelisteten Gesellschaften, dass deren Boards zur Mehrheit aus unabhängigen Direktoren bestehen und dass sämtliche Schlüsselkomitees ausschließlich von independent outsiders besetzt werden.[111] Weitere Vorschläge von *Gilson* und *Kraakmann* zielen daraufhin, einen Markt unabhängiger Direktoren zu schaffen, um eine Reihe von professionellen outside directors zu rekrutieren, die hauptberuflich aktiv fünf bis sechs Kapitalgesellschaften überwachen, „wie das Großbanken in Japan oder Deutschland mit ihren jeweiligen Gesellschaften betreiben".[112] Aktionärsinteressengruppen fordern sogar weitere Reformen dahin gehend, auch in den USA das zweistufige Boardsystem mit einem Supervisory Board einzuführen, das ausschließlich aus unabhängigen Direktoren besteht.[113]

e) Von outside directors wird erwartet, dass sie eine „gesunde Skepsis" und Wachsamkeit gegenüber möglichem Fehlverhalten der Geschäftsführung mitbringen.[114] Der wichtigste **Verantwortungsbereich** besteht in der **Überprüfung**: Die finanzielle Prüfung durch das audit committee, das mit den Wirtschaftsprüfern der Gesellschaft in Kontakt steht, insbesondere also die Überwachung der Rechnungslegung und die Mitwirkung in Grundsatzfragen des Jahresabschlusses sowie die Prüfung des Managements.[115] Sie sollen effektiv in die regelmäßige Bewertung des Managements miteinbezogen sein.[116] Outside directors müssen die Leistung des Managements anhand der vorgegeben Ziele messen und sich mit spezifischen Problemen der Gesellschaft vertraut machen. Solche Problemkreise haben sie näher zu betrachten und untereinander zu Informationszwecken, zu zusammenfassenden Feststellungen und Empfehlungen zu beraten.[117] Weiter spielen outside

---

109 *Monks/Minow,* Corporate Governance, 228; Laut *Spencer Stuart,* Board Index 2006 sind 81% der Board Mitglieder der S&P 500 unabhängig (Nachweis bei *Fanto,* Directors' and officers' liability, § 3:3.1A, 3–8, Fn. 18).

110 *Monks/Minow,* Corporate Governance, 240.

111 New York Stock Exchange: Listed Company Manual, Section 303A.01.

112 Nachweis bei *Monks/Minow,* Corporate Governance, 241, Fn. 89. Ein solcher Markt ist in Großbritannien 1982 namens „PRO NED" gegründet worden, um qualifizierte unabhängige Direktoren zu rekrutieren. Für Deutschland: *Bihr/Blättchen,* Aufsichtsräte in der Kritik: Ziele und Grenzen einer ordnungsgemäßen Aufsichtsratstätigkeit – Ein Plädoyer für den Profi-Aufsichtsrat, BB 2007, 1285–1291. Ein solcher Markt professioneller, hauptberuflicher Aufsichtsräte entwickelt sich derzeit in der Tat in Deutschland, vgl. dazu Handelsblatt v. 27. 8. 2010, Die Berufsaufseher kommen, 1, Aufsichtsrat: jung, kritisch, versiert, 54.

113 Nachweis bei *Fanto,* Directors' and officers' liability, § 3:3.1C, 3–14, Fn. 30.

114 *Knepper/Bailey,* Liability of Corporate Officers and Directors, Vol. 1, § 1.09, 1–34, mit weiterem Nachweis.

115 *Knepper/Bailey,* Liability of Corporate Officers and Directors, Vol. 1, § 1.09 1–34.

116 *Knepper/Bailey,* Liability of Corporate Officers and Directors, Vol. 1, § 1.09, 1–34.

117 Insgesamt dazu: *Knepper/Bailey,* Liability of Corporate Officers and Directors, Vol. 1, § 1.09, 1–35.

directors eine besondere Rolle in special litigation committees, die im Zusammenhang mit derivative actions begründet werden (dazu unten 4. Kap. IV.2.c).[118]

2. Non-executive directors in Großbritannien

Im Vereinigten Königreich gaben vergangene Entwicklungen Anlass, die Rolle und die Funktion der non-executive directors (NEDs) näher zu konkretisieren und ihre Effektivität genau zu untersuchen.[119] Mehrere Ausschüsse haben diese Aspekte untersucht und in ausführlichen Berichten konkrete Handlungsempfehlungen gegeben.[120] Besondere Beachtung finden dabei der 2002 durch die britische Regierung beauftragte und von *Derek Higgs* geführte „Review of the role and effectiveness of non-executive directors“[121] und der *Tyson* „Report on the recruitment and development on non-executive directors”[122] von 2003. Der *Higgs* Review fokussiert sich dabei auf die Qualität der NEDs und auf die Bedingungen und Verhaltensweisen, die innerhalb des Boards herrschen müssen, damit NEDs ihre Rolle effektiv ausfüllen können.[123] Der *Tyson* Report wiederum konzentriert sich auf die Notwendigkeit von Unternehmen, ihr Verfahren bei der Besetzung des Boards zu verbessern und eine größere Vielfalt hinsichtlich Fähigkeit, Erfahrung, Herkunft und Geschlecht zu erzielen.[124] Etliche Empfehlungen sind in den Combined Code aufgenommen worden.

a) NEDs fungieren überwiegend als Externe, die nicht zugleich Angestellte sind und überwiegend gänzlich unabhängig von dem Unternehmen seien sollen. NEDs haben eine zweifache **Funktion:** Erstens mit dem Board als Gesamtheit die Unternehmensstrategie vorzugeben („setting the company's strategy“) und zweitens die Geschäftsführung zu kontrollieren („controlling“).[125] Die Überwachungsfunktion hat grundlegende Bedeutung eingenommen (dazu näher unten 5. Kap. II.1.b)). Obwohl NEDs darüber hinaus keine Geschäftsführungsverantwortung haben, sind sie mit allgemeinen unternehmenspolitischen und strategischen Themen befasst.[126] Da sie die gleiche rechtliche Befugnis haben, können NEDs – obwohl sie

---

118 *Knepper/Bailey,* Liability of Corporate Officers and Directors, Vol. 1, § 1.09, 1–35.

119 Zu den Hintergründen: *Davies,* Enron and Corporate Law Reforms in the UK and the European Community, in: *Hopt/Wymeersch/Kanda/Baum* (Hrsg.), Corporate Governance in Context Corporations, States, and Markets in Europe, Japan, and the US, 186–190.

120 Beginnend mit dem Report of the Committee on the Financial Aspects of Corporate Governance 1992 (Cadbury Report).

121 *Higgs,* Review of the role and effectiveness of non-executive directors, Department of Trade and Industry, 2003. 2006 wurden weiter „Suggestions for good practice from the Higgs Report“ veröffentlicht, abrufbar unter http://www.frc.org.uk/CORPORATE/COMBINEDCODE.CFM (1. 3. 2011).

122 *Tyson,* The Report on the Recruitment and Development of Non-Executive Directors, London Business School, 2003.

123 *DTI,* Building better Boards, 2004, 5.

124 *DTI,* Building better Boards, 5.

125 *Higgs* para. 6.1, 27 (*Higgs* verneint ein Spannungsfeld zwischen beiden Aufgabenkreisen); *Birds/Boyle,* Company Law, 395.

126 Combined Code Sec. 1 A.1 Supporting Principles; *Hannigan,* Company Law, 145.

nicht für das Tagesgeschäft zuständig sind – trotzdem die Geschäftsführungsinitiative ergreifen und sind nicht auf nachträgliche Zustimmung, wie der deutsche Aufsichtsrat, beschränkt.[127] Sie sind verantwortlich für die Bestellung und die Festlegung einer angemessenen Vergütung der geschäftsführenden Direktoren. Soweit es notwendig erscheint, entlassen sie das Senior Management und übernehmen die Unternehmensnachfolgeplanung hinsichtlich der Top-Management-Positionen.[128]

b) Die **Vergütung** der NEDs soll angemessen sein, um sowohl ein Anreiz als auch ein fairer finanzieller Ausgleich für Hochqualifizierte zu sein.[129] Diese soll ihren zeitlichen Aufwand und die Verantwortung ihrer Rolle reflektieren, jedoch keine Aktienoptionsprogramme beinhalten.[130]

c) Gerade die **Unabhängigkeit** einzelner Direktoren wird intensiv diskutiert. Der Combined Code legt nunmehr fest, dass die Einstufung eines Direktors als „unabhängig" gesondert dargelegt werden muss, falls der Direktor:[131]

- in den letzten fünf Jahren Angestellter der Gesellschaft oder der Unternehmensgruppe war;
- eine grundlegende Geschäftsbeziehung mit der Gesellschaft hat oder in den letzten drei Jahren hatte, entweder direkt oder als Partner, Anteilseigner, Direktor oder als Senior Angestellter eines Unternehmens, dass eine derartige Beziehung hat;
- neben des Direktorengehalts zusätzliche Vergütung von der Gesellschaft bezieht oder bezogen hat, Aktienoptionen der Gesellschaft besitzt oder an einem sonstigen erfolgsbezogenen Vergütungsprogramm beteiligt ist oder ein Mitglied des Pensionsprogramms der Gesellschaft ist;
- enge familiäre Beziehungen mit Beratern, Direktoren oder Senior Angestellten der Gesellschaft hat;
- überkreuzende Direktoren-Posten besetzt (cross-directorships) oder signifikante Verbindungen mit anderen Direktoren durch Einbindungen in andere Unternehmen oder Organe hat;
- einen signifikanten Anteilseigner repräsentiert;
- mehr als neun Jahre seit der erstmaligen Ernennung Mitglied des Boards war.

Diese konkret negative Abgrenzung erscheint als äußerst hilfreiche Leitlinie bei der Bestimmung, ob ein Direktor als unabhängig angesehen werden kann. Dar-

127 § 111 Abs. 4 AktG; *Hopt/Leyens,* Board Models in Europe. Recent Developments of Internal Corporate Governance Structures in German, the United Kingdom, France and Italy, 11; *Grundmann,* Europäisches Gesellschaftsrecht, § 11 Rn. 381.
128 Combined Code Sec. 1 A.1 Supporting Principles; *Higgs,* Vorschlag Revised Code, 27, Annex A.1.4.
129 *Higgs,* § 12.24,12.
130 Combined Code Sec. 1 B.1.3.
131 Combined Code A.3.1.

über hinaus werden institutionelle Investoren abgehalten, eigene Definitionen aufzustellen, um so Einfluss auf die Unternehmen auszuüben.[132]

d) Zur **Zusammensetzung** des Boards gibt der Code auf Empfehlung *Higgs* nun vor, dass mindestens die Hälfte der Posten des Boards, ausgenommen der Chairman, mit NEDs besetzt sein soll und diese wiederum unabhängig sein sollen.[133] Empfohlen ist weiter, dass das Board aus dem Kreis der unabhängigen NEDs einen unabhängigen Senior Direktor bestimmt. Dieser soll als adäquater Ansprechpartner für Anteilseigener zur Verfügung stehen, falls diese sowohl den CEO als auch den Chairman in bestimmten Angelegenheiten für ungeeignet erachten.[134] Ein executive director soll weder mehr als einen NEDs Posten in einem anderen FTSE 100 Unternehmen innehaben, noch ein Chairman eines solchen Unternehmens sein.[135] NEDs sollen auf Kosten des Unternehmens Zugang zu qualifizierter externer Beratung und zu internen Informationen haben.[136] Sie sollen sich regelmäßig kollektiv ohne Anwesenheit der executive directors treffen und wenigstens einmal jährlich ohne den Vorsitzenden des Boards zusammenkommen.[137] Bei der durchschnittlichen Zeit, die sich NEDs großer Unternehmen ihren Pflichten widmen, hat es einen Zuwachs auf 38 Tage im Jahr gegeben.[138]

e) Nach Ansicht des *Tyson* Reports on the Recruitment and Development of Non-Executive Directors haben NEDs vier weitreichende **Verantwortungsbereiche:** Sie sollen erstens beratend und richtungsweisend auf die Geschäftsführung bei der Entwicklung und der Bewertung der Unternehmensstrategie einwirken; zweitens die Geschäftsführung bei der Umsetzung und der Ausführung der Unternehmensstrategie überwachen; drittens die rechtliche und ethische Unternehmensleistung überwachen; und viertens die Richtigkeit und Adäquanz finanzieller und anderer Unternehmensinformationen, die für Investoren und andere mit dem Unternehmen verbundene Interessenträger (sog. Stakeholder) bestimmt sind, sicherstellen.[139]

Trotz der Vielzahl an Reformen zur Stärkung der Rolle der NEDs innerhalb des Boards, ist eine zunehmende Anzahl an NEDs der Überzeugung, dass sie keinen hinreichenden Einfluss besitzen, um einen CEO mit einer großen Beteiligung an

---

132 *Davies,* Gower's Company Law, 325 (7. Aufl.).
133 Combined Code A.3.2.
134 Combined Code A.3.3.
135 Combined Code A.4.5.
136 Combined Code A.5.2–3.
137 Sowohl die Rolle des unabhängigen Senior Direktors als auch die Forderung nach Treffen ohne den Chairman wird wegen der Einheitlichkeit des Boards nicht ganz unkritisch betrachtet, vgl. dazu *Hannigan,* Company Law, 155.
138 Vgl. *Tucker,* Non-execs say time demands outstrips pay, Financial Times, Ausgabe UK 10. Januar 2005, 3, Bezug nehmend auf eine Untersuchung, durchgeführt von Independent Remuneration Solutions, ein in London ansässiger pay Consultant, der 400 NEDs interviewt hat. Als Großunternehmen werden solche definiert, die einen Umsatz von über einer Milliarde £ haben.
139 *Tyson,* Report II.

der Gesellschaft zu kontrollieren.[140] *Davies* bezweifelt ebenso, dass bei niedriger Vergütung der NEDs – neben dem Risiko, ihren Ruf zu verlieren –, ausreichend Anreize für eine adäquate Überwachung der geschäftsführenden Mitglieder des Boards bestehen.[141] Ein größeres Maß an direkter Verantwortlichkeit der NEDs gegenüber Aktionären, insbesondere institutionellen, könnte seiner Ansicht nach hierbei einen zusätzlichen Anreizfaktor darstellen.[142] Aufgrund der Ausweitung ihrer Funktionen wird auch mit einem Anstieg des Haftungsrisikos gerechnet, welches wiederum durch finanzielle Anreize kompensiert werden kann.[143] Mit ansteigender Vergütung besteht andererseits die Gefahr der Abhängigkeit und Gefügigkeit gegenüber dem Management der Gesellschaft;[144] wodurch wieder der eingangs dargestellte Zielkonflikt beschrieben wäre.

140 Vgl. *Tucker,* Non-execs say time demands outstrips pay, Financial Times, Ausgabe UK, 10. Januar 2005, 3.
141 *Davies,* Struktur der Unternehmensführung in Großbritannien und Deutschland: Konvergenz oder fortbestehende Divergenz? ZGR 2001, 281.
142 *Davies,* Gower's Company Law, 14–33, 410.
143 So *Hannigan,* Company Law, 155.
144 So auch *Chew,* Directors' and Officers' Liability, § 1:6.2(A), 1–19, mit Verweis auf *Lublin,* While Outside Directors' Pay Increases, Independence from Managers May Fade, Wall ST.J., Apr. 22, 1991; *Gilson/Kraakman,* Reinventing the outside director: an agenda for institutional investors, Stanford Law Review, CA, 1990.

2. Kapitel: Dualistisches Führungssystem mit Aufsichtsrat

I. Funktion, Struktur und Zusammensetzung des zweistufigen Verwaltungssystems

Abweichend vom monistischen System, werden die Geschäftsführungs- und die Überwachungsaufgaben innerhalb des dualistischen Systems durch zwei eigenständige Organe wahrgenommen. Vereinfachend gesagt, ist ein Organ für die Geschäftsführung verantwortlich, während das zweite die Geschäftsführung überwacht. Das zweistufige Führungssystem wird der deutschen Aktiengesellschaft und der GmbH mit mehr als 500 Angestellten zwingend vorgeschrieben und ist eine Option in der SE.[145] In der Europäischen Union folgen Dänemark, Estland, Lettland, die Niederlande, Österreich, Polen, die Slowakische Republik und die Tschechische Republik dem dualistischen System.[146]

Das Aktiengesetz regelt weitgehend die Rechte und Pflichten des Vorstands und des Aufsichtsrats. Der Vorstand hat gemäß § 76 Abs. 1 AktG die Gesellschaft unter eigener Verantwortung zu leiten. Der Aufsichtsrat hat gemäß § 111 Abs. 1 AktG die Geschäftsführung zu überwachen. Darüber hinaus befasst sich der deutsche Corporate Governance Kodex mit den Aufgabenbereichen und Befugnissen der beiden Organe. Auch dieser Kodex folgt als „soft law" der „comply-or-explain" Herangehensweise. Vorstand und Aufsichtsrat haben gemäß § 161 AktG eine jährliche Erklärung abzugeben, inwieweit den Empfehlungen des Kodexes entsprochen wurde und wird oder welche Empfehlungen nicht angewandt wurden oder werden.[147]

Die Vorschriften für eine SE, die sich für das zweistufige Führungssystem entscheidet, finden sich in den Art. 39–42 der SE-Verordnung. Die Vorgaben lehnen sich weitgehend an das deutsche System und dessen Zusammenwirken zwischen

---

145 §§ 95 ff. AktG; § 1 Abs. 1 Nr. 3 DrittelbG, BGBl I 2004, 974 (früher BetrVG 1952); zur obligatorischen Einrichtung des Aufsichtsrats in der GmbH und den gegenwärtig gültigen drei Varianten der Mitbestimmung vgl. *Altmeppen,* in: *Roth/Altmeppen,* GmbHG, § 52 Rn. 36 f.; Art 38(b) SE-Verordnung.

146 *Kluge/Stollt* (Hrsg.), Die Europäische Aktiengesellschaft (SE) – Perspektiven für eine europäische Unternehmensmitbestimmung, Übersicht: Unternehmensmitbestimmung in den 27 EU-Mitgliedstaaten.

147 Harmonisiert durch Art. 46 a der 4. Gesellschaftsrechtsrichtlinie, dazu schon oben. Nach dem Gesetz zur Modernisierung des Bilanzrechts (BilMoG) v. 25. 5. 2009 (BGBl. I 2009, 27), ist nunmehr in Übereinstimmung mit Ziff. 3.10. S. 2 DCGK eine Abweichung von den Empfehlungen zu begründen, dazu *Kuthe/Geiser,* Die neue Corporate Governance Erklärung – Neuerung des BilMoG in § 289 a HGB-RE, NZG 2008, 172.

Geschäftsführung und Aufsichtsrat an. Die Verordnung lässt jedoch die Wahl zwischen einem kollektiven Geschäftsführungsorgan oder einem oder mehreren Direktoren, die für die Unternehmensleitung verantwortlich sind.[148]

Das **klassische Vorstands-/Aufsichtsratsmodell** beruht auf folgenden Prinzipien:[149] Der Aufsichtsrat bestellt und entlässt Vorstandsmitglieder.[150] Der Aufsichtsrat überwacht die Geschäftsführung, ohne dabei selbst geschäftsführend tätig zu werden.[151] Die Mitglieder des Aufsichtsrats werden von der Hauptversammlung gewählt,[152] soweit nicht Arbeitnehmermitbestimmungsregeln Anwendung finden oder ein Entsendungsrecht besteht. Die Arbeitnehmermitbestimmungsregeln finden auch bei SEs Anwendung, die deutschem Recht unterstehen, soweit nicht die Geschäftsführung und Arbeitnehmervertreter sich dagegen entscheiden.[153] Der Aufsichtsrat hat das Recht, regelmäßig über die Lage der Gesellschaft informiert zu werden.[154] Korrespondierend muss die Geschäftsführung Bericht erstatten über die Geschäftspolitik, die Unternehmensplanung, die Rentabilität der Gesellschaft, den Gang der Geschäfte.[155] Falls Arbeitnehmermitbestimmungsregeln Anwendung finden, wird der Vorsitzende des Aufsichtsrats im Zweifel aus von Aktionären gewähltem Kreis der Aufsichtsratsmitglieder bestimmt.[156] Das Umsetzungsgesetz der SE-Verordnung hat bestimmte Arten von Geschäften unter den Zustimmungsvorbehalt des Aufsichtsrats zu stellen.[157] Das SEAG enthält keine solche Liste zustimmungsbedürftiger Geschäfte. Nach § 111 Abs. 4 S. 1 AktG hat die Satzung oder der Aufsichtsrat solche Zustimmungsvorbehalte zu bestimmen.

II. Der Aufsichtsrat

1. Funktion

Die Funktion des Aufsichtsrats ist in der Praxis weder genau abgrenzbar noch einfach zu beschreiben: Neben den schon genannten grundlegenden Funktionen **Bestellung, Abberufung** und **Überwachung** des Vorstandes, kommen dem

148 Art. 39 Abs. 1 SE-Verordnung.
149 Vgl. dazu auch *Böckli,* Konvergenz: Annäherung des monistischen und dualistischen Führungs- und Aufsichtssystems, in *Hommelhoff/Hopt/v. Werder* (Hrsg.): Handbuch Corporate Governance, 258 ff.
150 § 84 AktG; Art. 39 Abs. 2 SE-Verordnung.
151 § 111 Abs. 1, 4 S. 1 AktG; Art. 40 Abs. 1 SE-Verordnung.
152 § 101 Abs. 1 AktG; Art. 40 Abs. 1, 2 SE-Verordnung.
153 Europäische Grundlage ist insbesondere die am 10. 11. 2001 in Kraft getretene Richtlinie 2001/86/EG zur Ergänzung des Statuts der Europäischen Gesellschaft hinsichtlich der Beteiligung der Arbeitnehmer v. 8. 10. 2001, welche in nationales Recht durch das Gesetz über die Beteiligung der Arbeitnehmer in einer Europäischen Gesellschaft (SE-Beteiligungsgesetz – SEBG) v. 22. Dezember 2004 (BGBl. I S. 3675) umgesetzt wurde.
154 § 90 Abs. 3 S. 1 AktG; Art. 41 Abs. 1 SE-Verordnung. Dazu *Manger*, Das Informationsrecht des Aufsichtsrats gegenüber dem Vorstand – Umfang und Grenzen, NZG 2010, 1255–1258.
155 § 90 Abs. 1 AktG; Art. 40 Abs. 2–4 SE-Verordnung.
156 § 27 Abs. 2 S. 2 MitbestG; Art. 42 SE-Verordnung.
157 Art. 48 Abs. 2 SE-Verordnung.

Aufsichtrat weitere „soft“ Funktionen zu. Gerade Kontakt- und Interessenpflege (Networking) mit Interessenvertretern und Geschäftspartnern der Gesellschaft und Funktionen im Zusammenhang mit Arbeitnehmervertretungen sind im historischen Hintergrund von „unersetzlicher Bedeutung“.[158]

2. Vergütung

Die Vergütung der Aufsichtsratsmitglieder kann in der Satzung festgesetzt werden oder steht im Ermessen der Hauptversammlung und ist nach dem Angemessenheitskriterium des § 113 Abs. 1 S. 3 AktG an der Lage der Gesellschaft zu orientieren.[159] Nach Ziff. 5.4.6. des DCGK soll neben einer festen Vergütung auch eine erfolgsbezogene Vergütung enthalten sein.[160] Eine Ausrichtung der Vergütung auf Aktienoptionen und damit auf den Börsenkurs hat der BGH jedoch mit der Kontrollfunktion als unvereinbar bezeichnet.[161] Hier zeichnen sich nicht unerhebliche Konvergenztendenzen ab.

3. Unabhängigkeit

Die Unabhängigkeit der Aufsichtsratsmitglieder wird in Deutschland nicht in dem Maße betont wie im angloamerikanischen Board.[162] Es wird weder ein bestimmtes

---

158 Vgl. *Hopt/Leyens,* Board Models in Europe. Recent Developments of Internal Corporate Governance Structures in German, the United Kingdom, France and Italy, 5.

159 Zu Einzelheiten siehe *Hirte,* Kapitalgesellschaftsrecht, § 3, Rn. 3.190; *Semler,* in: *Semler/v. Schenck,* Arbeitshandbuch für Aufsichtsratsmitglieder, § 1, Rn. 275 ff.; *Vetter,* Rechte und Pflichten des Aufsichtsratsmitglieds, in: *Marsch-Barner/Schäfer* (Hrsg.), Handbuch börsennotierte AG, § 29, Rn. 32–52.

160 Wobei angeregt wird, dass sich die Erfolgsorientierung auch auf den langfristigen Unternehmenserfolg bezieht. In den USA soll die Vergütung nicht geschäftsführender Direktoren gerade nicht erfolgsorientiert sein. Fast alle DAX-Unternehmen verfügen über variable Vergütungselemente. Der Trend geht dahin, die Grundvergütung anzuheben, erfolgsabhängige Tantiemen dagegen zu senken. Bei der Vergütung zwischen den einzelnen Aufsichtratsmitgliedern wird erheblich differenziert, so erhielt 2007 bei 13 Dax-Unternehmen der Aufsichtsratsvorsitzende das Doppelte eines ordentlichen Mitglieds, was auf den tatsächlichen Arbeitsaufwand und die jeweilige Verantwortung zurückzuführen ist. Die durchschnittlichen Gesamtbezüge eines Aufsichtsratsvorsitzenden im DAX lagen 2007 zwischen 208.500 Euro und 279.800 Euro, was im europäischen Vergleich deutlich unterhalb des europäischen Durchschnittswerts (Stoxx50) liegt, der 2007 bei rund 610.000 Euro lag, vgl. dazu Towers Perrin-Studie „Aufsichtsratsvergütung DAX 2008“, abrufbar unter www.towersperrin.com (1. 3. 2011).

161 BGH v. 16. 2. 2004, II ZR 316/02 – „Mobilcom“, ZIP 2004, 613, 614 = NJW 2004, 1109–1110; Anmerkung: *Vetter,* Stock Options für Aufsichtsräte – ein Widerspruch?, AG 2004, 234–238. Das entspricht der Vorgabe des Combined Codes in Großbritannien.

162 *Grundmann,* Europäisches Gesellschaftsrecht, § 11 Rn. 377. Ziff. 5.4.2 des DCGK empfiehlt, dass der Aufsichtsrat eine nach seinem Ermessen vorgegebene Anzahl an unabhängigen Mitgliedern zu bestimmen hat. Ein Aufsichtsratsmitglied ist demnach unabhängig, wenn es weder berufliche noch persönliche Beziehungen zur Gesellschaft oder zum Vorstand hat, welche einen Interessenkonflikt hervorrufen könnten. Nach dem neuen § 100 Abs. 5 AktG, eingefügt durch das Gesetz zur Modernisierung des Bilanzrechts (BilMoG), muss bei einer „kapitalmarktorientierten Kapitalgesellschaft“ (vgl. ebenfalls neu eingefügter § 264 d HGB) zukünftig mindestens ein unabhängiges

Verhältnis von unabhängigen Mitgliedern vorgegeben, noch ist die Definition der Unabhängigkeit derart detailliert. Interessenkonflikte werden überwiegend dadurch vermieden, dass das Aufsichtsratsmandat gemäß § 105 AktG unvereinbar mit einem gleichzeitigen Vorstandsposten ist. Wegen der vorgeschriebenen und bewährten Aufgabenverteilung zwischen Vorstand und Aufsichtsrat soll diese Diskussion nur eingeschränkt auf das deutsche Recht übertragbar sein.[163] Ein solcher Grad an Unabhängigkeit, wie in den USA und in Großbritannien gefordert und auf europäischer Ebene empfohlen,[164] wird derzeit im deutschen Aufsichtsrat aus mehreren Gründen praktisch nicht durchsetzbar sein. Erstens, auch wenn heftig kritisiert, ist es immer noch gängige Praxis, dass Vorstandsvorsitzende direkt nach ihrem Rücktritt den Posten des Aufsichtsratsvorsitzenden übernehmen und dann die schon von ihnen teilweise vorgegebene Unternehmensstrategie „überwachen" sollen.[165] Zweifelsohne bleiben dem Unternehmen so langjährige Erfahrung und Kontakte erhalten, was wiederum auf die unterschiedliche Funktion des Aufsichtsrats zurückzuführen ist.[166] Der deutsche Corporate Governance Kodex versucht seit der Fassung vom Juni 2005 solchen Tendenzen entgegenwirken. Die **Karenzzeit** hat nunmehr eine gesetzliche Regelung erfahren durch das vom Bundestag am 18. 6. 2009 verabschiedete Gesetz zur Angemessenheit der Vorstandsvergütung (VorstAG).[167] Durch das Gesetz soll auf die Finanzmarktkrise reagiert werden, die durch fehlerhafte Verhaltensanreize infolge kurzfristig ausgerichteter Vergütungsinstrument begünstigt worden sei.[168] Nach § 100 II Nr. 4 AktG n. F. gilt für ehemalige Vorstandmitglieder eine zweijährige Karenzzeit, in der sie nach ih-

---

Aufsichtsratsmitglied über beruflichen Sachverstand auf den Gebieten Rechnungslegung oder Abschlussprüfung verfügen.

163 *Marsch-Barner*, in: *Marsch-Barner/Schäfer* (Hrsg.), Handbuch börsennotierte AG, § 2 Corporate Governance, Rn. 50. Teilweise wird jedoch angenommen, dass die fehlende Unabhängigkeit deutscher Aufsichtsratsmitglieder zu einer unzureichenden Ausübung der Managementkontrolle beiträgt, vgl. *Paal*, Die persönliche Haftung – ein wirksames Mittel zur Verbesserung der Kontrolltätigkeit des Aufsichtsrates bei kapitalmarktorientierten Unternehmen? (Teil I) DStR 2005, 382, 385; kritisch auch *Roth/Wörle*, Die Unabhängigkeit des Aufsichtsrates – Recht und Wirklichkeit, ZGR, 565–630.

164 Empfehlung (2005/162/EG) dazu näher unten 3. Kap. V.

165 In zwölf DAX-Unternehmen war 2007 der aktuelle Aufsichtsratsvorsitzende Vorstandsvorsitzender im gleichen Unternehmen, in sechs Fällen in einem anderen Unternehmen, vgl. Towers Perrin-Studie „Aufsichtsratsvergütung DAX 2007", abrufbar unter http://www.towersperrin.com/tp/showdctmdoc.jsp?url=HR_Services/Germany/News/Spotlights/2007/Mehr_an_Verantwortung_und_Vergutung_macht_Aufsichtsratstatigkeit_attraktiv.htm&country=deu (1. 3. 2011).

166 Als weitere Vorteile werden die Vertrautheit mit der Gesellschaft und die Durchsetzungsmacht genannt: vgl. *Grundmann*, Europäisches Gesellschaftsrecht, § 11 Rn. 382.

167 Hierzu *Fleischer*, Das Gesetz zur Angemessenheit der Vorstandsvergütung (VorstAG), NZG 2009, 801–806; *Baeck/Winzer*, Gesetz zur Angemessenheit der Vorstandsvergütung (VorstAG), NZG 2009, 823; *Deilmann/Otte*, Auswirkungen des VorstAG auf die Struktur der Vorstandsvergütung, GWR 2009, 287105; *Jahn*, Das VorstAG: Neue Vorschriften gegen „unangemessene" Managerbezüge, GWR 2009, 135; *Conrad/Panetta*, Neuerungen durch das Gesetz zur Angemessenheit der Vorstandsvergütungen, NJOZ 2009, 3199–3205; *Hanau*, Der (sehr vorsichtige) Entwurf eines Gesetzes zur Angemessenheit der Vorstandsvergütung, NJW 2009, 1652–1653; zu europäischen Maßnahmen im Zusammenhang mit der Finanzkrise: *Hopt*, Auf dem Weg zu einer neuen europäischen Finanzmarktarchitektur, EuZW 2009, 513.

168 Vgl. BT-Dr 16/13433, 1.

rem Ausscheiden nicht Mitglieder des Aufsichtsrats derselben börsennotierten Gesellschaft werden dürfen. Hierdurch sollen Interessenkonflikte vermieden werden. Ausnahmen gelten, wenn die Wahl in den Aufsichtsrat auf Vorschlag von Aktionären erfolgt, die mehr als 25% der Stimmrechte der Gesellschaft halten. Ziffer 5.4.4. des DCGK übernimmt diese gesetzlichen Vorgaben.

Zweitens ist die paritätische **Mitbestimmung** deutscher Aufsichtsräte bei aus der Belegschaft gewählten Arbeitnehmervertretern mit diesen Grundsätzen unvereinbar.[169] Beide Faktoren sind für die interne Corporate Governance nicht förderlich.[170] Die gesetzliche Kodifizierung der sog. „cooling off"-Periode ist daher zu begrüßen. Schließlich erscheint die Besetzung der Ausschüsse ohne die Beteiligung von Arbeitnehmervertretern anstrebenswert.[171]

4. Zusammensetzung

§ 96 AktG regelt die Zusammensetzung des Aufsichtsrats.[172] Der Aufsichtsrat der AG mit mehr als 2000 Angestellten ist nach § 1 Abs. 1 iVm § 7 MitbestG paritätisch zu besetzen.[173] Seine Größe richtet sich nach der Zahl der Arbeitnehmer der Gesellschaft. Nach § 7 Abs. 1 S. 1 MitbestG sind bei nicht mehr als 10.000 Arbeitnehmern 12 Mitglieder, bei nicht mehr als 20.000 Arbeitnehmern 16 Mitglieder und bei mehr als 20.000 Arbeitnehmern 20 Mitglieder zu bestellen.[174] Jeweils die Hälfte der Sitze ist mit Anteilseigner- und Arbeitnehmervertretern zu besetzen. Ziff. 5.4.1 DCGK empfiehlt bei der Zusammensetzung des Aufsichtsrats, dass diesem jederzeit Mitglieder angehören, die über die zur ordnungsgemäßen Wahrnehmung der Aufgaben erforderlichen Kenntnisse, Fähigkeiten und fachlichen Erfahrungen verfügen.

---

169 Vgl. *Böckli,* Konvergenz: Annäherung des monistischen und dualistischen Führungs- und Aufsichtssystems, in *Hommelhoff/Hopt/v. Werder* (Hrsg.): Handbuch Corporate Governance, 260 ff.

170 Wenigstens für die Einhaltung der europäischen Empfehlungen: *Hopt,* European Company Law and Corporate Governance, in: *Hopt/Wymeersch/Kanda/Baum* (Hrsg.), Corporate Governance in Context, 2005, 119, 133.

171 So *Leyens,* Internal Corporate Governance in Europe – Towards a More Market-Based Approach, in: Kyoto Journal of Law and Politics, 2007, Vol. 4, No. 1, 17, 26 ff.

172 Insgesamt zur Zusammensetzung des Aufsichtsrats: *Habersack,* MüKoAktG, § 96, Rn. 1–35; *Kort,* Corporate Governance-Fragen bei der Größe und Zusammensetzung des Aufsichtsrates bei AG, GmbH und SE, Die Aktiengesellschaft, 2008, 137–149.

173 Die paritätische Mitbestimmung ist ein wesentlicher Kritikpunkt in der rechtspolitischen Diskussion, vgl. statt vieler *Hopt/Leyens,* Board Models in Europe. Recent Developments of Internal Corporate Governance Structures in German, the United Kingdom, France and Italy, 1 ff.

174 Die große Zahl an Aufsichtsratsmitgliedern wird kritisch betrachtet. Mit Ausnahme der als europäische Aktiengesellschaft firmierenden Unternehmen zeichnen sich die DAX-Aufsichtsgremien durch eine Mitgliederzahl von bis zu 20 und mehr aus. Im europäischen Vergleich liegt die Anzahl bei etwa 12 bis 13 Mitgliedern, vgl. Towers Perrin-Studie „Aufsichtsratsvergütung DAX 2007". Zum Reformbedarf und Vorzug der SE: vgl. *Habersack,* MüKoAktG, § 95, Rn. 4; *ders.,* Schranken der Mitbestimmungsautonomie in der SE, AG 2006, 345–355. Zum nachteiligen Einfluss auf den Informationsaustausch: vgl. *Leyens,* Internal Corporate Governance in Europe – Towards a More Market-Based Approach, in: Kyoto Journal of Law and Politics, 2007, Vol. 4, No. 1, 17, 25.

5. Verantwortungsbereiche

Der Aufsichtsrat überwacht den Vorstand, seine Befolgung der gesetzlichen und der satzungsmäßigen Vorgaben und die Strategie des Unternehmens.[175] Er berät die Unternehmensplanung und die Politik mit dem Vorstand (§ 90 Abs. 1 AktG).[176] Ihm obliegt die Auswahl des Abschlussprüfers und des Konzernabschlussprüfers mit dem entsprechenden Vorschlag an die Hauptversammlung und der spätere Vertragsschluss mit ihnen (§ 111 Abs. 2 S. 3 AktG).[177] Der Vorstand hat den Jahresbericht dem Aufsichtsrat vorzulegen, der diesen dann zu prüfen hat, bei entsprechender Billigung feststellt und endlich der Hauptversammlung Bericht erstattet.[178] Ferner vertritt der Aufsichtsrat gemäß § 112 AktG die Gesellschaft gegenüber Vorstandsmitgliedern sowohl gerichtlich als auch außergerichtlich. Dies spielt eine entscheidende Rolle, wenn Schadensersatzansprüche der Gesellschaft gegenüber dem Vorstand geltend gemacht werden oder die Vergütung des Vorstandes infrage steht. Nach § 87 AktG legt der Aufsichtsrat die Vorstandsvergütung fest. Die Zuständigkeit für die Festsetzung und die Herabsetzung der Vorstandsvergütung kann seit dem VorstAG (§ 107 Abs. 3 S. 3 AktG n. F.) nicht mehr einem Ausschuss zur Beschlussfassung übertragen werden. Das Gesetz soll unter anderem dafür Sorge, dass bei der Festsetzung der Vergütung von Vorständen künftig verstärkt Anreize für eine nachhaltige Unternehmensentwicklung gesetzt werden und die Transparenz der Vergütungsfestsetzung verbessert wird.[179]

---

175 Grundlegend: *Semler*, Die Überwachungsaufgabe des Aufsichtsrats, 1980.
176 Dazu *Lutter/Krieger*, Rechte und Pflichten des Aufsichtsrats, Rn. 94 ff.
177 Dazu *Lutter/Krieger*, Rechte und Pflichten des Aufsichtsrats, Rn. 171 ff. Nach US-amerikanischem Recht ist der Prüfungsausschuss für die Ernennung des Abschlussprüfers zuständig, vgl. *Marsch-Barner*, in: *Marsch-Barner/Schäfer* (Hrsg.), Handbuch börsennotierte AG, § 2 Corporate Governance, Rn. 96.
178 §§ 170–172 AktG.
179 Vgl. BT-Dr 16/12278, 6. Schon nach der Fassung des DCGK Ziff. 4.2.2. vom 6. Juni 2008 soll der Verschiebung solcher Beschlüsse in Aufsichtsratsausschüsse entgegengewirkt werden und nun immer das gesamte Kontrollgremium das Vergütungssystem für den Vorstand einschließlich der wesentlichen Vertragselemente beschließen. Richtigerweise werden so etwaige Sonderinteressen im Ausschuss ausgeschlossen. Über das Gesetz über die Offenlegung der Vorstandsvergütung (Vorstandsvergütungs-Offenlegungsgesetz VorstOG) ist § 285 Nr. 9 a HGB für börsennotierte Aktiengesellschaften erneut um zusätzliche Pflichtangaben erweitert worden und hat weitere Transparenz der individuellen Vorstandsvergütung geschaffen. Diese zunehmende Transparenz und individualisierte Offenlegung bei der Vorstandsvergütung ist zu begrüßen. Diskussionen über die Beschränkung der Vorstandsvergütung – ausgenommen solcher Unternehmen, welche die Hilfe des staatlichen Rettungsfond SoFFin in Anspruch nehmen – und Vorschläge (gesetzliche Beschränkung, beschränkte steuerliche Absetzbarkeit etc.) hierzu überzeugen im internationalen Vergleich nicht. Soweit nicht – was jedoch höchst zweifelhaft erscheint – international einheitliche Vorgaben getroffen werden, schwächen nationale Regelungen die Konkurrenzfähigkeit Deutschlands bei der Rekrutierung von führenden Managerpersönlichkeiten auf den internationalen Märkten. Im Hinblick auf die Finanzmarktkrise ist vielmehr eine Vergütungspolitik im Finanzdienstleistungssektor erforderlich, mit der falsche Anreize auch unterhalb der Vorstandsebene korrigiert werden und ein wirksames Risikomanagement unterstützt wird, vgl. EMPFEHLUNG DER KOMMISSION zur Vergütungspolitik im Finanzdienstleistungssektor v. 30. 4. 2009; so auch *Hopt*, Auf dem Weg zu einer neuen europäischen Finanzmarktarchitektur, EuZW 2009, 513. Ausführlich zur Haftung von Aufsichtsratsmitgliedern wegen Festsetzug unangemessener Vorstandsbezüge vgl. 2. Teil, 6. Kap. II.2.b)(2).

3. Kapitel: Haftungsdivergenzen und Konvergenz

Es schließt sich die Frage an, ob sich aus den Unterschieden der Boardstruktur und der Ausgestaltung des internen Kontrollorgans zwingende Haftungsunterschiede für Organmitglieder mit speziellen Überwachungsaufgaben ergeben. Welche theoretischen Schlussfolgerungen hinsichtlich des Haftungsrisikos können aus diesen strukturellen Unterschieden gezogen werden? Hat eine zunehmende Konvergenz bzw. eine fortbestehende Divergenz beider Boardmodelle Einfluss auf die Haftungssystematik? Es wird argumentiert werden, dass sich aus der unterschiedlichen Struktur theoretisch entsprechende Haftungsunterschiede ergeben können, sich aber mit zunehmender Konvergenz – insbesondere aus europäischer Sicht – auch die Haftungssystematik teilweise angleichen wird.

Ein Ziel der Arbeit wird es sein, die folgenden theoretischen Ansätze auf ihre Übereinstimmung mit der Haftung unter Berücksichtigung sämtlicher weiterer Faktoren, die jeweils modifizierend wirken, zu überprüfen.

I. Implikation einer rechtlichen Unterscheidung

Es scheint, dass eine klare rechtliche Unterscheidung der einzelnen Direktoren, sprich zwischen inside bzw. executive und outside bzw. non-executive directors, im monistischen System schwerer zu treffen ist, als dies der Fall bei Mitgliedern zweier unterschiedlicher Organe ist, nämlich bei Vorstand und Aufsichtsrat. Das englische Recht unterscheidet formal nicht zwischen executive und non-executive directors. NEDs haben sowohl die gleichen Befugnisse als auch die gleichen Pflichten ihrer geschäftsführenden Kollegen.[180] Auch das US-amerikanische bundesstaatlich geregelte Gesellschaftsrecht trifft keine formale rechtliche Unterscheidung zwischen den Pflichten von inside und von outside directors.[181] Es gilt die Einheitlichkeit des Boards. Einerseits werden spezielle Regeln für nicht geschäftsführende Direktoren dieser Einheitlichkeit nicht gerecht und deren Formulierung erweist sich als nicht unproblematisch. Andererseits laufen allgemeine Regeln für beide Arten von Direktoren Gefahr, ihren unterschiedlichen Charakter zu vernach-

---

180 *Davies*, Gower's Company Law, 16–13, 491; *Black/Cheffins*, Outside Director Liability Across Countries, 1399; ausführlich zur Unterscheidung des Haftungsmaßstabs verschiedener Organmitglieder 2. Teil jeweils I.

181 *Knepper/Bailey*, Liability of Corporate Officers and Directors, Vol. 1, § 1.09 1–34.

lässigen.[182] Das dualistische System nimmt hingegen eine **klare Abgrenzung** der Funktionen, Befugnisse und Pflichten zwischen den Vorstands- und den Aufsichtsratsmitgliedern vor.[183] Selbstverständlich wird im zweistufigen Verwaltungssystem ein **anderer Haftungsmaßstab** an Aufsichtsratsmitglieder als an Vorstandsmitglieder angelegt.[184] Im einstufigen Verwaltungssystem ist die Unterscheidung des Haftungsmaßstabs verschiedener Organmitglieder, insbesondere zwischen geschäftsführenden und nicht geschäftsführenden Direktoren, nicht eindeutig zu beantworten. Ob im monistischen System von Regelgebern und Gerichten eine klare Abgrenzung getroffen werden wird, ist in der Diskussion und bleibt abzuwarten.[185]

Es kann daher argumentiert werden, dass Aufsichtsratsmitglieder, verglichen mit outside directors bzw. NEDs, einen höheren Grad an Rechtssicherheit hinsichtlich einer möglichen Haftung genießen. Als Problem im monistischen System wird erwähnt, dass Direktoren, insbesondere nicht geschäftsführende Direktoren, nicht mit hinreichender Sicherheit den Umfang ihrer Pflichten kennen.[186] Weitere Faktoren, die diese Annahme zulassen, ergeben sich aus den grundsätzlichen Unterschieden des Common Law Systems und des Zivilrechtssystems[187] und aus der Tatsache, dass Direktoren mit speziellen Kontrollaufgaben im monistischen System erst seit vergleichsweise kurzer Zeit aufgekommen sind.[188] Aufsichtsratsmitglieder deutscher Unternehmen sehen sich konfrontiert mit einem rechtlichen Haftungssystem aus langjährig entwickelter Gesetzgebung und Rechtsprechung, die bei der Ermittlung ihrer Funktionen und der Festlegung ihrer Haftung herangezogen werden können.[189] Verglichen dazu, hat sich beispielsweise in Großbritannien noch keine „precedential court decision“ umfassend mit der Haftungsproblematik von NEDs beschäftigt.

---

182 *Hopt*, in *Hopt/Teubner* (Hrsg.), Directors' Liabilities, 285, 301, anhand des Beispiels von Konkurrenzverhalten.
183 So auch *Doralt/Doralt* in: *Semler/v. Schenck*, Arbeitshandbuch für Aufsichtsratsmitglieder, § 13, Rn. 43 ff.
184 *Grundmann*, Europäisches Gesellschaftsrecht, § 11 Rn. 390, Fn. 70. Für Deutschland: *Doralt/Doralt* in: *Semler/v. Schenck*, Arbeitshandbuch für Aufsichtsratsmitglieder, § 13, Rn. 44; *Hüffer*, AktG § 116 Rn. 1.
185 Ausführlich dazu unten 2. Teil jeweils I.
186 Für Großbritannien: *Higgs*, 14.7, 64.
187 Z.B. ist die business judgement rule in den USA nur Richterrecht, und Gerichte sind unbefangen, diese Verteidigung zu formulieren und anzuwenden, wie es ihnen im entsprechenden Einzelfall angemessen erscheint, vgl. *Knepper/Bailey*, Liability of Corporate Officers and Directors, Vol. 1, § 2.01, 2–4. Besonders zum Bereich der Managementhaftung: *Friedrich*, D&O Liability: Die Haftung des Managements nach deutschem und US-amerikanischem Recht, 109.
188 Dazu das Kapitel in *Davies*, Struktur der Unternehmensführung in Großbritannien und Deutschland: Konvergenz oder fortbestehende Divergenz? ZGR 2001, „Das Aufkommen des Monitoring Boards“. Dies gilt wohl für Großbritannien noch mehr als für die USA.
189 „Die Normen zu Haftung und Verantwortung von Organmitgliedern haben sich in ihrem Text in weit über 100 Jahren als ungewöhnlich stabil erwiesen“, vgl. *Lutter*, Entwicklung der Organpflichten und der Haftung, in *Krieger/Schneider* (Hrsg.), Handbuch Managerhaftung, § 1 Rn. 9. Zwar sind im angloamerikanischen Recht Treupflichten erheblich weiter entwickelt, jedoch wird die rechtliche Unterscheidung auch hier nicht so deutlich betont (dazu unten 7. Kap. II.2.).

Für eine **abgeschwächte Haftung** von nicht geschäftsführenden Direktoren und Aufsichtsratsmitgliedern im Gegensatz zu geschäftsführenden Organmitgliedern sind verschiedene **Lösungsmöglichkeiten** denkbar. Soweit nicht schon generell ein niedrigerer Haftungsmaßstab angelegt wird, kann eine verhältnismäßige Schadensbeteiligung entsprechend des jeweils persönlichen Verschuldensanteils und ihrer speziellen Rolle innerhalb des (der) Boards an der Gesamtverantwortung in Betracht kommen. Alternativ können geschäftsführende Direktoren grundsätzlich vorrangig in Anspruch zu nehmen sein, wenn diesen aktives Fehlverhalten vorgeworfen wird, wohin Kontrolleure Überwachungspflichten verletzt haben. Schließlich können für nicht geschäftsführende Organmitgliedern Haftungshöchstbeträge festgesetzt oder vertraglich vereinbart werden.

II. Erhöhtes Haftungsrisiko bei Vereinigung der Funktionen

Zahlreiche Publikationen haben sich mit der zunehmenden **Konvergenz** und weiterhin bestehenden **Divergenzen** der Boardmodelle auseinandergesetzt.[190] Führt eine Konvergenz der verschiedenen Boardsysteme auch zu einer Annäherung der Haftung der jeweiligen internen Kontrollorgane? Falls andererseits eine fortbestehende Divergenz besteht, kann diese Haftungsunterschiede erklären? Vereinfachend kann behauptet werden, dass das jeweilige Führungssystem seine Nachteile durch eine Annäherung an das andere System auszugleichen versucht. Vorteilhafte Konzepte und Ideen, die der Qualität der Überwachung förderlich sind, werden jeweils übernommen.[191]

Die konzeptionelle Schwäche das einstufigen Boardsystems ist, dass durch die Kombination von Überwachung und Geschäftsführung, die „Personen mit Geschäftsführungsfunktion durch diese Aufgabe so absorbiert werden, dass sie die Überwachungsfunktion nicht mehr effektiv wahrnehmen können".[192] Deswegen sollen unabhängige NEDs die geschäftsführenden Direktoren überwachen. Dies führt zu einer Unterscheidung zwischen zwei Arten von Direktoren innerhalb eines Organs, die im dualistischen System durch die Aufspaltung in zwei Organe vorgenommen wird.

Die konzeptionelle Schwäche des zweistufigen Boardsystems ist der ineffektive Informationsfluss – mangels ausreichender Kommunikation und eines unzureichenden Informationsaustausches – und das ineffektive Zusammenwirken des Vorstands und des Aufsichtsrats. Um den Informationsfluss und das Zusammen-

---

190 Vgl. z.B. *Davies,* Struktur der Unternehmensführung in Großbritannien und Deutschland: Konvergenz oder fortbestehende Divergenz? ZGR 2001, 268–293; *Hopt/Leyens,* Board Models in Europe. Recent Developments of Internal Corporate Governance Structures in German, the United Kingdom, France and Italy, 2004; *Böckli,* Konvergenz: Annäherung des monistischen und dualistischen Führungs- und Aufsichtssystems, 255–277.

191 *Grundmann,* Europäisches Gesellschaftsrecht, § 13 Rn. 465.

192 Vgl. *Davies,* Struktur der Unternehmensführung in Großbritannien und Deutschland: Konvergenz oder fortbestehende Divergenz? ZGR 2001, 285.

wirken zu fördern, gab es bedeutsame Neuerungen, die zum Teil mit Gesetzesänderungen einhergingen. Bemerkenswert ist das Gesetz zur Kontrolle und Transparenz im Unternehmensbereich (KonTraG) von 1998[193] und das Transparenz- und Publizitätsgesetz (TransPuG) von 2002[194], durch die z.B. die Berichtspflichten des Vorstandes gegenüber dem Aufsichtsrat verdeutlicht wurden (§ 90 Abs. 1 Nr. 1 AktG). Fördernd soll weiter § 3 des Deutschen Corporate Governance Kodexes zum „Zusammenwirken von Vorstand und Aufsichtsrat" wirken.

Übereinstimmend wird argumentiert, dass die Arbeitnehmermitbestimmungsregeln einer Konvergenz grundsätzlich entgegenstehen.[195] Überzeugend erscheint die Ansicht von *Davies,* die formale Konvergenz der Überwachung stehe einer funktionalen Divergenz vis-à-vis , was auf die zusätzlichen Aufgaben zurückzuführen ist, die das interne Kontrollorgan in den verschiedenen Systemen noch übernimmt.[196] Während die Überwachungsaufgabe des Aufsichtrates darauf zugeschnitten ist, zusätzliche Aufgaben wie die Netzwerkbildung („Networking") und die Arbeitnehmervertretung zu erfüllen, ist die Überwachungsaufgabe der NEDs in einstufigen Boards so ausgestaltet, dass sie zur Unternehmensleitungsfunktion passt.[197] Wie bereits betont, sind die beiden Hauptfunktionen der NEDs nämlich, sich einerseits an der Ausrichtung der Unternehmensstrategie zu beteiligen, andererseits die Geschäftsführung zu überwachen. Der Aufsichtsrat hat von Gesetzes wegen die Aufgabe Letzteres zu erfüllen, während die Leitung der Gesellschaft ausdrücklich dem Vorstand obliegt.[198] Die Beobachtung, dass dasselbe Wort (lead/leiten) in der ursprünglichen Fassung des Combined Codes für die Zuteilung von Managementfunktionen an das Überwachungsorgan in Großbritannien abweichend vom deutschen Aufsichtsrat übernommen wurde, ist in der Tat bemerkenswert.[199] Auch nach US-amerikanischen Recht hat das Board – nicht nur das Management – die Gesamtverantwortlichkeit für das Unternehmen; es soll die grundlegenden Strategien und Pläne des Unternehmens vorgeben, überblicken, und wo notwendig, genehmigen.[200] Im Gegensatz zum monistischen System wirkt

193 Gesetz zur Kontrolle und Transparenz im Unternehmensbereich (KonTraG) vom 27. 4. 1998, BGBl. Abs. 1 1998, 786.
194 Gesetz zur weiteren Reform des Aktien- und Bilanzrechts, zu Transparenz und Publizität (Transparenz- und Publizitätsgesetz) vom 19. 7. 2002, BGBl. I 2002, 2681.
195 Vgl. z.B. *Böckli,* Konvergenz: Annäherung des monistischen und dualistischen Führungs- und Aufsichtssystems, 260ff.; *Davies,* Gower's Company Law, 14–33, Fn. 198.
196 Vgl. *Davies,* Struktur der Unternehmensführung in Großbritannien und Deutschland: Konvergenz oder fortbestehende Divergenz? ZGR 2001, 292.
197 Vgl. *Davies,* Struktur der Unternehmensführung in Großbritannien und Deutschland: Konvergenz oder fortbestehende Divergenz? ZGR 2001, 289.
198 § 76 Abs. 1 AktG.
199 *Davies,* Struktur der Unternehmensführung in Großbritannien und Deutschland: Konvergenz oder fortbestehende Divergenz? ZGR 2001, Fn. 51.
200 *Monks/Minow,* Corporate Governance, 207; General Corporation Law of the State of Delaware bestimmt: „The business and affairs of every corporation organized under this chapter shall be managed by or under the direction of a Board of directors".

der Aufsichtsrat also grundsätzlich nicht initiativ bei der Führung der Geschäfte mit.[201]

Hinsichtlich der Haftung kann hieraus folgendes geschlossen werden: Sowohl NEDs bzw. outside directors als auch Aufsichtsratsmitglieder sehen sich einer potenziellen Haftung ausgesetzt, wenn sie ihrer Überwachungsaufgabe nicht ordnungsgemäß nachkommen (Aufsichts- bzw. **Überwachungspflichtverletzung**). Es liegt die Annahme nahe, dass, soweit die Funktion der non-executive directors strategische Entscheidungen zusammen mit den executives umfasst („lead") und somit über die bloße Überwachung der Geschäftsführung hinausgeht, der Bereich für eine potenzielle Haftung, verglichen mit Aufsichtsratsmitgliedern, erweitert ist.[202] Denn durch die Vereinigung beider Funktionen – **Leitung und Überwachung** – erweitert sich der Aufgabenbereich und folglich das Risiko von Fehlverhalten und das Risiko, Fehlentscheidungen zu treffen, die eine mögliche Haftung auslösen können.[203] Outside directors sind zusätzlichem Haftungsrisiko ausgesetzt, wenn sie sich in das Management des Unternehmens über den Bereich ihrer eigentlichen Aufgaben hinaus einmischen.[204] Aufsichtsräten ist dies schon von Gesetzes wegen untersagt.[205] Darüber hinaus besteht durch die Vereinigung beider Funktionen die erhöhte Gefahr von Interessenkonflikten.[206]

Zugegebenermaßen lässt sich aber auch hier eine gewisse **Konvergenz** der Führungssysteme erkennen.[207] Seit der Rechtsprechung des Bundesgerichtshofes und den eben angesprochenen Gesetzesänderungen ist der Aufgabenbereich des Aufsichtsrats vergrößert worden, namentlich „den Vorstand in übergeordneten Fragen der Unternehmensführung zu beraten."[208] Weiterhin bestimmt Ziff. 3.2 des deutschen Corporate Governance Kodexes, dass der Vorstand die strategische Ausrichtung des Unternehmens mit dem Aufsichtsrat abstimmt und mit ihm in regelmäßigen Abständen den Stand der Strategieumsetzung erörtert. In der Rechtswirklichkeit erscheint es jedoch immer noch, als sei die Tätigkeit des Aufsichtsrats eher die eines ex post kontrollierenden und nicht die eines ex ante planerisch bera-

---

201 *Doralt/Doralt* in: *Semler/v. Schenck,* Arbeitshandbuch für Aufsichtsratsmitglieder, § 13, Rn. 44. Vgl. Art. 43 Abs. 1 SE-VO für das Verwaltungsorgan der monistisch organisierten SE.

202 *Lederer,* A Comparative Analysis of the Liability of Non-executive Directors in the UK and of Members of the Supervisory Board in Germany, European Business Law Review, 2006, 1575, 1586.

203 In diese Richtung wohl auch *Grundmann,* Europäisches Gesellschaftsrecht, § 11 Rn. 381: ex ante Überwachung trägt die Gefahr der Vermischung der Funktionen in sich.

204 *Knepper/Bailey,* Liability of Corporate Officers and Directors, Vol. 1, § 1.09 1–35, mit Verweis auf *Puma v. Marriott,* 283 A.2d 693, 696 (Del. Ch. 1971).

205 Ausgenommen sind freilich die Fälle, bei denen eine Anteilnahme an der Geschäftsführung vorgesehen ist, z.B. Zustimmungsvorbehalte, Personalmaßnahmen (näher dazu unten 6. Kap. II.1.c).

206 So auch *Leyens,* Deutscher Aufsichtsrat und U.S.-Board: ein- oder zweistufiges Verwaltungssystem?, 89.

207 Vgl. *Lutter/Krieger,* Rechte und Pflichten des Aufsichtsrats, 59.

208 Ganz allgemeine Meinung, vgl. BGHZ 114, 127, 130 = NJW 1991, 1830. Siehe auch BGHZ 135, 244 (ARAG); *Hüffer,* AktG § 111 Rn. 5; *Habersack,* MüKoAktG, § 111 Rn. 39ff.; *Fleischer,* Handbuch des Vorstandsrechts, § 16 Rn. 38ff.

tenden Verwaltungsorgans.[209] Zudem verbleibt im monistischen System trotz einer gewissen Arbeitsteilung zwischen executive und NEDs die Verantwortung beim Board als Einheit, wohingegen im dualistischen System, unabhängig von der engen Zusammenarbeit beider Organe, nach wie vor der Vorstand für die Festlegung der Geschäftspolitik zuständig ist.[210] Dem Aufsichtsrat kommt jedoch durch die Beratungspflicht nicht die Rechtsstellung eines nur von der Vertretung ausgeschlossenen Mitglieds der Geschäftsführung zu, wie dies bei den nicht geschäftsführenden Mitgliedern des angloamerikanischen Boardsystems der Fall ist.[211]

III. Erhöhtes Haftungsrisiko durch Grundsatz der gesamtschuldnerischen Haftung

Aus den **Grundsätzen der gesamtschuldnerischen Haftung**[212] können sich unterschiedliche Haftungsrisiken für nicht geschäftsführende Organmitglieder im monistischen Verwaltungssystem und für Aufsichtsratsmitglieder ergeben. Nach diesen Grundsätzen kann, soweit mehrere Direktoren bzw. Vorstände bezüglich des gleichen Schadens haften, die verletzte Partei den vollen Schadensersatz gegen denjenigen ihrer Wahl geltend machen, unabhängig von dessen konkreten Verschuldensbeitrags und unabhängig von den Beiträgen der anderen Direktoren bzw. Vorstandsmitglieder. Dieser Grundsatz ist sowohl im englischen als auch im US-amerikanischen und im deutschen Gesellschaftsrecht anwendbar.[213] Das Risiko des Regresses wird somit auf den Haftenden übertragen. Das sich daraus ergebende unterschiedliche Haftungsrisiko soll an einem Beispiel verdeutlicht werden: Direktoren bzw. Vorstände, die eine strategische Unternehmensentscheidung getroffen haben, die außerhalb ihres unternehmerischen Ermessensspielraums offensichtlich pflichtwidrig war, können der Gesellschaft zum Ersatze des daraus entstehenden Schadens als Gesamtschuldner haften. Im monistischen System liegt es nahe, dass der Anspruchssteller alle Direktoren verklagt, da die Gesamtverant-

---

209 Vgl. *Leyens*, Deutscher Aufsichtsrat und U.S.-Board: ein- oder zweistufiges Verwaltungssystem?, 83 mit weiteren Nachweisen. Vgl. auch Studie des Lehrstuhls für Unternehmensführung der Universität Dortmund, abgedruckt in Manager-Magazin 10/05: „Eine umfassende strategische Überwachung halten die meisten Aufsichtsräte für unwichtig. Nur 6,7 Prozent der Befragten (Anmerkung: 46 Aufsichtsratsmitglieder deutscher Aktiengesellschaften) besprechen die strategischen Unternehmensziele mit ihrem Management, die überwiegende Mehrheit nimmt sie lediglich zur Kenntnis oder nickt sie ab. Die Arbeit der Aufseher ist rückwärtsgewandt: Die meisten Kontrolleure orientieren sich an Kennzahlen wie dem Jahresabschluss anstatt an Wertbeitragen oder Cashflow-Größen, die für Aktionäre maßgebend sind."

210 Vgl. *Grundmann*, Europäisches Gesellschaftsrecht, § 11 Rn. 381; *Marsch-Barner*, in: *Marsch-Barner/Schäfer* (Hrsg.), Handbuch börsennotierte AG, § 2 Corporate Governance, Rn. 20.

211 *Fleischer*, Handbuch des Vorstandsrechts, § 16 Rn. 39.

212 Im Englischen wird von „doctrine of joint and several liability" gesprochen.

213 Vgl. für Großbritannien: Civil Liability (Contribution) Act 1978; *Davies*, Gower's Company Law, 16–78, 578 bes. Fn. 339: „All the directors who participate in the breach are jointly and severally liable with the usual rights of contribution inter se". Für die USA: z.B. *Chew*, Directors' and Officers' Liability, § 3:5.2(B). Für Deutschland: § 93 Abs. 2 S. 1 AktG.

wortung letztlich doch beim Board als Einheit liegt.[214] Falls ein Gericht die Direktoren für schadensersatzpflichtig hält, wird der Anspruchssteller versuchen, seinen Schaden von dem Zahlungsfähigsten („deepest pockets") und nicht von demjenigen mit dem größten Verschuldensbeitrag ersetzt zu bekommen. Resultieren kann dies letztendlich darin, dass ein NED die volle Schadensersatzsumme zu leisten hat und er dann das Regressrisiko trägt, selbst wenn ihn nur ein kleiner Verschuldensbeitrag trifft. Zugegebenermaßen kann auch zwischen Mitgliedern des Vorstands und des Aufsichtsrats gesamtschuldnerische Haftung bestehen, wenn auch Mitglieder des Aufsichtsrats ihre Pflichten verletzt haben und auch sie zum Schadensersatz verpflichtet sind.[215] Prinzipiell liegt die Annahme jedoch nahe, dass vorrangig der Vorstand in Anspruch genommen wird. Solange der Aufsichtsrat nicht in der Ausrichtung der Unternehmensstrategie involviert ist, kann sich die gesamtschuldnerische Haftung im monistischen System nachteilig für die NEDs erweisen. NEDs können haften, Aufsichtsratsmitglieder nicht. Dies folgt aus der Tatsache, dass das monistische Board letztlich als Einheit die Gesamtverantwortung trägt und Verantwortlichkeitsbeiträge der einzelnen Direktoren über den risikobehafteten Gesamtschuldnerregress ausgeglichen werden sollen. Eine Stärkung der kollektiven Verantwortlichkeit des (der) Boards, kann dieses Haftungsrisiko zugunsten der NEDs abschwächen (dazu unten V).

Daran schließt sich die weitere Frage an, was ein Organmitglied zu einer Boardentscheidung beitragen muss, um **mitverantwortlich für die Entscheidung** zu sein. Für das englische System erläutert *Davies,* dass dies entweder durch aktives Handeln oder durch nachträgliches Dulden geschehen kann. Durch bloßes Protestieren wird nicht notwendigerweise die Duldung widerlegt.[216] In den USA wird angenommen, dass alle Mitglieder des Boards ihr Einverständnis zu der Entscheidung gegeben haben, außer sie haben gegen die Entscheidung gestimmt oder sich dieser enthalten und dies wurde zeitnah schriftlich festgehalten.[217] Für Deutschland hat das LG Berlin zu dieser Frage folgenden Leitsatz aufgestellt: Ein Aufsichtsratsmitglied, das sich bei der Aufsichtsratszustimmung zu der als fehlerhaft beanstandeten Geschäftsführungsmaßnahme der Stimme enthalten hat, hat nicht haftungsbegründend gegen seine Überwachungspflichten verstoßen. Das Aufsichtsratsmitglied ist auch nicht verpflichtet, den Beschluss gerichtlich anzugreifen. Bei Stimmenthaltung fehlt es im Übrigen wegen des auch im Aufsichtsrat geltenden Mehrheitsprinzips an einer Kausalität eines etwaigen Fehlverhaltens für den eingetretenen Schaden.[218] In der Literatur wird dagegen die Stimmenthaltung

---

214 Vgl. *Böckli,* Konvergenz: Annäherung des monistischen und dualistischen Führungs- und Aufsichtssystems, 263; vgl. insb. 8. und 11. Kap.

215 Vgl. *Doralt/Doralt* in: *Semler/v. Schenck,* Arbeitshandbuch für Aufsichtsratsmitglieder, § 13, Rn. 139.

216 Vgl. *Davies,* Gower's Company Law, 16–78, 578 bes. Fn. 338 mit weiteren Nachweisen.

217 Vgl. MBCA § 8.24(d).

218 LG Berlin, 8. 10. 2003, 101 O 80/02, ZIP 2004, 73–76.

bei unvertretbaren Aufsichtsratsbeschlüssen für nicht ausreichend erachtet, um sich der Haftung zu entziehen.[219]

IV. Kein erhöhtes Haftungsrisiko bei Durchsetzung durch separates Verwaltungsorgan

Das eigentliche **Problem** bei der Haftung von Organmitgliedern sind überwiegend nicht die materiellen Regeln, sondern die tatsächliche **Durchsetzung der Ansprüche.** Haben nicht geschäftsführende Direktoren ihre Pflichten gegenüber der Gesellschaft verletzt, obliegt die Durchsetzung der Ansprüche grundsätzlich der Gesellschaft selbst, vertreten durch ihr Leitungsorgan. Im monistischen System bedeutet das, dass sich das Board im Ergebnis selbst verklagen muss bzw. einzelne Mitglieder des Boards. Das Board wird zurückhaltend sein, eine Klage gegen einzelne Direktoren zu erheben, soweit diese nicht bereits als Mitglieder ausgeschieden sind bzw. das gesamte Board bereits ausgewechselt worden ist. Dies ist ein allgemeines Problem im einstufigen Verwaltungssystem. Das dualistische System löst dieses formale Problem, indem es sich die klare Trennung der beiden Organe zunutze macht. So ist für die Durchsetzung der Ansprüche grundsätzlich das jeweils andere Organ zuständig. Die Durchsetzung von Ansprüchen gegen Aufsichtsratsmitglieder obliegt also dem Vorstand. Das Risiko, dass Ansprüche tatsächlich durchgesetzt werden, erscheint daher im dualistischen System höher, soweit es nicht bereits zu einem Wechsel der Mitglieder gekommen ist.

Diese Annahme relativiert sich jedoch weitgehend dadurch, dass der Vorstand bei der Geltendmachung eines Schadensersatzanspruches gegen Aufsichtsratsmitglieder grundsätzlich seine eigene Pflichtverletzung darlegen muss, und durch die Abhängigkeit des Vorstands vom Aufsichtsrat wegen dessen Benennungs- und Abberufungskompetenz (dazu näher 6. Kap. IV.1.). Trotz der Durchsetzung der Ansprüche durch ein separates Verwaltungsorgan, erscheint es im Ergebnis für die Durchsetzung der Ansprüche gegen nicht geschäftsführende Direktoren keine Rolle zu spielen, ob dem ein- oder dem zweistufigen Verwaltungssystem gefolgt wird. Wie zu beweisen sein wird, ist vielmehr entscheidend (mit Ausnahme von Insolvenzsituationen), wie effektiv sich die Durchsetzung der Ansprüche der Gesellschaft gegen ihre Organmitglieder durch Aktionäre darstellt. Vor allem die Handhabe der abgeleiteten **Aktionärsklage** beeinflusst das Haftungsrisiko entscheidend.

V. Haftungskonvergenz

Schließlich sollte es aufgrund der Konvergenz der Boardsysteme und des Gesellschafts- und des Kapitalmarktrechts insgesamt folglich auch zu einer Annäherung

---

219 *Krieger*, in: *Krieger/Schneider* (Hrsg.), Handbuch Managerhaftung, Organpflichten und Haftung in der AG, § 3 Rn. 28; *Drygala*, in: K. *Schmidt/Lutter* (Hrsg.), AktG, § 116 Rn. 16; *v. Schenck* in: *Semler/v. Schenck*, Arbeitshandbuch für Aufsichtsratsmitglieder, § 7, Rn. 306 mit weiteren Nachweisen.

der Haftung von nicht geschäftsführenden Organmitgliedern kommen. Die unter vorstehender II. beschriebene Angleichung der Funktionen, Aufgaben und Verantwortungsbereiche der nicht geschäftsführenden Direktoren und der Aufsichtratsmitglieder in den verschiedenen Boardsystemen trägt hierzu bei. Obwohl teilweise erhebliche Unterschiede des materiellen Rechts und des Verfahrensrechts zu erkennen sind, führt eine Kombination dieser Regeln und die Marktkräfte zu einer **funktionalen Konvergenz der Haftungsergebnisse.**[220] Es wird angenommen, dass Reformmaßnahmen in Deutschland zu einer deutlichen Ausweitung und Verschärfung der Haftung von Unternehmen und ihrer Organe und insoweit zu einer weiteren Annäherung an U.S.-amerikanische Verhältnisse führen sollten.[221] Innerhalb der Europäischen Union gilt dies aufgrund des Zusammenwachsens der Kapitalmärkte und der fortwährenden Harmonisierung des Gesellschafts- und des Kapitalmarktrechts umso mehr.[222] Initiativen auf europäischer Ebene, die im weitesten Sinne im Zusammenhang mit der Haftung von Organmitgliedern stehen und insgesamt zur Steigerung der Transparenz beitragen sollen, betonten das Prinzip der Gesamtverantwortung, die Erklärungspflicht zu Corporate Governance Kodexen, die Publizitätspflichten öffentlich gehandelter Unternehmen und die Unabhängigkeit von Organmitgliedern.[223]

Im Aktionsplan hat die Kommission angekündigt, die **kollektive Verantwortlichkeit** der Direktoren für Jahresabschlüsse und wesentliche nicht finanzielle Informationen zu bestätigen.[224] Die Unternehmensskandale haben die Notwendigkeit verdeutlicht, klarzustellen, dass alle Direktoren für Jahresabschlüsse und wesentliche nicht finanzielle Informationen kollektiv verantwortlich sind und dass alle Direktoren für ihre Handlungen und ihr korrektes Verhalten gemäß ihren Pflichten haftbar gemacht werden.[225]

---

220 So auch *Black/Cheffins,* Outside Director Liability Across Countries.

221 So *Marsch-Barner,* in: *Marsch-Barner/Schäfer* (Hrsg.), Handbuch börsennotierte AG, § 2 Corporate Governance, Rn. 103 (in der 1. Aufl.).

222 Bereiche, die der externen Governance zugerechnet werden, sind überwiegend harmonisiert (so z.B. die kapitalmarktrechtliche Publizität und die Überwachung zentraler Entscheidungsträger); im Bereich der internen Governance gilt vorwiegend nationales Recht (so z.B. für die Pflichten, Sorgfaltsstandards und die Haftung der Geschäftsleiter), insgesamt zeigt sich jedoch eine weitgehende Konvergenz, vgl. *Grundmann,* Europäisches Gesellschaftsrecht, § 13 Rn. 442–447.

223 Insgesamt dazu *Pannier/Rickford,* Corporate Governance Disclosure in Europe, in: *Norton/Rickford/Kleineman* (Hrsg.), Corporate Governance Post-Enron: Comparative and International Perspectives, 2006, 65, 72 ff.

224 Dieses Konzept der Gesamtverantwortlichkeit aller Verwaltungsratsmitglieder unterscheidet sich von der herausgehobenen Verantwortlichkeit des CEO (Chief Executive Officer) sowie des CFO (Chief Financial Officer) im US-amerikanischen Sarbanes-Oxley Act, vgl. Sec. 302 (a) SOA. Dazu *Kersting,* Auswirkungen des Sarbanes-Oxley-Gesetzes in Deutschland – Können deutsche Unternehmen das Gesetz befolgen? ZIP 2003, 233.

225 Der Aktionsplan der Kommission folgt den Vorschlägen, die von der Hochrangigen Gruppe von Experten auf dem Gebiet des Gesellschaftsrechts gemacht wurden. Hinsichtlich der kollektiven Verantwortlichkeit von Organmitgliedern empfiehlt die Hochrangige Gruppe Folgendes: „Nach dem Gesellschaftsrecht der Mitgliedstaaten ist das Leitungs- bzw. Verwaltungsorgan kollektiv für die Richtigkeit der Unternehmensabschlüsse verantwortlich: In einem monistischen System haftet der Verwaltungsrat mit seinen geschäftsführenden und nicht geschäftsführenden Direktoren, im dualistischen System haften Vorstand und Aufsichtsrat gemeinsam. In vielen Mitgliedstaaten

Diese Empfehlungen sind Grundlage der **Richtlinie 2006/46/EG** des Europäischen Parlaments und des Rates vom 14. Juni 2006 geworden.[226] In den Erwägungen der Richtlinie heißt es: „Nach diesem Aktionsplan sollte als Mindestanforderung vorgeschrieben werden, dass die Mitglieder der Verwaltungs-, Leitungs- und Aufsichtsorgane gegenüber ihrer Gesellschaft für die Aufstellung und Veröffentlichung des Jahresabschlusses und des Lageberichts kollektiv verantwortlich sind. (...) Den Mitgliedstaaten sollte die Möglichkeit offen gelassen werden, darüber hinauszugehen und eine unmittelbare Rechenschaftspflicht gegenüber Aktionären oder anderen Beteiligten einzuführen. Andererseits sollten die Mitgliedstaaten davon abgehalten werden, eine Regelung zu wählen, die eine auf einzelne Organmitglieder begrenzte Verantwortung vorsieht. Jedoch sollten Gerichte oder andere Vollzugsbehörden in den Mitgliedstaaten dadurch nicht die Möglichkeit verlieren, einzelnen Organmitgliedern Sanktionen aufzuerlegen. (...) Angemessene Haftungsregelungen, wie sie von jedem Mitgliedstaat nach seinen nationalen Gesetzen und Verordnungen festgelegt werden, sollten für die Mitglieder der Verwaltungs-, Leitungs- und Aufsichtsorgane gelten. Den Mitgliedstaaten sollte es weiterhin freistehen, den Haftungsumfang festzulegen."[227] Durch Art. 1 Nr. 8, 10 der Richtlinie sind die Erwägungen im Wesentlichen den Mitgliedsstaaten, soweit erforderlich, zur Umsetzung bis zum 5. 9. 2008 aufgegeben worden.

---

kommt dies dadurch zum Ausdruck, dass alle geschäftsführenden und nicht geschäftsführenden Direktoren bzw. Vorstand und Aufsichtsrat den Jahresabschluss der Gesellschaft unterzeichnen müssen. Die Gruppe meint, dass diese kollektive Haftung ein geeignetes Mittel ist, um zu verhindern, dass eine beschränkte Anzahl von Mitgliedern des Leitungs- oder Verwaltungsorgans, insbesondere bestimmte geschäftsführende Direktoren, deren Leistung in Unternehmensabschlüssen zum Ausdruck kommen soll, den Inhalt der Abschlüsse maßgebend beeinflusst. Die kollektive Haftung des gesamten Leitungs- bzw. Verwaltungsorgans sollte sich nicht nur auf Jahresabschlüsse und konsolidierte Abschlüsse erstrecken, sondern grundsätzlich auf **alle Erklärungen über die Finanzlage des Unternehmens**, einschließlich der Quartalsergebnisse (falls diese bekannt gegeben werden) sowie der finanziellen Angaben in Börsenprospekten und anderen öffentlichen Unterlagen. Eine Ausnahme kann für eine obligatorische **Ad-hoc-Offenlegung** gemacht werden, bei der eine Erörterung im gesamten Leitungs- oder Verwaltungsorgan häufig praktisch unmöglich sein wird. Allerdings ist das gesamte Leitungs- oder Verwaltungsorgan kollektiv verantwortlich, dafür zu sorgen, dass ein angemessenes Autorisierungssystem für solche Ad-hoc-Offenlegungen vorhanden ist. Ferner sollte die kollektive Haftung des gesamten Leitungs- oder Verwaltungsorgans auch für Erklärungen über **zentrale nicht finanzielle Daten** gelten, z.B. Informationen über das Risikomanagementsystem des Unternehmens, seine Geschäftsaussichten und Investitionspläne sowie Strategien in technischen, organisatorischen und personellen Bereichen. Sie umfasst auch eine besondere Verantwortung für die **Richtigkeit der jährlichen Erklärung** über die Strukturen und Verfahren des Unternehmens **im Bereich der Corporate Governance.**" Vgl. Bericht der Hochrangigen Expertengruppe auf dem Gebiet des Gesellschaftsrechts, Empfehlung III. 12, 71 ff.

226 Richtlinie 2006/46/EG des Europäischen Parlaments und des Rates vom 14. Juni 2006 zur Änderung der Richtlinien des Rates 78/660/EWG über den Jahresabschluss von Gesellschaften bestimmter Rechtsformen, 83/349/EWG über den konsolidierten Abschluss, 86/635/EWG über den Jahresabschluss und den konsolidierten Abschluss von Banken und anderen Finanzinstituten und 91/674/EWG über den Jahresabschluss und den konsolidierten Abschluss von Versicherungsunternehmen.

227 Erwägungsgründe (2) und (3).

Zur Harmonisierung des europäischen Kapitalmarktrechts auf dem Gebiet des Anlegerschutzes trägt weiterhin die **Transparenzrichtlinie** bei.[228] Demnach sind Wertpapieremittenten zur regelmäßigen Information der Öffentlichkeit verpflichtet. Eine angemessene Transparenz soll vor allem durch Veröffentlichung von Jahresfinanzberichten (Art. 4), Halbjahresfinanzberichten (Art. 5) und Zwischenmitteilungen der Geschäftsführung (Art. 6) gewährleistet werden. Eine Harmonisierung der nationalen Rechtsvorschriften über die Pflichten der Wertpapieremittenten soll gemeinschaftsweit zu einem hohen Niveau an Anlegerschutz führen.[229] Art. 7 bestimmt, dass Mitgliedstaaten sicherstellen sollen, „dass die Verantwortung für die (...) Veröffentlichung der Informationen zumindest beim Emittenten oder dessen Verwaltungs-, Leitungs- oder Aufsichtsorgan liegt und dass ihre Rechts- und Verwaltungsvorschriften über die Haftung auf die Emittenten, die in diesem Artikel genannten Organe oder die beim Emittenten verantwortlichen Personen anwendbar sind."[230]

Zu einer Harmonisierung der internen Kontrollorgane soll die **Empfehlung der Kommission zur Rolle der nicht geschäftsführenden Direktoren und Aufsichtsratsmitglieder** börsengelisteter Unternehmen beitragen.[231] Die Kommission fordert die Mitgliedstaaten damit dringend auf, für eine bedeutende Stellung unabhängiger Direktoren zu sorgen. Insbesondere wird die Bedeutung unabhängiger Organmitglieder betont, wobei eine deutliche Anlehnung an angloamerikanische Vorgaben zu erkennen ist.[232]

Die Umsetzung dieser Vorgaben und deren Auswirkung auf die Haftung von insbesondere nicht geschäftsführenden Organmitgliedern und Aufsichtsräten wird im Rahmen dieser Arbeit dargestellt.

---

228 RICHTLINIE 2004/109/EG DES EUROPÄISCHEN PARLAMENTS UND DES RATES vom 15. Dezember 2004 zur Harmonisierung der Transparenzanforderungen in Bezug auf Informationen über Emittenten, deren Wertpapiere zum Handel auf einem geregelten Markt zugelassen sind, und zur Änderung der Richtlinie 2001/34/EG. Umgesetzt in Deutschland durch Transparenzrichtlinien-Umsetzungsgesetz (TUG), dazu *Nießen,* Die Harmonisierung der kapitalmarktrechtlichen Transparenzregeln durch das TUG, NZG 2007, 41–46; *Hutter/Kaulamo,* Transparenzrichtlinie-Umsetzungsgesetz: Änderungen der Regelpublizität und das neue Veröffentlichungsregime für Kapitalmarktinformationen, NJW 2007, 550–556.
229 Erwägungsgrund 5.
230 Vgl. auch Art. 28 Abs. 1 zu den Sanktionen.
231 EMPFEHLUNG DER KOMMISSION vom 15. Februar 2005 zu den Aufgaben von nicht geschäftsführenden Direktoren/Aufsichtsratsmitgliedern börsennotierter Gesellschaften sowie zu den Ausschüssen des Verwaltungs-/Aufsichtsrates (2005/162/EG). Die Kommission hat nun einen Bericht über die Anwendung der Empfehlung durch die Mitgliedstaaten veröffentlicht. Die Kommission hat untersucht, wie die Mitgliedstaaten die empfohlenen Standards umsetzen, und gelangt in ihrem nun vorgelegten Bericht zu dem Schluss, dass die Mehrheit der Mitgliedstaaten die Empfehlungen zwar weitgehend befolgt, aber nach wie vor einige Schwachstellen zu verzeichnen sind, abrufbar unter http://ec.europa.eu/internal_market/company/independence/index_de.htm (1. 3. 2011).
232 *Hopt,* European Company Law and Corporate Governance, in: *Hopt/Wymeersch/Kanda/Baum* (Hrsg.), Corporate Governance in Context, 119, 133.

VI. Zusammenfassung 3. Kapitel in Thesen

Zusammenfassend können folgende Thesen zu strukturell und konzeptionell bedingten Haftungsunterschieden des Überwachungsorgans in den verschiedenen Rechtsordnungen aus theoretischer Sicht aufgestellt werden (nachfolgend auch Ausgangsthesen 1.–5. genannt):

1. Das interne Kontrollorgan im zweistufigen Verwaltungssystem genießt – bedingt durch die klare rechtliche Trennung vom Leitungsorgan – einen höheren Grad an Rechtssicherheit hinsichtlich eines potenziellen Haftungsrisikos.

2. Durch die Vereinigung beider Funktionen – Leitung und Überwachung – auf dasselbe Organ wird der Pflichtenkreis und die Gefahr von Interessenkonflikten und damit das Haftungsrisiko im einstufigen Verwaltungssystem erweitert.

3. Aus den Grundsätzen der gesamtschuldnerischen Haftung sehen sich Mitglieder, die für die Überwachung der Unternehmensführung zuständig sind, im einstufigen Verwaltungssystem dem erhöhten Risiko der Inanspruchnahme durch mögliche Anspruchsteller und dem Regressrisiko ausgesetzt.

4. Die Zuständigkeit zur Durchsetzung der Ansprüche der Gesellschaft durch ein separates Organ erhöht nicht das Haftungsrisiko; entscheidenden Einfluss auf das Haftungsrisiko hat vielmehr die Praktikabilität einer abgeleiteten Aktionärsklage.

5. Durch eine zunehmende Konvergenz der Boardsysteme und der mit der Haftung von Organmitgliedern zusammenhängenden rechtlichen Rahmenbedingungen – vor allem durch die fortwährende Harmonisierung des Gemeinschaftsrechts innerhalb der Europäischen Union – sollte es zu einer weiteren Annäherung bei der Verantwortlichkeit von nicht geschäftsführenden Organmitgliedern kommen.

2. Teil: Innenhaftung

Innenhaftung bezeichnet die Haftung der Organmitglieder gegenüber der eigenen Gesellschaft. Bestimmte Pflichten, deren Verletzung die Innenhaftung auslösen kann, werden übereinstimmend in den zu vergleichenden Rechtsordnungen – jedenfalls im normalen Geschäftsgang – der Gesellschaft geschuldet. Die Frage, ob Organmitglieder bei der Führung der Gesellschaft weitere Interessengruppen (stakeholder) in Betracht ziehen müssen, ist davon zu unterscheiden. Die Gesellschaft ist bei Pflichtverletzungen jedenfalls vorrangig für die Durchsetzung der Ansprüche zuständig (vgl. nachfolgend jeweils IV.).

Prinzipiell besteht Einigkeit darüber, dass zivilrechtliche Haftungsfolgen für nicht geschäftsführende Organmitglieder unter folgenden Voraussetzungen eintreten: Erstens ist eine bestimmte Pflicht des Organmitglieds zu identifizieren. Zweitens muss das Organmitglied diese Pflicht in vorwerfbarer Weise verletzt haben. Drittens muss die Pflichtverletzung kausal zu einem Vermögensschaden des Anspruchstellers geführt haben und viertens dürfen keine Ausschlusstatbestände eingreifen. Unterschiede ergeben sich im Wesentlichen bei dem jeweils anzulegenden Verschuldensmaßstab, der Beweislast und der Reichweite von Ausschlusstatbeständen.

Gegenstand des 2. Teils ist die Untersuchung der Innenhaftung von outside directors nach US-amerikanischem Recht (4. Kapitel), von non-executive directors nach englischem Recht (5. Kapitel) und von Aufsichtsräten nach deutschem Recht (6. Kapitel). Dem schließt sich der Systemvergleich dieser Rechtsordnungen an (7. Kapitel).

Ausgangsfrage bei der Innenhaftung ist jeweils, ob zwischen verschiedenen Organmitgliedern gleiche oder unterschiedliche Haftungsmaßstäbe angelegt werden (I.). Diese Frage wird teilweise auch erst im Rahmen der jeweiligen Pflichten spezifischer erörtert werden können. Ausgehend von dem jeweiligen Pflichtenkanon nicht geschäftsführender Direktoren und Aufsichtsratsmitglieder wird deren Haftung gegenüber der Gesellschaft dargestellt (II.). Übereinstimmend kann eine Haftung bei der Verletzung von Sorgfaltspflichten (1.) und bei der Verletzung von Treuepflichten (2.) eintreten. Eine solche Zweiteilung der Pflichten von Organmitgliedern ist aus rechtsvergleichender Sicht allgemein üblich.[1] Darüber hinaus be-

---

1 *Doralt/Doralt*, in: *Semler/v. Schenck*, Arbeitshandbuch für Aufsichtsratsmitglieder, § 13; *Davies*, Gower's Company Law, 488; *Black/Cheffins/Klausner*, Outside Director Liability, 2006, 1089 f., Fn. 124 erachtet jedenfalls hinsichtlich der Haftung von nicht geschäftsführenden Direktoren die hier vorgenommene Zweiteilung als ausreichend.

stehen verschiedene sonstige Haftungsquellen (3.). Anschließend werden mögliche Haftungsausschlüsse bzw. -beschränkungen (III.) und endlich die Durchsetzung von Ansprüchen (IV.) diskutiert.

4. Kapitel: Outside directors nach US-amerikanischem Recht

I. Differenzierender Haftungsmaßstab zwischen verschiedenen Direktoren?

Obwohl das bundesstaatlich geregelte Gesellschaftsrecht formal nicht zwischen inside und outside directors unterscheidet, legen einige Gerichte und Autoren einen unterschiedlichen Haftungsmaßstab zwischen verschiedenen Arten von Direktoren an. Von sämtlichen Direktoren wird eine gewisse Pflicht zur sorgfältigen Aufgabenerfüllung erwartet, der anzulegende Maßstab kann sich jedoch abhängig von entsprechenden Umständen unterscheiden; dazu gehört unter anderem, ob ein Direktor geschäftsführend ist oder nicht.[2] Professionelle Expertise (z.B. Anwalt oder Wirtschaftsprüfer) ist ein weiterer Umstand, der berücksichtigt wird.[3] Es wird teilweise vorgeschlagen, outside directors sollen einem abgeschwächten persönlichen Haftungsrisiko ausgesetzt sein, indem ein geringerer Sorgfaltsmaßstab als an inside directors angelegt wird.[4]

Dafür werden wenigstens zwei Gründe genannt:[5] Erstens sind outside directors nicht vollzeitbeschäftigt, teilweise verwenden sie nur wenige Stunden im Monat auf das Unternehmen und ihre Vergütung ist niedriger als die der inside directors. Letztere haben üblicherweise einen umfassenderen persönlichen Kenntnisstand über Geschäftsvorgänge der Gesellschaft im Vergleich zu den outside directors.[6] Daher soll das Haftungsrisiko, dem nicht geschäftsführende Direktoren ausgesetzt werden, entsprechend geringer sein. Zweitens sind die Unternehmen auf die Expertise und die Unabhängigkeit der outside directors angewiesen. Ein extensives Haftungsrisiko würde viele begehrenswerte Personen von der Annahme einer Direktorenposition abhalten.

Unabhängig von diesen Argumenten haben einige Gerichte grundsätzlich nicht zwischen outside und inside directors unterschieden. In dem bekannten Fall *Smith v. Van Gorkom* wurde eine illustrierte Anzahl von inside und outside directors nach

---

2 Vgl. *Cox/Hazen,* Corporations, § 10.03, 492.

3 So in *Escott v. BarChris,* 283 F. Supp. 643 (S.D.N.Y. 1968). Diese Entscheidung ist im Bereich der kapitalmarktrechtlichen Außenhaftung ergangen (näher dazu 8. Kap. I.1.a)).

4 *Chew,* Directors' and Officers' Liability, § 1, 6.2, 1–19 mit Verweis auf *Bynum v. Scott,* 217 F. 122, 125 (E.D.N.C. 1914); *Taylor v. Alston,* 447 P.2d 523, 525 (N.M. Ct. App. 1968); *White,* Outside Directors Under the Federal Securities Laws: Fraudulent Actors or Innocent Victims?, SEC. REG. L.J. 297 (1991).

5 *Chew,* Directors' and Officers' Liability, § 1, 6.2, 1–19.

6 Vgl. *Cox/Hazen,* Corporations, § 10.03, 492 mit Verweis auf *Rowen v. LeMars Mut. Ins. Co.,* 282 N.W.2d 639, 652 (Iowa 1979).

gleichen Grundsätzen behandelt.[7] Das Gericht legte bei allen den gleichen Sorgfaltsmaßstabs hinsichtlich ihren Verhaltenspflichten an und erachtete sämtliche Direktoren als persönlich haftbar für insgesamt über 23 Millionen Dollar an Schadensersatz (vgl. unten II.1.d)).

Im Bereich der Außenhaftung werden jedoch eindeutige Unterscheidungen zwischen den verschiedenen Arten von Direktoren vorgenommen und teilweise sind auch gesetzliche Regelungen vorhanden, die bei der Frage der Haftung der nicht geschäftsführenden Direktoren deren spezielle Rolle innerhalb des Verwaltungsorgans Betrachtung beimessen und so überwiegend zu einer Haftungsmilderung führen.[8]

II. Pflichten und Haftung von outside directors

Zur Frage der Haftung von outside directors gehört ein grundsätzliches Verständnis für die Rechtsquellen, aus denen Pflichten der Direktoren abgeleitet werden. Die vorrangige Rechtsquelle ist bundesstaatliches Gesellschaftsrecht (state corporate law). Dieses ist entweder gesetzlich geregelt oder besteht aus Richterrecht. Hieraus werden die grundlegenden Pflichten entwickelt. Danach obliegt Direktoren in erster Linie eine **Sorgfaltspflicht** (duty of care) und eine **Treuepflicht** (duty of loyalty) gegenüber der Gesellschaft. Beide Pflichten unterscheiden sich erheblich in deren Haftungsintensität.

Kapitalgesellschaften unterfallen zusätzlich dem Anwendungsbereich des bundesrechtlichen Kapitalmarktrechts (federal securities law), das jedoch hauptsächlich eine Außenhaftung begründen kann, und bei Börsennotierung den jeweiligen Listing Rules. Schließlich können outside directors die rechtlich nicht bindenden Vorgaben und best practices, die ihre Rolle beschreiben, nicht ignorieren, um sich nicht dem Risiko der Haftung auszusetzen. Diese können nicht nur mit der Zeit selbst rechtlich bindend werden, sondern beeinflussen ferner Gerichte bei der Auslegung der anzulegenden Maßstäbe und die Erwartungshaltung von Investoren.[9]

1. Sorgfaltspflicht

Die Sorgfaltspflicht kann wiederum in Unterkategorien geteilt werden, wobei diese teilweise auch als eigenständige Pflichten verstanden werden.[10]

---

7 *Smith v. Van Gorkom,* 488 A.2d 858 (Del. 1985).

8 So z.B. sec. 11 Securities Act 1933 im Bereich der Außenhaftung (vgl. unten 8. Kap.).

9 *Fanto,* Directors' and officers' liability, § 1:3, 1–9; *Dravis,* The role of independent directors after Sarbanes-Oxley, 6.

10 So werden ferner die duty of good faith (Pflicht zum Handeln nach Treu und Glauben), die duty to obey the law (Pflicht zur Rechtstreue) und die duty of disclosure (Offenlegungspflicht, welche vor allem kapitalmarktrechtliche Relevanz hat) genannt. Siehe hierzu *Fanto,* Directors' and officers' liability, Inhaltsverzeichnis, insb. § 2:2.3, 2–24f.; *Knepper/Bailey,* Liability of Corporate Officers and Directors, Vol. 1, § 3; *Black/Cheffins/Klausner,* Nicht-geschäftsführende Direktoren, Haf-

a) Sorgfaltsstandard

Die Sorgfaltspflicht ist in einigen Bundesstaaten kodifiziert, in anderen Bundesstaaten (z.B. Delaware) wird diese Pflicht durch Richterrecht ausgestaltet.[11] Der **objektive Standard** ist in den USA seit Langem anerkannt. Nach dem MBCA erfordert die Sorgfaltspflicht, dass Mitglieder des Boards bei ihrer Entscheidungs- und Aufsichtsfunktion diejenige Sorgfalt wahren, welche eine Person in vergleichbarer Position und in entsprechender Lage für vernünftig erachten würde.[12] Der **Sorgfaltsstandard** ist **objektiv** und **subjektiv** zugleich. Objektiv ist dieser insofern, indem verlangt wird, dass jeder Direktor über ein Minimum an Kompetenz verfügen muss und diese Pflicht vernünftig umzusetzen hat; einzelfallabhängig so weit, dass die Sorgfaltspflicht an das Verhalten eines Direktors hinsichtlich der Umstände des jeweiligen Unternehmens zu einer spezifischen Zeit und an dessen eigenem Hintergrund und Expertise anknüpft.[13] So wird z.B. ein Anwalt oder ein Finanzspezialist an einem strengeren Maßstab gemessen als ein Direktor, der keinen entsprechenden Hintergrund besitzt.[14] Als Elemente der Sorgfaltspflicht werden gewisse Mindestanforderungen bezüglich des Hintergrundwissens in wirtschaftlichen, finanziellen und buchführerischen Bereichen verlangt (knowledge) und eine laufende Beschäftigung mit den unternehmensspezifischen Vorkommnissen und eine gewisse zeitliche Beschäftigung mit der Gesellschaft (commitment), die sich durch eine regelmäßige Anwesenheit bei Sitzungen des Boards ausdrückt.[15] Es wird erwartet, dass mit zunehmender Professionalisierung von Personen, die Direktorenposten übernehmen, auch der allgemeine Sorgfaltsstandard für Direktoren zwangsläufig ansteigen wird.[16]

b) Sorgfältige Aufgabenerfüllung und Delegation

Der nicht geschäftsführende Direktor hat diese Sorgfaltspflicht bei dem ihm übertragenen **Aufgabenkreis** anzuwenden. Insbesondere ist die Sorgfaltspflicht also bei der **Überprüfung** und **Überwachung** des Unternehmensgeschäfts und dessen operativen, finanziellen und sonstigen unternehmerischen Plänen, Strategien und

---

tungsrisiko und Corporate Governance: Eine rechtsvergleichende Analyse (German version of Outside Directors, Liability Risks and Corporate Governance: A Comparative Analysis), 2005, in: *Grundmann/Schwintowski/Singer/Weber* (Hrsg.), Anleger- und Funktionsschutz durch Kapitalmarktrecht – Symposium und Seminar zum 65. Geburtstag von Eberhard Schwark, 2006, 8.

11 Ausführlich hierzu *Knepper/Bailey*, Liability of Corporate Officers and Directors, Vol. 1, § 3.02, 3.03, 3.3–3.10.

12 MBCA, § 8.30(b), 8–39. Durch die Änderung der vorherigen Fassung, die von einer „durchschnittlich umsichtigen Person" (ordinarily prudent person) sprach, sollte der objektive Standard betont werden. So MBCA § 8.30 Kommentar Nr. 2, 8–47. Ähnliche Definitionen, vgl. sec. 4.01 (a) von *American Law Institute*, Principles of Corporate Governance: Analysis and Recommendations, 1994.

13 *Fanto*, Directors' and officers' liability, § 2:2.3, 2–25.

14 Vgl. *In re* Emerging Commc'ns, Inc. S'holders Litig., No. 16415, 2004 Del. Ch. Lexis 70 (Del. Ch. May 3, 2004), 144.

15 *Fanto*, Directors' and officers' liability, § 2:2.3(A)(2)(a) (b), 2–26ff.; *Dravis*, The role of independent directors after Sarbanes-Oxley, 38.

16 *Fanto*, Directors' and officers' liability, § 2:2.3, 2–25.

Zielen und der entsprechenden Anpassung der Pläne und Strategien, soweit dies erforderlich erscheint, zu wahren (duty to monitor).[17] Weiterhin haben nicht geschäftsführende Direktoren ihre Sorgfaltspflicht bei der Vorgabe (adopting) ethischer Verhaltensregeln, bei der Überwachung der Einhaltung und Befolgung dieser Vorgaben und der des geltenden Rechts anzuwenden (Compliance). Schließlich ist das Verständnis für die Finanzverfassung und Ergebnisdarstellung der Gesellschaft und der Überwachung der Geeignetheit ihrer finanziellen und anderen internen Kontrollmechanismen, wie auch Kontrollen bei der Offenlegung (disclosure) und deren Verfahrensablauf, von der sorgfältigen Aufgabenerfüllung umfasst.[18]

Nicht geschäftsführende Direktoren können im Rahmen ihrer adäquaten Versorgung mit Informationen auf die Geschäftsführung, auf Angestellte und auf professionelle Berater zu **vertrauen.**[19] Korrespondierend hierzu haben sie jedoch die Pflicht zur Nachforschung (duty to inquire), wenn bestimmte Probleme erkennbar werden (sog. red flags).[20] Die **Delegation** auf spezielle Ausschüsse ist zwar zulässig, jedoch befreit diese die Direktoren nicht von ihren Aufgaben und somit von der Haftung.[21] Denn sie haben weiterhin die Verantwortung zur Überwachung und Kontrolle der Ausführung und Praktiken der Ausschüsse.[22]

c) Haftungsrisiko

Trotz alledem stellt sich das **Haftungsrisiko** für nicht geschäftsführende Direktoren im Falle der Verletzung einer Sorgfaltspflicht als äußerst gering dar. Erstens wird die Sorgfaltspflicht durch den großzügigen gerichtlich zugesprochenen Ermessensspielraum der sog. business judgment rule erheblich abgeschwächt. Dieser schützt Direktoren vor Klagen in Bezug auf die generell üblichen Betätigungsfel-

---

17 Dazu *Knepper/Bailey,* Liability of Corporate Officers and Directors, Vol. 1, § 3.12, 3–31 ff.

18 Siehe insgesamt dazu: Committee on Corporate Laws of the American Bar Association on Business Law, Corporates Director's Guidebook, 4. Aufl., 2004, 6–7. Dies entspricht weitgehend dem Aufgabenbereich der non-executive directors in Großbritannien (dazu unten 5. Kap. II. 1.b).

19 *Fanto,* Directors' and officers' liability, § 2:2.3(A)(2)(c), 2–28 f.; *Cox/Hazen,* Corporations, § 10.03, 492; *Dravis,* The role of independent directors after Sarbanes-Oxley, 36 f.; nach *Trieweiler v. Sears,* 268 Neb. 952, 689 N.W.2d 807 (2004) wird von outside directors nicht erwartet, dass sie den Geschäftsvorgängen ihre unbeschränkte Aufmerksamkeit zu schenken haben, und sie können auf diejenigen vertrauen, welche vorrangig für die Geschicke der Gesellschaft verantwortlich sind, jedoch dürfen sie nicht „ihre Augen verschließen" und sich vollständig ihrer Verantwortung entziehen.

20 Vgl. sec. 4.01(a)(1) und dazugehöriger Kommentar von *American Law Institute,* Principles of Corporate Governance: Analysis and Recommendations, 138 ff.; *Dravis,* The role of independent directors after Sarbanes-Oxley, 37; *Fanto,* Directors' and officers' liability, § 2:2.3(A)(2)(d), 2–29 f. auch zur vorbeugenden Identifizierung von Problemen, bes. Fn. 41; *Chew,* Directors' and Officers' Liability, § 2:4.4, 2–8 f. Bei Betrugs- oder Korruptionsverdacht wird typischerweise der Prüfungsausschuss externe professionelle Berater zur Aufdeckung interner Unzulänglichkeiten beauftragen, wie dies nun – für Europa unüblich – bei Siemens iRd Korruptionsaffäre geschehen ist.

21 Vgl. MBCA § 8.25(f), 8–33.

22 Diese Überwachungsaufgabe erfüllen die Direktoren, die nicht Mitglieder des Ausschusses sind, dann ordnungsgemäß, wenn sie die Ausschussmitglieder ordnungsgemäß auswählen und das Vertrauen auf die Ausschüsse durch vernünftige Umstände begründet ist, vgl. dazu *Fanto,* Directors' and officers' liability, § 3:2.2, 3–5; *Knepper/Bailey,* Liability of Corporate Officers and Directors, Vol. 1, § 3.06, 3-20 f.; MBCA § 8.30(b)(f)(3), 8–39 f.; sec. 4.03 *American Law Institute,* Principles of Corporate Governance: Analysis and Recommendations, 196.

der und Geschäftsentscheidungen.[23] Zweitens wird in Fällen, in denen die business judgment rule nicht eingreift, nämlich in Fällen grober Fahrlässigkeit, die Haftung der Direktoren üblicherweise in der Satzung der Gesellschaft ausgeschlossen sein, die darüber hinaus gehende Ansprüche gegen die Direktoren auf Schadensersatzzahlungen bei der Verletzung der Sorgfaltspflicht weitgehend eliminiert. Seit Enron zeichnet sich jedoch wieder eine Zunahme von Klageverfahren gegen Direktoren ab und der von den Gerichten zu erwartende Sorgfaltsstandard hat sich wieder erhöht.[24]

d) Business judgment rule

Nach der business judgment rule enthält sich das Gericht einer materiellen Überprüfung[25] bzw. erfüllt der Direktor seine Sorgfaltspflicht bei Geschäftsentscheidungen,[26] die er in gutem Glauben (good faith) getroffen hat, wenn er ohne Eigeninteresse, nach Einholung eines angemessenen Maßes an Informationen eine Entscheidung getroffen hat, die nach seiner Überzeugung und zugleich gemessen an einem objektiven Vernünftigkeitsmaßstab im Interesse der Gesellschaft liegt. Der Direktor bzw. das Board hat nicht die rechtliche Verpflichtung, die „richtige" Geschäftsentscheidung zu treffen.[27] Ein Kläger trägt grundsätzlich die **Beweislast** dafür, dass die Voraussetzungen der business judgment rule nicht vorliegen.[28] Ausgeschlossen ist die Anwendbarkeit der business judgment rule sowohl bei Untätigbleiben wie auch bei Entscheidungen im Zusammenhang mit Interessenkonflikten.[29]

In dem Fall *Smith v. Van Gorkom* erlegte der Supreme Court von Delaware den Direktoren Schadensersatzpflichten in Millionenhöhe auf, weil sie ihre Sorgfalts-

23 Ausführliche Literatur zur business judgment rule nach US-amerikanischem Recht: *Chew,* Directors' and Officers' Liability, § 2:5, 2-10-22; *Fanto,* Directors' and officers' liability, § 2:2.3(A)(6), 2–37; *Bungert,* Gesellschaftsrecht in den USA, 39; *Reimann/Ackermann,* Einführung in das US-amerikanische Privatrecht, 254; *Block/Barton/Radin,* The Business Judgment Rule – Fiduciary Duties of Corporate Directors.

24 So *Coffee,* Gatekeeper Failure and Reform, in: *Hopt/Wymeersch/Kanda/Baum* (Hrsg.), Corporate Governance in Context, 2005, 599, 638f. bes. Fn. 133 und 134 mit Nachweisen zu Klageverfahren.

25 So *Bungert,* Gesellschaftsrecht in den USA, 39; *Knepper/Bailey,* Liability of Corporate Officers and Directors, Vol. 1, § 2.01, 2–1.

26 So die Herangehensweise des ALI, vgl. sec. 4.01(c), 139, Principles of Corporate Governance: Analysis and Recommendations. Darüber hinaus ist die business judgment rule nur Richterrecht und Gerichte sind unbefangen, diese Verteidigung zu formulieren und anzuwenden, wie es ihnen im entsprechenden Einzelfall angemessen erscheint, vgl. *Knepper/Bailey,* Liability of Corporate Officers and Directors, Vol. 1, § 2.01, 2–4.

27 *Fanto,* Directors' and officers' liability, § 2:2.3(A)(3)(a), 2–31.

28 *Aronson v. Lewis,* 473 A.2d 805, 812 (Del. 1984); *Knepper/Bailey,* Liability of Corporate Officers and Directors, Vol. 1, § 2.01, 2–2. bsd. § 2.10, 2–25ff. zur Widerlegung der Vermutung; *Chew,* Directors' and Officers' Liability, § 4:5.1, 4–4.

29 *Fanto,* Directors' and officers' liability, § 2:2.3(A)(3)(a), 2–31; *Grundmann,* Europäisches Gesellschaftsrecht, § 11 Fn. 65. Bei Untätigkeit reicht also fahrlässige Außerachtlassung, bei Geschäftsentscheidungen muss grobe Fahrlässigkeit gegeben sein, vgl. *Chew,* Directors' and Officers' Liability, § 2:6, 2–22.

pflichten verletzt hatten.[30] Die Voraussetzungen der business judgment rule waren hier nicht einschlägig. Die Direktoren haben einem Unternehmensverkauf allein auf der Basis mündlicher Präsentationen des CEO und anderen officers zugestimmt, ohne vorher vernünftigerweise erhältliche Informationen einzuholen, z.B. durch die Vorlage von Dokumenten, die die Konditionen des Verkaufs oder die Bestimmung des Verkaufspreises festlegten. Eine solch wichtige Entscheidung war grob fahrlässig und hätte das Zusammentragen weiterer Informationen verlangt.[31]

e) Satzungsausschluss

In Reaktion auf den Fall *Smith v. Van Gorkom* ist in Delaware das Gesellschaftsrecht dahin erweitert worden, dass Gesellschaften erlaubt wird, in ihrer Satzung die **Haftung** für Schadensersatzansprüche, die in der Verletzung der Sorgfaltspflicht gründen, **auszuschließen.**[32] Der Ausschluss gilt also bei Ansprüchen, die von der Gesellschaft oder durch Anteilseigner (nicht sonstige Dritte) wegen der Verletzung der Sorgfaltspflicht (nicht anderer Pflichten) gerichtet auf Geldersatz (nicht anderer Sanktionen) geltend gemacht werden. Ausnahmen gelten, soweit (nicht geschäftsführenden) Direktoren entweder vorsätzliches Fehlverhalten vorgeworfen werden kann oder diese nicht nach gutem Glauben gehandelt haben.[33] Mit einigen Abweichungen hat die überwiegende Zahl der Bundesstaaten von der Möglichkeit der Haftungsbegrenzung Gebrauch gemacht.[34]

In dem Fall *Disney* ging es um Fehlverhalten von nicht geschäftsführenden Direktoren bei der Aufsicht über Abfindungszahlungen durch die Walt Disney Company an ihren ehemaligen Präsidenten. Das Gericht setzte sich intensiv mit dem Begriff des **„good faith"** auseinander, der auch in weiteren Konstellationen eine entscheidende Rolle spielt. Das Gericht legt dar, dass ein Fehlverhalten bei der Aufsicht den Standard der Bösgläubigkeit erfüllt, wenn das Verhalten des Direktors eine **bewusste Missachtung** seiner Verantwortung reflektiert.[35] Mit anderen Worten, die

---

30 *Smith v. Van Gorkom,* 488 A.2d 858 (Del. 1985). Ausführlich dazu *Choper/Coffee/Gilson, Cases* and materials on corporations, 83–98.

31 *Smith v. Van Gorkom,* 488 A.2d 874–878 (Del. 1985).

32 Del. CODE ANN. Tit. 8, § 102(b)(7) (2005).

33 *In re* The Walt Disney Co. Derivative Litig., 907 A.2d 693 (Del. Ch. 2005).

34 Einzelheiten dazu: *Fanto,* Directors' and officers' liability, § 2:2.3(A)(5), 2–36; *Black/Cheffins/Klausner,* Outside Director Liability, 1091, Fn. 128; einige Staaten haben § 2.02.(b)(4) MBCA inkorporiert, diese Vorschrift beinhaltet weder eine Ausnahme für guten Glauben noch für Treuepflichtverletzungen. Dies wird weniger als Ausdruck der Frage nach dem Zweck persönlicher Haftung von Direktoren im Lichte guter Corporate Governance verstanden, als vielmehr als weiteres Beispiel das sog. „race to the bottom", vgl. *Brown,* Changing Models in Corporate Governance – Implications of the US Sarbanes-Oxley Act, in: *Hopt/Wymeersch/Kanda/Baum* (Hrsg.), Corporate Governance in Context, 2005, 143, 149.

35 *In re* The Walt Disney Co. Derivative Litig., 907 A.2d 693 (Del. Ch. 2005), 755–756. Obwohl den nicht geschäftsführenden Direktoren Fehlverhalten bei der Aufsicht vorgeworfen werden konnte, hat das Verfahren auch nach der Berufung nicht zur Verurteilung von nicht geschäftsführenden Direktoren geführt, da sie jedenfalls die „hohe" Schwelle zum bösen Glauben nicht überschritten hatten, vgl. *In re* The Walt Disney Co. Derivative Litig., 906 A.2d 27 (Del. 2006); grobe Fahrlässigkeit er-

nicht geschäftsführenden Direktoren müssen sich darüber bewusst gewesen sein, dass sie ihre Aufgabe nicht erfüllten.[36]

Eine Haftung tritt daher im Ergebnis nur bei einer bewussten Missachtung der Sorgfaltspflicht ein. Denn ein Handeln unter der Schwelle der groben Fahrlässigkeit wird von der business judgment rule erfasst und bis zur Schwelle der bewussten Missachtung greift der satzungsmäßige Haftungsausschluss. In einigen Jurisdiktionen kann die Haftung für Verletzungen von Pflichten, die der Gesellschaft geschuldet werden, auch punitive damages umfassen, in anderen ist dies nur bei vorsätzlichem, betrügerischem oder arglistigem Verhalten möglich.[37]

2. Treuepflicht

a) Allgemeine Interessenwahrungspflicht

Gegenüber der Gesellschaft besteht weiter eine Treuepflicht, die sog. duty of loyalty. Diese ist im Vergleich zu anderen Jurisdiktionen erheblich weiter entwickelt.[38] Die Handhabe durch die Gerichte fällt gegenüber der Sorgfaltspflicht deutlich strenger aus.[39] Die Treuepflicht verlangt von Direktoren, im besten Interesse der Gesellschaft und der Anteilseigner zu handeln und eigene und Interessen Dritter dahinter zurückzustellen.[40] Diese fordert inhaltlich Entscheidungen in gutem Glauben und ein faires Handeln (fair dealing).[41]

b) Interessenkonflikte

Es hat sich eine umfangreiche Kasuistik entwickelt, die die Treuepflicht konkretisiert und die heute in Einzelstaaten überwiegend gesetzlich detailliert kodifiziert ist. Darüber hinaus beschränkt auch das bundesrechtliche Kapitalmarktrecht Direktoren zunehmend in Interessenkonfliktsituationen. Die wichtigsten Fallkons-

---

füllt noch nicht den Standard der Bösgläubigkeit, vgl. *Cox/Hazen,* Corporations, § 10.08, 509, Fn. 1; *Knepper/Bailey,* Liability of Corporate Officers and Directors, Vol. 1, § 3.04, 3–14.

36 *In re Guttman v. Huang,* 823 A.2d 492, 506 (Del. Ch. 2003).

37 Letzteres gilt in New York, vgl. dazu *Knepper/Bailey,* Liability of Corporate Officers and Directors, Vol. 1, § 3.17, 3–44.

38 Zu den Gründen: *Hertig/Kanda,* Creditor Protection, in: *Kraakman u.a.,* The Anatomy of Corporate Law: A Comparative and Functional Approach, 116 ff.; *Hopt,* in: *Hopt/Teubner* (Hrsg.), Directors' Liabilities, 285, 295 f.

39 So auch *Black/Cheffins/Klausner,* Outside Director Liability, 1090; *Leyens,* Deutscher Aufsichtsrat und U.S.-Board: ein- oder zweistufiges Verwaltungssystem?, 75; *Reimann/Ackermann,* Einführung in das US-amerikanische Privatrecht, 2004, 254; *Chew,* Directors' and Officers' Liability, § 4:5.1, 4–4.

40 Vgl. *Fanto,* Directors' and officers' liability, § 4:2.1, 4-3; *Chew,* Directors' and Officers' Liability, § 4:2, 4-2: ein absolutes Verbot zur Beachtung von Eigeninteressen besteht zwar nicht, jedoch ist in jedem Fall vorrangig das beste Interesse der Gesellschaft zu beachten.

41 *American Law Institute,* Principles of Corporate Governance: Analysis and Recommendations, 199.

tellationen von Interessenkonflikten, die nicht geschäftsführende Direktoren betreffen können, sind:[42]

- Insichgeschäfte **(self dealing)** einschließlich Vergütungsfragen, Kreditvergabe und Mehrfachposten **(common directors),**
- unzulässiger Wettbewerb mit der Gesellschaft, insbesondere Ausnutzung einer der Gesellschaft zustehenden Gelegenheit zum Geschäftsabschluss **(corporate opportunity),** und der Ge- bzw. Missbrauch von Gesellschaftsvermögen und der Direktorenstellung zu geschäftsfremden Vorgängen,
- missbräuchliche Veranlassung von Transaktionen der Gesellschaft, die zu einer Unterdrückung der Minderheitsaktionäre führt bzw. zu einer bevorzugten Behandlung von Mehrheitsaktionären **(controlling shareholder).**

Eine Verletzung von Treuepflichten ist insbesondere anzunehmen, wenn ein Direktor sich zum Schaden der Gesellschaft über einen **Interessenkonflikt** hinwegsetzt. Der Interessenkonflikt kann bei einem Geschäft der Gesellschaft entstehen, bei dem persönliche Interessen des Direktors betroffen werden.[43] **Persönliche Interessen** sind betroffen, wenn der Direktor oder eine ihm nahe stehende (related) Person, Partei des Geschäfts mit der Gesellschaft ist oder ein signifikantes finanzielles Interesse daran hat.[44]

Die grundsätzliche **Folge** von Interessenkonfliktverletzungen ist die Haftung auf Schadensersatz in Höhe des dadurch erlittenen Schadens der Gesellschaft. Daneben haftet der nicht geschäftsführende Direktor auf Herausgabe des persönlichen Gewinns, den er aus der Transaktion erlangt hat, und im Falle von Betrug auch auf die Zahlung von sog. punitive damages.[45]

(1) Lösung von Interessenkonflikten

Um nicht als generelle Folge Nichtigkeit oder Anfechtbarkeit des Geschäfts durch die Gesellschaft eintreten zu lassen, hat die überwiegende Anzahl der Einzelstaaten sog. **Safe Harbor Gesetze** erlassen, die solche Interessenkonfliktsituationen

---

42 Kategorisierungen von Interessenkonflikten werden teilweise sehr unterschiedlich vorgenommen und unterscheiden sich gerade auch in den untersuchten Rechtsordnungen teilweise aus rechtspolitischen, funktionellen und systematischen Gründen. Instruktiv und erheblich rechtsvergleichend: *Hopt,* in *Hopt/Teubner* (Hrsg.), Directors' Liabilities, 285–326; *Grundmann,* Der Treuhandvertrag – insbesondere die werbende Treuhand, 1997, 237–243. Die vorliegende Arbeit versucht die wesentlichen Konstellationen aus rechtsvergleichender Sicht sachgerecht gegenüberzustellen. Für die USA: *Dravis,* The role of independent directors after Sarbanes-Oxley, 30 ff.; *Bungert,* Gesellschaftsrecht in den USA, 39; *Black/Cheffins/Klausner,* Outside Director Liability, 1089 f.

43 *Fanto,* Directors' and officers' liability, § 4:3.1, 4-6.

44 Vgl. sec. 1.23. *American Law Institute,* Principles of Corporate Governance: Analysis and Recommendations, 1994, 25; MBCA § 8.60(1),(4),(5), 8.140–8.141: Eine nahe stehende Person ist dabei unter anderem ein Ehepartner, ein naher Verwandter, jemand, der im selben Haushalt wohnt, und ein Unternehmen, in dem der Handelnde Mitglied der Führungsebene ist oder über das er sonst die Kontrolle ausübt oder bei dem er angestellt ist.

45 *Fanto,* Directors' and officers' liability, § 4:3.4, 4-14.

betreffen.[46] Diese geben generell drei alternative Möglichkeiten, um einen Interessenkonflikt zu lösen[47]: Erstens kann der Direktor das Geschäft entweder durch andere **Direktoren**[48] oder zweitens durch **Aktionären genehmigen** lassen, die selbst jeweils dem Interessenkonflikt nicht unterliegen (desinterested).[49] Die Zustimmung muss dabei jeweils nach vollständiger Offenlegung der zugrunde liegenden Umstände gutgläubig erteilt worden sein. Drittens kann der betroffene Direktor darlegen, dass dem sog. **Fairness Test** genügt wurde.[50] Die **Beweislast** für guten Glauben und faires Handeln trägt bei Interessenkonfliktsituationen der betroffene Direktor grundsätzlich selbst.[51] Zudem bestehen in bestimmten Interessenkonfliktsituationen Anzeigepflichten gegenüber der SEC.[52]

(2) Insichgeschäfte

Die Behandlung von Insichgeschäften eines Direktors hat sich in den USA schon früh von den Standards, die für das self dealing eines trustees gelten, unterschieden.[53] Ein grundsätzliches Verbot von Insichgeschäften besteht nicht. Ein nicht geschäftsführender Direktor kann sich haftbar machen, wenn er bei persönlichen Insichgeschäften die eben genannten Voraussetzungen nicht einhält oder Insichgeschäfte anderer Organmitglieder gestattet, welche jeweils dem Fairness Test nicht standhalten.

Ein Fall eines **unzulässigen Insichgeschäfts,** der zur persönlichen Haftung eines nicht geschäftsführenden Direktors geführt hat, ergab sich in Zusammenhang mit

---

46 *Fanto,* Directors' and officers' liability, § 4:3.2(A), 4-7 f.; diese folgen im Wesentlichen dem MBCA § 8.60–8.63; zur historischen, unflexiblen Behandlung nach Nichtigkeitsregeln, vgl. *Cox & Hazen,* Corporations, § 10.12, 522 f.

47 Nach § 8.61 (b) MBCA droht bei Einhaltung der Vorschriften weder eine Haftung noch sonstige Sanktionen.

48 § 8.62 MBCA.

49 § 8.63 MBCA.

50 § 8.61 (b) (3) iVm § 8.60 (6) MBCA; Kommentierung 8–149 f.; *Fanto,* Directors' and officers' liability, § 4:3.2, 4-7 ff. Fairness bedeutet hierbei etwa, dass das Geschäft vorteilhaft für die Gesellschaft war, d. h. zu einem Minimum, dass die Gesellschaft gezahlt oder erlangt hat, was sie bei einem marktüblichen Geschäft gezahlt oder erlangt hätte (4-10).

51 *Fanto,* Directors' and officers' liability, § 4:3.2(B), 4-10; *Chew,* Directors' and Officers' Liability, § 4:5.1, 4-4 mit Verweis auf *Lynch v. Patterson,* 701 P.2d 1126, 1131–32 (Wyo. 1985); *Knepper/Bailey,* Liability of Corporate Officers and Directors, Vol. 1, § 4.02, 4-4. Teilweise wird vertreten, dass es bei einer Genehmigung zur **Beweislastumkehr** bezüglich der Fairness der Transaktion kommt bzw. der Beweis geführt werden muss, dass die Transaktion durchgeführt wurde, ohne dass die Gesellschaft dafür eine Gegenleistung erhalten hat (sog. waste; etwa Verschwendung des Gesellschaftsvermögens) oder dass die Genehmigung generell zu einem **Haftungsausschluss** führt. Diskussion bei *Cox & Hazen,* Corporations, § 10.14, 531 ff.; *Grundmann,* Der Treuhandvertrag – insbesondere die werbende Treuhand, 1997, 247 bes. Fn. 43; *Chew,* Directors' and Officers' Liability, § 4:5.1, 4-4 mit Verweis auf *Gottlieb v. Heyden Chem. Corp.,* 91 A.2d 57, 59 (Del. Ch. 1952): Mit Genehmigung durch die Aktionäre kommt es zu einer Beweislastumkehr zulasten des Klägers.

52 Dazu *Fanto,* Directors' and officers' liability, § 4:3.5, 4-14 f.

53 Ausführlich dazu: *Hopt,* in *Hopt/Teubner* (Hrsg.), Directors' Liabilities, 285, 287 ff.; *Grundmann,* Der Treuhandvertrag – insbesondere die werbende Treuhand, 246 ff.

Tyco.[54] Ein nicht geschäftsführender Direktor von Tyco hat sich hier im Rahmen einer Unternehmensübernahme unzulässigerweise 20 Millionen Dollar für die Anbahnung des Deals von seiner Gesellschaft zahlen lassen, ohne dabei die Genehmigung durch das Board einholen zu lassen. Die Genehmigung wäre zwar unproblematisch möglich gewesen, jedoch wurde die Zahlung dem Board nicht offen gelegt. Letztlich führte das Verhalten zu einer strafrechtlichen Belangung und zur Verfolgung durch die SEC und insgesamt zur Zahlung von 22,5 Millionen Dollar.[55]

Der Fall *Fuqua* betraf die Verletzung von Treuepflichten von Direktoren durch die Genehmigung einer Transaktion zwischen Fuqua und einer dieser nahe stehenden Gesellschaft.[56] Das Board hat dabei ein Insichgeschäft eines geschäftsführenden Direktors genehmigt, von der nur dieser persönlich profitierte. Da sowohl der Versicherer als auch die nahe stehende Gesellschaft insolvent wurden und auch der besagte Direktor finanziell nicht in der Lage war, die vollständige Schadenssumme in Höhe von 7 Millionen Dollar zu tragen, haben nicht geschäftsführende Direktoren Vergleichszahlungen in nicht veröffentlichter Höhe erbracht. Dieser Fall zeigt, dass auch ein potenzielles Risiko für nicht geschäftsführende Direktoren durch die Genehmigung von Insichgeschäften geschäftsführender Direktoren besteht, ohne dass die nicht geschäftsführenden Direktoren hier direkt von dem Geschäft profitiert haben müssen.[57]

Bei Insichgeschäften spielt insbesondere auch die **Vergütung** von officers und directors eine besondere Rolle. Um nicht in Interessenkonflikte zu geraten, werden üblicherweise die eben genannten Lösungsmöglichkeiten genutzt, nämlich entweder von nicht selbstständig betroffenen Direktoren – insbesondere durch den Vergütungsausschuss bestehend aus unabhängigen Direktoren – die Vergütung festlegen zu lassen und/oder die Höhe der Vergütung durch Aktionäre genehmigen zu lassen.[58] Im Fall der Festlegung der Vergütung der Geschäftsführung durch einen solchen Ausschuss können sich die unabhängigen Direktoren nur haftbar machen, wenn der Kläger beweisen kann, dass die Entscheidung irrational war.[59]

Die **Kreditvergabe an Geschäftsleiter** hat im Anschluss an jüngere Wirtschaftsskandale – insbesondere die Gewährung eines Kredits über 5 Milliarden Dollar

---

54 *SEC v. Walsh,* SEC Litig. Release No. 17896, 2002 SEC Lexis 3193 (17. Dez 2002); Nachweis bei *Black/Cheffins/Klausner,* Outside Director Liability, 1073, 1131, 1135.
55 Näher dazu 4. Teil, 12. Kap. III.
56 *In re* Fuqua Indus., Inc. Sec. Litig., Civ. No. 11974, 2005 Del. Ch. LEXIS 60; Nachweis bei *Black/Cheffins/Klausner,* Outside Director Liability, Fn. 48.
57 So auch *Black/Cheffins/Klausner,* Outside Director Liability, 1072.
58 *Fanto,* Directors' and officers' liability, § 4:3.6(A), 4-16–4-21.
59 *Brehm v. Eisner,* 746 A.2d. 244, 264 (Del. 2000): Das Gericht wendet bei einer solchen Entscheidung die business judgment rule an, sodass nur der Entscheidungsprozess als solcher nachgeprüft wird. Der Kläger muss nachweisen, dass die Entscheidung bösgläubig war, d. h. hier, dass die Vergütung ohne jegliche Gegenleistung (sog. waste) gezahlt worden sein muss. Dieser Nachweis wird nur schwer zu führen sein, so auch *Fanto,* Directors' and officers' liability, § 4:3.6(A), 4-17, Fn. 48. Zur zweckmäßigen Übersetzung von „rational" ins Deutsche soll „noch vertretbar" den Sinn des Originals besser wiedergeben, vgl. *Doralt/Doralt,* in: *Semler/v. Schenck,* Arbeitshandbuch für Aufsichtsratsmitglieder, § 13, Rn. 57 bes. Fn. 132.

durch WorldCom an ihren früheren CEO Bernie Ebbers – eine bedeutsame Änderung erfahren: Einer Kapitalgesellschaft (public company) ist es – mit wenigen Ausnahmen – untersagt, direkt oder indirekt persönliche Kredite an Direktoren oder officers zu gewähren.[60]

(3) Unzulässiger Wettbewerb einschließlich Ausnutzung von Geschäftschancen

Eine weitere Ausformung der Treuepflicht ist der **unzulässige Wettbewerb** mit der Gesellschaft. Die Frage, ob Wettbewerb mit der Gesellschaft zulässig ist, richtet sich nach dem Gründungsstatut (law of the state of incorporation) und kann – soweit zulässig – vertraglich geregelt werden.[61] Die Gerichtspraxis hierzu ist uneinheitlich.[62] Die Vorgaben des ALI vertreten eine vermittelnde Ansicht. Im Grundsatz ist der Wettbewerb mit der Gesellschaft ausgeschlossen.[63] Ausnahmen bestehen, wenn nicht betroffene Direktoren das Wettbewerbshandeln vorab genehmigen oder Anteilseigner dies genehmigen bzw. ratifizieren und das Geschäft zu marktüblichen Konditionen (no waste to the corporation) abgeschlossen wird.[64] Wird dieses Verfahren nicht eingehalten, hat der Direktor zu beweisen, dass durch das Wettbewerbshandeln kein Nachteil für die Gesellschaft entstanden ist oder die Vorteile des Geschäfts die Nachteile überwiegen.[65] Ein Direktor, der in unzulässigen Wettbewerb mit der Gesellschaft tritt, haftet dieser gegenüber für den entstandenen Schaden.[66]

Hierzu wird auch der **Ge- bzw. Missbrauch von Gesellschaftsvermögen** und der Direktorenstellung zu geschäftsfremden Vorgängen gezählt. In *Tyco v. L. Dennis Kozlowski* hat der damalige CEO von Tyco erhebliches Gesellschaftsvermögen für

60 Vgl. Enhanced Conflict of Interest Provisions, Sarbanes-Oxley § 402 (kodifiziert durch sec. 13(k) Securities Exchange Act 1934, 15 U.S.C. § 78 m(k)). Dazu *Choper/Coffee/Gilson,* Cases and materials on corporations, 342. Eine Ausnahme ist z.B. die Gewährung eines Verbraucherkredits eines Geldinstituts zu gleichen Konditionen, zu denen es auch an andere Kunden Kredite vergibt. Jedoch gibt es bisher keine Regel der SEC hierzu, was für Unternehmen eine gewisse Rechtsunsicherheit bereitet, da z.B. auch ein Kostenvorschuss, der bei einer Verteidigung gegen eine Aktionärsklage geleistet wird und später aufgrund Unterliegens zurückerstattet wird, als persönlicher Kredit angesehen werden könnte, siehe hierzu (jedoch ablehnend): *Fanto,* Directors' and officers' liability, § 4:3.3, 4-11–4-14.

61 *Fanto,* Directors' and officers' liability, § 4:4.3, 4-35 f.

62 Teilweise soll die bloße Besetzung eines Direktorenpostens nicht vom unabhängigen Wettbewerb mit der Gesellschaft ausschließen, solange in gutem Glauben gehandelt wird und die Gesellschaft dadurch nicht in ihren Aktivitäten gehindert wird. Andere Gerichte untersagen jegliches Wettbewerbshandeln. Nachweise bei *Knepper/Bailey,* Liability of Corporate Officers and Directors, Vol. 1, § 4.16, 4-38.

63 *American Law Institute,* Principles of Corporate Governance: Analysis and Recommendations, § 5.06(a), 300. Danach ist Wettbewerbshandeln nur in eigenem Interesse untersagt, die bloße Besetzung eines Direktorenpostens eines Konkurrenzunternehmens fällt nicht unter die Definition.

64 *American Law Institute,* Principles of Corporate Governance: Analysis and Recommendations, § 5.06(a)(2)(3), 300 f.

65 *American Law Institute,* Principles of Corporate Governance: Analysis and Recommendations, § 5.06(a)(1), 300. Diese flexible Regel schöpft das gesamte Konfliktpotenzial aus und berücksichtigt in der Beweislastverteilung die Konfliktträchtigkeit, vgl. *Grundmann,* Der Treuhandvertrag – insbesondere die werbende Treuhand, 1997, 249.

66 *Fanto,* Directors' and officers' liability, § 4:4.3, 4-36.

persönliche Zwecke verwendet.[67] Diese Verwendung wurde nicht durch das Board genehmigt und führte zur strafrechtlichen Verurteilung des CEOs und anderer geschäftsführender Direktoren. Nicht geschäftsführende Direktoren sind hierbei wohl nur in geringerem Maße der Versuchung ausgesetzt.

Auch die Ausnutzung einer der Gesellschaft zustehenden Gelegenheit zum Geschäftsabschluss **(corporate opportunity)** scheint bei großen Kapitalgesellschaften eher eine untergeordnete Rolle zu spielen, da die Geschäftsvolumina die Mittel von Einzelpersonen üblicherweise übersteigen.[68] Nicht geschäftsführende Direktoren werden nicht an den gleichen Standards gemessen werden können wie die Geschäftsführung.[69] Bei den Voraussetzungen, welche vorliegen müssen, um eine Geschäftschance als eine der Gesellschaft zu identifizieren, hat sich im US-amerikanischen Recht das Kriterium entwickelt, dass eine Geschäftschance der Gesellschaft zugeordnet wird, wenn eine solche innerhalb des wirtschaftlichen Betätigungsfelds (Geschäftszweig) der Gesellschaft liegt oder diese aktiv einer bestimmten Art von Geschäftschance nachgeht (line of business test).[70]

(4) Mehrfachposten

Ein weiterer Fall eines Interessenkonfliktes kann sich ergeben, wenn eine Person zugleich Posten in mehreren Gesellschaften besetzt, die miteinander in Geschäftsbeziehung treten (sog. **common director**). Dieser kann entweder geschäftsführender Direktor der einen Gesellschaft und nicht geschäftsführender Direktoren der anderen Gesellschaft sein oder Posten als nicht geschäftsführender Direktor in beiden Gesellschaften innehaben. Solange er weder persönlich und substanziell die Verhandlungen für eine Seite führt, noch eine ausschlaggebende Stimme bei der Zustimmung der Transaktion durch das Board abgibt, noch ein signifikantes finanzielles Interesse an einer der beiden Gesellschaften hat, soll diese Situation jedoch keinen Interessenkonflikt darstellen.[71]

---

67 Siehe Complaint, *Tyco v. L. Dennis Kozlowski* (S.D.N.Y. 12. September 2002).

68 So auch *Fanto,* Directors' and officers' liability, § 4:4.2(A), 4-31. Im Prinzip besteht jedoch bei Ausnutzung einer der Gesellschaft zustehenden Möglichkeit zum Geschäftsabschluss eine Schadensersatzpflicht gegenüber der Gesellschaft, vgl. *Knepper/Bailey,* Liability of Corporate Officers and Directors, Vol. 1, § 4.12, 4-28 ff. Direktoren stehen dabei die gleichen Möglichkeiten zur Genehmigung durch Direktoren oder Anteilseigner, die jeweils dem Interessenkonflikt nicht unterliegen, wie bei Interessenkonflikten zur Verfügung, vgl. § 8.70 (a) MBCA. Eine Fairnessausnahme hat sich jedoch hier nicht etablieren können; das Vorliegen der Geschäftschance hat sowohl in Deutschland als auch in den USA die Gesellschaft zu beweisen, vgl. jeweils *Grundmann,* Der Treuhandvertrag – insbesondere die werbende Treuhand, 1997, 249 f. mit weiteren Nachweisen. Zur Definition von corporate opportunity siehe *American Law Institute,* Principles of Corporate Governance: Analysis and Recommendations, § 5.05(b), 284: Danach werden an die Senior Geschäftsführung höhere Anforderungen gestellt und die Eigennutzung ist nach Offenlegung und Freigabe gestattet, vgl. § 5.05(a).

69 *Hopt,* in *Hopt/Teubner* (Hrsg.), Directors' Liabilities, 285, 297.

70 Dazu *Grundmann,* Der Treuhandvertrag – insbesondere die werbende Treuhand, 1997, 427 mit weiteren Nachweisen.

71 *American Law Institute,* Principles of Corporate Governance: Analysis and Recommendations, § 5.07, 308; *Fanto,* Directors' and officers' liability, § 4:5, 4-36 f.; *Cox/Hazen,* Corporations, § 10.15, 533 f.

c) Controlling shareholder Situationen

Ein gesteigertes Haftungsrisiko besteht gerade für unabhängige Direktoren in Situationen, in denen ein Aktionär die kontrollierende Mehrheit innehat **(controlling shareholder).**[72] Das Haftungsrisiko entsteht bei der missbräuchlichen Veranlassung von Transaktionen der Gesellschaft, die zu einer Unterdrückung der Minderheitsaktionäre führt, bzw. bei einer bevorzugten Behandlung von Mehrheitsaktionären. Die Konstellation wird hier so gelagert sein, dass der kontrollierende Aktionär mit der kontrollierten Kapitalgesellschaft in eine Geschäftsbeziehung treten will. Häufig wird dies ein Unternehmenszusammenschluss (merger) zwischen dem kontrollierenden Aktionär und der kontrollierten Gesellschaft sein, ohne dass es dabei auf die Stimmrechte der Minderheitsaktionäre ankommt.[73] Die unabhängigen Direktoren schulden der Gesellschaft – d.h. hier den Minderheitsaktionären – eine Treuepflicht. In pflichtgemäßer Ausübung ihrer Treuepflichten können sie nicht einfach den Plänen des kontrollierenden Aktionärs zustimmen.[74] Vielmehr müssen die nicht beteiligten Direktoren bei der Verhandlung der Übernahmekonditionen mit dem kontrollierenden Aktionär so unabhängig wie möglich (für die Minderheitsaktionäre) handeln.[75] Die Gerichte in Delaware legen hierbei einen strengen Maßstab an und empfehlen, dass die unbeteiligten Direktoren in solchen Situationen ein unabhängiges Verhandlungskomitee etablieren.[76]

d) Haftungsrisiko

Zusammenfassend ist das Haftungsrisiko **bei Treuepflichtverletzungen** von nicht geschäftsführenden Direktoren **erheblich höher** gegenüber dem Risiko, wegen der Verletzung von Überwachungspflichtverletzungen haftbar gemacht zu werden.[77] Die business judgment rule findet in Interessenkonfliktsituationen grundsätzlich keine Anwendung. Das Gericht nimmt nicht nur eine Überprüfung des Entscheidungsprozesses vor, sondern auch eine inhaltliche Prüfung der Entscheidung. Das entscheidende Argument dabei ist, dass in die Entscheidung Ei-

---

72 Nach *Black/Cheffins/Klausner,* Outside Director Liability, 1090, werden nicht geschäftsführende Direktoren in den USA im Rahmen von Treuepflichtverletzungen überwiegend mit Klagen aus diesem Problemkreis konfrontiert. Insgesamt dazu *Cox/Hazen,* Corporations, § 11.11, 601 ff.

73 Vgl. z.B. *Weinberger v. UOP,* Inc., 457 A.2d 701 (Del. 1983): In diesem Fall wurden die zwei Säulen (prongs) des Fairness Maßstabs entwickelt, welche die Gerichte in Delaware bei der Beteiligung eines kontrollierenden Aktionärs anwendeten: fair price und fair dealing.

74 Der Delaware Supreme Court bekräftigte seine Ansicht in *McMullin v. Beran,* 765 A.2d 910 (Del. 2000): In diesem haben die Direktoren des kontrollierenden Aktionärs sich gänzlich herausgehalten und diesem die Verhandlung des Verkaufs der kontrollierten Gesellschaft überlassen.

75 *Fanto,* Directors' and officers' liability, § 4:6.1, 4-39.

76 Vgl. z.B. *Kahn v. Lynch Commc'n Sys.,* 638 A.2d 1110, 1117 (Del. 1994): Mit der Errichtung eines solches Komitees geht die Beweislast für eine unfaire Transaktion auf den Kläger über; bei einem Untätigbleiben hat der kontrollierende Aktionär die Fairness der Transaktion zu rechtfertigen. Dazu auch *American Law Institute,* Principles of Corporate Governance: Analysis and Recommendations, § 5.10(a)(2), 325: Bei einer Genehmigung der Transaktion durch unbeteiligte Direktoren soll sich der Nachweis auf den „waste" Maßstab reduzieren (dazu schon oben). Schließlich kann diese Pflicht auch schon bei nur dominierenden Mehrheiten bestehen, vgl. *In re* Telecomms., Inc. S'holder Litig., 2005 WL 3642727 (Del. Ch. 21. Dez 2005).

77 *Black/Cheffins/Klausner,* Outside Director Liability, 1111.

geninteressen mit hineinspielen. Ferner wird in bestimmten Situationen von einer gewissen Befangenheit wegen der Kollegialität unter den Mitgliedern des Boards ausgegangen. Schließlich trägt die Beweislastumkehr zur Haftungsverschärfung bei.[78]

Einige Gerichte haben jedoch angemerkt, dass mit einer Mehrheit an unabhängigen Direktoren an dem Board die Gefahr der persönlichen Haftung für die Verletzung von Treuepflichten weniger wahrscheinlich erscheint.[79]

3. Sonstige Haftungsquellen

a) Verschwiegenheitspflicht

Direktoren haben die Pflicht, über Informationen, die sie im Rahmen ihrer Tätigkeit erhalten, Verschwiegenheit zu bewahren.[80] Diese Pflicht war bisher kaum Gegenstand der gesellschaftsrechtlichen Literatur, wurde aber jüngst in Skandalen um das Board in Hewlett-Packard aktuell.[81] Vor allem bei fahrlässiger Offenlegung von vertraulichen Informationen kommt ein Verstoß gegen die Sorgfaltspflicht in Betracht; bei Verwendung der erhaltenen Informationen zu persönlichen Zwecken und Interessen soll ein Verstoß gegen die Treuepflicht vorliegen (Gebrauch von Informationspositionen).[82] Darüber hinaus kann bei Verwendung von substanziellen Informationen im Zusammenhang mit dem Erwerb oder der Veräußerung von Wertpapieren gegen Insidervorschriften verstoßen werden (dazu 12. Kap. IV.).

b) Kapitalerhaltungsvorschriften

Bei der Rückführung von Gewinnen an die Aktionäre (**distribution of profits,** z.B. returning profits to shareholders: dividends and repurchases) sehen sich Direktoren nur einem Haftungsrisiko ausgesetzt, soweit sie sich im Rahmen ihrer Sorgfaltspflicht nicht an die gesetzlichen Vorgaben halten.[83] Hinsichtlich der Zahlung von Dividenden und dem Rückkauf von eigenen Aktien zeichnet sich eine moderne Herangehensweise ab, welche die wirtschaftliche Realität widerspiegelt: Nach Ausschüttung der Dividende bzw. nach Rückkauf von eigenen Aktien muss die Gesellschaft weiterhin in der Lage sein, ihre fälligen Verbindlichkeiten zu bedie-

---

78 *Chew,* Directors' and Officers' Liability, § 4:5.1, 4-4; *Grundmann,* Der Treuhandvertrag – insbesondere die werbende Treuhand, 260.

79 *NCR Corp. v. Am. Tel. & Tel. Co.,* 761 F. Supp. 475, 490 (S.D. Ohio 1991); *Panter v. Marshall Field & Co.,* 646 F.2d 271, 294 (7th Cir.) cert. denied, 454 U.S. 1092 (1981).

80 Dazu *Fanto,* Directors' and officers' liability, § 2:2.3(E), 2–45 ff.; *Knepper/Bailey,* Liability of Corporate Officers and Directors, Vol. 1, § 4.23, 4–58 f.

81 Strafrechtliches Verfahren gegen Direktoren wegen Verletzung der Verschwiegenheitspflicht: *California v. Hewlett-Packard Co.,* Final Judgement and Permanent Injunction (Ca. Super. CT. Dec. 7, 2006).

82 Die Kategorisierung der Verschwiegenheitspflicht fällt auch innerhalb der zu vergleichenden Rechtsordnungen nicht einheitlich aus, weshalb hier eine strenge Einordnung unterbleiben soll.

83 Dazu *Fanto,* Directors' and officers' liability, § 5:5.5, 5-29; nach Del. CODE ANN. Tit. 8, § 174 (2005): vorsätzliche oder fahrlässig Verletzung.

nen, oder ihre Vermögenswerte (assets) müssen wenigstens ihren Verbindlichkeiten entsprechen und im Falle einer gedachten Auflösung der Gesellschaft zum Zeitpunkt der Ausschüttung ausreichen, um Vorzugsrechte/-aktionäre (preferential rights) zu befriedigen.[84] Bei Verletzung dieser Pflicht umfasst die Haftung den vollständigen Betrag, der ausgeschüttet wurde oder zum Aktienrückkauf aufgebracht wurde, einschließlich Zinsen ab dem Zeitpunkt des haftungsbegründenden Ereignisses.[85]

c) Übernahmesituationen

Besondere Pflichten ergeben sich für Direktoren in **Übernahmesituationen** (change of control, z.B. sale of control, approving and recommending a merger or acquisition, decision-making in a contested merger or acquisition).[86] Grundsätzlich ergeben sich im Hinblick auf die Anforderungen an nicht geschäftsführende Direktoren keine Besonderheiten. Diese müssen in den jeweiligen Situationen ihrer Sorgfaltspflicht nachkommen und im Falle von Interessenkonflikten ihre Treuepflicht beachten und so im besten Interesse ihrer Gesellschaft handeln.

d) Insolvenz

Sobald sich die Gesellschaft nahe der **Insolvenz** befindet, erweitert sich der Pflichtenkreis über die Gesellschaft hinaus auch auf die Gläubiger der Gesellschaft. Der Delaware Supreme Court hat jüngst die Rechte von Gläubigern erneut untersucht und dahin gehend ausgelegt, dass Gläubigern kein direkter Anspruch gegen die Direktoren zusteht.[87] Gläubiger nehmen vielmehr die Stellung der Aktionäre ein und können ihre Interessen durch eine abgeleitete Klage im Namen der Gesellschaft (derivative law suit) geltend machen. Ansprüche der Gesellschaft gehören zur Insolvenzmasse, die letztendlich der Befriedigung von Gläubigern dient. Nicht geschäftsführenden Direktoren steht bei einer abgeleiteten Gläubigerklage ebenso der Schutz durch den satzungsgemäßen Haftungsausschluss sowie der Schutz durch die business judgment rule zur Verfügung.[88]

---

84 Vgl. MBCA § 6.40(c), 6-55.

85 So das Recht in Delaware, vgl. Del. CODE ANN. Tit. 8, § 174 (2005); andere Bundesstaaten treffen teilweise abweichende Regelungen, siehe *Knepper/Bailey,* Liability of Corporate Officers and Directors, § 3.17, 3-43.

86 Eine Besprechung würde über den Rahmen dieser Arbeit hinausgehen, ausführlich dazu *Fanto,* Directors' and officers' liability, § 5:2–5:4, 5-2–5.25. Für Deutschland: *Böttcher,* Organpflichten beim Unternehmenskauf, NZG 2007, 481–485, soweit beim Unternehmenskauf in der Satzung ein Zustimmungsvorbehalt gem. § 111 Abs. 4 S. 2 AktG festgesetzt wird – dies wird dringend empfohlen –, hat die Geschäftsführung die Verpflichtung im Rahmen der Informationspflicht zur unbedingten Offenheit gegenüber dem Aufsichtsrat. „Bei mangelnder Information ist in einem späteren Schadensersatzprozess darauf abzustellen, wie ein verantwortlich handelndes, seine Aufsichtsfunktion sorgfältig wahrnehmendes Aufsichtsratsmitglied sich verhalten hätte und welche Entscheidung bei vollständiger, zutreffender Information von ihm zu erwarten gewesen wäre."

87 *North American Catholic Educational Programming Foundation, Inc. v. Gheewalla,* 2007 WL 1453705 (Del. 18. Mai 2007), Nachweis bei *Fanto,* Directors' and officers' liability, 5–31.

88 Dies hat der Delaware Chancery Court nunmehr nach einigen kontroversen Entscheidungen klargestellt. Dazu *Black/Cheffins/Klausner,* Outside Director Liability, 1092f., bes. Fn. 138 mit Nach-

Abweichend von zahlreichen (europäischen) Rechtsordnungen werden dem Board US-amerikanischer Gesellschaften keine speziellen Pflichten in der Insolvenz auferlegt. Im Gegensatz zur Einsetzung eines externen Verwalters bleibt nach dem US Bankruptcy Code normalerweise das Board in seiner Eigenschaft zunächst bestehen und gibt diesem die Möglichkeit, erste Vorschläge zur Reorganisation einzubringen. So werden statt der Haftungsandrohung Managern positive Anreize gesetzt, um die Insolvenz – noch möglichst vor der eigentlichen Zahlungsunfähigkeit – anzumelden.[89]

III. Haftungsausschluss bzw. Beschränkung

1. Satzungsausschluss

Die Möglichkeiten, die Haftung auszuschließen, sind bereits im entsprechenden Zusammenhang erläutert worden (vgl. oben II.1.e): Durch die **Satzung** kann die Haftung für Schadensersatzansprüche entsprechend dem jeweils anwendbaren bundesstaatlichen Recht vorwiegend bei Sorgfaltspflichtverletzungen gegenüber der Gesellschaft – auch bei Geltendmachung durch die Aktionäre – beschränkt werden.

2. Ratifikation durch Anteilseigner

Die **Ratifikation** des Geschäfts nach vollständiger Offenlegung der zugrunde liegenden Umstände durch die Anteilsmehrheit lässt den Anspruch von Aktionären wegen einer Sorgfaltspflichtverletzung entfallen.[90] Die **Zustimmung zu der Transaktion** durch nicht betroffene Direktoren, durch nicht interessierte Aktionäre oder durch Darlegung, dass dem sog. Fairness Test genügt wurde, bestärkt die Annahme der Korrektheit der Lösung eines Interessenkonflikts und schwächt das Haftungsrisiko jedenfalls deutlich.

IV. Durchsetzung

1. Probleme der Durchsetzung

Hat die Gesellschaft einen Anspruch, macht sie ihn aber nicht selbst geltend, so ist im amerikanischen Gesellschaftsrecht seit Langem anerkannt, dass ein Anteilseig-

---

weisen. Es ergeben sich daher im Grundsatz keine Unterschiede zu Ansprüchen, die durch abgeleitete Aktionärsklagen durchgesetzt werden (vgl. unten IV.2.). In verfahrensrechtlicher Hinsicht gestaltet sich die Durchsetzung in der Insolvenz jedoch einfacher, da sowohl auf die Voraussetzung des internen Abhilfeverlangens wie auch auf die Einsetzung des special litigation committees verzichtet werden kann, vgl. ders. 1093. *Hertig/Kanda,* Creditor Protection, in: *Kraakman u.a.,* The Anatomy of Corporate Law: A Comparative and Functional Approach, 89.

89 Insgesamt hierzu *Hertig/Kanda,* Creditor Protection, in: *Kraakman u.a.,* The Anatomy of Corporate Law: A Comparative and Functional Approach, 73 f.

90 *Cox & Hazen,* Corporations, § 10.14, 538 mit Verweis auf *In re* Wheelabrator Technoligies, Inc. Shareholder Litigation, 663 A.2d 1194 (Del. Ch. 1995).

ner im Namen der Gesellschaft klagen kann.[91] Da aus abgeleitetem Recht geklagt wird, spricht man von einem derivative suit.[92] Durch diese Klage können Anteilseigner vor allem Direktoren für ihre Pflichtverletzungen in Anspruch nehmen. Ein shareholder derivative suit ist ein effektives Mittel zur Überwachung der Direktoren. Denn es gilt das allgemeine Problem der Durchsetzung der Ansprüche der Gesellschaft im einstufigen Verwaltungssystem: Das Board wird zurückhaltend sein, eine Klage gegen Direktoren zu erheben, soweit diese nicht bereits als Mitglieder ausgeschieden sind bzw. das komplette Board ausgewechselt worden ist.

2. Aktionärsklage

Um einem Missbrauch vorzubeugen, ist eine abgeleitete Aktionärsklage nur unter besonderen Voraussetzungen zulässig. In den meisten Einzelstaaten wird verlangt, dass der Kläger im Zeitpunkt der Schädigung seine Anteile an der Gesellschaft besaß, und in einigen Staaten sogar, dass er diese während des gesamten Verfahrens behält (contemporaneous ownership).[93]

a) Abhilfeverlangen

Weiter müssen gesellschaftsinterne Abhilfemöglichkeiten erschöpft worden sein. Insbesondere müssen die Aktionäre das Board erfolglos aufgefordert haben, selbst für Abhilfe zu sorgen **(demand)**.[94] Dem Board wird so die Gelegenheit gegeben, das Fehlverhalten eines seiner Mitglieder durch angemessene Mittel zu beheben oder selbst die Klage zu betreiben. Wird diese Aufforderung abgelehnt, so respektieren dies die Gerichte weitgehend unter der business judgment rule und verweigern die Zulassung des derivative suits. Die Überprüfung der Entscheidung beschränkt sich dabei auf guten Glauben und die Vernünftigkeit der Nachforschungen des Boards.[95]

---

91 Allgemein hierzu *American Law Institute,* Principles of Corporate Governance: Analysis and Recommendations, Vol. 2, Chapter 1, Introductory note, 4 ff.

92 Diese Klage ist von anderen Klagearten abzugrenzen: Bei einer direkten Aktionärsklage, einer sog. direct action, macht ein Aktionär aus eigenem Recht einen Schaden geltend, der nur diesem Anteilseigner entstanden ist und sich von eventuellen Schäden anderer Aktionäre unterscheidet. Schließen sich mehrere Anteilseigner zusammen, weil eine einzelne Geltendmachung mangels Umfang wirtschaftlich nicht sinnvoll erscheint, spricht man von einem sog. class action suit. Fehlverhalten kann auch Anlass zu mehreren kumulativen Klagen geben, die dann nebeneinander geltend gemacht werden, sog. joint class and derivative actions. Ausführlich zu Definitionen und Abgrenzung: *Knepper/Bailey,* Liability of Corporate Officers and Directors, § 18.01, 18-2–18-8.

93 Zur ersten Voraussetzung vgl. Rule 23.1 of the Federal Rules of Civil Procedure. Diese Vorschrift betrifft alle bundesstaatlichen derivative actions und ist Muster für zahlreiche Einzelstaaten, so z.B. DEL. CODE ANN. Tit. 8, § 327; zur zweiten Voraussetzung vgl. *Knepper/Bailey,* Liability of Corporate Officers and Directors, Vol. 2, § 18.08, 18-43 mit Verweis auf *Rothenberg v. United Brands Co.,* 573 F.2d 1295 (2d Cir. 1977); *Bungert,* Gesellschaftsrecht in den USA, 41.

94 Vgl. Rule 23.1 of the Federal Rules of Civil Procedure; *American Law Institute,* Principles of Corporate Governance: Analysis and Recommendations, 1994, Vol. 2, § 7.03, 53 f.

95 So z.B. *Levine v. Smith,* 591 A.2d 194, 212 (Del. 1991), Nachweis bei *Knepper/Bailey,* Liability of Corporate Officers and Directors, 18-48, Fn. 10.

b) Entbehrlichkeit

Das Abhilfeverlangen kann unterbleiben, wenn ein solches „sinnlos“ ist **(futile).** Diese Vorgehensweise wird bevorzugt von Klägern gewählt. Die prozessuale Darlegungslast erhöht sich hierdurch jedoch deutlich. Um erfolgreich zu sein, muss der Kläger darlegen, dass der konkrete Verdacht besteht, dass die gedachte Entscheidung der Direktoren über das Abhilfeverlangen voreingenommen ist, diese also weder desinteressiert noch unabhängig bei der Entscheidung sind und nur zum Selbstschutz handeln[96] oder kollektiv ihre Sorgfaltspflicht bei der Genehmigung des Geschäfts verletzt haben.[97] Mit anderen Worten kann ein Abhilfegesuch unterbleiben, wenn das Board im Ergebnis sich selbst verklagen müsste.[98]

c) Unabhängiger Klageausschuss

Um diesen Verdacht möglichst gar nicht aufkommen zu lassen und Kontrolle über das Verfahren zu haben, setzen die Direktoren oft spezielle Ausschüsse bestehend aus unabhängigen Direktoren ein **(special litigation committees),** die über die Berechtigung des Anliegens des Aktionärs entscheiden und eine Empfehlung an das Gericht abgeben.[99] Diese Praxis ähnelt der Einholung der Genehmigung von nicht betroffenen Direktoren in Interessenkonfliktsituationen. In Fällen, in denen die Mitglieder des Boards nach einem schweren Fehlverhalten gewechselt haben, wird ein solches Komitee die Klage durchaus zulassen. Sofern das unabhängige Komitee zu der Entscheidung kommt, dass einer Klage nicht stattgegeben werden sollte, wird das Gericht, solange es das Komitee als unabhängig und dessen angestellten Nachforschungen als im guten Glauben getroffen erachtet, diese Entscheidung nur zurückhaltend überprüfen.[100]

3. Weitere Faktoren

Im US-amerikanischen Verfahrensrecht haben weitere Faktoren auf die Durchsetzung von Ansprüchen Einfluss. Auf Anforderung der Gesellschaft muss der Kläger bei einem derivative suit in manchen Staaten **Sicherheit für die Prozesskosten** leisten, was angesichts der Höhe eine wirksame Abschreckung bedeuten kann.[101]

---

96 Vgl. *Aronson v. Lewis,* 473 A.2d 805 (Del. 1984).

97 Vgl. *Marx v. Akers,* 666 N.E.2d 1034, 1040–41 (N.Y. 1996). Einzelheiten bei *Knepper/Bailey,* Liability of Corporate Officers and Directors, Vol. 2, § 18.09, 18-50–18-58.

98 *Fanto,* Directors' and officers' liability, § 5:7.3, 5-35; anders *Knepper/Bailey,* Liability of Corporate Officers and Directors, Vol. 2, § 18.09 (2), 18-52.

99 Hierzu *Fanto,* Directors' and officers' liability, § 5:7.4, 5-37–5-40; *Knepper/Bailey,* Liability of Corporate Officers and Directors, § 18.11, 18-62–18-66.

100 Der Überprüfungsmaßstab unterscheidet sich in den verschiedenen Bundesstaaten leicht: in New York wird nur eine äußerst zurückhaltende Überprüfung vorgenommen, vgl. *Auerbach v. Bennett,* 47 2d 619 (N.Y. 1979), während in Delaware die Gerichte im zweiten Schritt eine eigene unabhängige Ermessensentscheidung treffen, *Zapata v. Maldonado,* 430 A.2d 779 (Del. 1981).

101 So *Bungert,* Gesellschaftsrecht in den USA, 41; *Reimann/Ackermann,* Einführung in das US-amerikanische Privatrecht, 257.

Zur Klagefreudigkeit tragen jedoch folgende Umstände bei:[102] Erstens gilt im US-amerikanischen Verfahrensrecht der Grundsatz, dass **Verfahrensbeteiligte** – unabhängig vom Ausgang des Rechtsstreits – ihre eigenen **Rechtsverfolgungskosten selbst zu tragen haben.** Im Fall des Verlierens müssen daher nicht zusätzlich noch die Rechtsverfolgungskosten der Beklagten getragen werden. Zweitens haben **amerikanische Rechtsanwälte eine unterschiedliche Stellung im Rechtsgefüge.** Statt passiv auf ein Mandat zu warten, haben Klägeranwälte im US-Rechtssystem vielmehr die Stellung von Unternehmern, die Rechtsverletzungen und potenzielle Mandanten ausmachen und somit zur Durchsetzung von Fehlverhalten und einer gewissen Rechtsstaatlichkeit beitragen sollen. Die Anwälte leiten das Verfahren im Wesentlichen und haben – da sie normalerweise die Verfahrenskosten im Voraus übernehmen und ein Erfolgshonorar vereinbaren – ein erhebliches finanzielles Interesse am Ausgang des Verfahrens, welches das Interesse einzelner Aktionäre üblicherweise übersteigt. Anwälte, die für Aktionäre die abgeleitete Klage betreiben, können ihre Gebühren selbst beim Abschluss von Vergleichen von der Gesellschaft verlangen, da dieser die Vergleichssumme zugeflossen ist. Der dahinterstehende Gedanke ist, dass im Ergebnis alle Aktionäre von dem Ausgang des Verfahrens profitiert haben und somit auch proportional die Kosten tragen sollen.[103] Drittens kann grundsätzlich jeder Aktionär die abgeleitete Aktionärsklage geltend machen, unabhängig von der Größe seiner Beteiligung an der Gesellschaft.[104]

Mittels derivative shareholder suits werden heute aufgrund der prozessualen Hürden kaum noch stattgebende Gerichtsurteile erwirkt.[105] Jedoch kommt es durch genug belastendes Material gegen die Direktoren durchaus zu Vergleichen und Schadensersatzzahlungen oder es wird wenigstens erreicht, dass die Geschäftsführung ihre Ausrichtung ändert. Obwohl diese Klagen häufig weniger dem Eigeninteresse des Aktionärs aufgrund seiner Beteiligung an der Gesellschaft dienen, werden sie jedoch wegen ihrer allgemein-präventiven Funktion als nutzbringend betrachtet.[106]

---

102 So auch *Black/Cheffins,* Outside Director Liability Across Countries, 1393 f.; *Hertig/Kanda,* Creditor Protection, in: *Kraakman u. a.,* The Anatomy of Corporate Law: A Comparative and Functional Approach, 116.

103 Insgesamt dazu *Hamilton/Booth,* Corporations, 608 f.: Bei direkten Klagen werden gleichsam die Anwaltsgebühren aus der insgesamt erlangten Schadensersatzsumme beglichen. Aus der deutschsprachigen Literatur: *Mock,* in: *Spindler/Stilz,* Kommentar zum AktG § 148 Rn. 18.

104 Vgl. Rule 23.1 of the Federal Rules of Civil Procedure; *Black/Cheffins/Klausner,* Outside Director Liability, 1111.

105 *Hamilton/Booth,* Corporations, 609.

106 *Grotheer,* Außenhaftung von Aufsichtsratsmitgliedern: Ein Anreiz zur Verbesserung der Überwachungstätigkeit? WM 2005, 2070, 2075 bes. Fn. 64 mit weiteren Nachweisen.

5. Kapitel: Non-executive directors nach englischem Recht

I. Differenzierender Haftungsmaßstab zwischen verschiedenen Direktoren?

Wie in den USA wird in Großbritannien keine formelle rechtliche Unterscheidung zwischen den Pflichten von geschäftsführenden und nicht geschäftsführenden Direktoren getroffen.[107] Vielmehr legt das englische Recht formal an jeden Direktor grundsätzlich den gleichen Maßstab unabhängig seiner Einbindung in der Gesellschaft an.[108]

Es wird argumentiert, dass nicht geschäftsführenden Direktoren eine unterschiedliche Rolle innerhalb des Boards zukommt und es deshalb nicht angemessen erscheint, ihnen die gleiche rechtliche Verantwortung wie den geschäftsführenden Direktoren aufzuerlegen. Andere meinen, dass im monistischen System durch einen reduzierten Haftungsmaßstab für einzelne Direktoren die Gefahr bestehe, die Einheitlichkeit der Boards zu unterlaufen.[109] Außerdem bärge ein abgeschwächter Haftungsmaßstab das Risiko in sich, dass nicht geschäftsführende Direktoren ihre Aufgaben nicht mit der notwendigen Sorgfalt erfüllen würden. Befürchtungen, dass potenzielle Kandidaten sich aus Sorge über eine persönliche Haftung von der Übernahme von Posten abhalten lassen, haben sich jedenfalls in größeren Gesellschaften nicht verifizieren lassen.[110]

Legislative Reformen haben auf eine gesetzliche Klarstellung der rechtlichen Unterscheidung – insbesondere auf die Kodifizierung der Überwachungsfunktion nicht geschäftsführender Direktoren – verzichtet. Der Company Law Review hat hierzu keinen Anlass gesehen, da dies insbesondere einen Verlust an Flexibilität mit sich bringen würde.[111] Außerdem hat es sich als problematisch erwiesen, einen Maßstab zu formulieren, der sämtlichen Arten von Organmitgliedern gerecht wird.[112] Durch den Companies Act 2006 wurde nunmehr eine gesetzliche Vor-

---

107 *Davies,* Gower's Company Law, 16-13, 491.

108 *Dine,* Company Law, Kap. 11, 191; *Black/Cheffins,* Outside Director Liability Across Countries, 1399.

109 *Higgs,* Kap. 14.1, 63, unter Verweis auf Meinungen, die an ihn während der Erstellung seines Berichts herangetragen wurden.

110 *Higgs,* Kap. 14.3, 63; *Department of Trade and Industry,* Director and Auditor Liability: A Consultative Document (Dezember 2003) sec. 4.6., 15.

111 *Department of Trade and Industry,* Director and Auditor Liability: A Consultative Document (Dezember 2003) sec. 4.6., 15 mit Verweis auf den Company Law Review: *Company Law Review Steering Group:* Company Law Review, Developing the Framework (Department of Trade and Industry, März 2000).

112 *Dine,* Company Law, Kap. 11, 191.

schrift zur Festlegung der Sorgfaltspflicht als Ausdruck bestehenden Fallrechts kodifiziert.[113] Obwohl die formellen Pflichten aller Organmitglieder weiterhin die gleichen sind, wird erwartet, dass hierdurch an nicht geschäftsführende Direktoren ein anderer Maßstab angelegt wird als an ihre geschäftsführenden Kollegen.[114] Denn man ist sich einig, dass geschäftsführende Direktoren sehr eng in die Tagesgeschäftsführung eingebunden sind und daher erheblich höhere Anforderungen an ihr Wissen, ihre Fähigkeiten und ihre Erfahrungen hinsichtlich der Geschäftsgänge des Unternehmens gestellt werden, als dies bei nicht geschäftsführenden Direktoren der Fall ist.[115] Diese Faktoren sind bei der Frage der sorgfältigen Aufgabenerfüllung zu berücksichtigen.[116] Abhängig von den Funktionen, die den einzelnen Organmitgliedern übertragen werden, unterscheidet sich die Erwartungshaltung zwischen sowohl geschäftsführenden und nicht geschäftsführenden Direktoren als auch zwischen verschiedenen Arten von geschäftsführenden und gleichsam nicht geschäftsführenden Direktoren, z. B. zwischen einem Finanz- oder einem Personaldirektor und einem nicht geschäftsführenden Direktor.[117] Es findet daher in der Anwendung eine Unterscheidung statt zwischen vollzeit und professionell beschäftigten Managern und Organmitgliedern, von denen nur die Überwachung der Geschäftsführung geschuldet wird.[118]

Die **Rechtsprechung** in Großbritannien hat ebenfalls die nebenberufliche Tätigkeit von nicht geschäftsführenden Direktoren und das Konzept professioneller Mitglieder anerkannt und tendiert dazu, deren Pflichten entsprechend anzupassen. In *Dorchester Finance Co. Ltd. v. Stebbing* wurde entschieden, dass nicht geschäftsführende Direktoren, die entweder Wirtschaftsprüfer sind oder beachtliche Prüfungs- und wirtschaftliche Erfahrung besitzen, im Vergleich zu Organmitgliedern, die keine solche Erfahrungen besitzen, fährlässig handeln, indem sie Blankoschecks zeichnen, und so der Geschäftsführung die Veruntreuung von Gesellschaftsvermögen ermöglichen.[119] Auch die Entscheidung *Equitable Life Assurance Society v. Bowley* gibt Anhaltspunkte dafür, dass nicht geschäftsführende Direktoren rechtlich unterschiedlich behandelt werden könnten.[120] „Die Pflicht, die ein nicht geschäftsführender Direktor seiner Gesellschaft schuldet, unterscheidet sich rein rechtlich nicht von der Pflicht eines geschäftsführenden Direktors, es sollte und in der Regel wird sich diese Pflicht aber in der Anwendung unterscheiden.“[121]

---

113 Sec. 174 CA 2006; ausführlich dazu II.1.

114 *Davies,* Gower's Company Law, 16-3, 491; *Department of Trade and Industry,* Director and Auditor Liability: A Consultative Document (Dezember 2003) sec. 4.6., 15, mit Verweis auf den *Company Law Review.*

115 Schedule B 1. Combined Code: Guidance on liability of non-executive directors: care, skill and diligence; auf Empfehlung von *Higgs,* Kap. 14.9, 64; *Dine,* Company Law, Kap. 11, 191; *Pennington,* Company Law, 734; *Department of Trade and Industry,* Director and Auditor Liability: A Consultative Document (Dezember 2003) sec. 4.6., 15 mit Verweis auf den *Company Law Review.*

116 Schedule B 1. Combined Code.

117 *Higgs,* Kap. 14.6, 64; *Davies,* Gower's Company Law, 16-13, 491.

118 *Pennington,* Company Law, 734; *Hannigan,* Company Law, 145.

119 Besprechung in *Birds/Boyle,* Company Law, 622.

120 *Equitable Life Assurance Society v. Bowley,* (2003) EWHC (Comm.) 2263, 35-41.

121 *Equitable Life Assurance Society v. Bowley,* 35.

II. Pflichten und Haftung von non-executive directors

Nach dem englischen Common Law schulden Direktoren ihre Pflichten im normalen Geschäftsgang der Gesellschaft und nicht den Aktionären.[122] Diese **alleinige Verantwortung gegenüber der Gesellschaft** wurde nunmehr im Companies Act 2006 festgelegt.[123] Das bedeutet, dass nur Personen, die für oder im Namen der Gesellschaft handeln, diese Pflichten durchsetzen können.[124] Ob im Namen der Gesellschaft auch einzelne Aktionäre die Ansprüche im Wege einer abgeleiteten Klage durchsetzen können, wird in Großbritannien seit Langem kontrovers diskutiert und hat durch den Companies Act 2006 eine erhebliche Änderung erfahren (dazu näher IV.).[125]

Nach zahlreichen Vorschlägen hat die neue Fassung des Companies Act 2006 insgesamt die **allgemeinen Pflichten von Direktoren kodifiziert,** welche weitgehend durch das Fallrecht entwickelt wurden.[126] Das **Fallrecht** ist jedoch weiterhin relevant und wird zur Auslegung herangezogen.[127] Zur Auslegung der Pflichten nicht geschäftsführender Direktoren börsengelisteter Gesellschaften dient mangels expliziter Vorschriften im Companies Act 2006 der **Combined Code.**[128] Es bestehen nach dem Companies Act 2006 folgende allgemeine Pflichten von Direktoren:

Sec. 171: duty to act within powers
Sec. 172: duty to promote the success of the company
Sec. 173: duty to exercise independent judgment
Sec. 174: duty to exercise reasonable care, skill and diligence
Sec. 175: duty to avoid conflicts of interest
Sec. 176: duty not to accept benefits from third parties
Sec. 177: duty to declare interest in proposed transaction or arrangement

Diese Pflichten sind nicht abschließend.[129] Weiterhin kann eine Unterteilung zwischen **Sorgfaltspflichten** (sec. 174 CA 2006) und **Treuepflichten** (sec. 171–173,

---

122 *Percival v. Wright,* (1902) 2 Ch 421.
123 Sec. 170 (1) CA 2006.
124 *Davies,* Gower's Company Law, 479f.; *Morse/Davies u.a.,* Palmer's Company Law: Annotated Guide to the Companies Act 2006, sec. 170 (1), 164.
125 Grundlegend *Reisberg,* Derivative Actions and Corporate Governance – Theory and Operation, 2007.
126 Teil 10, Kap. 2 Sec. 171-177 CA 2006 „General Duties of Directors". Ein erster Vorschlag zur Kodifizierung der Pflichten von Direktoren wurde durch die *Law Commission* gemacht: Company Directors: Regulating Conflicts of Interest and Formulating a Statement of Duties, Law Commission No 261 and Scottish Law Commission No 173, Cm. 4436 (1999); ein umfassenderer Vorschlag folgte durch die *Company Law Review Steering Group;* schließlich hat die Regierung das Company Law Reform White Paper (März 2005) herausgegeben. Ausführlich dazu *Davies,* Gower's Company Law, 477ff.
127 Sec. 170 (4). Vgl. *Ministerial statements DTI,* Companies Act 2006, Duties of company directors, Juni 2007, abrufbar unter http://www.berr.gov.uk/bbf/co-act-2006/index.html (1. 3. 2011); *Davies,* Gower's Company Law, 478f.; *Birds/Boyle,* Boyle & Birds' Company Law, 605, 610.
128 *Birds/Boyle,* Company Law, 622 bes. Fn. 81.
129 Diese folgt aus sec. 170 (3) und sec. 178 (2), vgl. *Birds/Boyle,* Company Law, 610f.

175–177 CA 2006) vorgenommen werden.[130] Die **zivilrechtlichen Folgen,** die bei Verletzung dieser Pflichten eintreten, wurden „bedauerlicherweise" nicht im Companies Act 2006 geregelt.[131] Sec. 178 Companies Act 2006 bestimmt nur, dass die zivilrechtlichen Folgen entsprechend den Regeln des Common Law zu behandeln sind. Soweit die Gesellschaft einem Direktor **nachweist,** dass dieser schuldhaft seine Sorgfaltspflicht (vgl. unten 1.) verletzt hat und der Gesellschaft dadurch ein kausaler Schaden entstanden ist, ist der Direktor nach Common Law zur Kompensation des entstandenen Schadens verpflichtet.[132] Die Rechtsfolgen bei Verletzung von Treuepflichten sind, neben der grundsätzlichen Schadensersatzpflicht des Direktors, differenzierter (vgl. unten 2.)

1. Sorgfaltspflicht

a) Sorgfaltsstandard

Historisch hat das britische Gesellschaftsrecht einen sehr **niedrigen, subjektiven Sorgfaltsstandard** an Direktoren angelegt.[133] Nicht geschäftsführende Direktoren spielten nach dieser traditionellen Anschauung eine zu vernachlässigende Rolle, die über bloße Imagepflege nicht hinausreichte.[134] Weder wurde eine laufende Beschäftigung mit den Geschäftsgängen der Gesellschaft noch die Teilnahme an den Versammlungen des Boards gefordert.[135]

Mit zunehmender Professionalisierung von Managern und der Übertragung der internen Kontrollfunktion auf nicht geschäftsführende Direktoren durch die Corporate Governance Bewegung setzte sich ein **strenger, objektivierter Sorgfaltsmaßstab** durch.[136] Dieser ist nun durch Sec. 174 Companies Act 2006 kodifiziert worden und schafft Rechtssicherheit hinsichtlich des anzulegenden objektiven Sorgfaltsstandards.[137] Nach Abs. 1 dieser Vorschrift hat ein Direktor einer Gesellschaft die Pflicht, seine Tätigkeit unter Anwendung der angemessenen Sorgfalt auszuführen. Angemessene Sorgfalt wird durch Abs. 2 definiert als diejenige Sorgfalt, die eine vernünftige Person anwenden würde mit a) dem allgemeinen Wissen, der Fähigkeit und der Erfahrung, die vernünftigerweise von einer Person erwartet

---

130 Diese folgt aus sec. 178 (2), vgl. *Birds/Boyle,* Company Law, 611.
131 *Davies,* Gower's Company Law, 479; *Birds/Boyle,* Company Law, 610.
132 *Higgs,* Kap. 14.6, 64; *Davies,* Gower's Company Law, 16-16, 494 f.; 16-76, 577.
133 *In re* City Equitable Fire Insurance Co, (1925) Ch. 407; *Davies,* Gower's Company Law, 489; *Pennington,* Company Law, 731-733; *Birds/Boyle,* Company Law, 622; *Grundmann,* Europäisches Gesellschaftsrecht, § 11 Rn. 388.
134 *Davies,* Gower's Company Law, 16-12, 489.
135 *In Re* City. See Re Cardiff Savings Bank [1892] 2 Ch 100 wurde der President der Bank nicht für haftbar erklärt, obwohl er zu Lebenszeiten nur eine Versammlung besuchte.
136 Der moderne Ansatz hat seine Anfänge in: *Dorchester Finance Co. v. Stebbing,* (1989) BCLC 498, die vollständige Bewegung hin zur rein objektiven Herangehensweise wurde in den 1990ern vollzogen, z.B. durch *Norman v. Theodore Goddard,* (1991) BCLC 1027, vgl. dazu Davies, Gower's Company Law, 489 f. Rechtsvergleichend *Grundmann,* Europäisches Gesellschaftsrecht, § 11 Rn. 388.
137 So etwa *Davies,* Gower's Company Law, 491; *Morse/Davies u. a.,* Palmer's Company Law: Annotated Guide to the Companies Act 2006, sec. 174, General Note, 170.

werden kann, welche solche Funktionen als Direktor im Verhältnis zu der jeweiligen Gesellschaft ausübt, und b) dem allgemeinen Wissen, der Fähigkeit und der Erfahrung des infrage stehenden Direktors. Buchstabe a) formuliert somit einen **objektiven** Standard, den alle Direktoren einhalten müssen und der nicht von den spezifischen Fähigkeiten des jeweiligen Direktors abhängig ist; b) fügt einen **subjektiven** Standard hinzu, der den Sorgfaltsmaßstab aber nur erhöhen kann.

Hierdurch wird ein differenzierender Haftungsmaßstab zwischen geschäftsführenden und nicht geschäftsführenden Direktoren erwartet.[138] Der Maßstab unterscheidet sich auch hinsichtlich der Art und der Größe des Unternehmens.[139] Professionelle Maßstäbe werden dadurch nicht grundsätzlich impliziert.[140] Jedoch fordert die objektive Herangehensweise selbst von nicht geschäftsführenden Direktoren, dass diese zu einem Minimum angemessene Vorkehrungen treffen, um sich in die Lage zu versetzen, das Management der Gesellschaft zu führen und zu überwachen.[141] Dies umfasst die Pflicht, sich angemessene Fähigkeiten, Fachwissen und Vertrautheit mit ihrem Unternehmen anzueignen und dieses regelmäßig aufzufrischen und auf aktuellem Stand zu halten (induction).[142] Sie sollen sich ausreichende Klarheit über Informationen verschaffen oder sich erweiterte Informationen zukommen lassen, und soweit notwendig, professionellen Rat einholen und befolgen.[143] Wenn nicht geschäftsführende Direktoren Bedenken hinsichtlich der Führung der Gesellschaft oder einer angekündigten Vorgehensweise haben, sollen sie sicherstellen, dass diese Probleme vom Board besprochen werden, und soweit diese nicht aufgelöst werden, die Niederschrift im Protokoll sicherstellen.[144] Bei ihrem Ausscheiden haben sie gegenüber dem Board eine schriftliche Erklärung über solche Bedenken abzugeben.[145] Vorstehende Umstände werden Gerichte bei der Frage, ob nicht geschäftsführende Direktoren ihre Pflichten verletzt haben und entsprechend haften sollen, zu berücksichtigen haben.[146]

Im Gegensatz zu den USA wird daher in Großbritannien vielmehr ein einfacher Fahrlässigkeitsmaßstab als ein grob fahrlässiger Maßstab angelegt.[147] Übermäßig passives Verhalten nicht geschäftsführender Direktoren wird wohl als eine fahrlässige Nichterfüllung ihrer Pflichten angesehen.[148] Eine wichtige Ausnahme von diesem einfachen Fahrlässigkeitsmaßstab wird jedoch bei Erklärungen bzw. unterlassenen Erklärungen im Rahmen des Lageberichts (directors' report), dem Ver-

---

138 *Davies,* Gower's Company Law, 491; vgl. auch die Unterscheidung in der Rechtsprechung Australiens zwischen geschäftsführenden und nicht geschäftsführenden Direktoren, *Daniels v. Anderson,* (1995) 16 ACSR 607: durch Anwendung eines objektiven Standards wurde der CEO haftbar gemacht, nicht geschäftsführende Direktoren hingegen von der Haftung befreit.
139 *Davies,* Gower's Company Law, 491.
140 *Davies,* Gower's Company Law, 491.
141 *Daniels v. Anderson,* (1995) 16 ACSR 664.
142 A.5 und A.5.1 und Schedule B 2.(ii) Combined Code.
143 A.5 und A.5.2 und Schedule B 2.(ii) Combined Code.
144 A.1.4 und Schedule B 2.(ii) Combined Code.
145 A.1.4 Combined Code.
146 Schedule B 3. Combined Code.
147 So auch *Black/Cheffins,* Outside Director Liability Across Countries, 1401.
148 *Davies,* Gower's Company Law, 16-13, 491.

gütungsbericht (directors' remuneration report) und der damit zusammenhängenden Erklärung über die Finanzlage (summary financial statement) vorgenommen: Direktoren haften hier nur bei wissentlichem oder rücksichtslosem Verhalten.[149]

b) Sorgfältige Aufgabenerfüllung und Delegation

Nicht geschäftsführende Direktoren haben also ihre Aufgaben, nämlich die Beteiligung an unternehmenspolitischen und strategischen Entscheidungen, und ihre Überwachungsfunktion, gemessen an diesem Sorgfaltsmaßstab, zu erfüllen. Die Kontrollfunktion beinhaltet – wie in den USA – die **Überwachung** der Leistung der geschäftsführenden Direktoren,[150] insbesondere die Bewertung ihres Geschäftserfolgs.[151] Dies umfasst die genaue **Überprüfung,** ob vorgegebene Zielsetzungen erreicht worden sind, und die dazugehörige Berichterstattung.[152] Weiterhin müssen sie sich – wie in den USA – persönlich davon überzeugen, dass Finanzinformationen zutreffend sind und dass finanzielle Kontrollmechanismen und das Risikomanagement robust und unbedenklich ist.[153]

Damit nicht geschäftsführende Direktoren ihre Pflichten ordnungsgemäß erfüllen können und um den nebenberuflichen Charakter bei der Frage der sorgfältigen Aufgabenerfüllung mit berücksichtigen zu können, soll in der Bestellungsurkunde (letter of appointment) nicht geschäftsführender Direktoren die zu erwartende zeitliche Beschäftigung schriftlich festgehalten werden.[154]

Nicht geschäftsführende Direktoren können in bestimmten Situationen auf andere Personen **vertrauen.**[155] Ein Direktor ist so lange berechtigt, auf Personen mit Verantwortung innerhalb des Unternehmens zu vertrauen, bis Gründe auftreten, welche ein solches Vertrauen erschüttern.[156] Die Möglichkeit der **Delegation** von Aufgaben befreit Direktoren jedoch nicht von der Pflicht, die Ausführung der de-

---

149 Sec. 463 CA 2006. Ein Direktor muss wissen, dass die Erklärung unwahr oder irreführend ist, oder in Kauf nehmen (reckless; entspricht wohl nach deutschem Verständnis dem bedingten Vorsatz), dass dies der Fall ist. Der bloße Glaube an die Richtigkeit schützt ihn also vor der Haftung. Dazu *Davies,* Gower's Company Law, 21-26, 742. Die Vorschrift begründet jedoch keine Außenhaftung und ist Pardon zur Prospekthaftung nach 90 FSMA (vgl. unten 3. Teil, 9. Kap.). Europarechtlichen Vorgaben durch die Accounting Directive zur Haftung von Organmitgliedern für den Jahresabschlussbericht wird dadurch entsprochen, dass dieser gem. sec. 414(1) CA 2006 durch die Direktoren genehmigt werden und mindestens von einem Direktor handelnd für das gesamte Board unterschrieben werden muss. Haftungsrechtlich wird der Jahresabschlussbericht durch sec. 414(4)(5) und der directors' report und der remuneration report ordnungsrechtlich bzw. strafrechtlich (offence) flankiert (sec. 415(4) und 420(2)), (dazu unten 4. Teil). Insgesamt dazu *Davies,* Gower's Company Law, 21-28, 743 f.

150 *Davies,* Gower's Company Law, 324 (7. Aufl.).

151 *Davies,* Struktur der Unternehmensführung in Großbritannien und Deutschland: Konvergenz oder fortbestehende Divergenz? ZGR 2001, 282.

152 Combined Code Sec. 1 A.1 Supporting Principles.

153 Combined Code A.1 Supporting Principles; *Higgs,* Vorschlag Revised Code, 27, Annex A.1.4.

154 A.4.4 Combined Code.

155 *Birds/Boyle,* Company Law, 623.

156 *Norman v. Theodore Goddard,* (1991) BCLC 1027.

legierten Funktionen zu überwachen.[157] Dabei kommt es im Wesentlichen darauf an, dass interne Kontrollsysteme vorhanden sind und entsprechend funktionieren.[158]

c) Keine business judgment rule

Abweichend von der Situation in den USA gibt es nach englischem Recht **keine formale Doktrin der business judgment rule.**[159] Die *Law Commission* hielt die Einrichtung eines weitreichenden Ermessensspielraumes in Großbritannien nicht für notwendig.[160] Jedoch sind englische Gerichte bei der überprüfenden Beurteilung von unternehmerischen Entscheidungen äußerst zurückhaltend und unterlassen es grundsätzlich, Organmitglieder wegen bloßer unternehmerischer Fehlentscheidungen in die Haftung zu nehmen.[161]

d) Haftungsrisiko

Das Haftungsrisiko nicht geschäftsführender Direktoren hat sich in Großbritannien durch zwei Faktoren verschärft: Erstens ist aufgrund der Ausweitung ihrer Funktionen mit einem Anstieg des Haftungsrisikos zu rechnen.[162] Zweitens hat die Abkehr vom subjektiven Standard hin zu einem objektiven das Haftungsrisiko erhöht. Als Reaktion auf das sich geänderte Verständnis für gute Corporate Governance haben Gerichte die Anforderungen angehoben, die hinsichtlich der Aufmerksamkeit, welche Direktoren ihrer Gesellschaft widmen müssen, gestellt wer-

157 *Barings Plc (No. 5), Re* (2000) 1 BCLC 433, 489; *Equitable Life Assurance Society v. Bowley,* (2004) 1 BCLC 180 („delegation does not mean unquestioning reliance upon others to do their job"). In dem Verfahren um die britische Lebensversicherung Equitable Life wurden Fragen über die Rolle von nicht geschäftsführenden Direktoren und deren Verantwortlichkeit aufgeworfen. Die Gesellschaft hat neun ihrer ehemaligen non-executive directors aufgrund des Vorwurfs von fahrlässigem Verhalten und der Verletzung ihrer Treuepflichten verklagt (*Equitable Life Assurance Society v. Bowley,* (2003) EWHC (Comm.) 2263). Während der Vorwurf dahin gehend lautete, die non-executive directors hätten die Strategie der Anlageprodukte der Gesellschaft frühzeitig auf ihre Rechtmäßigkeit hin prüfen, gegen Risiken absichern und Versicherungsnehmer auf die Risiken hinweisen müssen, haben sich die nicht geschäftsführenden Direktoren im Wesentlichen darauf berufen, sie hätten sich auf die Geschäftsführung und deren Empfehlungen verlassen. Da die Klage schließlich fallen gelassen wurde, wurden diese Fragen keiner abschließenden Entscheidung zugeführt. Jedoch zeigt dieser Fall, dass nicht geschäftsführende Direktoren vermehrt zum Gegenstand von Klagen wegen unzureichender Erfüllung ihrer Aufgaben innerhalb des Boards gemacht werden, vgl. *Roach,* Equitable Life and non-executive directors: clarification from the High Court? The company Lawyer 2005, Vol. 26 No 8, 253, 254.

158 Neben den eben genannten, gehören dazu insbesondere noch operative und compliance Kontrollmechanismen. Ausführliche Empfehlungen gibt der *Report of the Turnbull Committee, Institute of Chartered Accountants in England and Wales,* Internal Control for Directors on the Combined Code (1999). Nunmehr aktualisiert *Financial Reporting Council,* Internal Control: Revised Guidance for Directors on the Combined Code (2005).

159 *Black/Cheffins,* Outside Director Liability Across Countries, 1401; *Davies,* Gower's Company Law, 16-15, 493.

160 Law Commission and Scottish Law Commission, Cm. 4436 (1999), Pt 5.

161 *Black/Cheffins,* Outside Director Liability Across Countries, 1401; *Davies,* Gower's Company Law, 16-15, 493 f.

162 So *Hannigan,* Company Law, 155.

den.[163] Die traditionelle „Laxheit" hinsichtlich der ordnungsgemäßen Sorgfalt wird aufgegeben.[164]

2. Treuepflicht

a) Allgemeine Interessenwahrungspflicht

Treuepflichten von Direktoren, die sich weitgehend durch Rechtsprechung zu Treuhandverhältnissen (trusts) entwickelt haben, sind im Rahmen der Gesellschaftsrechtsreform in Großbritannien in den Companies Act 2006 umfassend inkorporiert worden. Gesetzestechnisch wurden sie in sechs Gruppen aufgeteilt, wovon sich diese grob unterscheiden lassen in Pflichten bei Interessenkonfliktsituationen[165] und allgemeine Pflichten, die sich sonst aus dem treuhänderischen Charakter ergeben.[166]

Die grundlegende Interessenwahrungspflicht besagt, dass Direktoren **im besten Interesse der Gesellschaft zu handeln** haben.[167] Direktoren haben aus subjektiver Sicht in gutem Glauben das Wohl des Unternehmens zum Nutzen der Mitglieder (i.d.R. Anteilseigner) in ihrer Gesamtheit zu fördern. Diese **subjektive** Herangehensweise begrenzt Haftungsrisiken erheblich.[168] Obwohl nunmehr dem **Enlightened Shareholder Value** Ansatz gefolgt wird,[169] soll dies das Handeln von Direktoren nur unwesentlich beschränken.[170] Die Interessenwahrungspflicht hat sich weiterhin vorrangig an Aktionärsinteressen auszurichten.

b) Interessenkonflikte

In sec. 175 CA 2006 ist die allgemeine Pflicht festgelegt, dass Direktoren Situationen vermeiden müssen, in denen sie direkte oder indirekte Interessen haben oder haben können, welche im Konflikt mit den Interessen der Gesellschaft stehen. Gesetzestechnisch sind die Fälle von Insichgeschäften in der Vorschrift ausgenommen, für welche sec. 177 CA 2006 speziellere Regeln trifft.[171] Daneben wird in

---

163 *Bishopsgate Investment Management Ltd. v. Maxwell* (No 2) [1994] 1 All ER 261, 264.
164 *Davies,* Gower's Company Law, (7. Aufl.) 433.
165 Sec. 175 als allgemeine Interessenkonfliktvorschrift; sec. 176 legt das Verbot von Zuwendungen Dritter fest; sec. 177 behandelt Insichgeschäfte.
166 Sec. 171 CA 2006: Pflicht, innerhalb ihrer Befugnis zu handeln; sec. 172 (näher dazu gleich); sec. 173 CA 2006: Pflicht, unabhängige Entscheidungen zu treffen. Insgesamt dazu *Davies,* Gower's Company Law, 16-18–16-39, 496 ff.
167 Sec. 172 CA 2006 „Duty to promote the success of the company"; *Smith and Fawcett Ltd., Re* [1942] Ch 304, 306.
168 So etwa *Davies,* Gower's Company Law, 16-24, 506 f, 510.
169 Nicht abschließend wird eine Liste von sechs Themen genannt, die Direktoren bei ihren Entscheidungen daneben zu berücksichtigen haben, z.B. Arbeitnehmerinteressen, Beziehungen zu Lieferanten und Kunden, die Umwelt.
170 *Davies,* Gower's Company Law, 16-100, 603.
171 Sec. 175 (3) CA 2006.

sec. 176 CA 2006 die Pflicht festgelegt, keine Zuwendungen Dritter anzunehmen.[172]

(1) Lösung von Interessenkonflikten

Der Companies Act 2006 bestimmt drei Möglichkeiten, Interessenkonflikte zu lösen. Diese gelten im Vergleich zu den USA jedoch nicht alternativ nebeneinander, sondern sind abhängig von der jeweiligen Art des Interessenkonflikts. Bei Befolgung der verfahrensrechtlichen Vorschriften tritt keine Haftung ein.[173] In Abweichung vom Common Law wird nunmehr dem Board anstelle der Aktionäre eine zentrale Rolle übertragen. Bei börsengelisteten Unternehmen mit unabhängigen nicht geschäftsführenden Direktoren wird dies als effizienteste Lösung befürwortet.[174]

Für **Interessenkonfliktsituationen, die kein Insichgeschäft** darstellen, bedarf es einer vorherigen **Zustimmung** des Geschäfts **durch das Board.**[175] Der oder die betroffenen Direktoren sind grundsätzlich bei der Abstimmung auszuschließen.[176]

Bei **Insichgeschäften** hat ein Direktor grundsätzlich den Ursprung und den Umfang jeglichen direkten oder indirekten Interesses den anderen Direktoren vor Abschluss des Geschäfts **offenzulegen.**[177] Indirektes Interesse bedeutet, dass der Direktor nicht zwingend selbst Partei des Geschäfts zu sein hat.[178] Die Frage, ob der betroffene Direktor bei der Entscheidung, ob das Geschäft zwischen der Gesellschaft und ihm eingegangen werden soll, mitstimmen darf, überlässt das Gesetz der Satzung der Gesellschaft.[179] Eine Pflicht zur Offenlegung eines Interesses von ihm nahe stehenden Personen – wie noch im Companies Act 1985 – ist nicht mit aufgenommen worden. Jedoch wird argumentiert, dass dies ein indirektes Interesse des Direktors darstellen kann.[180] Als Methoden schlägt die Vorschrift vor, den Konflikt entweder bei einer Direktorenversammlung oder durch schriftliche Mitteilung offenzulegen.[181] Bei Einhaltung dieser Vorschriften ist das Geschäft weder anfechtbar, noch trifft den Direktor eine Haftung.[182]

---

172 Dieses Verbot wird in Deutschland durch Ziff. 4.3.2 DCGK für Vorstandsmitglieder aufgestellt. Freigabe können nur Aktionäre iRd Hauptversammlung erteilen, was die Vorschrift zu einem „Beinahe-Verbot" macht, *Davies,* Gower's Company Law, 16-75, 575.

173 Sec. 180 (1) CA 2006.

174 So *Davies,* Gower's Company Law, 16-100, 604.

175 Sec. 175 (4) CA 2006. Ausführlich dazu *Davies,* Gower's Company Law, 16-69, 567 ff.

176 Sec. 175 (6) CA 2006.

177 Sec. 177 (1) CA 2006 gilt für zukünftige Geschäfte; sec. 182 CA für bereits bestehende Geschäftsverbindungen, bei denen der Interessenkonflikt erst später auftritt, z.B. bei Berufung eines neuen Direktors, der an einer bestehenden Geschäftsverbindung ein solches Interesse hat, oder durch den späteren Erwerb von Gesellschaftsanteilen.

178 *Davies,* Gower's Company Law, 16-43, 534.

179 *Davies,* Gower's Company Law, 16-43, 534.

180 *Davies,* Gower's Company Law, 16-44, 535 f.

181 Sec. 177 (2) CA 2006. Bei Sec. 182 CA sind diese Möglichkeiten zwingend. Ein weiterer Unterschied ist, dass nur bei Verletzung letzterer Vorschrift auch strafrechtliche Sanktionen (Geldstrafe) gem. sec. 183 CA 2006 auferlegt werden können.

182 *Davies,* Gower's Company Law, 16-48, 539.

Schließlich bedürfen einige wesentliche Geschäfte der **Zustimmung der Aktionäre.** Dies hat durch einen ordentlichen Aktionärsbeschluss zu erfolgen (vgl. unten).[183]

(2) Insichgeschäfte

Historisch wurden Insichgeschäfte von Direktoren entsprechend den Trust-Regeln behandelt. Danach verletzte ein Direktor seine Pflicht gegenüber der Gesellschaft, wenn er ein Insichgeschäft einging, unabhängig davon, ob ein Interessenkonflikt die Bedingungen des Geschäfts beeinflusst hatte oder ob die Konditionen des Geschäfts als fair eingestuft werden konnten.[184] Insichgeschäfte sollten strikt untersagt werden. Es wurde jedoch erkannt, dass Insichgeschäfte auch dem Wohl der Gesellschaft dienen können.[185] Entsprechend fokussierte das englische Recht sich auf das Verfahren, dass Direktoren einhalten müssen, um bei zweifelhaften Insichgeschäften Interessenkonflikte zu lösen. Im Common Law lag die Lösung in der vorherigen Offenlegung und Genehmigung des Geschäfts durch Aktionäre. Diese Genehmigung befreite den Direktor von jeglicher Haftung und führte nicht nur, wie teilweise in den USA, zu einer Beweislastumkehr.[186] Im Vergleich zu den USA überprüfen britische Gerichte Insichgeschäfte bis heute nicht nach den Fairness-Regeln.[187] Die neue Regel der bloßen Offenlegung des Interesses gegenüber dem Board stellt eine beachtliche Abweichung von der Regel des Common Law auf.

Die **Rechtsfolgen** eines Verstoßes gegen sec. 177 CA 2006 sind nur zivilrechtlicher Natur, wohingegen bei bestehenden Geschäften (sec. 182 CA 2006) nur strafrechtliche Sanktionen drohen.[188] Bei Verletzung der Offenlegung ist das Geschäft durch die Gesellschaft anfechtbar, solange Dritte nicht „einschreiten.“ Darüber hinaus haftet der Direktor auf Herausgabe des Erlangten (entweder des Gewinns, der Sache oder des stellvertretenden Commodum) und auf den der Gesellschaft entstandenen Schaden.[189]

Wie erläutert, werden spezielle Regeln für verschiedene Arten von Insichgeschäften getroffen, welche allesamt der Zustimmung der Aktionäre bedürfen. Drei Arten von Geschäften fallen hierunter: Erstens, Geschäfte über wesentliche Vermögensgegenstände (substantial non-cash assets),[190] zweitens, Vergütungsentscheidungen (iwS) bei Langzeitverträgen[191] und Abfindungszahlungen,[192] und drittens, Kredite und ähnliche Geschäfte.[193] Diese Vorschriften gelten nur für Ge-

183 *Davies,* Gower's Company Law, 16-50, 541 f.
184 *Aberdeen Railway v. Blaikie,* (1854) 1 Macq. H. L. 461, HL Sc.
185 *Davies,* Gower's Company Law, 16-41, 531.
186 *Davies,* Gower's Company Law, 16-41, 531.
187 *Davies,* Gower's Company Law, 16-41, 531.
188 Zu sec. 182 CA 2006, vgl. *Davies,* Gower's Company Law, 16-47, 539; 16-76, 577; *Birds/Boyle,* Company Law, 637 ff.
189 Insgesamt dazu *Davies,* Gower's Company Law, 16-46, 537 f.; *Birds/Boyle,* Company Law, 627 f.
190 Sec. 190 CA 2006.
191 Sec. 188 CA 2006.
192 Sec. 215 ff.
193 Sec. 197 CA 2006.

sellschaften, die in Großbritannien registriert sind, und folglich nicht für ausländische Unternehmen.[194]

Geschäfte über wesentliche Vermögensgegenstände sind solche, bei denen ein Direktor oder eine ihm verbundenen Person[195] Vermögensgegenstände (non-cash assets; definiert in sec. 1163 (1) CA 2006) erwirbt oder veräußert, deren Wert 100.000 Pfund oder 10% des Nettovermögens der Gesellschaft übersteigt.[196] Die **Rechtsfolge** bei Verstoß gegen die Einholung der Zustimmung ist vielschichtig. Im Wesentlichen führt dies zur Anfechtbarkeit des Geschäfts und zur Schadensersatzpflicht des Direktors, der dem Interessenkonflikt unterliegt, gesamtschuldnerisch mit den Direktoren, die das Geschäft seitens der Gesellschaft genehmigen, selbst wenn dieses nicht eingegangen wird.[197] Die Listing Rules der London Stock Exchange sind hinsichtlich der Gestattung durch Aktionäre noch strenger. Danach bedarf jede related-party transaction – d. h. ein Geschäft zwischen Direktoren einer börsennotierten Gesellschaft oder einer anderen Gesellschaft innerhalb der Konzerngruppe oder solchen, die in den letzten zwölf Monaten einen solchen Posten innehatten, und der Gesellschaft oder einer ihrer Tochtergesellschaften – grundsätzlich der Zustimmung durch die Aktionäre.[198]

Vergütungsentscheidungen bedürfen grundsätzlich nicht der Zustimmung der Aktionäre. Ausnahmen gelten für **Langzeitverträge.** Nach sec. 188 sind dies unkündbare Anstellungsverträge mit einer Laufzeit von über 2 Jahren. Solche Verträge werden typischerweise mit geschäftsführenden Direktoren abgeschlossen.[199] Rechtsfolge des nicht genehmigten Vertrages ist allerdings nur die Nichtigkeit der jeweiligen Vertragsklausel.[200] Darüber hinaus bedürfen **Abfindungszahlungen,** die weder vertraglich vereinbart waren (nicht jedoch im Zusammenhang mit der Kündigung), noch aus Vertragsverletzungen seitens der Gesellschaft herrühren, der Zustimmung der Aktionäre.[201] Nicht geschäftsführende Direktoren, insbesondere welche den Vergütungsausschuss besetzen, haften der Gesellschaft gesamtschuldnerisch, wenn sie solche Abfindungszahlungen ohne die erforderliche Zustimmung der Aktionäre gestatten.[202] Der Schaden umfasst die ausgezahlte Vergütung, soweit diese Zahlungen nicht vom Empfänger zurückgefordert werden können.[203]

---

194 Sec. 1158 und 1 CA 2006.
195 Sog. connected person, definiert in sec. 252 ff. CA 2006 als nahe Verwandte und Unternehmen, an denen der Handelnde ein stärkeres wirtschaftliches Interesse hat.
196 Sec. 190 iVm 191 CA 2006; 192–194 CA 2006 legt Ausnahmetatbestände fest.
197 Sec. 195 CA 2006. Der Direktor haftet auch gem. sec. 195 (4) (c) CA 2006, wenn eine ihm nahe stehende Person das Geschäft eingeht und er nicht alle vernünftigerweise zu treffenden Vorkehrungen zur Sicherung des rechtmäßigen Handelns (Compliance) der Gesellschaft getroffen hat.
198 LR 11, Ausnahmen für unwesentliche Geschäfte in LR 11 Annex 1.
199 Insgesamt dazu *Davies,* Gower's Company Law, 14-20–23, 392 ff.
200 Sec. 189 CA 2006.
201 Sec. 217 CA 2006.
202 Sec. 221 (1) CA 2006.
203 *Davies,* Gower's Company Law, 14–23, 398.

Im Gegensatz zu den Post-Enron Reformen in den USA ist die **Kreditvergabe** seitens der Gesellschaft an Direktoren in Großbritannien mit Zustimmung von Aktionären nunmehr grundsätzlich zulässig.[204] Der Gestattung bedarf es sowohl für Geschäfte mit solchen, dem Direktor nahe stehenden Personen als auch für sonstige geldwerte Zuwendungen (quasi-loans; z. B. Sicherheiten, Aushändigung von Kreditkarten). Ausnahmen werden unter anderem gemacht für Geschäfte bis 10.000 Pfund;[205] für übliche Aufwendungen, die im normalen Geschäftsgang bei Organmitgliedern der jeweiligen Gesellschaft anfallen, wobei eine Deckelung bei 50.000 Pfund vorgenommen wird;[206] für Rechtsverteidigungskosten, soweit diese im Falle des Unterliegens zurückgezahlt werden müssen;[207] und für Kreditinstitute bei der Gewährung von Krediten zu kundenüblichen Bedingungen. Die **Rechtsfolgen** bei Verstößen sind rein zivilrechtlicher Natur und entsprechen im Wesentlichen denen bei Geschäften über wesentliche Vermögensgegenstände.[208]

(3) Unzulässiger Wettbewerb einschließlich der Ausnutzung von Geschäftschancen

Die allgemeine Pflicht zur Vermeidung von Interessenkonflikten gilt insbesondere für den Missbrauch von Gesellschaftsvermögen, Informationen oder Geschäftschancen.[209] Hier ist – wie erläutert – die Freigabe des Geschäfts durch das Board einzuholen.

Ein generelles Wettbewerbsverbot für Direktoren besteht nicht.[210] Ein nicht geschäftsführender Direktor hat bei Wettbewerbshandel, insbesondere durch Besetzung eines Postens in einem anderem, mit der Gesellschaft in Wettbewerb stehendem Unternehmen, neben seiner laufenden Tätigkeit entsprechend der Regel der sec. 175 (4) CA 2006 die Zustimmung der unabhängigen Direktoren einzuholen. Beschränkungen nach Beendigung der Tätigkeit können allenfalls vertraglicher Natur sein.

In Annäherung an das US-amerikanische Recht wendet das englische Recht bei der Zuordnung von Geschäftschancen nunmehr im Wesentlichen auch den „line of business test“ an.[211] Irrelevant soll sein, ob die Gesellschaft tatsächlich die Chance wahrgenommen hätte.[212] Informationen, die ein Direktor bereits vor Antritt seines Amtes erhalten hat, sollen davon ausgeschlossen sein, jedoch nicht die nachträgliche (Aus)nutzung von Informationen und Chancen, von denen er während seiner Tätigkeit Kenntnis erlangt hat.[213] Bloßes Handeln in gutem Glauben (d. h. ehrli-

---

204 Sec. 197 CA 2006.
205 Sec. 207 CA 2006.
206 Sec. 204 CA 2006.
207 Sec. 205, 206 CA 2006.
208 Sec. 213 CA 2006.
209 Sec. 175 (2) CA 2006.
210 *Davies,* Gower's Company Law, 16–72 f., 571 ff.; *Birds/Boyle,* Company Law, 621.
211 *Davies,* Gower's Company Law, 16–68, 566; *Bhullar v. Bhullar,* (2003) 2 BCLC 241, CA.
212 Sec. 175 (2) CA 2006.
213 Sec. 170 (2) (a) CA 2006; *Davies,* Gower's Company Law, 16–67, 565.

cherweise angenommen, dass Unternehmensinteressen durch sein Handeln nicht beeinträchtigt wurden) wird einen Direktor bei der Aneignung von Geschäftschancen von der Haftung nicht befreien, da es Sache des Gerichts ist, zu beurteilen, ob ein potenzieller oder tatsächlicher Interessenkonflikt vorlag (objektive Überprüfung).[214] Sämtliche Geschäftschancen können aber nicht hierunter zusammengefasst werden. Gerade bei **nicht geschäftsführenden Direktoren** soll es nicht immer der Freigabe durch das Board bedürfen, insbesondere wenn dieser außerhalb seines Amtes Kenntnis von Geschäftschancen erhält.[215] Denn stärkere Beschränkungen würden besonders bei nicht geschäftsführenden Direktoren in keinem Verhältnis zum persönlichen Nutzen ihres Amtes stehen.[216]

(4) Mehrfachposten

Die Besetzung mehrerer Organposten innerhalb verschiedener, nicht in Wettbewerb stehender Gesellschaften stellt keinen wesentlichen Interessenkonflikt dar und wird grundsätzlich nach vorstehenden Regeln behandelt. Es wird vertreten, dass mehrfache nicht geschäftsführende Direktorenposten innerhalb verschiedener Unternehmen, die nicht miteinander in Wettbewerb stehen, gar keinen Interessenkonflikt darstellen.[217] Als Ausdruck guter Unternehmenspraxis wird jedoch auch hier eine Zustimmung der jeweiligen Boards empfohlen.[218] Stehen die beiden Unternehmen in direkten Geschäftsbeziehungen, hat ein Direktor, um sich nicht dem Risiko der Haftung auszusetzen, sich der Boardentscheidung zu enthalten und in wesentlichen Fällen (z. B. bei Übernahme der einen durch die andere Gesellschaft) sein Amt in einem der beiden Unternehmen niederzulegen.[219]

3. Sonstige Haftungsquellen

a) Verschwiegenheitspflicht

Die Verschwiegenheitspflicht von Direktoren wird im Wesentlichen unter die allgemeine Pflicht zur Vermeidung von Interessenkonflikten (sec. 175 CA 2006), nämlich unter den Missbrauch von anvertrauten Informationen subsumiert. Direktoren, die von Informationen, welche sie im Rahmen ihrer Tätigkeit erworben haben, zu ihrem persönlichen Vorteil Gebrauch machen, können einen Verstoß gegen ihre Treuepflicht begehen und neben einer Schadensersatzhaftung zur Herausgabe des Erlangten verpflichtet sein.[220] Daneben kommt eine Sanktionierung von Insiderhandel in Betracht (dazu 13. Kap. IV.).

214 *Davies,* Gower's Company Law, 16–64, 559.
215 *Davies,* Gower's Company Law, 16–68, 567 bes. Fn. 294.
216 *Davies,* Gower's Company Law, 16–68, 567.
217 *Davies,* Gower's Company Law, 16–74, 574.
218 *Davies,* Gower's Company Law, 16–74, 574.
219 *Davies,* Gower's Company Law, 16–74, 574.
220 *Davies,* Gower's Company Law, 30-6, 1088 f.

b) Kapitalerhaltungsvorschriften

Direktoren haften nach Common Law für in unzulässiger Weise genehmigte Dividendenzahlungen auf den der Gesellschaft entstandenen Schaden.[221] Die grundlegende Regel bei Kapitalerhaltungsvorschriften besagt, dass Ausschüttungen nur vorgenommen werden dürfen, wenn nach Zahlung der Dividenden der Gesellschaft weiterhin Vermögensgegenstände erhalten bleiben, deren Wert die Verbindlichkeiten um den Betrag des rechtlichen Grundkapitals der Gesellschaft übersteigt. Beschränkungen hinsichtlich der Höhe des Schadensersatzes sind weder hinsichtlich solventer Gesellschaften noch auf die Differenz zu dem jeweils noch rechtmäßig auszuzahlenden Betrag zu machen.[222]

c) Entsprechungserklärung

Zurückgehend auf EU-Gesetzgebung haben Direktoren börsengelisteter Gesellschaften entweder den Vorschriften des Combined Code zu folgen oder im Jahresabschlussbericht ihre Entscheidungsgründe für eine Nichtbefolgung darzulegen (dazu schon oben 1. Teil, 1. Kap. I.2.).[223] Da die Entsprechungserklärung zur Corporate Governance nicht von den aufgelisteten Berichten in sec. 463 (1) CA 2006 umfasst ist, können bei Nichteinhaltung Direktoren nicht gegenüber der Gesellschaft haften, vielmehr können Direktoren Strafsanktionen von der FSA auferlegt werden.[224]

d) Insolvenz

Sobald die Gesellschaft zahlungsunfähig wird, ist in Großbritannien das Insolvenzverfahren einzuleiten. Die Direktoren werden, anders als in den USA, durch einen Insolvenzverwalter ersetzt. Aufgrund zweier gesetzlicher Quellen kann die zivilrechtliche Haftung von Direktoren eintreten, wenn die Gesellschaft nahe der Insolvenz steht. Nach sec. 214 des Insolvency Act 1986 wird ein Gericht unter zwei Voraussetzungen dazu ermächtigt anzuordnen, dass ein (ehemaliger) Direktor der Gesellschaft persönliche Zahlungen in die Insolvenzmasse zu leisten hat (sog. **wrongful trading**).[225] Erstens muss das Insolvenzverfahren über die Masse der Gesellschaft eröffnet worden sein und zweitens muss der Direktor eine gewisse Zeit vor dem Eröffnungsbeschluss gewusst haben oder hätte wissen müssen, dass es keine vernünftige Annahme für die Vermeidung der Auflösung gab.[226] Diese Anordnung wird unterbleiben, wenn das Gericht zu der Überzeugung gelangt, dass der infrage stehende Direktor sämtliche Maßnahmen vorgenommen hat, um den potenziellen Verlust der Gläubiger zu minimieren, die er bei unterstelltem Wissen

---

221 *Flitcroft's Exchange Banking Co, Re* (1882) 21 Ch. D. 519, CA; *Bairstow v. Queens Moat Houses PLC* [2001] 2 BCLC 531, CA.
222 *Davies*, Gower's Company Law, 12-9, 298 ff.
223 Listing Rule 9.8.6(5) und (6).
224 Dazu unten 4. Teil, 13. Kap. I.
225 Ausführlich dazu *Davies*, Gower's Company Law, 9-7, 217 ff.; *Birds/Boyle*, Company Law, 597 ff.
226 Sec. 214 (2) Insolvency Act 1986.

von der Situation hätte ergreifen müssen.[227] Bei der Beurteilung dieser Fragen wird derselbe objektivierte Maßstab angelegt, der nun für die Sorgfaltspflicht gilt.[228] Gerichtsverfahren gegen Direktoren auf Grundlage dieser Vorschrift sind jedoch selten.[229]

Gleichsam hat ein Direktor solche Zahlungen zu leisten, wenn er trotz Liquidation (winding up) der Gesellschaft die Geschäfte in der Absicht fortführt, entweder Gläubiger oder Dritte zu betrügen oder zu sonstigen betrügerischen Zwecken (**fraudulent trading**).[230]

III. Haftungsausschluss bzw. Beschränkung

1. Satzungsausschluss

Durch die Reform des Companies Act sind ferner umfassende Vorschriften hinsichtlich der den Direktoren zur Verfügung stehenden Schutzmechanismen kodifiziert worden.[231] Sec. 232 (1) CA 2006 bestimmt, dass jede Vorschrift in der Satzung, die darauf abzielt, ein Organmitglied von seiner Haftung zu befreien, nichtig ist.[232] Sämtliche Pflichten sind daher – abgesehen von den festgelegten Ausnahmen – zwingendes Recht.[233]

2. Ratifikation durch Anteilseigner

Pflichtverletzungen eines – auch ehemaligen – Direktors können durch einen Beschluss der Aktionäre im Nachhinein ratifiziert werden, mit der Folge, dass keine Haftung eintritt.[234] Im Rahmen der (Haupt-)Versammlung ist dabei die Mehrheit der Aktionärsstimmen notwendig, wobei weder der infrage stehende Direktor (mit Gesellschafterstellung) noch eine sonst ihm verbundene Aktionärsgruppe eine entscheidungserhebliche Stimme abgeben darf.[235] Ausnahmen ergeben sich, wenn die Gesellschaft sich in einer finanziellen Schieflage befindet oder Vermögensge-

---

227 Sec. 214 (3) Insolvency Act 1986.

228 Der allgemeine Sorgfaltsmaßstab hat sich eben aus dieser Vorschrift entwickelt.

229 Zu den Gründen: *Davies,* Gower's Company Law, 9-11, 223 f.; *Black/Cheffins,* Outside Director Liability Across Countries, 1417 ff.

230 Sec. 213 Insolvency Act 1986.

231 Chapter 7 Directors liabilities sec. 232–238 CA 2006. Zur Versicherung (sec. 233 CA 2006) und Haftungsfreistellung (sec. 234–238 CA 2006) siehe 5. Teil.

232 Vormals sec. 310 CA 1985.

233 So bestimmt sec. 232 (4) CA 2006, dass Ausnahmen in Interessenkonfliktsituationen gemacht werden können, die vor der Gesellschaftsrechtsreform rechtmäßig waren. Dies sind hier weniger relevante Fälle bei der Ausnutzung von Geschäftschancen und Mehrfachposten, dazu *Davies,* Gower's Company Law, 16-89 f., 589 ff.

234 Sec. 239 (2) CA 2006.

235 Sec. 239 (4) CA 2006. (3) gilt für schriftliche Beschlüsse, bei denen ein vollständiger Stimmausschluss angeordnet wird. Dieser (Quasi-)Ausschluss von der Abstimmung stellt eine bedeutende Änderung dar, vgl. *Davies,* Gower's Company Law, 16-85, 584 ff.

genstände der Gesellschaft „enteignet“ worden sind (expropriation of corporate property).[236]

3. Freistellung durch Gericht

Eine Besonderheit des englischen Rechts besteht darin, dass Organmitgliedern die Möglichkeit gegeben wird, einen **Antrag an das Gericht** zu stellen, mit dem Inhalt, ihn von der vollen Anwendung des Pflichtenkanons der gesetzlichen Pflichten, und analog sonstiger Pflichten, zu befreien.[237] Es steht im Ermessen des Gerichts, den Direktor im Voraus bzw. nachträglich von seiner **Haftung freizustellen,** wenn es zu der Überzeugung gelangt, dass dieser aufrichtig (honestly) und vernünftig (reasonable) gehandelt hat und nach Zusammenschau aller Umstände von seiner Haftung befreit werden sollte. Diese Vorschrift gilt auch für die Sorgfaltspflicht, nicht jedoch für Außenhaftungsansprüche.[238]

IV. Durchsetzung von Ansprüchen

1. Probleme der Durchsetzung

Die Probleme, die sich bei der Durchsetzung von Ansprüchen im monistischen System ergeben, wurden bereits oben ausführlich erläutert. Hinzu kam in Großbritannien, dass nach der Regel aus *Foss v. Harbottle*[239] individuellen Aktionären nur sehr eingeschränkt die Möglichkeit offenstand, Ansprüche der Gesellschaft durchzusetzen. Diese Regel ist nunmehr Rechtsgeschichte.[240] Durch die Reformen des Companies Act sind neue Vorschriften für sog. derivative claims geschaffen worden.[241] Bei der Frage, wer entscheiden soll, ob eine Klage gegen Organmitglieder im besten Interesse der Gesellschaft liegt, hat das britische Recht ein gerichtliches Zulassungsverfahren gewählt, welches aussichtslose, nicht betreibbare und missbräuchliche Klagen herausfiltern soll.[242]

---

236 Dazu *Davies,* Gower's Company Law, 16-86, 586ff. Insgesamt zeichnet sich ein großzügiger Trend ab; der Ausschluss der Ratifikationsmöglichkeit für die allgemeine Interessenwahrungspflicht wird zwar diskutiert, jedoch abgelehnt, vgl. *Davies,* Gower's Company Law, 16-87, 587f.

237 Sec. 1157 CA 2006 (früher sec. 727 CA 1985).

238 *Davies,* Gower's Company Law, 16-96, 597.

239 (1843) 2 Hare.

240 Sehr deutlich *Davies,* Gower's Company Law, 17-4, 615: „The rule in *Foss v. Harbottle* is thus consigned to the dustbin.“

241 Sec. 260ff. CA 2006. Bereits 1997 wurden durch den CLR erste Reformvorschläge unterbreitet, vgl. *Law Commission,* Shareholder Remedies, Cm. 3769, 1997. Ausführlich: *Boyle,* Minority Shareholders' Remedies – Cambridge Studies in Corporate Law, 2002; *Reisberg,* Derivative Actions and Corporate Governance – Theory and Operation, 2007.

242 *Davies,* Gower's Company Law, 17-7, 614.

2. Aktionärsklage

Ein Aktionär kann die Zulassung einer abgeleiteten Aktionärsklage bei Gericht beantragen. Im Zeitpunkt der Geltendmachung muss der Kläger Anteile der Gesellschaft halten.[243] Es ist jedoch nicht erforderlich, dass er bereits Aktionär im Moment des schadensstiftenden Ereignisses war.[244] Prozentuale oder betragsmäßige Mindestschwellen an zu haltenden Anteilen wurden nicht festgelegt.

Voraussetzung der abgeleiteten Aktionärsklage ist, dass das Gericht die Geltendmachung der Ansprüche zulässt. Bei der Entscheidung steht dem Gericht ein weitreichender Ermessensspielraum zu. Das Gesetz schreibt drei Konstellationen vor, unter denen das Gericht den Antrag zurückweisen muss, und wenn diese nicht vorliegen, zahlreiche weitere Faktoren, welche das Gericht in seine Ermessensentscheidung miteinbeziehen muss. Zwei zwingende Zulassungsverweigerungsgründe liegen auf der Hand: Soweit die (gedachte) Pflichtverletzung entsprechend den oben dargestellten Anforderungen vorab genehmigt oder nachträglich ratifiziert wurde, hat eine abgeleitete Aktionärsklage keinerlei Aussicht auf Erfolg.[245] Darüber hinaus hat das Gericht den Antrag abzulehnen, wenn hypothetisch eine Person unter Wahrung der allgemeinen Interessenwahrungspflicht im besten Interesse der Gesellschaft handelnd, eine Klage nicht weiter betreiben würde.[246] Dabei hat das Gericht insbesondere die Beitreibbarkeit der Klageforderung mit in Betracht zu ziehen.[247]

Unter anderem folgende Faktoren, welche das Gericht bei der Prüfung weiter zu berücksichtigen hat, sprechen gegen die Nichtzulassung: Ob der klagende Aktionär in gutem Glauben handelt oder das Verfahren durch persönliche Interessen motiviert ist.[248] Ob die Gesellschaft eine mögliche Pflichtverletzung vermutlich genehmigt hätte oder ratifizieren würde.[249] Ob die Gesellschaft sich entweder durch das Board oder durch ihre Anteilseigner dagegen entschieden hat, mögliche Ansprüche einzuklagen.[250] Selbst wenn diese Entscheidung durch Boardmitglieder getroffen wurde, die an dem etwaigen Fehlverhalten nicht beteiligt waren, ist das Gericht an die Entscheidung – anders als in den USA – nicht gebunden.[251] Eine Entscheidung durch nicht beteiligte Aktionäre bürgt eine starke Tendenz für die Nichtzulassung.[252] Ob das Fehlverhalten auch im Rahmen einer persönlichen Klage (also als Außenhaftungsanspruch) durchgesetzt werden könnte.[253]

---

243 Sec. 260 (1) CA 2006.
244 Sec. 260 (4) CA 2006.
245 Sec. 263 (2) (b), (c) CA 2006.
246 Sec. 263 (2) (a) CA 2006.
247 *Davies,* Gower's Company Law, 17-10, 618.
248 Sec. 263 (3) (a) CA 2006.
249 Sec. 263 (3) (c), (d) CA 2006. Dies stellt eine beachtliche Änderung dar, da nach Common Law ratifizierbare Pflichtverletzungen überwiegend nicht zum Gegenstand der abgeleiteten Aktionärsklage gemacht werden konnten.
250 Sec. 263 (3) (e) CA 2006.
251 *Davies,* Gower's Company Law, 17-10, 619.
252 *Davies,* Gower's Company Law, 17-10, 619; Sec. 263 (4) CA 2006.
253 Sec. 263 (3) (f) CA 2006.

In zwei Fällen kann ein Aktionär eine bereits anhängige Klage weiter betreiben, um missbräuchliches Verhalten zu unterbinden. Erstens in den Fällen, in denen die Gesellschaft bereits eine Klage eingereicht hat, diese aber nicht aktiv weiterbetreibt oder nur mit dem Ziel erhoben hat, einen für die Direktoren günstigen Vergleich zu schließen.[254] Ausgeschlossen ist dies jedoch für bereits abgeschlossene Vergleiche. Zweitens kann eine bereits anhängige Aktionärsklage durch einen anderen Aktionär unter gleichen Voraussetzungen übernommen werden.[255]

Die Kosten der abgeleiteten Aktionärsklage nach erfolgreicher Zulassung, insbesondere im Unterliegensfalle, hat die Gesellschaft zu tragen.[256] Ein Vergleich bedarf der Zustimmung des Gerichts.[257]

254 Sec. 262 CA 2006.
255 Sec. 264 CA 2006.
256 *Wallersteiner v. Moir* (No. 2) (1975) QB 373, CA. Die Civil Procedure Rules 19.9 stellen eine Kostenfreistellung in das Ermessen des Gerichts.
257 CPR 19.9F.

6. Kapitel: Aufsichtsratsmitglieder nach deutschem Recht

I. Differenzierender Haftungsmaßstab zwischen Vorstands- und Aufsichtsratsmitgliedern

Obwohl § 116 AktG hinsichtlich der Sorgfaltspflicht und der Verantwortlichkeit der Aufsichtsratsmitglieder auf § 93 AktG verweist und diesen für sinngemäß anwendbar erklärt, wird im deutschen Aktienrecht im Gegensatz zu Rechtsordnungen mit einstufigem Verwaltungsorgan selbstverständlicherweise ein anderer Haftungsmaßstab an Aufsichtsratsmitglieder als an Vorstandsmitglieder angelegt.[258] Nach § 93 AktG gilt für Vorstände der objektivierte Sorgfaltsmaßstab eines ordentlichen und gewissenhaften Geschäftsleiters. Da der Begriff der Geschäftsleitung inkompatibel mit dem Aufgabenbereich der Aufsichtsratsmitglieder ist, wird der Verweis unter Zuhilfenahme der gesetzlichen Vorschrift, die die Aufgaben des Aufsichtsrats festlegt, ausgelegt. Wie erläutert, ist die wesentliche Aufgabe des Aufsichtsrats nach § 111 Abs. 1 AktG, den Vorstand zu überwachen. Die Sorgfalt und die Verantwortlichkeit, die Aufsichtsratsmitgliedern gegenüber ihrer Gesellschaft obliegt, ist daher die eines ordentlichen und gewissenhaften „Überwachers".[259]

Im Vergleich zu Vorstandsmitgliedern ist bei dem anzulegenden Maßstab insbesondere die Tatsache zu berücksichtigen, dass Aufsichtsräte sich weit weniger intensiv der Gesellschaft widmen. Dies basiert auf der anerkannten nebenberuflichen Tätigkeit der Aufsichtsratsmitglieder.[260] Der nebenberufliche Charakter ist erstens darauf zurückzuführen, dass das Aktienrecht gem. § 100 Abs. 2 AktG grundsätzlich Aufsichtsratsposten in bis zu zehn Gesellschaften für zulässig erachtet. Zweitens geht das Aktiengesetz bei börsennotierten Aktiengesellschaften gem. § 110 Abs. 3 S. 1 AktG von nur vier Aufsichtsratsversammlungen im Jahr aus. Der Deutsche Corporate Governance Kodex bestärkt diese Auffassung, empfiehlt aber gem. § 5.4.5, die Mitgliedschaft auf fünf Aufsichtsratsposten in konzernexternen börsennotierten Unternehmen zu beschränken.

Zu Annäherungen – jedoch nicht zur Angleichung – an den Haftungsmaßstab des Vorstandes kommt es bei Anteilnahme des Aufsichtsrats an Maßnahmen der Ge-

---

258 *Grundmann,* Europäisches Gesellschaftsrecht, § 11 Rn. 390, Fn. 70; *Doralt/Doralt,* in: *Semler/v. Schenck,* Arbeitshandbuch für Aufsichtsratsmitglieder, § 13, Rn. 44; *Hüffer,* AktG § 116 Rn. 1.

259 Insgesamt dazu *Semler* in: *Semler/v. Schenck,* Arbeitshandbuch für Aufsichtsratsmitglieder, § 1, Rn. 254; *Hoffmann,* Der Aufsichtsrat, Rn. 512.

260 *Hüffer,* AktG § 116 Rn. 1; *Doralt/Doralt,* in: *Semler/v. Schenck,* Arbeitshandbuch für Aufsichtsratsmitglieder, § 13, Rn. 44; *Drygala,* in: K. *Schmidt/Lutter* (Hrsg.), AktG, § 116 Rn. 1.

schäftsführung, z.B. bei der Genehmigung von zustimmungsbedürftigen Geschäften (dazu II.1.c).[261]

Nach überwiegender Meinung sind Arbeitnehmervertreter im Aufsichtsorgan an den gleichen Standards zu messen wie alle anderen Aufsichtsratsmitglieder.[262]

II. Pflichten und Haftung von Aufsichtsratsmitgliedern

Bei Aufsichtsratsmitgliedern kann ebenso zwischen der **Sorgfalts-** und der **Treuepflicht** unterschieden werden. Zudem wird die **Verschwiegenheitspflicht** in § 116 S. 2 AktG besonders normiert. Verletzen Aufsichtsratsmitglieder diese Pflichten schuldhaft, sind sie der Gesellschaft zum Ersatz des daraus entstehenden Schadens verpflichtet (§§ 116 S. 1 iVm § 93 Abs. 2 S. 1). Im Gegensatz zu der Situation in den USA und Großbritannien trägt die **Beweislast** für die Anwendung der ordentlichen und gewissenhaften Sorgfalt das Aufsichtsratsmitglied (§§ 116 S. 1 iVm § 93 Abs. 2 S. 2).[263] Das Ende 2010 verabschiedete Restrukturierungsgesetz sieht eine teilweise Verschärfung der **Verjährungsfrist** für börsennotierte Aktiengesellschaften und Kreditinstitute vor. § 93 Abs. 6 AktG n.F. bestimmt nunmehr, dass Ansprüche bei Gesellschaften, die zum Zeitpunkt der Pflichtverletzung börsennotiert sind, in zehn Jahren, bei anderen Gesellschaften wie ursprünglich in fünf Jahren verjähren.[264]

Der Corporate Governance Kodex begründet keine eigenständige Haftung („comply or explain"-Prinzip).[265] Jedoch wird erwartet, dass Gerichte, wie im angloamerikanischen Recht, die Empfehlungen als Leitlinien guter Unternehmensführung bei der Auslegung und Konkretisierung der Frage heranziehen, ob Aufsichtsratsmit-

---

261 *Doralt/Doralt,* in: *Semler/v. Schenck,* Arbeitshandbuch für Aufsichtsratsmitglieder, § 13, Rn. 50.
262 Heute h.M. BGHZ 85, 293, 295 f = NJW 1983, 991; *Hüffer,* AktG § 116 Rn. 2; *v. Schenck* bzw. *Doralt/Doralt,* in: *Semler/v. Schenck,* Arbeitshandbuch für Aufsichtsratsmitglieder, § 7 bzw. § 13, Rn. 305 bzw. 79; *Spindler,* in: *Spindler/Stilz,* Kommentar zum AktG § 116 Rn. 8; *Lutter/Krieger,* Rechte und Pflichten des Aufsichtsrats, Rn. 846; *Leyens,* Deutscher Aufsichtsrat und U.S.-Board: ein- oder zweistufiges Verwaltungssystem?, 92, bes. Fn. 211 mit Hinweis auf den Grundsatz der Gleichheit der Aufsichtratsmitglieder und weiteren Nachweisen. Wohl jedenfalls für eine Abmilderung: *Schwark,* Zum Haftungsmaßstab der Aufsichtsratsmitglieder einer AG, FS Werner 1984, 841 (849f.). Monografisch *Jürgens,* Mitbestimmung und Verantwortlichkeit: Die Haftung der Arbeitnehmervertreter im Aufsichtsrat unter besonderer Berücksichtigung ihrer Rechtsstellung, dargestellt am Beispiel der Aktiengesellschaft, 2001; *Alversammer,* Die Sorgfaltspflicht der Arbeitnehmervertreter im Aufsichtsrat, 2000.
263 Das pflichtwidrige Verhalten des Organmitglieds wird danach vermutet. Zu den Gründen für die Beweislastumkehr und der historischen Entwicklung, vgl. *Hefermehl/Spindler,* MüKoAktG, 2. Aufl., 2004, § 93 Rn. 86; *Fleischer,* Handbuch des Vorstandsrechts, § 11 Tatbestandsvoraussetzungen der Binnenhaftung, Rn. 69.
264 Dazu *Harbarth/Jaspers,* Verlängerung der Verjährung von Organhaftungsansprüchen durch das Restrukturierungsgesetz, NZG 2011, 368–376.
265 LG München I v. 22. 11. 2007, 5 HK O 10614/07, BB 2008, 10, Leitsatz: „Der Deutsche Corporate Governance Kodex ist weder Gesetz, noch kommt ihm satzungsgleiche Wirkung zu"; Anmerkung dazu *Thümmel,* Zur Frage der Rechtsfolge bei Verstoß gegen den Deutschen Corporate Governance Kodex, BB 2008, 11–13.

glieder ordentlich und gewissenhaft gehandelt haben.[266] Darüber hinaus löst die **Entsprechungserklärung gem. § 161 AktG** eine Erklärungspflicht aus und kann bei entsprechender Verletzung zur Haftung führen (vgl. unten 3.c).[267] Daneben enthält sowohl das Aktiengesetz einige spezielle Haftungsvorschriften[268] und auch **sonstige Rechtsquellen** können zur Haftung führen (vgl. unten 3.).

1. Sorgfaltspflicht

a) Sorgfaltsstandard

§§ 116 iVm 93 AktG erfordern von Aufsichtsratsmitgliedern, dass sie bei ihrer Aufgabenerfüllung die Sorgfalt anwenden, die von einem durchschnittlichen Aufsichtsratsmitglied nach der Verkehrsanschauung zumindest erwartet werden kann.[269] Als Mindeststandard müssen Aufsichtsratsmitglieder in der Lage sein, ohne fremde Unterstützung die relevanten wirtschaftlichen Zusammenhänge zu verstehen, die im normalen Geschäftsgang der eigenen Gesellschaft auftreten.[270] Wie auch in den USA werden gewisse betriebswirtschaftliche Grundkenntnisse verlangt.[271] Da der anzulegende Maßstab **objektiv** ausgestaltet ist, können sich Aufsichtratsmitglieder nicht auf subjektive Umstände berufen, um eine Haftung auszuschließen. Es kann nicht behauptet werden, man hätte die jeweilige wirtschaftliche Situation nicht verstanden oder die hierzu nötige Fähigkeit nicht besessen. Besondere professionelle Sachkunde in dem jeweiligen Geschäftsfeld des Unternehmens wird grundsätzlich nicht erwartet. Über den hierdurch erwarteten Mindeststandard hinaus wird von Aufsichtsratsmitgliedern nach überwiegender Meinung verlangt, dass sie ihr spezielles Fachwissen, besondere Fähigkeiten und Erfahrungen bei der Aufgabenerfüllung mit einbringen.[272]

---

266 Etwa *Peltzer*, Corporate Governance Codices als zusätzliche Pflichtenbestimmung für den Aufsichtsrat, NZG 2002, 10; *Hoffmann*, Der Aufsichtsrat, Rn. 512; *Berg/Stöcker*, Anwendungs- und Haftungsfragen zum Deutschen Corporate Governance Kodex, WM 2002, 1569–1582; *Buchta/van Kann*, Die Haftung des Aufsichtsrats einer Aktiengesellschaft – aktuelle Entwicklungen in Gesetzgebung und Rechtsprechung, DStR 2003, 1665, 1668; differenzierend *Spindler*, in: *Spindler/Stilz*, Kommentar zum AktG § 116 Rn. 20.

267 *Lutter/Krieger*, Rechte und Pflichten des Aufsichtsrats, Rn. 832; *Peltzer*, Deutsche Corporate Governance – Ein Leitfaden, Rn. 397–398; *Bertrams*, Die Haftung des Aufsichtsrats im Zusammenhang mit dem Deutschen Corporate Governance Kodex und § 161 AktG; *Kiethe*, Falsche Erklärung nach § 161 AktG – Haftungsverschärfung für Vorstand und Aufsichtsrat? NZG 2003, 559–567; *Ettinger/Grützediek*, Haftungsrisiken im Zusammenhang mit der Abgabe der Corporate Governance Entsprechenserklärung gemäß § 161 AktG, AG 2003, 353–366; *Seibt*, Deutscher Corporate Governance Kodex und Entsprechens-Erklärung (§ 161 AktG-E), AG 2002, 249–259.

268 „Die jedoch nicht von praktischer Bedeutung sind“, vgl. *Lutter/Krieger*, Rechte und Pflichten des Aufsichtsrats, Rn. 823; *Krieger*, Organpflichten und Haftung in der AG, § 3 Rn. 3.

269 *Lutter/Krieger*, Rechte und Pflichten des Aufsichtsrats, Rn. 846; *Doralt/Doralt*, in: *Semler/v. Schenck*, Arbeitshandbuch für Aufsichtsratsmitglieder, § 13, Rn. 79; *Drygala*, in: K. *Schmidt/Lutter* (Hrsg.), AktG, § 116 Rn. 36.

270 Statt vieler *Drygala*, in: K. *Schmidt/Lutter* (Hrsg.), AktG, § 116 Rn. 7.

271 Die Reichweite ist jedoch nicht ganz geklärt, vgl. dazu *Doralt/Doralt*, in: *Semler/v. Schenck*, Arbeitshandbuch für Aufsichtsratsmitglieder, § 13, Rn. 80 bes. Fn. 162.

272 Insgesamt dazu *Lutter/Krieger*, Rechte und Pflichten des Aufsichtsrats, Rn. 846; *Doralt/Doralt*, in: *Semler/v. Schenck*, Arbeitshandbuch für Aufsichtsratsmitglieder, § 13, Rn. 85 ff. bes. Fn. 173 mit

b) Sorgfältige Aufgabenerfüllung und Delegation

Um sich nicht dem Risiko der Haftung auszusetzen, haben Aufsichtsratsmitglieder die Pflicht zur sorgfältigen und gewissenhaften Erledigung ihrer Aufgaben, nämlich im Wesentlichen der Überwachung und Besetzung des Vorstands. **Gegenstand der Überwachung** sind nur die **Leitungsmaßnahmen des Vorstands.**[273] Aufsichtsratsmitglieder haften also weder für Fehler im Rahmen des Tagesgeschäfts noch für solche in nachgeordneten Führungsebenen oder untergeordneten Konzerngesellschaften.[274]

Der Aufsichtsrat hat zu überwachen, ob der Vorstand die Gesellschaft im Hinblick auf Vergangenheit und Zukunft ordnungsgemäß, rechtmäßig, wirtschaftlich und zweckmäßig leitet.[275] Aufsichtratsmitglieder müssen einen Überblick hinsichtlich der wesentlichen Grundlagen der Geschäftsführung und der Geschäftsvorfälle, die über Alltagsgeschäfte hinausgehen, haben.[276] Dazu gehört eine ordnungsgemäße Selbstorganisation einschließlich der Abhaltung der nötigen Anzahl von **Sitzungen.**[277] Eine dauernde Überwachung der Geschäftsführung in allen Einzelheiten wird jedoch nicht geschuldet.[278] Wie in den USA und in Großbritannien ist im Normalfall die sorgfältige Prüfung der regelmäßig erstatteten Vorstandsberichte und der Bilanzen ausreichend, auf deren Richtigkeit und Vollständigkeit der Aufsichtsrat grundsätzlich **vertrauen** darf **(Überprüfungsumfang).**[279] In Übereinstimmung mit angloamerikanischem Recht kann der Aufsichtsrat nach ordnungsgemäßer Informationsoffenlegung und eigener Plausibilitätskontrolle auf die

---

weiteren Nachweisen zum sog. erhöhten Sorgfaltsmaßstab wegen konkreter persönlicher Fähigkeiten, bei dem manches im Einzelnen strittig ist; *Spindler*, in: *Spindler/Stilz*, Kommentar zum AktG § 116 Rn. 17; *Vetter*, Rechte und Pflichten des Aufsichtsratsmitglieds, § 29, Rn. 59; *Drygala*, in: K. *Schmidt/Lutter* (Hrsg.), AktG, § 116 Rn. 37; a. A. wohl *Hüffer*, AktG § 116 Rn. 3, der eine Differenzierung nur entsprechend einer besonderen Funktion oder nach Art und Größe des Unternehmens vornehmen will.

273 *Lutter/Krieger*, Rechte und Pflichten des Aufsichtsrats, Rn. 63 ff.; *Krieger*, Organpflichten und Haftung in der AG, § 3 Rn. 24; *Spindler*, in: *Spindler/Stilz*, Kommentar zum AktG § 111 Rn. 8; *Drygala*, in: *K. Schmidt/Lutter* (Hrsg.), AktG, § 111 Rn. 11.

274 *Semler*, in: *Semler/v. Schenck*, Arbeitshandbuch für Aufsichtsratsmitglieder, § 1, Rn. 75; *Krieger*, Organpflichten und Haftung in der AG, § 3 Rn. 24; *Drygala*, in: *K. Schmidt/Lutter* (Hrsg.), AktG, § 111 Rn. 13; a. A. *Spindler*, in: *Spindler/Stilz*, Kommentar zum AktG § 111 Rn. 9, wonach auch die dem Vorstand nachgeordneten Ebenen der Überwachung unterliegen sollen.

275 BGH v. 25. 3. 1991 – II ZR 188/89 = NJW 1991, 1830–1830; *Krieger*, Organpflichten und Haftung in der AG, § 3 Rn. 25; *Spindler*, in: *Spindler/Stilz*, Kommentar zum AktG § 111 Rn. 14; *Drygala*, in: *K. Schmidt/Lutter* (Hrsg.), AktG, § 111 Rn. 18 ff.; *Doralt/Doralt*, in: *Semler/v. Schenck*, Arbeitshandbuch für Aufsichtsratsmitglieder, § 13, Rn. 49, bes. Fn. 110 zur ex ante Kontrolle.

276 In den USA sollen grundlegende Geschäfte überprüft werden und teilweise wird sogar die Zustimmung des gesamten Boards empfohlen, vgl. *Fanto*, Directors' and officers' liability, § 2:2.1 (A), 2-6 mit weiteren Nachweisen. Dies kann im deutschen Recht über die Festlegung von Zustimmungsvorbehalten gem. § 111 Abs. 4 S. 2 AktG erreicht werden. Vgl. zur stärkeren Einbeziehung des Aufsichtsrates in grundlegenden Strategieentscheidungen 7. Kap. II.1.b).

277 *Krieger*, Organpflichten und Haftung in der AG, § 3 Rn. 26; *Drygala*, in: K. *Schmidt/Lutter* (Hrsg.), AktG, § 116 Rn. 8.

278 *Lutter/Krieger*, Rechte und Pflichten des Aufsichtsrats, Rn. 65; *Doralt/Doralt*, in: *Semler/v. Schenck*, Arbeitshandbuch für Aufsichtsratsmitglieder, § 13, Rn. 49.

279 *Krieger*, Organpflichten und Haftung in der AG, § 3 Rn. 26; kritisch zu dieser sog. begleitenden Überwachung *Drygala*, in: *K. Schmidt/Lutter* (Hrsg.), AktG, § 111 Rn. 23 ff.; § 116 Rn. 40.

Beratung durch unabhängige, fachlich qualifizierte Berufsträger vertrauen.[280] Zur allgemeinen Überwachungspflicht gehört also auch die Pflicht zur Prüfung von Jahresabschluss, Lagebericht und des Gewinnverwendungsvorschlags gem. § 171 Abs. 1 S. 1 AktG durch den Gesamtaufsichtsrat. Die Vorbereitung wird jedoch regelmäßig auf den Prüfungsausschuss übertragen (dazu gleich).[281] Seit der Fassung des DCGK von Juni 2008 wird empfohlen, dass sich der Aufsichtsrat oder sein Prüfungsausschuss auch mit den Halbjahres- und Quartalsfinanzberichten befasst.[282] Ob der Aufsichtsrat damit für die Richtigkeit von börsenrechtlich geforderten Quartalsberichten eine besondere Mitverantwortung trägt, hängt vom jeweiligen Einzelfall ab.[283] Allein Geschäftsentscheidungen des Managements, die sich nachträglich als fehlerhaft herausstellen, reichen für einen Sorgfaltsverstoß des Aufsichtsrats nicht aus, da die Geschäftsführung als solche nicht von ihrem Verantwortungsbereich umfasst ist.[284] Drängen sich jedoch Verdachtsmomente für ein pflichtwidriges Verhalten des Vorstands auf, müssen die Aufsichträte weitere Nachforschungen anstellen, und wenn notwendig, einschreiten.[285] Unvertretbare Geschäftsführungsmaßnahmen hat der Aufsichtsrat – notfalls durch Ad-hoc-Einrichtung eines Zustimmungsvorbehaltes und Verweigerung der Zustimmung – zu verhindern.[286]

Zur Überwachung gehört insbesondere, dass interne **Kontroll-** und **Risikomanagementsysteme** nach § 91 Abs. 2 AktG sowie **Compliance Organisationen** durch den Vorstand geschaffen werden und diese entsprechend funktionieren.[287] Der

---

280 Für das Vertrauen auf den Rat eines Wirtschaftsprüfers, vgl. BGH v. 14. 5. 2007 – II ZR 48/06 (KG), NJW 2007, 2118 L 2. Für anwaltlichen Rat: *Fleischer*, Vorstandshaftung und Vertrauen auf anwaltlichen Rat, NZG 2010, 121–125; zugleich Besprechung von: OLG Stuttgart, Urteil vom 25. 11. 2009 – 20 U 5/09, NZG 2010, 141–146 (nachgehend BGH, Az: II ZR 289/09); *Drygala*, in: *K. Schmidt/Lutter* (Hrsg.), AktG, § 116 Rn. 17, 40.

281 Ausführlich dazu *Hüffer*, AktG § 171; *Ek*, Haftungsrisiken für Vorstand und Aufsichtsrat, 168 ff.

282 Ziff. 7.1.2 DCGK.

283 Dagegen (jedoch vor der Neufassung des Kodexes): *Grotheer*, Außenhaftung von Aufsichtsratsmitgliedern: Ein Anreiz zur Verbesserung der Überwachungstätigkeit? WM 2005, 2070, 2071. Für diese Ansicht spricht die Unverbindlichkeit der Regelungen (vgl. LG München I v. 22. 11. 2007, 5 HK O 10614/07, BB 2008, 10). Bei gänzlicher Nichtbefassung mit den Berichten kann aber eventuell eine Verletzung der allgemeinen Überwachungspflicht vorliegen. Bei Ad-hoc-Mitteilungen nach § 15 WpHG wirkt der Aufsichtsrat jedoch nicht unmittelbar mit.

284 *Hoffmann*, Der Aufsichtsrat, Rn. 515.2.

285 Zuletzt *Kort*, Pflichten von Vorstands- und Aufsichtsratsmitgliedern beim Erwerb eigener Aktien zwecks Vorstandsvergütung, NZG 2008, 823–825. Dies entspricht etwa der duty to inquire in den USA beim Erkennbarwerden von sog. red flags.

286 *Krieger*, Organpflichten und Haftung in der AG, § 3 Rn. 26. In Großbritannien können nicht geschäftsführende Direktoren in solchen Fällen die Geschäftsführungsinitiative ergreifen und sind nicht auf die nachträgliche Zustimmung beschränkt.

287 *Drygala*, in: *K. Schmidt/Lutter* (Hrsg.), AktG, § 111 f., Rn. 9, § 116 Rn. 8; *Peltzer*, in: *Wellhöfer/Peltzer/Müller*, Haftung von Vorstand, Aufsichtsrat und Wirtschaftsprüfer: mit GmbH-Geschäftsführer, § 15, Rn. 26 beschreibt dies als „breite Pforte für eventuelle Haftungsansprüche (...): Entsteht ein Schaden, der durch ein funktionierendes Überwachungssystem hätte verhindert werden können, schließt sich automatisch die Frage an, ob der Vorstand alles richtig organisiert hat und der Aufsichtrat ihn dabei ordnungsgemäß überwacht hat“; *Preußner*, Risikomanagement und Compliance in der aktienrechtlichen Verantwortung des Aufsichtsrats unter Berücksichtigung des

Aufsichtsrat – und zwar in Person des Aufsichtsratvorsitzenden – soll mit dem Vorstand unter anderem das Risikomanagement beraten.[288] Der Prüfungsausschuss hat fortan die Wirksamkeit des internen Kontrollsystems und des Risikomanagementsystems zu überwachen.[289] Eine nicht ausreichend funktionsfähige Compliance Organisation, mangelnde Aufsicht über die Einhaltung der Regelungen über Compliance und den geordneten Zahlungsverkehr wurde den ehemaligen Organmitgliedern der Siemens AG zur Last gelegt. So heißt es in der Präambel der Vergleichsvereinbarung mit dem ehemaligen Aufsichtsratsvorsitzenden und Vorsitzenden des Prüfungsausschusses, dieser habe im Zusammenhang mit den Korruptionsvorgängen in seiner Funktion seine Aufsichtspflichten verletzt, wodurch der Gesellschaft große Schäden entstanden seien und noch weiter entstehen würden.[290] Eine erhöhte Kontrolldichte ist jedenfalls erforderlich, wenn der Aufsichtsrat über gravierende Compliance-Verstöße vom Vorstand unterrichtet wird.[291]

Zudem wird eine **erhöhte Kontrolldichte** gefordert, wenn die Gesellschaft sich in einer wirtschaftlich schwierigen Lage befindet. Im letzteren Fall sind entsprechende Maßnahmen zu treffen, wie die Abberufung des Vorstandes und die Bestellung eines neuen.[292] In der Situation einer Krise oder der Möglichkeit der Krise handelt der Aufsichtsratsvorsitzende pflichtwidrig, wenn er seiner ihm gem. § 110 Abs. 1 S. 1 AktG obliegenden Pflicht, den Aufsichtsrats unverzüglichen einzuberufen, nicht nachkommt. Unterlässt er dies und wären auf der Sitzung Maßnahmen zur Behebung der Krise beschlossen worden, so ist er zum Ersatz des daraus entstehenden Schadens verpflichtet.[293]

Gesetzes zur Modernisierung des Bilanzrechts (BilMoG), NZG 2008, 574; *Bihr/Kalinowsky*, Risikofrüherkennungssystem bei nicht börsennotierten Aktiengesellschaften – Haftungsfalle für Vorstand, Aufsichtsrat und Wirtschaftsprüfer, DStR 2008, 620–627. Dies entspricht etwa auch den Vorgaben nach US-amerikanischem Recht, vgl. oben 4. Kap. II.1.b). Ausführlich zur Compliance: *Gebauer/Kleinert*, Compliance in Finanzdienstleistungsunternehmen, § 20, und *Kremer/Klahold*, Compliance in Industrieunternehmen, § 21, jeweils in: *Krieger/Schneider(Hrsg.)*, Handbuch Managerhaftung; *Vetter*, Zu Compliance-Verantwortung des Vorstands und zu den Compliance-Aufgaben des Aufsichtsrats, FS Graf von Westphalen 2010, 719–739.

288 Ziff. 5.2 DCGK.

289 § 107 Abs. 3 S. 2 AktG; Ziff. 5.3.2 DCGK; dazu gleich.

290 Vgl. Anlage 1, 41, der Einladung zur Hauptversammlung am 26. 1. 2010, einsehbar unter: http://w1.siemens.com/investor/pool/de/investor_relations/events/hauptversammlung/2010/einladung_hv2010_d.pdf (1. 3. 2011).

291 So *Fleischer* in einem Gutachten für den Siemens-Aufsichtsrat im Zusammenhang mit der Korruptionsaffäre, zitiert in Süddeutsche Zeitung, Korruption im Unternehmen – Schwächen im Kontrollsystem, Onlineausgabe vom 31. 7. 2008: „Anlass zur Ergreifung eigener Ermittlungsmaßnahmen dürfte erst bestehen, wenn es konkrete Anzeichen dafür gibt, dass der Vorstand seine Compliance-Verantwortung nicht in ausreichendem Maße wahrnimmt."

292 *Krieger*, Organpflichten und Haftung in der AG, § 3 Rn. 26; *Doralt*, in: *Semler/v. Schenck*, Arbeitshandbuch für Aufsichtsratsmitglieder, § 13, Rn. 15; *Spindler*, in: *Spindler/Stilz*, Kommentar zum AktG § 111 Rn. 26; *Drygala*, in: *K. Schmidt/Lutter* (Hrsg.), AktG, § 111 Rn. 26. Ebenso haben nicht geschäftsführenden Direktoren in den USA und in Großbritannien, soweit notwendig, für die Auswechslung der Geschäftsführung zu sorgen.

293 LG München I v. 31. 5. 2007, 5 HK O 11977/06, ZIP 2007, 2270. Anmerkungen: *von der Linden*, EWiR 2008, 3–4; *Krüger*, NZI 2007, 612–613.

Aufsichtsratsmitglieder können ihre Aufgaben zwar nicht durch andere wahrnehmen lassen (§ 111 AktG Abs. 5), jedoch ist eine Übertragung von Aufgaben zur Vorbereitung oder zur abschließenden Erledigung an **Ausschüsse** durch § 107 Abs. 3 AktG und Ziff. 5.3 DCGK angeraten (**Delegation**).[294] Der Aufsichtsrat kann insbesondere einen Prüfungsausschuss bestellen.[295] Dessen Aufgaben sind durch das BilMoG erstmals gesetzlich konkretisiert worden.[296] Dem Prüfungsausschuss obliegt dann die Überwachung des Rechnungslegungsprozesses, der Wirksamkeit der internen Risikomanagementsysteme und der internen Revision sowie der Abschlussprüfung. Dies war bisher nur als Empfehlung im Corporate Governance Kodex enthalten (Ziff. 5.3.2). Diese Intensivierung der Überwachungstätigkeit ist geeignet, neue Haftungsrisiken für den Aufsichtsrat hervorzurufen.[297] Alternativ kann das Aufsichtsgremium diese Aufgaben jedoch auch weiterhin selbst kollektiv wahrnehmen. Die nicht dem Ausschuss angehörenden Aufsichtratsmitglieder haben – wie in den USA – nur noch die ordnungsgemäße Tätigkeit der Ausschüsse zu überwachen bzw. nur bei Anzeichen für Unzulänglichkeiten einzuschreiten.[298]

Bei **Personalmaßnahmen** ist das Haftungsrisiko des Aufsichtsrats bei der Bestellung ungeeigneter Vorstandsmitglieder gering und kann wegen eines weiten Beur-

---

294 *Krieger,* Organpflichten und Haftung in der AG, § 3 Rn. 29.

295 Rechtsvergleichend: *Girnghuber,* Das US-amerikanische Audit Committee als Instrument zur Vermeidung von Defiziten bei der Überwachungstätigkeit der deutschen Aufsichtsräte, 1998.

296 Vgl. § 107 Abs. 3 S. 2 AktG, eingefügt durch das Gesetz zur Modernisierung des Bilanzrechts (BilMoG). Gem. § 107 Abs. 4 iVm § 100 Abs. 5 AktG muss bei Einrichtung eines Prüfungsausschusses einer kapitalmarktorientierten Kapitalgesellschaft (vgl. § 264d HGB) mindestens ein unabhängiges Mitglied über Sachverstand auf den Gebieten Rechnungslegung oder Abschlussprüfung verfügen. Dazu *Leuering/Rubel,* Aufsichtsrat und Prüfungsausschuss nach dem BilMoG, NJW-Spezial 2008, 559.

297 In diese Richtung auch *Leuering/Rubel,* Aufsichtsrat und Prüfungsausschuss nach dem BilMoG, NJW-Spezial 2008, 559, 560. Besonders für den als „financial expert" Auserkorenen: *Mutter,* Anpassung der Aufsichtsratsvergütung an das BilMoG, Die Aktiengesellschaft, R180; a.A. wohl *Drygala,* in: *K. Schmidt/Lutter* (Hrsg.), AktG, § 116 Rn. 38. Für den „Audit Committee Financial Expert" soll dieser strengere Haftungsmaßstab nach US-amerikanischem Recht gerade nicht gelten, vgl. *Doralt/Doralt,* in: *Semler/v. Schenck,* Arbeitshandbuch für Aufsichtsratsmitglieder, § 13, Rn. 88, bes. Fn. 175 mit Verweis auf *Luttermann,* Unabhängige Bilanzexperten im Aufsichtsrat und Beirat, BB 2003, 745, 748.

298 Die Übertragung kann dann zu einer entsprechenden Reduktion des Pflichtenmaßstabes führen, je nachdem, ob der Ausschuss vorbereitend oder entscheidend tätig wird, vgl. dazu *Krieger,* Organpflichten und Haftung in der AG, § 3 Rn. 29; *Drygala,* in: *K. Schmidt/Lutter* (Hrsg.), AktG, § 116 Rn. 6. Mitglieder des Ausschusses übernehmen jedoch eine gesteigerte Verantwortung, vgl. *Doralt/Doralt,* in: *Semler/v. Schenck,* Arbeitshandbuch für Aufsichtsratsmitglieder, § 13, Rn. 93–98; *Paal,* Die persönliche Haftung – ein wirksames Mittel zur Verbesserung der Kontrolltätigkeit des Aufsichtsrats bei kapitalmarktorientierten Unternehmen? (Teil I) DStR 2005, 426, 429; *Spindler,* in: *Spindler/Stilz,* Kommentar zum AktG § 116 Rn. 45; a.A. wohl *Hüffer,* AktG § 116 Rn. 9: „Ob AR-Mitglieder ihre Überwachungsaufgabe pflichtwidrig vernachlässigt haben, hängt auch von Organisation der Arbeit des Gesamtorgans ab. Übertragung von Aufgaben auf Ausschüsse wirkt wegen Gesamtverantwortung aller AR-Mitglieder nicht enthaftend." Für erhöhte Anforderungen an Ausschussmitglieder, jedoch kritisch zu der durch die Europäische Kommission eingeführten kollektiven Verantwortlichkeit aller Organmitglieder bei der Aufgabenwahrnehmung durch den Prüfungsausschuss, vgl. *Grotheer,* Außenhaftung von Aufsichtsratsmitgliedern: Ein Anreiz zur Verbesserung der Überwachungstätigkeit? WM 2005, 2070, 2073; *Mutter/Gayk,* Wie die Verbesserung der Aufsichtsratsarbeit – wider jede Vernunft – die Haftung verschärft, ZIP 2003, 1773 ff.

teilungsspielraums nur bei völlig unvertretbaren Auswahlentscheidungen eintreten.[299]

Zu den **Verhaltenspflichten bei der Kreditvergabe** darf nach einer Entscheidung des BGH aus dem Jahr 2008 eine faktisch abhängige Aktiengesellschaft ihrem Mehrheitsgesellschafter Darlehen auch ohne Absicherung gewähren, wenn die Darlehensforderung werthaltig ist („bilanzielle Betrachtungsweise").[300] Der Aufsichtsrat hat, um seiner Überwachungspflicht zu genügen, diese Werthaltigkeit allerdings laufend auf etwaige Änderungen des Kreditrisikos zu prüfen und auf eine sich nach der Darlehensausreichung andeutende Bonitätsverschlechterung mit einer Kreditkündigung oder der Anforderung von Sicherheiten zu reagieren. Die Unterlassung solcher Maßnahmen kann ihrerseits unter § 311 AktG fallen und Schadensersatzansprüche aus §§ 317, 318 AktG (neben solchen aus §§ 93 Abs. 2, 116 AktG) auslösen.[301]

c) Business judgment rule

Der Schutz von Organmitgliedern durch einen weiten unternehmerischen Ermessenspielraum ist nunmehr als Kodifizierung bestehender Praxis in das Aktiengesetz aufgenommen worden (§ 93 Abs. 1 S. 2).[302] Eine Pflichtverletzung liegt daher nicht vor, wenn das Organmitglied bei einer unternehmerischen Entscheidung vernünftigerweise annehmen durfte, auf der Grundlage angemessener Information zum Wohle der Gesellschaft zu handeln.[303] Die Ähnlichkeit der Formulierung zur amerikanischen business judgment rule ist unverkennbar.[304] Die business judgment rule gilt auch für den Aufsichtsrat, soweit er sich bei der **Anteilnahme an der Geschäftsführung** mit Zweckmäßigkeitsentscheidungen befasst.[305] Dies

---

299 *Krieger,* Organpflichten und Haftung in der AG, § 3 Rn. 27. Zu Vergütungsfragen unten 2.b)(2).

300 BGH v. 1. 12. 2008, Az.: II ZR 102/07 = NJW 2009, 850–853 (MPS). Insgesamt zu Verhaltenspflichten von Bankvorständen bei der Kreditvergabe: *Fleischer,* Aktuelle Entwicklungen der Managerhaftung, NJW 2009, 2337, 2342.

301 Leitsatz 2.

302 Art. 1 a. a) Gesetz zur Unternehmensintegrität und Modernisierung des Anfechtungsrechts (UMAG) vom 22. September 2005, BGBl I 2802. Ausführlich: *Hefermehl/Spindler,* MüKoAktG, 2. Aufl., 2004, § 93 Rn. 22–34; *Fleischer,* in: *Spindler/Stilz,* Kommentar zum AktG § 93 Rn. 59–78; *Thümmel,* Organhaftung nach dem Referentenentwurf des Gesetzes zur Unternehmensintegrität und Modernisierung des Anfechtungsrechts (UMAG) – Neue Risiken für Manager?, DB 2004, 471 ff. Ablehnend: *Ulmer,* Haftungsfreistellung bis zur Grenze grober Fahrlässigkeit bei unternehmerischen Fehlentscheidungen von Vorstand und Aufsichtsrat? DB 2004, 859–863.

303 Zu den einzelnen Voraussetzungen und der Beweislast: *Lutter,* Die Business Judgment Rule und ihre praktische Anwendung, ZIP 2007, 841–848; *Elster,* Die Kodifizierung der Business Judgment Rule im deutschen Aktiengesetz – ein Überblick, PHI 2006, 232–236.

304 Zur Rezeption der Business Judgment Rule in Deutschland: *Doralt/Doralt,* in: *Semler/v. Schenck,* Arbeitshandbuch für Aufsichtsratsmitglieder, § 13, Rn. 64 ff.

305 *Hüffer,* AktG § 116 Rn. 8 („nur bei unternehmerischer Entscheidung"); *Drygala,* in: *K. Schmidt/Lutter* (Hrsg.), AktG, § 116 Rn. 11; *Krieger,* Organpflichten und Haftung in der AG, § 3 Rn. 25; *Spindler,* in: *Spindler/Stilz,* Kommentar zum AktG § 116 Rn. 37. Ob dem Aufsichtsrat im Rahmen seiner Überwachung wenigstens ein eingeschränkter Ermessensspielraum zugestanden werden sollte, wird nicht einheitlich beantwortet, dagegen: *Habersack,* MüKoAktG, § 116, Rn. 42, *Grotheer,* Außenhaftung von Aufsichtsratsmitgliedern: Ein Anreiz zur Verbesserung der Überwa-

sind insbesondere die Genehmigung von zustimmungsbedürftigen Geschäften,[306] die Mitwirkung an den Gewinnausschüttungs- und Bilanzentscheidungen[307] und beim genehmigten Kapital[308]. Ein Aufsichtsratmitglied hat bei zustimmungspflichtigen Geschäften die Sorgfalt der Entscheidungsfindung des Vorstands auf dessen Plausibilität zu prüfen, ist aber grundsätzlich nicht verpflichtet, einen eigenen, vollständigen unternehmerischen Entscheidungsprozess durchzuführen.[309] Dies entspricht in etwa den Anforderungen, die an die Boardmitglieder in US-amerikanischen Gesellschaften gestellt werden. Eine Zustimmung ohne die Einholung notwendiger Informationen und einer darauf aufbauenden Abwägung von Chancen und Risiken, wie z. B. in *Smith v. Gorkom,* führt auch in Deutschland zur Haftung.[310] So soll der Aufsichtsrat durch „besonnene Ausübung seines Zustimmungsvorbehalts ein Gegengewicht zu einem allzu kauffreudigen Vorstand bilden und dessen Überschwang bei M&A-Transaktionen bändigen".[311] Für **eigene Zweckmäßigkeitsentscheidungen** steht dem Aufsichtsrat aber der gleiche Ermessensspielraum wie dem Vorstand zu und es wird ein unternehmerischer Haftungsmaßstab angelegt.[312] Insbesondere ist dies der Fall bei der Benennung und Abberufung des Vorstandes sowie bei der Festlegung deren Bezüge[313] und bei Fällen, in denen dem Aufsichtsrat die Vertretung der Gesellschaft obliegt.[314] Bei Durchsetzung der Schadensersatzansprüche gegen den Vorstand besteht jedoch nach der ARAG Entscheidung des BGH nur ein eingeschränktes und zudem gerichtlich voll überprüfbares Ermessen.[315] Dies unterscheidet sich vom amerikani-

---

chungstätigkeit? WM 2005, 2070, 2073 f.; *Hüffer,* Die leistungsbezogene Verantwortung des Aufsichtsrates, NZG, 2007, 47, 48; bei „wertungsausfüllungsbedürftigen Tatbeständen" für einen Beurteilungsspielraum *Drygala,* in: *K. Schmidt/Lutter* (Hrsg.), AktG, § 116 Rn. 9.

306 § 111 Abs. 4 S. 2 AktG; vgl. auch Ziff. 3.3 DCGK.

307 § 58 Abs. 2, 59 Abs. 3, 172 AktG.

308 § 204 AktG.

309 *Doralt/Doralt,* in: *Semler/v. Schenck,* Arbeitshandbuch für Aufsichtsratsmitglieder, § 13, Rn. 51: Hier nähert sich daher der Haftungsmaßstab zu dem der Vorstandsmitglieder an; zurückzuführen auf den nebenberuflichen Charakter, werden jedoch nicht identische Maßstäbe angelegt. Gleiche Grundsätze müssen Aufsichtsratsmitgliedern auch bei der Teilhabe an grundlegenden Strategieentscheidungen im Rahmen der ex ante Kontrolle zugestanden werden.

310 Vgl. BGH 11. 12. 2006, II ZR 243/05, ZIP 2007, 224–226 = BB 2007, 283–285. Anmerkungen: *Liebscher,* Zur Frage der Haftung des fakultativen Aufsichtsrats einer GmbH bei sorgfaltswidriger Zustimmung zu einem nachteiligen Geschäft, LMK 2007, 78–79; *Huber,* Zur Frage der Haftung des Aufsichtsrats für die Zustimmung zu nachteiligen Geschäften ohne die gebotene Information, GmbHR 2007, 309–310; *Goette,* Pflichten der Mitglieder eines fakultativen Aufsichtsrats, DStR 2007, 356–357; *Roth,* Zu den Kontrollpflichten eines Aufsichtsrats, WuB II C § 52 GmbHG 1.07; *Stein,* Zur eine Haftung des Aufsichtsratsmitglieds einer GmbH auslösenden Pflichtverletzung, DZWIR 2007, 329–330. So auch *Drygala,* in: K. *Schmidt/Lutter* (Hrsg.), AktG, § 116 Rn. 12.

311 Vgl. *Fleischer,* Aktuelle Entwicklungen der Managerhaftung, NJW 2009, 2337, 2340.

312 *Krieger,* Organpflichten und Haftung in der AG, § 3 Rn. 25; *Doralt/Doralt,* in: *Semler/v. Schenck,* Arbeitshandbuch für Aufsichtsratsmitglieder, § 13, Rn. 52.

313 § 84 AktG. Vgl. *Spindler,* in: *Spindler/Stilz,* Kommentar zum AktG § 116 Rn. 37.

314 § 112 AktG. Weitere Beispiele, vgl. *Doralt/Doralt,* in: *Semler/v. Schenck,* Arbeitshandbuch für Aufsichtsratsmitglieder, § 13, Rn. 52.

315 ARAG/Garmenbeck (BGHZ 135, 244 = NJW 1997, 1926–1928), Leitsatz 4: „Stehen der AG nach dem Ergebnis dieser Prüfung durchsetzbare Schadenersatzansprüche zu, hat der Aufsichtsrat diese Ansprüche grundsätzlich zu verfolgen."; zustimmend *Koch,* Keine Ermessensspielräume bei der Entscheidung über die Inanspruchnahme von Vorstandsmitgliedern, Die Aktiengesellschaft,

schen Recht, nach dem Gerichte die ablehnende Entscheidung des Boards auf ein internes Abhilfeverlangen weitgehend unter der business judgment rule respektieren.[316]

Im Vergleich zur US-amerikanischem business judgment rule ergeben sich weitere Unterschiede bei der **Beweislast.** Durch die Formulierung des Gesetzes wird klargestellt, dass Organmitglieder darlegen müssen, dass sie den unternehmerischen Ermessensspielraum eingehalten haben.[317]

d) Haftungsrisiko

Unternehmensinsolvenzen bzw. -krisen, verursacht durch Missmanagement oder durch betrügerisches Verhalten der Geschäftsführung, haben auch in Deutschland Anlass zu Diskussionen über das (Fehl-)Verhalten bzw. über die Haftung von Aufsichträten gegeben.[318] Zur Haftung eines Aufsichtsratsmitglieds – jedoch nicht der Haftung des Gesamtaufsichtsrats als Organ, die es als solche nicht gibt – kann es nur dann kommen, wenn ein einzelnes Mitglied persönlich seine Pflicht zur ordnungsgemäßen und gewissenhaften Überwachung verletzt hat. Dazu muss das Aufsichtsratsmitglied potenzielle Risiken erkannt haben oder hätte solche erkennen müssen, ohne eingeschritten zu sein, wobei sein Einschreiten den Schaden voraussichtlich verhindert oder wenigstens minimiert hätte.[319]

In dem Fall *Balsam AG/Procedo* ist ein Aufsichtsratsmitglied zur Zahlung von 5 Millionen Euro Schadensersatz in die Insolvenzmasse verurteilt worden, da er Hinweisen über vorgetäuschte Transaktionen nicht nachgegangen ist. Hier hätte er den Wahrheitsgehalt des Gerüchts unverzüglich überprüfen, die existenzbedrohenden Scheingeschäfte des Vorstands aufdecken und weitere Factoringgeschäfte von einem Zustimmungsvorbehalt des Aufsichtsrats abhängig machen müssen. Führt die sorgfaltswidrige Unterlassung der gebotenen Handlungen zu einer Steigerung der Überschuldung, haftet das Aufsichtsratsmitglied ab dem Zeitpunkt der

---

2009, 93–102; a.A. *Paefgen,* Die Inanspruchnahme pflichtvergessener Vorstandsmitglieder als unternehmerische Ermessensentscheidung des Aufsichtsrats, Die Aktiengesellschaft, 2008, 761–769. Differenzierend *Drygala,* in: K. *Schmidt/Lutter* (Hrsg.), AktG, § 116 Rn. 10. Klagt der Aufsichtsrat solche Ansprüche gegen den Vorstand nicht ein, macht er sich selbst schadensersatzpflichtig. Ähnlich ist wohl die Konstellation in dem Siemens Korruptionsskandal gelagert. Der Aufsichtsrat hat hier Klage gegen die früheren Vorstände beschlossen, vgl. Handelsblatt online, Siemens beschließt Klage gegen Ex-Vorstände, die (teilweise) außergerichtlich beigelegt wurden, dazu schon oben II.1.b).

316 Vgl. dazu oben 4. Kap. IV.2.a).

317 §§ 116 iVm 93 Abs. 1 S. 2 AktG; *Hüffer,* AktG § 116 Rn. 8. § 93 AktG trifft eine zweifache Beweislastumkehr, sowohl für die fehlende Pflichtwidrigkeit als auch für die Einhaltung des unternehmerischen Ermessensspielraums.

318 Z.B. Balsam/Procedo (LG Bielefeld, ZIP 2000, 20ff. = BB 1999, 2630ff.); ARAG/Garmenbeck (BGHZ 135, 244 = NJW 1997, 1926–1928); Philipp Holzmann AG; Manager Magazin, Das Versagen der Aufsichträte, 10/05; bei der Krise der IKB Mittelstandsbank wird dem Aufsichtsrats ebenso mangelnde Kontrolle des Vorstandes vorgeworfen, vgl. dazu 22. Kap. II.b)(b); zur Siemens-Korruptionsaffäre, vgl. bereits oben b); Süddeutsche Zeitung, Korruption im Unternehmen – Schwächen im Kontrollsystem, Onlineausgabe vom 31. 7. 2008. Die Gerichtsentscheidungen zum Recht des Aufsichtsrats häufen sich, eine Rechtsprechungsübersicht gibt: *Knapp,* Die Entwicklung des Rechts des Aufsichtsrats im Jahre 2007 – Aktuelle Rechtsprechung für die Praxis, DStR 2008, 1045–1052.

319 *Hoffmann,* Der Aufsichtsrat, Rn. 515.2.

Kenntniserlangung für Schäden aus denjenigen Geschäften, die bei einem pflichtgemäßen Handeln unterbunden worden wären.[320]

Klagen gegen Aufsichtsratsmitglieder wegen Verletzung ihrer Sorgfaltspflicht wurden bisher dennoch selten geltend gemacht. Dies liegt unter anderem daran, dass der Vorstand zur Begründung nicht nur seine eigene Pflichtverletzung vortragen muss, sondern auch darzulegen hat, inwieweit die mangelnde Überwachung des Aufsichtsrats dazu beigetragen hat.[321] Zu Verfahren kommt es daher in der Regel nur, wenn die Geschäftsführung bereits ausgewechselt wurde oder in der Insolvenz (zur Durchsetzung ausführlich IV.).[322] Dennoch ist der Vorstand seit der ARAG Entscheidung gleichsam verpflichtet, einen Schadensersatzanspruch gegen Aufsichtsratsmitglieder geltend zu machen.[323]

2. Treuepflicht

a) Allgemeine Interessenwahrungspflicht

Aufsichtsratsmitglieder haben ihr Verhalten entsprechend ihrer Treuepflicht am Unternehmensinteresse auszurichten.[324] Ihre eigenen Interessen bzw. die Dritter, denen Aufsichtsratsmitglieder vertraglich oder sonst aufgrund ihrer beruflichen Stellung gegenüber verpflichtet sind, treten jedenfalls bei Ausübung ihres Aufsichtsratsmandates dahinter zurück.[325] Die Ausformung von **Treuepflichten** ist nicht in dem Maße entwickelt, wie sie es im angloamerikanischen Rechtsraum sind. Der DCGK betont zwar diese Verpflichtung am Unternehmensinteresse[326] und hebt für Vorstände neben den gesetzlichen Regelungen[327] weitere Anwendungsfälle hervor, jedoch werden Situationen, die einen Interessenkonflikt darstellen, nicht derart detailliert ausformuliert wie in den USA und Großbritan-

---

320 Leitsätze des LG Bielefeld, ZIP 2000, 20–25 = BB 1999, 2630–2633.

321 Dazu *Theisen,* in: *Potthoff/Trescher,* Das Aufsichtsratsmitglied – Ein Handbuch der Aufgaben, Rechte und Pflichten, 564, 592.

322 Dazu *Theisen,* in: *Potthoff/Trescher,* Das Aufsichtsratsmitglied – Ein Handbuch der Aufgaben, Rechte und Pflichten, 525.

323 Diese Entscheidung gilt sinngemäß auch für die Haftung von Aufsichtsratsmitgliedern und deren Inanspruchnahme durch den Vorstand, vgl. *Lutter,* Entwicklung der Organpflichten und der Organhaftung, in: *Krieger/Schneider* (Hrsg.), Handbuch Managerhaftung, § 1 Rn. 18; *Vetter,* Rechte und Pflichten des Aufsichtsratsmitglieds, § 29, Rn. 70; *Doralt/Doralt,* in: *Semler/v. Schenck,* Arbeitshandbuch für Aufsichtsratsmitglieder, § 13 Rn. 114.

324 *Semler,* MüKoAktG, § 116 Rn. 5; *Hüffer,* AktG Rn. 4; *Doralt/Doralt,* in: *Semler/v. Schenck,* Arbeitshandbuch für Aufsichtsratsmitglieder, § 13 Rn. 107. Zur Bedeutung der Treuepflicht im Rahmen kapitalmarktrechtlicher Vorgänge: *Wastl,* Directors' Dealings und aktienrechtliche Treuepflicht – Ein exemplarischer Beitrag zur Bedeutung aktienrechtlicher Treuepflichten im Kapitalmarktsektor, NZG 2005, 17–23.

325 *Doralt/Doralt,* in: *Semler/v. Schenck,* Arbeitshandbuch für Aufsichtsratsmitglieder, § 13 Rn. 107; *Vetter,* Rechte und Pflichten des Aufsichtsratsmitglieds, § 29, Rn. 27; *Drygala,* in: *K. Schmidt/Lutter* (Hrsg.), AktG, § 116 Rn. 21. Abschwächung gegenüber Vorstand wegen Nebentätigkeit, nach h. M. kein unbedingter Vorrang der Interessen der AG: *Hüffer,* AktG § 116 Rn. 4, 5.

326 Ziff. 5.5.1. DCGK.

327 Z. B. Wettbewerbsverbot nach § 88 AktG.

nien.[328] Daher wird angemerkt, dass weder Probleme bei Insichgeschäften noch Wettbewerb mit der Gesellschaft oder die Ausnutzung einer der Gesellschaft zustehenden Geschäftschance ausreichend abgedeckt seien[329] und haftungssystematisch das US-amerikanische Recht „durch die Ausformulierung detaillierter Anforderungen an die Treuepflicht und aufgrund der verstärkten Haftungsintensität überlegen“ sei.[330] Die business judgment rule gilt wie in den USA bei Treuepflichten grundsätzlich nicht.[331]

Das beklagte Organmitglied trägt entsprechend der Sorgfaltspflicht die **Beweislast** dafür, dass es seine Interessenwahrungspflicht nicht verletzt hat.[332]

b) Interessenkonflikte

(1) Lösung von Interessenkonflikten

Der DCGK empfiehlt bei Interessenkonflikten, die aufgrund einer Beratung oder Organfunktion bei Kunden, Lieferanten, Kreditgebern oder sonstigen Geschäftspartnern entstehen können, diese dem Aufsichtsrat gegenüber **offenzulegen.**[333] Zudem erscheint es zweckmäßig, dass sich das Aufsichtratsmitglied bei einer Entscheidung jedenfalls seiner **Stimme enthält,** von sonstigen Einflussnahmen absieht oder der Beratung gänzlich fernbleibt und vom Informationsfluss ausgeschlossen wird.[334] Bei Nichtbefolgung liegt hier bei unternehmerischen Entscheidungen wegen Nichtanwendbarkeit der business judgment rule ein nicht unerhebliches Haftungsrisiko.[335] Zusätzlich soll der Aufsichtsrat in seinem Bericht an die Hauptversammlung über aufgetretene Interessenkonflikte und deren Behandlung informieren.[336] Wesentliche und nicht nur vorübergehende Interessenkonflikte in

328 „So dass man im internationalen Vergleich nicht umhin kommt, dem hiesigen Recht Entwicklungsdefizite bei der Ausarbeitung der organschaftlichen Treuepflicht zu bescheinigen“, vgl. *Fleischer,* Handbuch des Vorstandsrechts, § 9 Treuepflicht der Vorstandsmitglieder, Rn. 1.

329 So *Hopt/Leyens,* Board Models in Europe. Recent Developments of Internal Corporate Governance Structures in German, the United Kingdom, France and Italy, 2004, 6.

330 Vgl. *Leyens,* Deutscher Aufsichtsrat und U.S.-Board: ein- oder zweistufiges Verwaltungssystem?, 90.

331 *Spindler,* in: *Spindler/Stilz,* Kommentar zum AktG § 116 Rn. 37; *Ek,* Haftungsrisiken für Vorstand und Aufsichtsrat, 3.

332 Dies wird – soweit ersichtlich – in der deutschen Literatur nicht ausdrücklich diskutiert, wohl aber einhellig vorausgesetzt vgl. *Fleischer,* in: *Spindler/Stilz,* Kommentar zum AktG § 93 Rn. 220 ff.; *Krieger,* Organpflichten und Haftung in der AG, § 3 Rn. 41. A. A. wohl *Schaeffer/Missling,* Haftung von Vorstand und Aufsichtsrat, NZG, 1998, 445, wonach sich die Beweislastumkehr lediglich auf den Sorgfaltsverstoß beschränkt. Zugegebenermaßen regelt die in § 93 Abs. 2 S. 2 AktG getroffene Beweislastumkehr ausdrücklich nur Sorgfaltspflichtverletzungen.

333 Ziff. 5.5.2. Die entspricht etwa der Rechtslage in Großbritannien.

334 *Krieger,* Organpflichten und Haftung in der AG, § 3 Rn. 32; *Doralt/Doralt,* in: *Semler/v. Schenck,* Arbeitshandbuch für Aufsichtsratsmitglieder, § 13 Rn. 113; *Patzina,* in: *Patzina/Bank/Schimmer/Simon-Widmann,* Haftung von Unternehmensorganen: Vorstände, Aufsichtsräte, Geschäftsführer, Kap. 7 Rn. 48. Die entspricht etwa der Rechtslage in Großbritannien.

335 Vgl. *Doralt/Doralt,* in: *Semler/v. Schenck,* Arbeitshandbuch für Aufsichtsratsmitglieder, § 13 Rn. 112.

336 Ziff. 5.5.3 DCGK. Ein solcher Bericht an die Hauptversammlung wird in Großbritannien nicht gefordert.

der Person eines Aufsichtsratsmitglieds sollen zur **Niederlegung des Mandats** führen.[337] Waren solche Interessenkollisionen schon bei Annahme des Amtes erkennbar, kann das Aufsichtsratsmitglied ein **Auswahlverschulden** treffen.[338]

(2) Insichgeschäfte

Bei **Vergütung**sentscheidungen ergibt sich im Vergleich zum einstufigen Verwaltungssystem grundsätzlich nicht das formelle Problem eines unzulässigen Insichgeschäfts, da jeweils ein anderes Organ für die Festlegung der Vergütung zuständig ist.[339] Der Aufsichtsrat bestimmt die Vergütung des Vorstands[340] und die Hauptversammlung (bzw. die Satzung) die des Aufsichtsrats.

Es kann jedoch bei Umgehung der Vorschriften durch Abschlüsse von **Beratungsverträgen** zu Haftungsrisiken kommen.[341]

„§ 113 AktG will sicherstellen, dass die Hauptversammlung über die Höhe der Aufsichtsratsvergütung befindet und weder die Aufsichtsratsmitglieder selbst ihre Vergütung festsetzen können, noch dass der Vorstand mit dieser Aufgabe befasst wird und so in die Lage kommt, über die Vergütung derjenigen zu entscheiden, die ihn kontrollieren sollen. Nach § 114 AktG soll sichergestellt werden, dass dieses Schutzsystem nicht dadurch unterlaufen wird, dass der Vorstand – ohne Wissen von Hauptversammlung und Aufsichtsrat – auf dem Wege des Abschlusses von Beratungs- oder ähnlichen Verträgen einzelnen Aufsichtsratsmitgliedern Sondervorteile zuwendet, die zu einer Gefährdung der unabhängigen Wahrnehmung der organschaftlichen Pflichten des Empfängers führen können. Die unschwer zu erfüllende Offenlegung des Vertragsschlusses gegenüber dem gesamten Aufsichtsrat und das Erfordernis der Zustimmung dieses Gesellschaftsorgans sind der Preis, den das Aufsichtsratsmitglied entrichten muss, wenn es über die organschaftliche Tätigkeit hinaus gegen Entgelt für die Gesellschaft tätig werden und sich nicht der Gefahr aussetzen will, die Vergütung nach § 114 Abs. 2 AktG zurückgewähren zu müssen“.[342]

---

337 Ziff. 5.5.3 DCGK; *Hüffer,* AktG § 116 Rn. 5; *Doralt/Doralt,* in: *Semler/v. Schenck,* Arbeitshandbuch für Aufsichtsratsmitglieder, § 13 Rn. 110; *Spindler,* in: *Spindler/Stilz,* Kommentar zum AktG § 116 Rn. 67.

338 *Doralt/Doralt,* in: *Semler/v. Schenck,* Arbeitshandbuch für Aufsichtsratsmitglieder, § 13 Rn. 110; *Leyens,* Deutscher Aufsichtsrat und U.S.-Board: ein- oder zweistufiges Verwaltungssystem? 85, 90 (eine detaillierte Ausformung fehlt jedoch und führt nicht zur Nichtigkeit der Bestellung) jeweils mit weiteren Nachweisen.

339 Deswegen auch nur im angloamerikanischen Recht als eigene Kategorie behandelt, vgl. etwa *Grundmann,* Der Treuhandvertrag – insbesondere die werbende Treuhand, 1997, 240.

340 Seit der Fassung des DCGK von Juni 2008, Ziff. 4.2.2, soll der gesamte Aufsichtsrat (das Aufsichtsratsplenum) über die Vergütung entscheiden und nicht wie bisher üblich nur ein kleiner Präsidialausschuss mit drei Leuten.

341 Ziff. 5.5.4 DCGK verlangt bei Berater- und sonstigen Dienstleistungs- und Werkverträgen eines Aufsichtsratsmitglieds mit der Gesellschaft die Zustimmung des Aufsichtsrats.

342 BGH v. 20. 11. 2006, II ZR 279/05. Haftungsrisiken ergeben sich insbesondere für Rechtsanwälte, Steuerberater und Wirtschaftsprüfer, wenn diese trotz Mitgliedschaft in dem Aufsichtsrat eines Unternehmens, dieses entgeltlich beraten. Eine solche beratende Tätigkeit fällt schon nicht unter die Definition der Unabhängigkeit und Konflikte könnten bereits durch Betonung der Unabhängigkeit vermieden werden. Zum Thema Beratungsverträge mit Aufsichtsratsmitgliedern und der dazu ergangenen Rechtsprechung des Bundesgerichtshofs: *Spindler,* Beratungsverträge mit Aufsichtsratsmitgliedern – Grundlage und Grenzen einer analogen Anwendung von § 114 AktG, FS Graf von Westphalen 2010, 641–657; *Weiss,* Beratungsverträge mit Aufsichtsrats- und Beiratsmitgliedern in der Aktiengesellschaft und der Gesellschaft mit beschränkter Haftung, BB 2007, 1853–1860; *Goette,* Neuere aktienrechtliche Rechtsprechung des II. Zivilsenats des Bundesgerichtshofes, DStR 2007, 2264–2267; *D. Lorenz/Pospiech,* Beratungsverträge mit Aufsichtsratsmitgliedern in Zei-

Pflichtverstöße können bei der Gestaltung der Vorstandsanstellungsverträge auftreten, insbesondere durch die Zusage unvertretbar hoher Zahlungen.[343] Die Haftung von Aufsichtsratsmitgliedern für **unangemessene Vorstandsbezüge** hat seit dem am 18. 6. 2009 verabschiedeten Gesetz zur Angemessenheit der Vorstandsvergütung (VorstAG) mit § 116 S. 2 AktG eine gesetzliche Regelung erfahren. Die Kodifikation ist nur deklaratorischer Natur, da sich Aufsichtsratsmitglieder schon bisher nach § 116 S. 1 i.V.m. § 93 Abs. 2 AktG schadensersatzpflichtig machten, wenn sie das gesetzliche Angemessenheitsgebot bei der Festsetzung der Vorstandsvergütung schuldhaft missachteten.[344] Laut Bundesjustizministerium soll mit der Vorschrift klargestellt werden, dass die angemessene Vergütungsfestsetzung zu den wichtigsten Aufgaben des Aufsichtsrats gehört und er für Pflichtverstöße persönlich hafte.[345] Redaktionell ist der Fall pflichtwidrig unterlassener Herabsetzung der Vorstandsbezüge nach § 87 Abs. 2 AktG übersehen worden.[346]

§ 87 Abs. 1 S. 1 AktG gibt dem Aufsichtsrat Leitlinien für die Festsetzung der Vorstandsvergütung vor. Nannte § 87 Abs. 1 S. 1 AktG hinsichtlich der Angemessenheit der Vorstandsbezüge bisher nur, dass sich diese nach den Aufgaben der einzelnen Vorstandsmitglieder und der Lage der Gesellschaft zu richten hat, nimmt das VorstAG zusätzlich die Leistungen des Vorstandsmitglied in § 87 Abs. 1 S. 1 AktG mit auf. Zudem dürfen die Gesamtbezüge die übliche Vergütung nicht ohne besondere Gründe übersteigen. Nach § 87 Abs. 1 S. 2 AktG n.F. ist die Vergütungsstruktur bei börsennotierten Gesellschaften auf eine nachhaltige Unternehmensstruktur auszurichten. Gem. § 87 Abs. 1 S. 3 AktG n.F. sollen variable Vergütungsbestandteile eine mehrjährige Bemessungsgrundlage haben und der Vorstand bei solchen eine Begrenzungsmöglichkeit für außerordentliche Entwicklungen vereinbaren.[347] Nach Ziff. 4.2.2 DCGK bilden die Kriterien für die Angemessenheit der Vergütung insbesondere die Aufgaben des jeweiligen Vorstandsmitglieds, seine persönliche Leistung, die Leistung des Vorstands sowie die wirtschaftliche Lage, der Erfolg und die Zukunftsaussichten des Unternehmens unter Berücksichtigung seines Vergleichsumfelds. Der Begriff der Angemessenheit wird durch die Neure-

---

ten moderner Corporate Governance, NZG 2011, 81–86. Nach dem OLG Frankfurt a.M., Urt. v. 15. 2. 2011 – 5 U 30/10, sind Zahlungen des Vorstands an ein Aufsichtsratsmitglied für Dienstverpflichtungen außerhalb seiner Tätigkeit als Aufsichtsrat nur dann erlaubt, wenn der Gesamtaufsichtsrat vorher zustimmt.

343 *Krieger,* Organpflichten und Haftung in der AG, § 3 Rn. 27; *Spindler,* in: *Spindler/Stilz,* Kommentar zum AktG § 116 Rn. 46.

344 *Fleischer,* Das Gesetz zur Angemessenheit der Vorstandsvergütung (VorstAG), NZG 2009, 801, 804; *Spindler,* MüKoAktG, § 87, Rn. 21; *Drygala,* in: *K. Schmidt/Lutter* (Hrsg.), AktG, § 116 Rn. 51.

345 Vgl. dazu *Redaktion beck-aktuell,* becklink 283784, 19. Juni 2009.

346 Vgl. *Fleischer,* Das Gesetz zur Angemessenheit der Vorstandsvergütung (VorstAG), NZG 2009, 801, 804.

347 Zu der Neuregelung des § 87 AktG insgesamt: *Fleischer,* Das Gesetz zur Angemessenheit der Vorstandsvergütung (VorstAG), NZG 2009, 801–806; *Baeck/Winzer,* Gesetz zur Angemessenheit der Vorstandsvergütung (VorstAG), NZG 2009, 823; *Deilmann/Otte,* Auswirkungen des VorstAG auf die Struktur der Vorstandsvergütung, GWR 2009, 287105; *Jahn,* Das VorstAG: Neue Vorschriften gegen „unangemessene" Managerbezüge, GWR 2009, 135; *Drygala,* in: *K. Schmidt/Lutter* (Hrsg.), AktG, § 116 Rn. 51ff.; *Reichert/Ullrich,* Haftung von Aufsichtsrat und Vorstand nach dem VorstAG, in: FS Schneider, 1017–1037.

gelungen erfreulicherweise weiter konkretisiert, ist jedoch trotzdem nicht abschließend geklärt.[348] Schließlich erleichtert das VorstAG durch die Neufassung des § 87 Abs. 2 AktG die Herabsetzung der Vorstandsbezüge, indem nunmehr auf die Voraussetzungen einer „wesentlichen" Verschlechterung und einer „schweren" Unbilligkeit verzichtet wird. Um der Haftung zu entgehen, können externe Vergütungsberater hin gezogen werden, auf welche sich der Aufsichtsrat verlassen kann, soweit diese fachlich qualifiziert und unabhängig sind.[349]

Soweit es um die Bewilligung **nachträglicher Sonderzahlungen** für dienstvertraglich geschuldete Leistungen geht, handelt der Aufsichtsrat nach der Mannesmann-Entscheidung des BGH pflichtwidrig, wenn er Vorstandsmitgliedern Zahlungen leistet, auf die diese keinen Anspruch haben, sofern dem kein Vorteil der Gesellschaft gegenübersteht.[350] „Eine im Dienstvertrag nicht vereinbarte Sonderzahlung für eine geschuldete Leistung, die ausschließlich belohnenden Charakter hat und der Gesellschaft keinen zukunftsbezogenen Nutzen bringen kann (kompensationslose Anerkennungsprämie), ist demgegenüber als **treuepflichtwidrige** Verschwendung des anvertrauten Gesellschaftsvermögens zu bewerten."[351] Der BGH billigt aber bei solchen Vergütungsentscheidungen den Aufsichtsratsmitgliedern grundsätzlich einen unternehmerischen Ermessensspielraum zu.[352] Bei der Festsetzung von zu hohen Vorstandsbezügen besteht seit Mannesmann ein durchaus realistisches Haftungsrisiko für Aufsichtsratsmitglieder. Jedoch liegt ein Verstoß gegen § 87 Abs. 1 AktG nicht bereits dann vor, wenn die Bezüge der Vorstandsmitglieder erheblich über denjenigen von anderen Unternehmen der Bran-

348 Vgl. zur Diskussion: *Ek*, Haftungsrisiken für Vorstand und Aufsichtsrat, 178 mit weiteren Nachweisen. Es wird befürchtet, dass die im Rahmen der Finanzkrise als Obergrenze festgelegte Vorstandsvergütung in Höhe von 500.000 Euro für Institute, die das staatliche Rettungspaket in Anspruch nehmen (vgl. § 10 Abs. 2 S. 1 Nr. 3 FMStFG i. V. m. § 5 Abs. 2 Nr. 4 a) FMStFV), zukünftig § 87 AktG beeinflussen könnte, *Grundmann/Hofmann/Möslein*, Finanzkrise und Wirtschaftsordnung, 24. In den USA wird ein solcher unbestimmter Rechtsbegriff vermieden und eine Pflichtwidrigkeit liegt nur bei der Vergütung ohne jegliche Gegenleistung vor. Rechtsvergleichend findet bei Festsetzung der Vergütung der Geschäftsführung die business judgment rule Anwendung, auch in Deutschland h. M., vgl. *Ek*, Haftungsrisiken für Vorstand und Aufsichtsrat, 177 mit weiteren Nachweisen.

349 *Fleischer*, Das Gesetz zur Angemessenheit der Vorstandsvergütung (VorstAG), NZG 2009, 801, 804; Ziff. 4.2.2 Abs. 3 DCGK.

350 BGH v. 21. 12. 2005 – 3 StR 470/04, statt vieler: NJW 2006, 522; ZIP 2006, 72–82.

351 BGH, NJW 2006, 522, Ls. 1. In der aktienrechtlichen Literatur wird demgegenüber vertreten, dass eine freiwillige Sonderzahlung zur Belohnung einer in der Vergangenheit erbrachten besonderen Leistung – unabhängig von einer Anreizwirkung oder einem sonstigen für die Gesellschaft eintretenden Vorteil – generell zulässig sei, wenn die Gesamtvergütung des Begünstigten den Grundsätzen über die Höhe der Bezüge der Vorstandsmitglieder nach § 87 Abs. 1 S. 1 AktG entspricht, vgl. dazu und zu den Auswirkungen z. B. *Hoffmann-Becking*, Rechtliche Anmerkungen zur Vorstands- und Aufsichtsratsvergütung, ZHR 2005, 155–180; *ders.*, Vorstandsvergütung nach Mannesmann, NZG 2006, 127–131; *Kort*, Das Mannesmann-Urteil im Lichte von § 87 AktG, NJW 2005, 333–336; *ders.*, Mannesmann: Das „Aus" für nachträglich vorgesehene Vorstandsvergütungen ohne Anreizwirkung?", NZG 2006, 131–133; *Ek*, Haftungsrisiken für Vorstand und Aufsichtsrat, 177.

352 BGH, NJW 2006, 522, Ls. 2.

che liegen: Überragende Leistungen können überdurchschnittliche Vergütungen rechtfertigen.[353]

Die **Kreditvergabe an Organmitglieder** verbietet das deutsche Recht nicht, wie dies in den USA der Grundsatz ist.[354] Gem. §§ 89 Abs. 1 S. 1 bzw. 115 Abs. 1 AktG darf die Gesellschaft ihren Vorstandsmitgliedern bzw. Aufsichtsratsmitgliedern Kredite nur aufgrund eines Beschlusses bzw. mit Einwilligung des Aufsichtsrats respektiv gewähren.[355] Gem. §§ 116 S. 1 iVm 93 Abs. 3 Nr. 8 AktG besteht eine Schadensersatzpflicht, wenn gegen diese Vorschriften verstoßen wird.

(3) Wettbewerb mit der Gesellschaft einschließlich Ausnutzung von Geschäftschancen

Aufsichtsratsmitglieder unterliegen grundsätzlich **keinem Wettbewerbsverbot** und dürfen auch **Geschäftschancen nutzen,** an denen die Gesellschaft interessiert sein könnte, sofern sich diese unabhängig von ihrem Amt eröffnen.[356] In der Regel können Aufsichtsratsmitglieder einem anderen Gewerbe im Tätigkeitsfeld der Gesellschaft nachgehen und nach h.M. auch ein Vorstands- bzw. Aufsichtsratsmandat bei einem Konkurrenzunternehmen wahrnehmen.[357] Ausdruck guter Corporate Governance ist dies sicher nicht.[358] So empfiehlt Ziff. 5.4.2 S. 4 DCGK, dass Aufsichtsratsmitglieder keine Organfunktion oder Beratungsaufgaben bei wesentlichen Wettbewerbern des Unternehmens ausüben sollen. Pflichtwidrig handelt jedoch ein Aufsichtratsmitglied, wenn es Informationen, die es in seiner Eigenschaft als Aufsichtsratsmitglied erhalten hat, benutzt, um solche Chancen zu nutzen.[359]

---

353 LG München I v. 29. 3. 2007, 5 HKO 12931/06 = NZG 2007, 477–478; Anmerkung: *Kort,* EWiR 2007, 481–482.

354 Das Verbot nach amerikanischem Recht geht weit über das deutsche hinaus, vgl. *Marsch-Barner/Schäfer* (Hrsg.), Handbuch börsennotierte AG, Aktien- und Kapitalmarktrecht, 2005, § 2 Corporate Governance, Rn. 92.

355 Nach Ziff. 3.9 DCGK bedarf die Gewährung von Krediten des Unternehmens an Mitglieder des Aufsichtsrats sowie ihre Angehörigen der Zustimmung des Aufsichtsrats.

356 *Doralt/Doralt,* in: *Semler/v. Schenck,* Arbeitshandbuch für Aufsichtsratsmitglieder, § 13, Rn. 112; *Vetter,* Rechte und Pflichten des Aufsichtsratsmitglieds, § 29, Rn. 29; *Verse,* Wettbewerbsverbote und Ansichziehen von Corporate Opportunities, in: *Krieger/Schneider (Hrsg.),* Handbuch Managerhaftung, § 22 Rn. 63 ff. Rechtsvergleichend zum Vorstand: *Fleischer,* Wettbewerbs- und Betätigungsverbote für Vorstandsmitglieder im Aktienrecht, AG 2005, 336–348; *Patzina,* in: *Patzina/Bank/Schimmer/Simon-Widmann,* Haftung von Unternehmensorganen: Vorstände, Aufsichtsräte, Geschäftsführer, 7. Kap. 50.

357 *Hüffer,* AktG § 103 Rn. 13 b; dies kann jedoch Teilnahme- oder Stimmverbote im Aufsichtsrat auslösen, dazu *Ek,* Haftungsrisiken für Vorstand und Aufsichtsrat, 186 mit weiteren Nachweisen; *Marsch-Barner,* in: *Semler/v. Schenck,* Arbeitshandbuch für Aufsichtsratsmitglieder, § 12, Rn. 139 ff.; *Spindler,* in: *Spindler/Stilz,* Kommentar zum AktG § 116 Rn. 69 f.; a.A. *Lutter/Krieger,* Rechte und Pflichten des Aufsichtsrats, Rn. 21 ff.

358 Dazu *Martinek,* Wettbewerbliche Interessenkonflikte von AG-Aufsichtsräten im Licht der Corporate Governance-Diskussion, WRP 2008, 51–67.

359 *Krieger,* Organpflichten und Haftung in der AG, § 3 Rn. 32; *Lutter/Krieger,* Rechte und Pflichten des Aufsichtsrats, Rn. 1001.

(4) Mehrfachposten

Interessenkonflikte ergeben sich bei Aufsichtsratsmitgliedern, abgesehen vom nebenberuflichen Charakter ihrer Tätigkeit, umso mehr, wenn jemand Aufsichtsratsposten bzw. **Vorstands- und Aufsichtsratsposten in verschiedenen Gesellschaften** besetzt.[360] Letzteres Problem scheint gerade in Deutschland eine besondere Rolle zu spielen und ist auf den oft relativ kleinen Kreis von Personen zurückzuführen, die Schlüsselpositionen in deutschen Großunternehmen besetzen (sog. Deutschland-AG).[361] Die Empfehlung nach Ziff. 5.4.5 S. 2 DCGK zum Thema externer Aufsichtsratsmandate von Vorständen börsennotierter Gesellschaften hat die Kodex-Kommission 2010 weiter verschärft. Zwar blieb die Höchstzahl von drei Aufsichtsratsmandaten gleich, es werden aber nicht mehr nur Aufsichtsratsmandate in börsennotierten Gesellschaften gezählt, sondern auch Mandate in Aufsichtsgremien nicht börsennotierter Gesellschaften, welche vergleichbare Anforderungen stellen. Damit sind auch Mandate als non-executive director in ausländischen Gesellschaften mit einzubeziehen.[362]

Interessenkollisionen sind, wenn ein Aufsichtsratsmitglied zwei Gesellschaften angehört, auch grundsätzlich nicht in dem Sinne entlastend, dass die Pflichterfüllung gegenüber der einen die Pflichtverletzung gegenüber der anderen Gesellschaft rechtfertigen könnte.[363] Legt das Aufsichtsratsmitglied dem Vorstand den Abschluss eines für die Aktiengesellschaft schädlichen Geschäfts mit einem Unternehmen, dem es selbst interessenmäßig verbunden und dessen vertretungsberechtigtes Organ er ist, nahe, so hat es den daraus entstandenen Schaden zu ersetzen, ohne einwenden zu können, es habe nur als Vertreter des Geschäftspartners und in Erfüllung einer Verpflichtung gehandelt, die es dem Geschäftspartner geschuldet habe.[364]

---

360 Jedenfalls bei Wettbewerbern wird empfohlen, keine zusätzliche Organfunktion auszuüben (dazu schon vorstehend). Von den knapp 300 Vertretern der Arbeitgeberseite in den DAX-Aufsichtsratsgremien hatten 2007 48 die Geschäftsleitung in einem anderen Unternehmen inne, weitere 27 sind Mitglied im Vorstand bzw. in der Geschäftsleitung eines anderen Unternehmens, vgl. Towers Perrin-Studie „Aufsichtsratsvergütung DAX 2007“. Monografisch: *Mense,* Interessenkonflikte bei Mehrfachmandaten im Aufsichtsrat der AG, 2008.

361 So ist z.B. Rolf Breuer in die Kritik der Aktionäre geraten, bei dem Versuch der Deutschen Börse, die London Stock Exchange zu übernehmen, nicht im besten Interesse der Deutschen Börse gehandelt zu haben. Er besetzte zur Zeit des Übernahmeangebots sowohl Aufsichtsratsposten bei der Deutschen Bank (Vorsitzender) und bei der Deutschen Börse und wurde auf Druck – insbesondere englischer institutioneller Investoren – zur Niederlegung seines Aufsichtsratsmandates bewegt. Besonders deutlich: Süddeutsche Zeitung, Korruption im Unternehmen – Schwächen im Kontrollsystem, Onlineausgabe vom 31. 7. 2008 „Durch raffinierte personelle Kreuz- und Querverbindungen hatte sich die industrielle Oberklasse des Landes abgesichert. (...) In der alten Deutschland-AG wäre niemand auf die Idee gekommen, Aufsichtsräte vom Schlag Abs haftbar zu machen.“ Die zunehmende „Entflechtung“ dieses Beziehungsgefüges ist zu begrüßen.

362 Vgl. *Ringleb/Kremer/Lutter/v. Werder,* Die Kodex-Änderungen vom Mai 2010, NZG 2010, 1161, 1166.

363 BGH NJW 1980, 1629 ff.; *Krieger,* Organpflichten und Haftung in der AG, § 3 Rn. 32; *Doralt/Doralt,* in: *Semler/v. Schenck,* Arbeitshandbuch für Aufsichtsratsmitglieder, § 13, Rn. 109; *Hüffer,* AktG § 116 Rn. 5.

364 BGH NJW 1980, 1629–1639.

3. Sonstige Haftungsquellen[365]

a) Verschwiegenheitspflicht

Ausdrücklich geregelt für Aufsichtratsmitglieder ist nunmehr ihre **Pflicht zur Verschwiegenheit** (§ 116 S. 2 AktG).[366] Korrespondierend zu ihrem Recht, Informationen über die Gesellschaft zu erhalten, müssen Aufsichtratsmitglieder Verschwiegenheit über vertrauliche Angaben, Berichte und Beratungen wahren sowie über Geheimnisse der Gesellschaft, die ihnen durch die Aufsichtratstätigkeit bekannt geworden sind.[367] Diese Pflicht obliegt ihnen gleichsam gegenüber Aktionären, Arbeitnehmern und dem Betriebsrat.[368] Bei Verletzung dieser Pflicht kann es zu unterschiedlichen Folgen kommen. Die pflichtwidrige Kundgabe von vertraulichen Angaben kann eine zivilrechtliche Schadensersatzpflicht gegenüber der Gesellschaft auslösen.[369] Die Offenbarung von Geheimnissen ist zudem nach § 404 AktG und bei börsennotierten Aktiengesellschaften nach § 38 Abs. 1 Nr. 2 WpHG – sofern es sich dabei um eine Insiderinformation nach § 13 Abs. 1 WpHG handelt – auch strafbar.[370]

b) Kapitalerhaltungsvorschriften

Wie in den USA und Großbritannien werden in Deutschland durch § 93 Abs. 3 AktG besondere Schadensersatzpflichten bei der **Verletzung von Kapitalerhaltungsvorschriften** bestimmt.[371] Ausreichend für ihr Eingreifen ist jede gesetzwidrige Minderung des Gesellschaftsvermögens.[372] Unmittelbar handelt es sich hier nur um Pflichtverletzungen der Vorstandsmitglieder. Ein Aufsichtsratsmitglied handelt jedoch selbst pflichtwidrig, wenn es den Vorstand zu solchen Handlungen

---

365 Die Haftung aus konzernrechtlichen Bestimmungen (§§ 309, 310, 317, 318 AktG) soll hier nicht ausführlich besprochen werden. Für den Vertragskonzern und bei Abhängigkeit enthalten §§ 310, 318, 323 Abs. 1 S. 2 besondere Vorschriften über die Haftung der Aufsichtsratsmitglieder gegenüber der abhängigen Gesellschaft. Die §§ 309 Abs. 1, 317 Abs. 3 richten sich hingegen nur gegen die gesetzlichen Vertreter des herrschenden Unternehmens, zu denen der Aufsichtsrat nicht gehört. Vgl. hierzu z.B. *Doralt/Doralt,* in: *Semler/v. Schenck,* Arbeitshandbuch für Aufsichtsratsmitglieder, § 13 Rn. 203 ff.; *Habersack,* MüKoAktG, § 116, Rn. 75; *Ek,* Haftungsrisiken für Vorstand und Aufsichtsrat, 192 f.; ausführlich: *Schneider,* Aufsichtsratshaftung im Konzern, § 9, in: *Krieger/Schneider* (Hrsg.), Handbuch Managerhaftung; *Peltzer,* in: *Wellhöfer/Peltzer/Müller,* § 20, Rn. 130 ff.

366 Durch Art 1 Nr 10 TransPuG vom 19. 7. 2002 (BGBl I S 2681) angefügt. Ausführlich dazu *Vetter,* Rechte und Pflichten des Aufsichtsratsmitglieds, § 29, Rn. 12–25; *Hüffer,* AktG § 116 Rn. 6 ff.; *Spindler,* in: *Spindler/Stilz,* Kommentar zum AktG § 116 Rn. 79 ff.; *Drygala,* in: *K. Schmidt/Lutter* (Hrsg.), AktG, § 116 Rn. 23 ff.

367 *Krieger,* Organpflichten und Haftung in der AG, § 3 Rn. 33; *Doralt/Doralt,* in: *Semler/v. Schenck,* Arbeitshandbuch für Aufsichtsratsmitglieder, § 13, Rn. 102.

368 *Krieger,* Organpflichten und Haftung in der AG, § 3 Rn. 36; *Doralt/Doralt,* in: *Semler/v. Schenck,* Arbeitshandbuch für Aufsichtsratsmitglieder, § 13, Rn. 104.

369 *Lutter/Krieger,* Rechte und Pflichten des Aufsichtsrats, Rn. 1004.

370 *Lutter/Krieger,* Rechte und Pflichten des Aufsichtsrats, Rn. 282, 284. Umstritten ist, ob jeder Verstoß gegen das Insiderverbot nach § 14 WpHG auch eine Verletzung von Treuepflichten darstellt, zum Streitstand (bejahend), vgl. *Semler,* MüKoAktG, § 116, Rn. 195–199; *Spindler,* in: *Spindler/Stilz,* Kommentar zum AktG § 116 Rn. 61 (oft fehlt es am Schaden der Gesellschaft).

371 So rechtsvergleichend auch *Black/Cheffins,* Outside Director Liability Across Countries, 1423.

372 *Ek,* Haftungsrisiken für Vorstand und Aufsichtsrat, 181 mit weiteren Nachweisen.

veranlasst,[373] seine Zustimmung erteilt, oder wegen Verletzung seiner Überwachungspflicht, wenn er bei pflichtwidrigen Maßnahmen der Geschäftsleitung untätig bleibt.[374] Die Höhe des Schadens beläuft sich wie in den USA und Großbritannien grundsätzlich auch auf den Wert, der entgegen den Kapitalerhaltungsvorschriften an den Aktionär oder Dritten geleistet wurde.[375]

c) Entsprechungserklärung

Nach **§ 161 AktG** hat der Aufsichtsrat neben dem Vorstand einer börsennotierten Gesellschaft jährlich zu erklären, dass den Empfehlungen des DCGK entsprochen wurde oder wird oder welche Empfehlungen nicht angewendet wurden oder werden. Dementsprechend kann im Wesentlichen die Nichtabgabe der Entsprechungserklärung, die Abgabe einer inhaltlich unrichtigen vergangenheitsbezogenen Erklärung sowie das Abweichen von einer zukunftsbezogenen Erklärung zu einer Haftung der Mitglieder des Aufsichtsrats führen.[376] Haben die Organmitglieder pflichtwidrig **keine Erklärung abgegeben** oder ist diese **inhaltlich falsch,** liegt ein Verstoß gegen die Sorgfaltspflichten gegenüber der Gesellschaft vor.[377] Haben die Organe erklärt, sich an den Kodex zu halten, **befolgen dies aber nicht** ohne unverzügliche Aktualisierung der Entsprechungserklärung und entsteht der Gesellschaft hierdurch ein Schaden, hat diese einen Anspruch auf Ersatz des Schadens nach §§ 116 iVm 93 Abs. 2 AktG.[378] Die Organmitglieder haben in diesem Fall § 161 AktG wegen der Zukunftsbezogenheit der Erklärung verletzt und dies stellt eine Pflichtverletzung nach § 93 Abs. 2 AktG dar.[379] Haben die Organe **erklärt, bestimmte Erklärungen nicht zu befolgen,** ergeben sich keine Ansprüche der Gesellschaft aus einer derartigen Nichtbefolgungserklärung, da es den Aufsichtsratsmitgliedern grundsätzlich freisteht, die Nichtbefolgung zu erklären.[380] Weitere Haftungsrisiken ergeben sich in diesem Zusammenhang bei der Außenhaftung (dazu 10. Kap. III.1.).

---

373 Z.B. unzulässige Vergütung oder Kreditgewährung an sich; gleichzeitig auch Verstoß gegen § 117 AktG wegen unzulässiger Einflussnahme, vgl. *Ek,* Haftungsrisiken für Vorstand und Aufsichtsrat, 182 mit weiteren Nachweisen.

374 Pflichtverletzungen des Vorstands sind so „eklatant", dass ein sorgfältiges Aufsichtsratsmitglied in der Regel hiervon Kenntnis erlangen und ein solches Handeln der Geschäftsleitung unterbinden muss, vgl. *Hoffmann,* Der Aufsichtsrat, Rn. 512.1; *Spindler,* in: *Spindler/Stilz,* Kommentar zum AktG § 116 Rn. 120.

375 *Ek,* Haftungsrisiken für Vorstand und Aufsichtsrat, 182 mit weiteren Nachweisen.

376 *Peltzer,* Deutsche Corporate Governance – Ein Leitfaden, Rn. 390.

377 *Semler,* MüKoAktG, § 116, Rn. 197, 199; *Marsch-Barner/Schäfer* (Hrsg.), Handbuch börsennotierte AG, Aktien- und Kapitalmarktrecht, 2005, § 2 Corporate Governance, Rn. 75 anmerkend, dass der Gesellschaft daraus allerdings nur selten ein Schaden erwachsen wird.

378 *Semler,* MüKoAktG, § 116, Rn. 198, 200.

379 *Peltzer,* Deutsche Corporate Governance – Ein Leitfaden, Rn. 398.

380 *Marsch-Barner/Schäfer* (Hrsg.), Handbuch börsennotierte AG, Aktien- und Kapitalmarktrecht, 2005, § 2 Corporate Governance, Rn. 74; *Peltzer,* Deutsche Corporate Governance – Ein Leitfaden, Rn. 390.

d) Insolvenz

Die Pflicht zur Stellung des **Insolvenzantrages**, sobald die Gesellschaft zahlungsunfähig ist, obliegt grundsätzlich dem Vorstand nach § 15 a Abs. 1 S. 1 InsO.[381] Jedoch kann ein Aufsichtsratsmitglied eine Pflichtverletzung begehen, wenn er trotz Kenntnis der Überschuldung keine ausreichenden Maßnahmen ergreift, um den Vorstand zur Eröffnung des Insolvenzverfahrens zu verlassen.[382] Das Mitglied des Aufsichtsrates haftet dann als Gesamtschuldner neben den pflichtwidrig agierenden Vorstandsmitgliedern für den Vermögensverlust. In der Krisensituation wird daher vom Aufsichtsrat zu verlangen sein, seinen Überwachungsauftrag zu intensivieren und von allen möglichen Erkenntnisquellen Gebrauch zu machen.[383] Zudem sind Aufsichtsratsmitglieder nach den Änderungen durch das MoMiG für den Fall, dass die Aktiengesellschaft keinen Vorstand mehr hat (Führungslosigkeit), verpflichtet, an dessen Stelle bei Zahlungsunfähigkeit und/oder Überschuldung einen Insolvenzantrag zu stellen, es sei denn, das Aufsichtsratsmitglied hat von dem Insolvenzgrund oder von der Führungslosigkeit keine Kenntnis.[384]

---

381 Durch das MoMiG v. 23. 10. 2008 (BGGl. I S. 2026) wurden die Insolvenzantragspflichten bei juristischen Personen aus den jeweiligen gesellschaftsrechtlichen Gesetzen in den neuen § 15 a InsO verlagert. Der bislang geltende § 92 Abs. 2 AktG wurde ebenso wie die korrespondierende Strafvorschrift des § 401 Abs. 1 Nr. 2 AktG aufgehoben. Dazu *Knapp,* Auswirkungen des MoMiG auf Aktiengesellschaften und ihre Organmitglieder, DStR 2008, 2371–2375.

382 BGHZ 75, 96 = NJW 1979, 1823; *Hüffer,* AktG § 116 Rn. 9; zuletzt BGH v. 16. 3. 2009, II ZR 280/07 = ZIP 2009, 860–863 = NJW 2009, 2454–2457 (Doberlug), LS 2: „Stellt der Aufsichtsrat fest, dass die Gesellschaft insolvenzreif ist, hat er darauf hinzuwirken, dass der Vorstand rechtzeitig einen Insolvenzantrag stellt und keine Zahlungen leistet, die mit der Sorgfalt eines ordentlichen und gewissenhaften Geschäftsleiters nicht vereinbar sind. Verstößt er hiergegen schuldhaft, kann er der Gesellschaft gegenüber zum Schadensersatz verpflichtet sein". Bei der **GmbH mit fakultativen Aufsichtsrat** ist umstritten, ob der Verweis von § 52 Abs. 1 GmbHG auf § 116 AktG i.V.m. § 93 Abs. 1 und Abs. 2 S. 1 und 2 AktG auch den Sondertatbestand des § 93 Abs. 3 Nr. 6 AktG umfasst. Nach dem BGH, Entscheidung v. 20. 9. 2010 (II ZR 78/09) = NZG 2010, 1186, ist dies aufgrund der gezielten Verweisung nicht der Fall, so dass die Mitglieder des fakultativen Aufsichtsrats einer GmbH nur ersatzpflichtig sind, wenn die Gesellschaft durch die rechtswidrigen Zahlungen in ihrem Vermögen geschädigt worden ist, nicht hingegen, wenn die Zahlungen – wie im Regelfall – nur zu einer Verminderung der Insolvenzmasse und damit zu einem Schaden alleine der Insolvenzgläubiger geführt hat. Zustimmend: *Kiefner/Langen,* Massesicherungsflicht und Versagen des Überwachungsorgans – Zum Haftungsgefälle zwischen obligatorischem und fakultativem Aufsichtsrat, NJW 2011, 192–196 Dagegen die Vorinstanz OLG Brandenburg v. 17. 2. 2009, 6 U 102/07; kritisch: *Altmeppen,* Persönliche Haftung des Aufsichtsrats für die Verletzung der Massesicherungspflicht der Geschäftsleiter, ZIP 2010, 1973–1979; *Schürnbrand,* Überwachung des insolvenzrechtlichen Zahlungsverbots durch den Aufsichtsrat, NZG 2010, 1207–1213.

383 So *Kiefner/Langen,* Massesicherungsflicht und Versagen des Überwachungsorgans – Zum Haftungsgefälle zwischen obligatorischem und fakultativem Aufsichtsrat, NJW 2011, 194 mit Bezug auf die MPS-Rechtsprechung des BGH (dazu bereits oben II.1.b); *Drygala,* in: *K. Schmidt/Lutter* (Hrsg.), AktG, § 111 Rn. 25.

384 § 15 a Abs. 3 InsO. Dazu *Knapp,* Auswirkungen des MoMiG auf Aktiengesellschaften und ihre Organmitglieder, DStR 2008, 2371, 2373. Für Aufsichtsratsmitglieder großer börsennotierter Aktiengesellschaften hat diese Änderung mangels der Gefahr der Führungslosigkeit keine merklichen Auswirkungen.

e) Verbot schädigenden Verhaltens

Gem. **§ 117 AktG** macht sich ein Aufsichtsratsmitglied schadensersatzpflichtig gegenüber der Gesellschaft, wenn er vorsätzlich unter Benutzung seines Einflusses auf die Gesellschaft die dort genannten Organe dazu bestimmt oder sich z.B. durch einen Großaktionär dazu bestimmen lässt, zum Schaden der Gesellschaft oder ihrer Aktionäre zu handeln.[385] Die Verletzungen stellen in der Regel jedoch auch schon Pflichtverletzungen nach §§ 116, 93 Abs. 1 und 2 AktG dar und sind daher von nachrangiger Bedeutung.[386]

III. Haftungsausschluss bzw. Beschränkung

1. Satzungsausschluss

Während in den USA die Haftung durch die Satzung jedenfalls bei Sorgfaltspflichtverletzungen überwiegend begrenzt wird und in Großbritannien in einigen Interessenkonfliktsituationen ausgeschlossen werden kann, ist nach deutschem Aktienrecht die Reduzierung bzw. der Ausschluss der Haftung weder durch die **Satzung** noch durch **vertragliche Vereinbarungen** möglich.[387] Die aktienrechtlichen Vorschriften sind zwingend, soweit eine Abweichung nicht ausdrücklich zugelassen ist (§ 23 Abs. 5 AktG). Ebenso kann der Verschuldensmaßstab nicht auf grobe Fahrlässigkeit beschränkt werden.[388]

2. Ratifikation durch Anteilseigner

Eine Ratifikation durch Aktionäre kann wie in den USA und Großbritannien – jedoch unter einschränkenden Bedingungen – zum Ausschluss der Haftung der Aufsichtsratsmitglieder führen.[389] Die Ersatzpflicht der Aufsichtsratsmitglieder ist dann ausgeschlossen, wenn die schadensursächliche Handlung auf einem **Hauptversammlungsbeschluss** beruht (§ 93 Abs. 4 S. 1 AktG).[390] Zudem kann die Gesellschaft mit Zustimmung der Hauptversammlung auf die Geltendmachung ihres Anspruchs bis drei Jahre nach dessen Entstehen **verzichten** oder sich **vergleichen,**

---

385 Dazu *Spindler,* in: *Spindler/Stilz,* Kommentar zum AktG § 117.

386 So auch *Ek,* Haftungsrisiken für Vorstand und Aufsichtsrat, 182 mit weiteren Nachweisen.

387 *Hüffer,* AktG § 116 Rn. 8; *Doralt/Doralt,* in: *Semler/v. Schenck,* Arbeitshandbuch für Aufsichtsratsmitglieder, § 13, Rn. 163; *Lutter,* Entwicklung der Organpflichten und der Organhaftung, in: *Krieger/Schneider* (Hrsg.), Handbuch Managerhaftung, § 1 Rn. 19; *Spindler,* in: *Spindler/Stilz,* Kommentar zum AktG § 116 Rn. 158; *Drygala,* in: *K. Schmidt/Lutter* (Hrsg.), AktG, § 116 Rn. 43 ff.

388 *Doralt/Doralt,* in: *Semler/v. Schenck,* Arbeitshandbuch für Aufsichtsratsmitglieder, § 13, Rn. 163; *Lutter,* Entwicklung der Organpflichten und der Organhaftung, in: *Krieger/Schneider* (Hrsg.), Handbuch Managerhaftung, § 1 Rn. 19.

389 So rechtsvergleichend auch *Black/Cheffins,* Outside Director Liability Across Countries, 1423.

390 Dies kommt jedoch kaum in Betracht, weil Aufsichtsratsmitglieder nicht an Beschlüsse der Hauptversammlung gebunden sind (str.), zum Meinungsstand (bejahend): vgl. *Semler,* MüKoAktG, § 116, Rn. 555–557, bes. Fn. 96.

wenn nicht mindestens eine 10%-Minderheit des Grundkapitals Widerspruch zur Niederschrift erhebt (§ 93 Abs. 4 S. 3 AktG).[391] Die Entlastung der Mitglieder des Aufsichtsrats durch die Hauptversammlung enthält jedoch keinen Verzicht auf Ersatzansprüche (§ 120 Abs. 2 S. 2 AktG). Entsprechend § 93 Abs. 4 S. 2 AktG führt schließlich die Mitwirkung des Vorstands an Handlungen des Aufsichtsrats nicht zu einem Haftungsausschluss.[392]

Im Ergebnis haften Aufsichtsratsmitglieder gegenüber ihrer Gesellschaft in der Regel für jede – auch noch so leichte – fahrlässige Pflichtverletzung. Im Gegensatz hierzu gilt in den USA jedenfalls für Sorgfaltspflichtverletzungen die Schwelle der „bewussten Missachtung“.

IV. Durchsetzung

1. Probleme der Durchsetzung

Obwohl im Ergebnis schon leicht fahrlässige Pflichtverletzungen für die Schadensersatzpflicht genügen, diese und das Verschulden zudem vermutet werden,[393] werden nur sehr selten Klagen gegen Aufsichtsratsmitglieder erhoben. Das Problem ist die eigentliche Durchsetzung der Ansprüche. Durch das zweistufige Verwaltungssystem wird zwar der Konflikt vermieden, dass sich das Verwaltungsorgan im Ergebnis bei Ansprüchen der Gesellschaft gegen ihre Organmitglieder „selbst verklagen“ muss, denn der Vorstand ist als gesetzliches Vertretungsorgan gem. § 78 AktG vorrangig zur Geltendmachung der Ansprüche der Gesellschaft gegen Aufsichtsratsmitglieder zuständig. Dies scheint aber nur theoretisch das Haftungsrisiko zu erhöhen.[394]

Erstens besteht das Risiko, dass der Vorstand selbst ersatzpflichtig ist oder er jedenfalls damit rechnen muss, dass im Prozess auch ihn belastende Tatsachen bekannt werden.[395] Es ergibt sich das angesprochene Problem, nämlich dass der Vorstand bei Überwachungspflichtverletzungen zur Begründung nicht nur seine eigene Pflichtverletzung vortragen muss, sondern auch darzulegen hat, inwieweit die mangelnde Überwachung des Aufsichtsrats dazu beigetragen hat. Die Frage, ob eine Haftung von Aufsichtsratsmitgliedern für die Verletzung der Pflicht zu Kontrolle des Handels des Vorstandes gegeben ist, ist nämlich sehr eng mit der

---

391 Dazu *Spindler*, in: *Spindler/Stilz*, Kommentar zum AktG § 116 Rn. 139ff.
392 *Semler*, MüKoAktG, § 116, Rn. 558.
393 Es handelt sich „um ausgesprochen scharfe Haftungsnormen“, vgl. *Lutter*, Entwicklung der Organpflichten und der Haftung, in: *Krieger/Schneider* (Hrsg.), Handbuch Managerhaftung, § 1 Rn. 9.
394 Dazu schon der Ansatzpunkt in der 4. Ausgangsthese (1. Teil, 3. Kap).
395 *Hüffer*, AktG § 147 Rn. 1; *Doralt/Doralt*, in: *Semler/v. Schenck*, Arbeitshandbuch für Aufsichtsratsmitglieder, § 13, Rn. 115; *Grotheer*, Außenhaftung von Aufsichtsratsmitgliedern: Ein Anreiz zur Verbesserung der Überwachungstätigkeit? WM 2005, 2070, 2074; zuletzt *Lutter*, Zur Durchsetzung von Schadensersatzansprüchen gegen Organmitglieder, in: FS Schneider 2011, 763.

Frage verknüpft, ob ein Fehlverhalten der Vorstandsmitglieder vorliegt.[396] Soweit ein Aufsichtsratsmitglied nicht die nötige Qualifikation für den Posten hatte, muss der Vorstand seinen Vorschlag für den Kandidaten rechtfertigen.

Zweitens ist der Vorstand verständlicherweise zurückhaltend bei der Durchsetzung von Ansprüchen gegen den Aufsichtsrat, wenn man bedenkt, dass der Aufsichtsrat den Vorstand (wieder-)bestellt und unter bestimmten Voraussetzungen abberufen kann. Das Risiko der Durchsetzung der Ansprüche ist größer, wenn das unmittelbar involvierte Management bereits ausgewechselt worden ist. Zu erwarten ist dies vor allem dann, wenn die Gesellschaft einen neuen Großaktionär erhalten hat, dieser neue Organmitglieder bestellt hat und den gezahlten Kaufpreis nun durch Schadensersatzansprüche zu mindern versucht.[397] In der Regel kommt es nur in der Insolvenz der Gesellschaft zur Durchsetzung der Ansprüche durch den Insolvenzverwalter, der seine eigene Haftung weitgehend vermeiden will (§ 60 InsO).[398] In der Tat wurden Aufsichtratsmitglieder bisher in der Regel nur persönlich haftbar gemacht, wenn der Geschäftsbetrieb der Gesellschaft eingestellt wurde.[399]

Um die praktische Durchsetzung von Ersatzansprüchen im Gesellschaftsinteresse zu fördern, verpflichtet § 147 Abs. 1 AktG, Ansprüche geltend zu machen, wenn die Hauptversammlung dies mit einfacher Mehrheit (§ 133 Abs. 1 AktG) beschließt. Gerade hier kann ein besonderer Vertreter nach § 147 Abs. 2 S. 1 AktG bestellt werden, was die Effizienz der Rechtsverfolgung stärken soll.[400]

2. Aktionärsklage

Die Möglichkeit der **Klage von Aktionären** gegen Organmitglieder auf Leistung von Schadensersatz hat das UMAG[401] nun wesentlich erleichtert. Für den Antrag auf Zulassung einer Klage im eigenen Namen müssen die Aktionäre nach § 148 Abs. 1 S. 1 AktG über mindestens 1% des Grundkapitals oder Aktien im Nominalbetrag von € 100.000 verfügen. Zur Zulassung einer solchen Klage müssen die Anteilseigner nachweisen, dass sie ihre Anteile zum Zeitpunkt der Kenntniserlangung der behaupteten Pflichtverletzung oder des behaupteten Schadens bereits

---

396 Vgl. *Kort,* Pflichten von Vorstands- und Aufsichtsratsmitgliedern beim Erwerb eigener Aktien zwecks Vorstandsvergütung, NZG 2008, 823, 825.

397 So *Lutter,* Entwicklung der Organpflichten und der Haftung, in: *Krieger/Schneider* (Hrsg.), Handbuch Managerhaftung, § 1 Rn. 23; *Grotheer,* Außenhaftung von Aufsichtsratsmitgliedern: Ein Anreiz zur Verbesserung der Überwachungstätigkeit? WM 2005, 2070, 2074.

398 *Theisen,* in: *Potthoff/Trescher,* Das Aufsichtsratsmitglied – Ein Handbuch der Aufgaben, Rechte und Pflichten, 525.

399 Vgl. *Theisen,* in: *Potthoff/Trescher,* Das Aufsichtsratsmitglied – Ein Handbuch der Aufgaben, Rechte und Pflichten, 525; auch bei BHG ZIP 2007, 224 ff., bereits Insolvenz.

400 *Hüffer,* AktG § 147 Rn. 1. Zur neuen Rechtslage zur Bestellung eines Sonderprüfers, vgl. *Doralt/Doralt,* in: *Semler/v. Schenck,* Arbeitshandbuch für Aufsichtsratsmitglieder, § 13 Rn. 130 ff.

401 Gesetz zur Unternehmensintegrität und Modernisierung des Anfechtungsrechts v. 22. 9. 2005, BGBl. I 2005, 2802. Dazu *Thümmel,* Organhaftung nach dem Referentenentwurf des Gesetzes zur Unternehmensintegrität und Modernisierung des Anfechtungsrechts (UMAG) – Neue Risiken für Manager?, DB 2004, 471 ff.; *Spindler,* Haftung und Aktionärsklage nach dem neuen UMAG, NZG 2005, 865; *Spindler,* in: *Spindler/Stilz,* Kommentar zum AktG § 116 Rn. 49; *Spindler,* in: *K. Schmidt/Lutter* (Hrsg.), AktG, § 148 Rn. 6.

besaßen.[402] Weiter müssen sie die Gesellschaft unter Fristsetzung vergeblich zur eigenständigen Erhebung aufgefordert haben.[403] Bei der Pflichtverletzung muss es sich um Unredlichkeit oder um eine grobe Verletzung von Gesetz oder Satzung handeln.[404] Schließlich dürfen keine überwiegenden Gründe des Gesellschaftswohls entgegenstehen.[405] Eine kostenrechtliche Hürde wurde genommen, indem die Gesellschaft den Klägern die von diesen zu tragenden Kosten zu erstatten hat, selbst wenn die Klage abgewiesen wird, sofern die Kläger die Zulassung nicht durch vorsätzlich oder grob fahrlässig unrichtigen Vortrag erwirkt haben.[406] Börsennotierte Gesellschaften haben die Pflicht zur Bekanntmachung der Klage.[407] Die Innenhaftung von Organmitgliedern verfolgt sowohl den Zweck des Schadensausgleichs als auch präventive Zwecke.[408] Die Aktionärsklage nach dem UMAG orientiert sich jedoch vorrangig an der Wahrung des Gesellschaftsinteresses; Präventionsanliegen werden allenfalls nachrangig verfolgt.[409] Die Neufassung wurde in der Literatur überwiegend begrüßt.[410] Es bleibt jedoch weiter abzuwarten, wie sich die Änderungen in der Praxis auswirken werden.[411]

---

402 § 148 Abs. 1 S. 2 Nr. 1 AktG. Das entspricht der Rechtslage in den USA; jedoch wird das teilweise in den USA verlangte Halten der Anteile während des Verfahren nicht verlangt; in Großbritannien wird nur im Zeitpunkt der Antragstellung die Aktionärseigenschaft vorausgesetzt.

403 § 148 Abs. 1 S. 2 Nr. 2 AktG. Die entspricht etwa dem Abhilfeverlangen in den USA; wobei das Gericht in Deutschland sich nicht nach der ablehnenden Entscheidung der Gesellschaft richtet, die Gründe hierfür aber wohl bei Nr. 4 (Gesellschaftswohl) in die Entscheidung mit einfließen (dafür spricht die Kostentragungsregel in Abs. 6 S. 1). Eine Ausnahme vom Abhilfeverlangen bei Entbehrlichkeit wird hier jedoch nicht zugelassen. In Großbritannien ist ein solches Verlangen nicht zwingend.

404 § 148 Abs. 1 S. 2 Nr. 3 AktG. Unredlichkeit umschreibt RegBegr BR-Druck 3/05 S 44 als ins Kriminelle reichender Treuepflichtverstoß, aber auch alle anderen Treuepflichtverletzungen, sodass anders als für § 266 StGB damit auch im Vorfeld der Untreue liegende Treuepflichtverletzungen verfolgt werden können, so *Spindler*, Haftung und Aktionärsklage nach dem neuen UMAG, NZG 2005, 865, 867; grob ist die Verletzung von Gesetz oder Satzung bei evidenten und auch ihrer Art nach für verantwortliche Unternehmensleiter nicht hinnehmbaren Verstößen, vgl. *Hüffer*, AktG § 148 Rn. 8. Solche Anforderungen an das Maß der Pflichtverletzung werden in den USA und in Großbritannien nicht gestellt.

405 § 148 Abs. 1 S. 2 Nr. 4 AktG. Die Ablehnung soll daher die Ausnahme sein, vgl. *Hüffer*, AktG § 148 Rn. 9; *Spindler*, in: *K. Schmidt/Lutter* (Hrsg.), AktG, § 148 Rn. 29. Kritisch *Mock*, in: *Spindler/Stilz*, Kommentar zum AktG § 148 Rn. 25. Das englische Recht spricht nur davon, dass die Klage im Interesse der Gesellschaft liegen muss.

406 § 148 Abs. 6 S. 5 AktG. Dies entspricht der Rechtslage in Großbritannien.

407 § 149 AktG.

408 *Habersack*, MüKoAktG, § 116 Rn. 1: Doppelter Schutzzweck: Aufsichtsratsmitglieder sollen durch die Haftungssanktionen zu sorgfaltsgemäßem und loyalem Verhalten angehalten werden. Neben diesen auf Schadensprävention gerichtete Zweck tritt aber auch der auf Schadensausgleich gerichtete Zweck; *Hüffer*, AktG § 93 wie jede Haftungsnorm Schadensausgleich und -prävention; *Paal*, Die persönliche Haftung – ein wirksames Mittel zur Verbesserung der Kontrolltätigkeit des Aufsichtsrats bei kapitalmarktorientierten Unternehmen? (Teil I) DStR 2005, 382, 383 mit weiteren Nachweisen.

409 Vgl. *Grotheer*, Außenhaftung von Aufsichtsratsmitgliedern: Ein Anreiz zur Verbesserung der Überwachungstätigkeit? WM 2005, 2070, 2074 f., bes. Fn. 65 mit weiteren Nachweisen.

410 *Semler*, Zur aktienrechtlichen Haftung der Organmitglieder einer Aktiengesellschaft, AG, 2005, 312, 323; *Lutter*, Entwicklung der Organpflichten und der Haftung, in: *Krieger/Schneider* (Hrsg.), Handbuch Managerhaftung, § 1 Rn. 25; *Spindler*, Haftung und Aktionärsklage nach dem neuen UMAG, NZG 2005, 865.

411 Eine Erhebung unter Organmitgliedern hat festgestellt, dass 50% von Vorstandsmitgliedern und immerhin 80% von Aufsichtsratsmitgliedern mit einem Anstieg von Klagen rechnen, vgl. *Köh-*

3. Geltendmachung durch Gläubiger

Eine Besonderheit des deutschen Aktienrechts besteht darin, dass auch **Gläubiger** den Ersatzanspruch der Gesellschaft geltend machen können, ohne dass das Insolenzverfahren über die Gesellschaft bereits eröffnet worden sein muss.[412] Voraussetzung ist, dass den Gläubigern ein fälliger geldwerter Anspruch gegen die Gesellschaft zusteht, diese von der Gesellschaft keine Befriedigung erlangen können und das Aufsichtsratsmitglied seine Pflichten mindestens gröblich verletzt hat.[413] Bei den Vorschriften über die Kapitalerhaltung steht Gläubigern dieses Recht schon bei einfacher Fahrlässigkeit zu.[414] In diesen Fällen kann der Gläubiger den Schaden der Gesellschaft bis zur Höhe seiner eigenen Forderung unmittelbar im eigenen Namen – das ist der wesentliche Unterschied zur Rechtslage in den USA – gegenüber dem ersatzpflichtigen Aufsichtsratsmitglied geltend machen.[415]

ler, Haftungsrisiken für Gesellschaftsorgane – Aktuelle Beurteilung und Gegenmaßnahmen, BB, 2005, 501. Bisher wurde das Klagezulassungsverfahren kaum eingeleitet, was auf „fehlende Lukrativität" zurückgeführt wird, vgl. *Mock,* in: *Spindler/Stilz,* Kommentar zum AktG § 148 Rn. 9; *Lutter,* Zur Durchsetzung von Schadensersatzansprüchen gegen Organmitglieder, in: FS Schneider 2011, 763 ff.; *Peltzer,* Das Zulassungsverfahren nach § 148 AktG wird von der Praxis nicht angenommen! Warum? Was nun?, in: FS Schneider 2011, 953 ff. mit Reformvorschlägen.

412 Vgl. aber die Möglichkeit der Geltendmachung der abgeleiteten Klage der Gläubiger in den USA, wenn die Gesellschaft zahlungsunfähig wird (dazu 4. Kap. II.3.d).

413 §§ 116 iVm 93 Abs. 5 AktG. Dazu *Spindler,* in: *Spindler/Stilz,* Kommentar zum AktG § 116 Rn. 161 ff.

414 §§ 116 iVm 93 Abs. 3 AktG; vgl. *Doralt/Doralt,* in: *Semler/v. Schenck,* Arbeitshandbuch für Aufsichtsratsmitglieder, § 13, Rn. 134.

415 *Doralt/Doralt,* in: *Semler/v. Schenck,* Arbeitshandbuch für Aufsichtsratsmitglieder, § 13, Rn. 134; *Hoffmann,* Der Aufsichtsrat, Rn. 523.3.

7. Kapitel: Rechtsvergleich und Schlussfolgerungen – Innenhaftung

I. Differenzierender Haftungsmaßstab zwischen verschiedenen Organmitgliedern

Die Frage, ob ein differenzierender Haftungsmaßstab an verschiedene Organmitglieder angelegt wird, spielt im Wesentlichen bei einer **Sorgfaltspflichtverletzung** eine entscheidende Rolle, kann aber auch bei der **Außenhaftung** von Bedeutung werden. Im deutschen Recht findet zweifellos eine Unterscheidung des Haftungsmaßstabs zwischen dem Vorstand und dem Aufsichtsrat statt. Aufsichtsratsmitglieder haben im Vergleich zu Vorständen grundsätzlich eine geringere Verantwortung. Sie schulden nur die übliche Überprüfungsroutine. In den USA und Großbritannien mit einstufigem Verwaltungssystem ist eine solche unterschiedliche Betrachtung verschiedener Organmitglieder nicht auf den ersten Blick eindeutig festzustellen. Das angloamerikanische Recht differenziert bei den Pflichten formal nicht zwischen verschiedenen Direktoren. Eine gesetzliche Umschreibung der Kontrollfunktion der nicht geschäftsführenden Direktoren wird gerade vermieden. Die Flexibilität bei dem Umgang mit den Pflichten von Direktoren soll beibehalten werden. Das Risiko der Abhaltung geeigneter Personen von der Übernahme von Kontrollposten soll dahinter zurücktreten bzw. wird durch andere Faktoren ausgeglichen.

Diese **Flexibilität** kommt dadurch zum Ausdruck, dass in verschiedenen Situationen gerade bei der Auslegung der Pflichten die jeweilige Funktion des individuellen Direktors beachtet wird. Eine Einhaltung der Einheitlichkeit des Boards wird durch eine Einzelfallentscheidung garantiert. Es wird daher sehr wohl nach der Größe und dem Tätigkeitsbereich eines Unternehmens und nach den persönlichen Fähigkeiten eines einzelnen Organmitglieds unterschieden.

Das englische Fallrecht tendiert insgesamt hinsichtlich der **der Gesellschaft geschuldeten Sorgfaltspflicht** wohl eher zu einem abgeschwächten Haftungsmaßstab nicht geschäftsführender Direktoren, als dies im US-amerikanischen Recht der Fall ist.[416] Es wird erwartet, dass in Großbritannien gerade durch die Einführung der gesetzlichen Vorschrift zur Sorgfaltspflicht ein differenzierter Haftungsmaßstab an verschiedene Direktoren angelegt werden wird. So wird die **Teilzeitbeschäftigung** nicht geschäftsführender Direktoren und das Konzept professioneller Organmitglieder zunehmend berücksichtigt. Daher wird hier auch in-

---

416 Vgl. die Leitentscheidungen *Equitable Life Assurance Society v. Bowley* in Großbritannien gegenüber *Smith v. Van Gorkom* in den USA.

nerhalb der Gruppe nicht geschäftsführender Direktoren unterschieden, ob diese entsprechend ihrer persönlichen Expertise (z.B. Wirtschaftsprüfer) an **professionellen Standards** zu messen sind.[417] Durch diese gesetzliche Klarstellung hat sich die Rechtsunsicherheit hinsichtlich des Umfangs der Pflichten nicht geschäftsführender Direktoren erheblich reduziert.[418] Die h.M. in Deutschland misst hingegen alle Aufsichtsratsmitglieder mit Hinweis auf den Grundsatz der Gleichheit an gleichen Standards.

Im US-amerikanischen Recht wird gerade in Fällen der **Außenhaftung** der speziellen Überwachungsaufgabe von nicht geschäftsführenden Direktoren Beachtung geschenkt, indem hier eine eindeutige Unterscheidungen zwischen den verschiedenen Arten von Direktoren vorgenommen wird und eine verhältnismäßige Haftung von nicht geschäftsführenden Direktoren entsprechend ihrer Rolle innerhalb des Boards gesetzlich angeordnet ist (dazu 8. Kap. I.1.a)).

II. Pflichten und Haftung von nicht geschäftsführenden Organmitgliedern

Die **Voraussetzungen** der Innenhaftung sind in den vergleichenden Rechtsordnungen **die gleichen:** Das entsprechende Organmitglied muss seine Pflicht in vorwerfbarer Weise verletzt haben und dadurch einen kausalen Schaden der Gesellschaft verursacht haben. Die Corporate Governance Empfehlungen werden übereinstimmend zur Auslegung und Konkretisierung des Pflichtenprogramms nicht geschäftsführender Organmitglieder, insbesondere mangels besonderer gesetzlicher Vorschriften im angloamerikanischen Recht, herangezogen.[419] In Deutschland ist dies insbesondere im Bereich der Treuepflichten wünschenswert.

Bei der **Beweislast** ergeben sich jedoch wesentliche **Unterschiede:** Während in den USA und in Großbritannien bei **Sorgfaltspflichtverstößen** jeweils der Kläger, also im Normalfall die Gesellschaft, die Beweislast dafür trägt, dass die Voraussetzungen der Innenhaftung – also auch sorgfaltswidriges Verhalten – vorliegen, wird nach deutschem Recht Sorgfaltswidrigkeit vermutet und das Aufsichtsratsmitglied hat sich zu entlasten. Bei **Treuepflichtverletzungen** gilt in den USA und in Deutschland bei einem Interessenkonflikt die Beweislastumkehr zulasten des Organmitglieds.

1. Sorgfaltspflicht

a) Sorgfaltsstandard

International hat sich mittlerweile ein **objektivierter Sorgfaltsmaßstab durchgesetzt.** Die Aufgabenerfüllung nicht geschäftsführender Direktoren ist an einem

---

417 Dorchester *Finance CO Ltd. v. Stebbing.* Für die USA im Bereich der Außenhaftung: *Escott v. BarChris.*

418 So etwa auch *Higgs,* Kap. 14.7, 64.

419 Rechtsvergleichend dazu: *Wymeersch,* Implementation of the Corporate Governance Codes, in: *Hopt/Wymeersch/Kanda/Baum* (Hrsg.), Corporate Governance in Context, 2005, 403, 418f.

objektiven Maßstab zu messen. So wurde in den USA der anerkannte objektive Maßstab durch die Änderung der Wortwahl des MBCA zusätzlich betont. Diesem Trend hat sich nunmehr auch das britische Gesellschaftsrecht endgültig durch Kodifizierung der Sorgfaltspflicht angeschlossen. Organmitglieder sind eher in der Lage, ihre persönliche Fähigkeit mit den ihnen übertragenen Anforderungen zu vergleichen, als dies Aktionären möglich ist.[420] Verglichen mit Geschäftsleitern wird übereinstimmend von nicht geschäftsführenden Direktoren und Aufsichtsräten jedoch **kein strenger professioneller Maßstab** gefordert. Diese werden nicht in Gehaltsdimensionen wie Geschäftsleiter vergütet und erfüllen auch nur eine nebenberufliche Tätigkeit. Die grobe Vernachlässigung ihrer Überwachungsaufgabe wird gleichsam zur Haftung führen können. Es sind jedoch in sämtlichen verglichenen Rechtsordnungen Stimmen auszumachen, die professionelle hauptberufliche Überwacher verlangen.[421] Selbst wenn Vollzeitaufsichtsräte sich nicht durchsetzen werden, ist jedoch durch die zunehmende Professionalisierung von Organmitgliedern mit einem **Anstieg des allgemeinen Sorgfaltsmaßstabs** zu rechnen. International zeichnet sich die Tendenz ab, dass sich der Sorgfaltsstandard, der an nicht geschäftsführende Direktoren angelegt wird, erhöhen wird. Dies ist Ausdruck ihrer zunehmenden Bedeutung für eine gute Corporate Governance.

Der anzulegende Maßstab variiert jedoch in Abhängigkeit von der Art und Größe des jeweiligen Unternehmens. Die Bestimmung der ordentlichen Sorgfalt deutscher Aufsichtsräte entspricht sowohl dem Standard, der an nicht geschäftsführende Direktoren in den USA angelegt wird, als auch dem, der durch Reformen des britischen Gesellschaftsrechts nunmehr in Großbritannien gilt: Zunächst wird ein **objektiver** Maßstab **als Untergrenze** gesetzt, für den sämtliche nicht geschäftsführende Direktoren einzustehen haben, und darüber hinaus wird ein erhöhter **subjektiver** Sorgfaltsmaßstab für Fachleute angelegt, der nur **haftungserhöhend** wirken kann. Kritische Stimmen in der deutschen Literatur zum sog. erhöhten Sorgfaltsmaßstab wegen konkreter persönlicher Fähigkeiten können im internationalen Vergleich nicht überzeugen. Bestimmte Personen werden gerade wegen ihrer besonderen persönlichen Fähigkeiten für durchaus renommierte Positionen ausgewählt. Diese individuellen Vorzüge haben sie in ihr Amt einzubringen. An diesem erhöhten Maßstab sind sie zu messen.

Unterschiede in der Haftung können sich also nur ergeben, wenn sich der objektive Mindestmaßstab, der jeweils an nicht geschäftsführende Direktoren in den verschiedenen Rechtsordnungen angelegt wird, unterscheidet, ohne dass spezifische subjektive Fähigkeiten des einzelnen nicht geschäftsführenden Direktors vorliegen. Die **Mindestanforderungen** unterscheiden sich aber wohl nur geringfügig. Es soll jeweils ein Minimum an Kompetenz in wirtschaftlicher Hinsicht und die zur Aufgabenerfüllung erforderliche Kenntnis, Fähigkeit und fachliche Erfahrung

---

420 Für Geschäftsleiter *Grundmann*, Europäisches Gesellschaftsrecht, § 11 Rn. 388.
421 Für Deutschland: vgl. Nachweise bei *Leyens*, Deutscher Aufsichtsrat und U.S.-Board: ein- oder zweistufiges Verwaltungssystem?, 92 Fn. 212.

vorliegen.[422] Die objektive Komponente gibt im monistischen System einen Anknüpfungspunkt für einen abgeschwächten Haftungsmaßstab der nicht geschäftsführenden Direktoren. Nicht geschäftsführende Direktoren werden in der Regel weniger unternehmensspezifisches Wissen und Erfahrung haben als ihre geschäftsführenden Kollegen.

In Deutschland und Großbritannien reicht zur Verletzung der Sorgfaltspflicht bereits **einfache Fahrlässigkeit,** wohingegen in den USA eher ein **grob fahrlässiger Maßstab** angelegt wird, der aber selbst bei zulässigem Satzungsausschluss nicht zur Haftung führen wird. Ein Unterschied zur deutschen Rechtslage und dem einfachen Fahrlässigkeitsmaßstab wird in England jedoch beim Lage- und Vergütungsbericht und der damit zusammenhängenden Erklärung über die Finanzlage vorgenommen: Im Vergleich zu der Überprüfungspflicht der Aufsichtsratsmitglieder haften nicht geschäftsführende Direktoren hier nur bei wissentlichem oder rücksichtslosem Verhalten.

b) Sorgfältige Aufgabenerfüllung und Delegation

Nicht geschäftsführende Direktoren und Aufsichtsratsmitglieder haben also gemessen an dem objektivierten Sorgfaltsstandard ihre Aufgaben ordnungsgemäß zu erfüllen.

Bei der **Überwachungsfunktion** ergeben sich keine wesentlichen Unterschiede. **Überwachungsgegenstand** sind jeweils die Leitungsaufgaben der Geschäftsführung der Gesellschaft, unabhängig, ob diese geschäftsführenden Direktoren bzw. Vorständen oder einem Management, welches nicht unmittelbar Mitglied des Boards ist, obliegt. Diese sind an ihrer Leistung und an dem Unternehmenserfolg zu messen. In allen Rechtsordnungen ist Gegenstand der Überwachung insbesondere die Prüfung und Beschlussfassung über den Jahresabschluss.

Der **Überwachungsmaßstab** von deutschen Aufsichtsräten unterscheidet sich in der Rechtswirklichkeit (noch) von dem in den USA und in Großbritannien. Es wird zwar eine ex ante und eine ex post Überwachung hinsichtlich der Ordnungs-, der Rechts-, der Zweckmäßigkeit und der Wirtschaftlichkeit der Unternehmensführung erwartet. Die ex ante Kontrolle ist jedoch in Deutschland nach wie vor nicht so stark ausgeprägt ist wie im angloamerikanischen Rechtskreis.[423] So sind die nicht geschäftsführenden Direktoren im angloamerikanischen Board stärker in Strategieentscheidungen miteinbezogen (dazu schon oben ausführlich 2. Teil, 3. Kap. II.), als dies in der deutschen Rechtspraxis der Fall ist. Durch diesen direkten Einfluss nicht geschäftsführender Direktoren im monistischen System sind die Voraussetzungen für eine effiziente Überwachung der Geschäftsführung gegeben. Nach den Reformen zum Aufsichtrat wird jedoch damit gerechnet, dass Aufsichtsratsmitglieder zunehmend für die voraussehende Kontrolle mitverantwortlich gemacht werden.

---

422 So etwa auch Ziff. 5.4.1 DCGK zur Frage der Auswahl der Mitglieder des Aufsichtsrats.
423 Dazu auch *Grundmann,* Europäisches Gesellschaftsrecht, § 11 Rn. 381.

Für **grundlegende Strategieentscheidungen** ist daher eine Gesamtverantwortlichkeit des Vorstands und des Aufsichtrates zu befürworten.[424] Die Frage, welche Bereiche als grundlegende Strategieentscheidungen konkret der Mitbefassung des Aufsichtsrates bedürfen und wo die Grenze zwischen operativem Handeln und unternehmerische Kontrolle gezogen werden müssen, lässt sich pauschal nicht beantworten. Dies ist unter anderem von der Größe des Unternehmens, von der jeweiligen Branche und den relevanten Märkten abhängig. Geschäfte, für die in der Satzung der Gesellschaft ein Zustimmungsvorbehalt gem. § 111 Abs. 4 AktG eingerichtet wurde, sind durch die jeweilige Gesellschaft schon hierdurch als grundlegende Entscheidungen identifiziert worden.[425] Nach Ziff. 3.3 des DCGK gehören zu Geschäfte mit grundlegender Bedeutung, für welche in der Satzung Zustimmungsvorbehalte eingerichtet werden sollen, Entscheidungen oder Maßnahmen, die die Vermögens-, Finanz- oder Ertragslage des Unternehmens grundlegend verändern. Strategische Entscheidungen in folgenden Bereichen können je nach Art und Umfang des Unternehmens als grundlegend in Betracht kommen, jedenfalls wenn dabei Risiken eingegangen werden, die sich für das Unternehmen existenzgefährdend darstellen können: Die konzeptionelle Gewichtung einzelner Geschäftsfelder innerhalb des satzungsmäßigen Unternehmensgegenstandes, die Erschließung neuer Märkte und der Ausbau bereits bestehender Märkte mit nicht nur unerheblichem Investitionsvolumen, der Erwerb und die Veräußerung von Unternehmen und Unternehmensteilen, die grundsätzliche Finanzierungsplanung des Unternehmens einschließlich der Emission von Finanzinstrumenten, langfristige Anlagestrategien hinsichtlich Sach- und Finanzanlagen, insbesondere das Verhältnis von Eigen- zu Fremdkapital. Der Aufsichtsrat hat vorstehende Grundsatzentscheidungen nicht selbst zu treffen oder gar zu initiieren, um nicht in unzulässigerweise in den eigentlichen Aufgabenbereicht des Vorstandes einzugreifen.[426] Der Aufsichtsrat muss jedoch aktiv auf seine rechtzeitige Einbeziehung bei der Festlegung der Unternehmensstrategie und eine ausreichende Informationsversorgung durch den Vorstand hinwirken sowie sich beratend in den Unternehmensplanungsprozess mit einbringen.[427]

---

424 Dazu auch 22. Kap. II.1.b)(1) „Verantwortung für ex ante Überwachung".

425 Hierzu zählen i.d.R. die Veräußerung und der Erwerb von Unternehmen oder Beteiligungen an Unternehmen; „signifikante M&A-Transaktionen wird der Vorstand in der Regel nicht ohne die Einbindung des Aufsichtsrats durchführen dürfen", vgl. *Bücker/v. Bülow*, M&A-Transaktionen, in: *Krieger/Schneider (Hrsg.)*, Handbuch Managerhaftung, § 25 Rn. 41; in diesem Sinne auch *Drygala*, in: *K. Schmidt/Lutter* (Hrsg.), AktG, § 111 Rn. 23. Zustimmungsbedürftige Geschäfte bei der BASF SE sind z.B.: Der Erwerb und die Veräußerung von Unternehmen und Unternehmensteilen und die Emission von Anleihen und vergleichbaren Finanzinstrumenten sofern der Erwerbs- oder Veräußerungspreis beziehungsweise der Emissionsbetrag im Einzelfall 3% des im jeweils letzten festgestellten Konzernabschluss der BASF-Gruppe ausgewiesenen Eigenkapitals übersteigt.

426 In diese Richtung auch *Drygala*, in: *K. Schmidt/Lutter* (Hrsg.), AktG, § 111 Rn. 19, nachdem die endgültige Entscheidung stets der Vorstand zu treffen hat.

427 Zur entsprechenden Anwendung der business judgement rule in diesen Fällen, vgl. unten c). Zur Frage der Mitverantwortlichkeit bei Kollektivbeschlüssen, vgl. 3. Kap. III. Dazu auch *Patzina*, in: *Patzina/Bank/Schimmer/Simon-Widmann*, Haftung von Unternehmensorganen: Vorstände, Aufsichtsräte, Geschäftsführer, 7. Kap. Rn. 17.

Zur sorgfältigen Aufgabenerfüllung gehören insbesondere die ordnungsgemäße Selbstorganisation und die Überwachung der Funktionsfähigkeit interner Kontrollmechanismen, der Compliance Organisation und eines ausgewogenen Risikomanagements innerhalb des Unternehmens. Die Abhaltung und Anwesenheit bei den Sitzungen wird in allen drei Rechtsordnungen für ein pflichtgemäßes Handeln erwartet, wobei die Anzahl nur in Deutschland zwingend festgeschrieben, in den USA und Großbritannien durch die Geschäftsordnung nur lose vorgegeben wird.[428]

Beim **Überwachungsumfang** bestehen erhebliche Gemeinsamkeiten. Nicht geschäftsführende Direktoren und Aufsichtsräte können bei ihrer Überwachungsfunktion auf Informationen leitender Angestellter und geschäftsführender Direktoren grundsätzlich **vertrauen.** Ebenso dürfen sie grundsätzlich nach ordnungsgemäßer Offenlegung und eigener Plausibilitätskontrolle auf professionelle Berater vertrauen.[429] Nur so können sie ihre nebenberufliche Tätigkeit praktikabel ausführen. Die übliche Überwachungsroutine ist im normalen Geschäftsgang ausreichend. Insbesondere ist die **Delegation** auf Ausschüsse zulässig und Ausdruck einer effizienten Arbeitsteilung. Jede Übertragung von Aufgaben entbindet nicht geschäftsführende Direktoren jedoch nicht von der Aufgabe, die delegierten Funktionen weiter zu überwachen und zu kontrollieren. Um nicht in die Haftung genommen zu werden, erscheint dies besonders durch das in der EU durch die Richtlinie über den Jahresabschluss vorgegebene Prinzip der Gesamtverantwortlichkeit ratsam.[430] In den verglichenen Rechtsordnungen müssen nicht geschäftsführende Direktoren bei Auffälligkeiten weitergehende Informationen einholen und der Überwachungsmaßstab erhöht sich entsprechend in finanziellen Schieflagen des Unternehmens.

c) Business judgment rule

In den zu vergleichenden Rechtsordnungen werden Organmitgliedern – außerhalb von Interessenkonfliktsituationen – im Ergebnis Ermessensspielräume bei unternehmerischen Entscheidungen eingeräumt.[431] Unternehmen müssen sich

---

428 Vgl. auch *Grundmann,* Europäisches Gesellschaftsrecht, § 11 Rn. 380, Fn. 45. Bedingt durch die deutsche duale Unternehmensführung und auch die Größe der DAX-Aufsichtsratsgremien liegt die Zahl der Treffen des gesamten Kontrollgremiums bei durchschnittlich 4,5 pro Jahr. In Großbritannien sind es dagegen 9, in Italien sogar 12 Zusammenkünfte, vgl. Towers Perrin-Studie „Aufsichtsratsvergütung DAX 2008“, abrufbar unter www.towersperrin.com (1. 3. 2011).

429 *Fleischer,* Vorstandshaftung und Vertrauen auf anwaltlichen Rat, NZG 2010, 121, 122, erkennt hierin auch einen rechtsübergreifenden „Grundsatz berechtigten Vertrauens der Organmitglieder auf Informationen Dritter“.

430 Richtlinie 2006/46/EG. Ausführlich dazu bereits 1. Teil, 3. Kap. V. In diese Richtung *Grundmann,* Europäisches Gesellschaftsrecht, § 11 Rn. 390.

431 Rechtsvergleichend: *Oltmanns,* Geschäftsleiterhaftung und unternehmerisches Ermessen – die Business Judgment Rule im deutschen und im amerikanischen Recht, 2001; *Roth,* Unternehmerisches Ermessen und Haftung des Vorstands – Handlungsspielräume und Haftungsrisiken insbesondere in der wirtschaftlichen Krise, 2001 (USA, England, Frankreich); *Fleischer,* FS Wiedemann 2002, 827, 833 ff.; *Grundmann,* Europäisches Gesellschaftsrecht, § 11 Rn. 389; *Doralt/Doralt,* in: *Semler/v. Schenck,* Arbeitshandbuch für Aufsichtsratsmitglieder, § 13, Rn. 54–76.

dem Wettbewerb stellen und Risiken eingehen. Diese Entscheidungen trifft vorwiegend die Geschäftsleitung, doch wie gesehen, sind auch nicht geschäftsführende Direktoren und Aufsichtratsmitglieder in **unternehmerische Entscheidungen** miteinbezogen. In diesen Fällen muss dem Aufsichtsrat der gleiche Schutz wie dem Vorstand zur Verfügung stehen und es dürfen keine strengeren Maßstäbe angelegt werden.[432]

Die formelle Ausgestaltung des unternehmerischen Ermessensspielraums unterscheidet sich jedoch. Während die business judgment rule in den USA – bemerkenswerterweise vielmehr zum board of directors als zu den geschäftsführenden officers[433] – seit Langem entwickelt und detailliert festgelegt wurde, hat das deutsche Recht diese Grundsätze im Wesentlichen übernommen und als Ausdruck geltenden Rechts bei den Pflichten des Vorstands im Aktiengesetz kodifiziert. In Großbritannien hingegen gibt es keine formelle Doktrin dieser Regel. Dies könnte zur Annahme führen, Organmitglieder sehen sich dort einem erhöhten Haftungsrisiko ausgesetzt. Jedoch wird das Problem dadurch entschärft, dass englische Gerichte nur sehr zurückhaltend unternehmerische Entscheidung nachprüfen. Diese Regel schützt jedoch nicht vor sämtlicher fahrlässiger Haftung. Es treten Fälle auf, bei denen Gerichte zu dem Schluss kommen, dass die Voraussetzung zur Anwendung der business judgment Rule nicht vorliegen und nicht geschäftsführende Direktoren bzw. Aufsichtsratsmitglieder fahrlässig und vorwerfbar gehandelt haben.[434]

Die US-amerikanische business judgment rule und deutsches Recht sollten in aller Regel zu vergleichbaren Ergebnissen führen.[435] Es ergibt sich jedoch im Vergleich zur Rechtslage in den USA ein wesentlicher Unterschied bei der **Beweislast.**[436] Während in den USA der Kläger grundsätzlich die Beweislast dafür trägt, dass die Voraussetzungen der business judgment rule nicht vorliegen, ist in Deutschland schon durch die Formulierung des Gesetzes klargestellt, dass Organmitglieder darlegen müssen, dass der unternehmerische Ermessensspielraum eingehalten wurde. In den USA gilt also die Vermutung, dass Organmitglieder im Rahmen ihres Ermessensspielraums gehandelt haben. In Deutschland wird das pflichtwidrige Verhalten vermutet.

Bei der Geltendmachung von Schadensersatzansprüchen gegen die Geschäftsführung ist ein weiterer bemerkenswerter Unterschied zwischen deutschem und US-amerikanischem Recht festzustellen. Während dem deutschen Aufsichtsrat nur ein eingeschränktes und zudem gerichtlich voll überprüfbares Ermessen bei der Entscheidung über die Inanspruchnahme von pflichtwidrig handelnden Vorstandsmitgliedern zusteht, respektieren US-amerikanische Gerichte eine ablehnende

---

432 Vgl. *Hüffer*, § 116, Rn. 8.
433 Dazu *Doralt/Doralt*, in: *Semler/v. Schenck*, Arbeitshandbuch für Aufsichtsratsmitglieder, § 13, Rn. 55–57.
434 Für Deutschland: *ARAG/Garmenbeck*; für die USA: *Smith v. Van Gorkom*.
435 Vgl. *Hefermehl/Spindler*, MüKoAktG, § 93 Rn. 33.
436 *Hopt*, FS Mestmäcker 1996, 909, 919ff.

Entscheidung des Boards auf ein internes Abhilfeverlangen weitgehend unter der business judgment rule.

2. Treuepflicht

a) Allgemeine Interessenwahrungspflicht

Es gilt für Organmitglieder die grundlegende Interessenwahrungspflicht, ihr Handeln am Interesse der Gesellschaft auszurichten.[437] Unabhängig von der Frage, welche Interessen bei der Führung der Gesellschaft mit in Betracht gezogen werden sollen – also dem shareholder, dem stakeholder oder einem vermittelndem Ansatz gefolgt wird –, wird durch die Ausrichtung am Unternehmensinteresse vermieden, dass Organmitglieder jedes Handeln rechtfertigen können. Ferner besteht ein eindeutiger Anknüpfungspunkt, an dem ihre Leistung gemessen werden kann.[438] Nicht geschäftsführende Direktoren und Aufsichtsratsmitglieder haben verglichen mit der Geschäftsführung nur eine abgeschwächte Interessenwahrungspflicht, was sich im Wesentlichen aus dem Umstand ihrer nebenberuflichen Tätigkeit ergibt.[439] Es gibt aber auch Fälle, in denen durch ihre unabhängige Stellung erhöhte Pflichten hervorgerufen werden, nämlich die Pflicht unabhängige Entscheidungen zu treffen, z.B. bei der Interessenvertretung von Aktionärsminderheiten.[440]

b) Interessenkonflikte

Treuepflichtverletzungen nicht geschäftsführender Direktoren und Aufsichtsratsmitglieder können auftreten in Situationen, in denen ihre persönlichen Interessen mit den Pflichten gegenüber dem Unternehmen kollidieren oder aus dem Umstand, dass sie mehreren Unternehmen verpflichtet sind **(Interessenkonflikte).**[441] Im Wesentlichen finden sich solche Konflikte bei Geschäften mit der Gesellschaft (**Insichgeschäfte,** self-dealing transactions), bei der Ausübung von **Mehrfachposten** und bei **Wettbewerb mit der Gesellschaft** einschließlich der **Ausnutzung einer der Gesellschaft zustehenden Geschäftschance.**[442] Wie bereits erwähnt, sind diese Konzepte im angloamerikanischen Rechtsraum deutlich weiter entwickelt.

---

437 *Grundmann,* Europäisches Gesellschaftsrecht, § 11 Rn. 391.

438 *Morse/Davies u.a.,* Palmer's Company Law: Annotated Guide to the Companies Act 2006, sec. 172, General Note, 166.

439 Dies wird in Deutschland deutlicher hervorgehoben, vgl. *Semler,* MüKoAktG, § 116 Rn. 5; *Hüffer,* AktG Rn. 4. In Großbritannien Unterscheidung z.B. bei Geschäftschancen bzw. Mehrfachposten berücksichtigt.

440 Vgl. z.B. das US-amerikanische Recht zu sog. controlling shareholder Situationen (dazu 4. Kap. II.2.c).

441 Grundlegend und erheblich rechtsvergleichend: *Hopt,* in *Hopt/Teubner* (Hrsg.), Directors' Liabilities, 285–326 (zweite Gruppe wird hier als institutioneller Konflikt umschrieben); *Grundmann,* Der Treuhandvertrag – insbesondere die werbende Treuhand, 237–265.

442 Zur Kategorisierung von Interessenkonflikten schon oben 4. Kap. II.2b).

Unterschiede bestehen beim **persönlichen Anwendungsbereich** von Interessenkonflikten, insbesondere bei der Frage, ob nahe stehende Personen bei der Beurteilung eines Interessenkonflikts miteinbezogen sind. In den USA wird dieser Kreis sehr weit gezogen. In Großbritannien wird die Einbeziehung nahe stehender Personen unterschiedlich gehandhabt. Eine Offenlegung des Interesses nahe stehender Personen wird bei Insichgeschäften, die keiner Gestattung der Aktionäre bedürfen, nicht verlangt; teilweise werden dabei aber indirekte Interessen des infrage stehenden Organmitglieds betroffen sein. In wesentlichen Fällen wird der Anwendungsbereich – wie in den USA – sehr weit gefasst. Dieses europaweit weitgehend einheitliche materielle Recht hat nunmehr Eingang in die Rechnungsprüfungsrichtlinie gefunden, die wenigstens einige gemeinsame Leitlinien in diesem Bereich aufstellt.[443]

Einigkeit besteht zwischen US-amerikanischem und deutschem Recht in der Frage, wer in Interessenkonfliktfällen die **Beweislast** trägt. In den USA hat sich das Organmitglied als Treuhänder durch Nachweis der Fairness des Geschäfts zu entlasten; in Deutschland trägt das beklagte Organmitglied die Beweislast, dass es seine Interessenwahrungspflicht nicht verletzt hat.[444] Diese Beweislastumkehr bewirkt eine wesentliche Haftungsverschärfung.[445] Die höhere Haftungsintensität von Treuepflichtverletzungen gegenüber Sorgfaltspflichtverletzungen in den USA wird damit gerechtfertigt, dass bei Ersteren das Organmitglied regelmäßig eine Vermögensposition erlangt, die eigentlich der Gesellschaft zusteht, wohingegen bei Letzteren dies normalerweise nicht der Fall sein wird.[446]

(1) Lösung von Interessenkonflikten

Die Tatsache, dass Situationen, in denen Organmitglieder einem Interessenkonflikt ausgesetzt sein können, nicht grundsätzlich nachteilig für die Gesellschaft sind, steht außer Diskussion.[447] Die Frage ist vielmehr, wie mit solchen Situationen umgegangen werden soll. Interessenkonflikte können entweder durch Präventivregeln oder nachträgliche Überprüfung gelöst werden.[448] Bei Präventivregeln tendiert im internationalen Vergleich die Entwicklung wohl dahin, Interessenkonflikte nicht den Nichtigkeitsregeln – die sich als unflexibel und unpraktisch erwiesen haben[449] – zu unterwerfen, sondern die ordnungsgemäße Lösung

443 Art. 43(1)(7)(b) Richtlinie 2006/46/EG. Vgl. *Grundmann,* European Company Law, 236.
444 Abweichend für das allgemeine Treuhandrecht *Grundmann,* Der Treuhandvertrag – insbesondere die werbende Treuhand, 1997, 254–260; auch *Grundmann,* Europäisches Gesellschaftsrecht, § 11 Rn. 391 (Fn. 78).
445 *Grundmann,* Der Treuhandvertrag – insbesondere die werbende Treuhand, 260.
446 Dazu *Rajak,* Company Law, Limited Liability, and Directors' Negligence, in: *Norton/Rickford,* Corporate Governance Post-Enron: Comparative and International Perspectives, 2006, 117, 141.
447 Insgesamt zu den ökonomischen und rechtspolitischen Gründen für die Zulassung von Insichgeschäften: *Grundmann,* Der Treuhandvertrag – insbesondere die werbende Treuhand, 1997, 238–241.
448 Zum Stilunterschied und Kombinationen: *Grundmann,* Der Treuhandvertrag – insbesondere die werbende Treuhand, 1997, 237–265.
449 So *Cox & Hazen,* Corporations, § 10.12, 522 f. für die USA.

von prozeduralen Offenlegungs- und Zustimmungserfordernissen abhängig zu machen.[450] Durch Befolgung dieser verfahrensrechtlichen Regeln soll es zur Haftungsfreistellung kommen.[451] Bloße Offenlegung eines Interessenkonfliktes kann in weniger einschneidenden Situationen die einfachere Lösung darstellen. Bei Bedenken kann unter Umständen reagiert werden. Es stellt sich insbesondere die Frage, wer hinsichtlich der internen Zuständigkeit geeignet für die Offenlegung bzw. als geeigneter Entscheidungsträger für die Zustimmung von Interessenkonflikten erscheint. Dies kann entweder ein unabhängiges Organ sein (Aufsichtrat, Aktionäre durch Beschluss iRd Hauptversammlung) oder unabhängige und nicht durch den Interessenkonflikt betroffene Direktoren.[452] Die Einwilligung durch andere Organmitglieder erscheint unkomplizierter einzuholen zu sein als die Einwilligung durch Aktionäre, insbesondere wenn hierzu erst die Einberufung der Hauptversammlung notwendig ist und Probleme „kollektiven Handelns" bestehen. Bei Letzterem besteht die Gefahr, dass von dem Geschäft Abstand genommen wird, selbst wenn eine Gestattung positiv erteilt worden wäre.[453] Jedoch ist bei Ersterem wegen etwaiger Kollegialität der Mitglieder, insbesondere im einstufigen Verwaltungssystem, nicht dieselbe Überprüfungsintensität zu erwarten.[454] In den überwiegenden Situationen erscheint bei großen Publikumsgesellschaften die Kompetenzverteilung hin zu unabhängigen nicht geschäftsführenden Organmitgliedern die effizienteste Lösung.[455]

US-amerikanisches Recht bevorzugt die Zustimmung durch Direktoren oder durch Aktionäre, die dem Interessenkonflikt jeweils nicht unterliegen. Alternativ, oder teilweise auch zusätzlich, ist die Fairness des Geschäfts zu beweisen. Diese Sonderregel aus dem Beweisrecht steht zwischen beweglicher und starrer Schranke.[456] Durch Reformen des **britischen Gesellschaftsrechts** ist die bloße Offenlegung des Interesses an einem Insichgeschäft gegenüber dem Board prädestiniert worden. Nur bei wesentlichen Geschäften ist die Zustimmung von Aktionären einzuholen. In sonstigen Interessenkonfliktsituationen bedarf es der Gestattung durch unabhängige Direktoren. Britische Gerichte überprüfen im Gegensatz zu den USA das Geschäft nicht auf dessen Fairness.

Im **deutschen** dualistischen System werden Interessenkonflikte überwiegend schon dadurch vermieden, dass ein gleichzeitiger Vorstands- und Aufsichtsratsposten innerhalb eines Unternehmens miteinander unvereinbar ist. Bei der Lö-

---

450 Rechtsvergleichend zu Insichgeschäften von Organmitgliedern: *Hopt*, in: *Hopt/Teubner* (Hrsg.), Directors' Liabilities, 285, 287–292 (at 292: „seems to be the most attractive one"); *Grundmann*, Der Treuhandvertrag – insbesondere die werbende Treuhand, 244–248.

451 Für die USA: § 8.61 (b) MBCA (näher oben 1. Kap. II.2.a)(1)). Für Großbritannien: Sec. 180 (1) CA 2006.

452 So auch *Grundmann*, Europäisches Gesellschaftsrecht, § 11 Rn. 391.

453 So *Davies*, Gower's Company Law, 16-69, 568; 16-75, 575: Genehmigungsmöglichkeit durch die Hauptversammlung kommt einem Verbot nahe.

454 So *Davies*, Gower's Company Law, 16-49, 541 und 16-69, 568; *Grundmann*, Der Treuhandvertrag – insbesondere die werbende Treuhand, 1997, 240.

455 Vgl. schon oben *Davies*, Gower's Company Law, 16-100, 604.

456 *Grundmann*, Der Treuhandvertrag – insbesondere die werbende Treuhand, 1997, 248.

sung von Interessenkonflikten des Vorstandes bedient man sich überwiegend der Trennung der beiden Organe. Bei Interessenkonflikten von Aufsichtratsmitgliedern spielt jedoch der Aufsichtsrat als Organ bzw. die Hauptversammlung eine entscheidende Rolle. Aufsichtsratsmitglieder sollen Interessenkonflikte dem Aufsichtsrat offenlegen und darüber hinaus die Hauptversammlung informieren.[457] In Deutschland soll wenigstens bei Beraterverträgen von Aufsichtsratsmitgliedern die Zustimmung des Aufsichtsrats eingeholt werden. Dass hierbei nur Aufsichtsratsmitglieder mitwirken, die von dem Interessenkonflikt nicht betroffen sind, erscheint empfehlenswert. Dennoch bleibt das Risiko, dass aufgrund von Kollegialität innerhalb des Aufsichtsrats keine intensive Überprüfung der einzelnen Verträge vorgenommen wird. **Unabhängige Aufsichtsratsmitglieder** können zur Entschärfung dieses Konfliktes erheblich beitragen. Zunächst sind Beraterverträge mit Organmitgliedern, die nach den gängigen, im angloamerikanischen Rechtskreis entwickelten Definitionen unabhängig sind, ausgeschlossen. Dass Beraterverträge darüber hinaus mit Aufsichtsratsmitgliedern nicht zu Interessenkollisionen führen und zu „fairen" Bedingungen abgeschlossen werden, wird durch eine Mehrzahl an unabhängigen Aufsichtsräten überzeugender gewährleistet.

Bei Nichtbefolgung dieser Verfahrensregeln droht nicht geschäftsführenden Direktoren und Aufsichtsratsmitglieder die Haftung auf Schadensersatz und teilweise auf Herausgabe des persönlichen Gewinns. Sonstige Rechtsfolgen sind entweder die Nichtigkeit oder die Möglichkeit der Anfechtbarkeit des Geschäfts.[458]

(2) Insichgeschäfte

Der Begriff des Insichgeschäftes wird zunehmend wirtschaftlich als direktes oder indirektes finanzielles Interesse am Vertragspartner beschrieben.[459] Persönliche Insichgeschäfte von Organmitgliedern mit ihrer Gesellschaft bergen offensichtlich Konfliktpotenzial.[460] Mit der zunehmenden Bedeutung nicht geschäftsführender Direktoren und Aufsichtsratsmitglieder bei der unabhängigen Entscheidung über Insichgeschäfte geschäftsführender Direktoren und Vorstände erwachsen weitere Haftungsrisiken.

Vergütungsentscheidungen sind beispielhafte Konstellationen, bei denen Interessenkonflikte auftreten. Das Problem des Insichgeschäfts ergibt sich dabei überwiegend im einstufigen Verwaltungssystem. Im angloamerikanischen Recht wird diesem Problem dadurch begegnet, dass die Vergütung der geschäftsführenden Direktoren durch den Vergütungsausschuss festgelegt wird, der ausschließlich mit unabhängigen nicht geschäftsführenden Direktoren zu besetzen ist. So wird de facto die gleiche Lage geschaffen wie in Deutschland, nämlich die Zuständig-

457 Ziff. 5.5.2 und 5.5.3 DCGK.
458 Für Deutschland: Schwebende Unwirksamkeit nach § 181 BGB, Möglichkeit der nachträglichen Genehmigung gem. §§ 177, 184 BGB. Für Großbritannien: Anfechtbarkeit, vgl. *Davies*, Gower's Company Law, 16-46, 537 f.
459 *Grundmann*, Der Treuhandvertrag – insbesondere die werbende Treuhand, 1997, 239.
460 Dazu ausführlich: *Hopt*, in: *Hopt/Teubner* (Hrsg.), Directors' Liabilities, 285, 287–292; *Grundmann*, Der Treuhandvertrag – insbesondere die werbende Treuhand, 238–241.

keit eines unabhängigen Organs, welches die Entscheidung über die Vergütung trifft. In Großbritannien bedürfen nur Langzeitverträge und Abfindungszahlungen der Zustimmung durch Aktionäre. Insichgeschäfte bei Vergütungsentscheidungen werden im zweistufigen Verwaltungssystem also weitgehend dadurch ausgeschlossen, dass diese jeweils ein separates Organ trifft. Haftungsrisiken für den Aufsichtsrat ergeben sich vielmehr bei der Entscheidung über die Vergütung des Vorstands, welche nicht zuletzt seit dem Mannesmannverfahren vermehrt Beachtung gefunden hat und durch das VorstAG weiter konkretisiert wurde.

Die **Kreditvergabe an Organmitglieder** durch ihre Gesellschaft ist eine denkbare Möglichkeit der Umgehung von unentgeltlichen Zuwendungen mit erheblichem Konfliktpotenzial. Es besteht die Gefahr, dass entweder die Kreditkonditionen nicht den Marktbedingungen entsprechen oder schon bei Abschluss des Vertrages eine Rückzahlung nicht beabsichtigt ist. Soweit ausreichende Sicherheiten seitens des Organmitglieds vorhanden sind, besteht auch kein Bedürfnis der Kreditvergabe durch die Gesellschaft, da in der Regel Kredite dann unschwer von dritten Parteien erhältlich sein dürften. Auch seitens der Gesellschaft ist die Zulassung der Kreditvergabe an Organmitglieder rechtspolitisch nicht notwendig.[461] Aufgrund erheblichen Missbrauchs bei Krediten von WorldCom an ehemalige Vorstände ist in den USA durch den Sarbanes-Oxley Act das generelle Verbot der Kreditvergabe an Organmitglieder eingeführt worden. Das Recht in Großbritannien und Deutschland trifft keine derart starren Verbote. In Großbritannien wird die Kreditvergabe von einer Zustimmung durch Aktionäre abhängig gemacht; in Deutschland bedürfen Kredite an Vorstands- und an Aufsichtsratsmitglieder respektiv eines Beschlusses bzw. der Einwilligung des Aufsichtsrats. Dass der Aufsichtsrat als Organ bei Kreditvergabe an seine Mitglieder zuzustimmen hat, scheint ein gewisses Konfliktpotenzial und möglicherweise ein Haftungsrisiko darzustellen.[462] Die Kreditvergabe könnte möglicherweise ähnlich der Vergütungsentscheidungen von einem Zustimmungsvorbehalt der Aktionäre abhängig gemacht werden. Zugegebenermaßen könnte sich ein solches Verfahren jedoch in vielen Fällen als äußerst umständlich erweisen. Überwiegend wird in solchen Fällen jedenfalls von einem Stimmverbot des betroffenen Aufsichtsratsmitglieds ausgegangen.[463] Eine gewisse Zahl an unabhängigen Aufsichtsratsmitgliedern kann bei der Kreditgewährung wiederum mögliche Interessenkonflikte erheblich entschärfen. Unabhängige Aufsichtsratsmitglieder werden mangels Eigeninteressen, und um einer drohenden Haftung zu entgehen, regelmäßig Kreditverträge nur zu marktüblichen Konditionen schließen.

461 Zu den Gründen: *Grundmann,* Der Treuhandvertrag – insbesondere die werbende Treuhand, 1997, 240.

462 So auch *Marsch-Barner,* in: *Semler/v. Schenck,* Arbeitshandbuch für Aufsichtsratsmitglieder, § 12 Rn. 111 f.

463 *Marsch-Barner,* in: *Semler/v. Schenck,* Arbeitshandbuch für Aufsichtsratsmitglieder, § 12 Rn. 112; *Lutter/Krieger,* Rechte und Pflichten des Aufsichtsrats, Rn. 775 f.

Das angloamerikanische Recht trifft jeweils Ausnahmetatbestände für Kreditinstitute, die Kredite an ihre Organmitglieder zu marktgerechten und gleichen Konditionen wie an ihre Kunden vergeben. Solche Regelungen sind konsequent.

(3) Unzulässiger Wettbewerb einschließlich Ausnutzung von Geschäftschancen

Eine strenge Kategorisierung kann auch bei diesen Fallgruppen von Interessenkonflikten wegen der rechtspolitischen und systematischen Unterschiede nur schwer vorgenommen werden.[464] Aus rechtsvergleichender Sicht erscheint es sinnvoll, diese Fallgruppen unter den Oberbegriff des **unzulässigen Wettbewerbs** zusammenzufassen. Hierzu soll im Folgenden Konkurrenzverhalten und die Ausnutzung von Geschäftschancen verglichen werden.[465] Ein Missbrauch von Gesellschaftsvermögen und Informationen stellt in der Regel immer eine Treuepflichtverletzung dar.

Grundgedanke der Regelungen zum Konkurrenzverhalten und der unzulässigen Aneignung von Geschäftschancen ist weniger, Organmitglieder von solchen Möglichkeiten generell fernzuhalten, sondern vielmehr die Gefahr, dass Direktoren nicht ausschließlich fremdnützige Motive einfließen lassen und nachlässig werden, das beste Wohl der Gesellschaft zu fördern.[466]

Konkurrenzverhalten stellt weniger ein Problem bei nicht geschäftsführenden Direktoren als bei Geschäftsleitern dar. Denkbar ist dies allenfalls, wenn ein Organmitglied eine eigene Gesellschaft nach Beendigung seines Amtes gründet, welche in Konkurrenz mit der vorherigen Gesellschaft steht, oder Organposten in Konkurrenzunternehmen besetzt (dazu gleich). Die gleichen Grundsätze wie bei Geschäftsleitern anzulegen, wird in allen Rechtsordnungen als unverhältnismäßig angesehen.[467] Aufsichtsratsmitglieder unterliegen grundsätzlich keinem Wettbewerbsverbot. Das angloamerikanische Recht nähert sich für nicht geschäftsführende Direktoren dieser liberaleren Herangehensweise an. Ihre Nebentätigkeit und ihre geringere Vergütung rechtfertigen keine weitergehenden Beschränkungen. Eine generelle Regel hierzu erweist sich jedoch wegen des unterschiedlichen Charakters von verschiedenen Direktoren im monistischen System als problematisch.[468]

Die weniger strenge Treuebindung nicht geschäftsführender Direktoren und Aufsichtsratsmitglieder wirkt sich auch bei der **Ausnutzung von Geschäftschancen**

---

464 Dazu *Grundmann*, Der Treuhandvertrag – insbesondere die werbende Treuhand, 1997, 237–243.
465 Für die beiden Letzten verwendet das angloamerikanische Recht den Begriff der corporate opportunity.
466 So *Davies*, Gower's Company Law, 16-64, 559; *Grundmann*, Der Treuhandvertrag – insbesondere die werbende Treuhand, 1997, 237–242.
467 *Hopt*, in: *Hopt/Teubner* (Hrsg.), Directors' Liabilities, 285, 301 f.
468 *Hopt*, in: *Hopt/Teubner* (Hrsg.), Directors' Liabilities, 285, 301.

aus.[469] Die angloamerikanischen Kriterien zur Zuordnung von Geschäftschancen der Gesellschaft erscheint überzeugend und dominiert auch die deutsche Diskussion.[470] Die Geschäftsvolumina werden in beiden Fällen regelmäßig auch die Mittel von Einzelpersonen überschreiten. Im angloamerikanischen Recht ist jedenfalls nach Freigabe durch ein unabhängiges Organ (Aktionäre oder Direktoren) und/oder bei Geschäften zu marktüblichen Konditionen die Haftung ausgeschlossen. In allen Rechtsordnungen gilt wohl keine Beschränkung bei der Nutzung von Geschäftschancen, von denen sie außerhalb ihres Amtes Kenntnis erlangt haben.

(4) Mehrfachposten

Mehrfachposten, entweder als geschäftsführendes oder nicht geschäftsführendes Organmitglied, in verschiedenen – unabhängigen oder verbundenen – Gesellschaften können Interessenkonflikte hervorrufen. Dieses Problem ist teilweise ein Sonderfall der vorherigen Fallgruppe, nämlich dann, wenn die beiden Gesellschaften miteinander in Wettbewerb stehen. Grundsätzlich sind solche Mehrfachposten in allen Rechtsordnungen zulässig und auch üblich.

Soweit die Gesellschaften **nicht miteinander in Wettbewerb** stehen und keine Geschäftsverbindungen haben, ist dies, da keine wesentlichen Interessenkonflikte bestehen, auch überwiegend unbedenklich. Wohl gar keinen Interessenkonflikt erzeugt die Besetzung mehrerer Posten jeweils als nicht geschäftsführender Direktor bzw. als Aufsichtsratsmitglied in nicht in Wettbewerb stehenden Unternehmen. Zahlenmäßige Beschränkungen sind hier hinsichtlich der ordnungsgemäßen Aufgabenerfüllung gegenüber jeder einzelnen Gesellschaft sinnvoll.[471]

Mehrfache Organfunktionen in Konkurrenzunternehmen bzw. Unternehmen, die weit reichende Geschäftsverbindungen untereinander pflegen, sind zwar nicht unzulässig[472] und praktisch kaum vermeidbar, aber keinesfalls Ausdruck guter Corporate Governance. Das Risiko der Verletzung der Interessenwahrungspflicht gegenüber einem Unternehmen und der Haftung ist darüber hinaus deutlich erhöht. Nicht geschäftsführende Direktoren und Aufsichtsratsmitglieder sind den jeweiligen Gesellschaften gleichermaßen verpflichtet und können Pflichtverletzungen gegenüber der einen Gesellschaft nicht durch ihre Verpflichtung gegenüber der anderen rechtfertigen.[473] Die im angloamerikanischen Recht geltende **vollständige Offenlegung** gegenüber den jeweiligen Unternehmen und die Einholung des Konsenses ist ein geeigneter Mechanismus, um den Anschein des Interessenkonfliktes und eine mögliche Haftung zu vermeiden.

---

469 *Hopt,* in: *Hopt/Teubner* (Hrsg.), Directors' Liabilities, 285, 297. Rechtsvergleichend zur Geschäftschancenlehre: *Grundmann,* Der Treuhandvertrag – insbesondere die werbende Treuhand, 1997, 248–251, 428 f., 446.

470 Vgl. oben 2. Kap. 2.b)(3). *Hopt,* in: *Hopt/Teubner* (Hrsg.), Directors' Liabilities, 285, 299; ausführlich: *Grundmann,* Der Treuhandvertrag – insbesondere die werbende Treuhand, 1997, 426 ff., mit weiteren Nachweisen.

471 So Ziff. 5.4.6 DCGK.

472 *Hüffer,* AktG § 103 Rn. 13 b spricht vom Wettbewerber als Aktionär minderen Rechts.

473 Rechtsvergleichend: *Hopt,* in: *Hopt/Teubner* (Hrsg.), Directors' Liabilities, 285, 304 f.

Bei dem Vorliegen von Interessenkonflikten besteht Einigkeit, bei Entscheidungen bzw. Abstimmungen Zurückhaltung zu wahren bzw. sich zu enthalten, und je nach Schwere und Dauer des Konfliktes wenigstens ein Mandat niederzulegen.

3. Sonstige Haftungsquellen

a) Verschwiegenheitspflicht

Die Verschwiegenheitspflicht (duty of confidentiality) von nicht geschäftsführenden Organmitgliedern unterscheidet sich in den zu vergleichenden Rechtsordnungen nicht wesentlich. Diese haben selbstverständlich die Pflicht, über vertrauliche Informationen, die sie im Rahmen ihrer Tätigkeit erhalten haben und an denen das Bedürfnis der Geheimhaltung besteht, Verschwiegenheit zu bewahren. Jedoch fällt die Kategorisierung der Verschwiegenheitspflicht – wie auch im deutschen Recht – nicht einheitlich aus. Entscheidendes Abgrenzungskriterium ist wohl, ob Organmitglieder Informationen unter Missachtung der allgemeinen Sorgfaltspflicht offenbart haben und so üblicherweise durch Fahrlässigkeit einen Schaden der Gesellschaft verursacht haben (dann Sorgfaltspflichtverstoß) oder ob die Verwendung der erhaltenen Informationen überwiegend zur persönlichen Besserstellung gedient hat (dann Treuepflichtverstoß). Neben der Haftung auf Schadensersatz gegenüber der eigenen Gesellschaft kommt übereinstimmend eine strafrechtliche Haftung, insbesondere bei Insiderhandel, in Betracht (dazu 4. Teil, jeweils IV.).

b) Kapitalerhaltungsvorschriften

In allen Rechtsordnungen haften Organmitglieder wegen Verstoßes gegen die Kapitalerhaltungsvorschriften, insbesondere bei der Auszahlung überhöhter Dividenden. Obwohl für solche Maßnahmen überwiegend die Geschäftsleitung zuständig sein wird und nicht geschäftsführende Direktoren bzw. Aufsichtsräte nicht unmittelbar in die Entscheidung einbezogen sind, werden Verstöße gegen die Kapitalerhaltungsvorschriften in der Regel derart offensichtlich sein, dass ein Einschreiten erforderlich sein wird und das Prinzip der Gesamtverantwortung aller Organmitglieder zur Anwendung kommen dürfte. Die Höhe des Schadensersatzanspruches geht in allen Rechtsordnungen auf den vollen Betrag, der in unzulässiger Weise ausgezahlt wurde.

c) Entsprechungserklärung

Die Entsprechungserklärung zur Befolgung der nationalen Corporate Governance Vorschriften in Deutschland und Großbritannien ist auf EU-Gesetzgebung zurückzuführen und nunmehr durch den neuen Art. 46 a der 4. Richtlinie harmonisiert. Zivilrechtliche Haftungsfolgen treten bei Nichtbefolgung von Organmitgliedern – soweit ersichtlich – nur in Deutschland ein; in Großbritannien drohen Direktoren hingegen Strafsanktionen.

d) Insolvenz

Je mehr sich eine Gesellschaft der Zahlungsunfähigkeit nähert, desto stärker haben Organmitglieder das Interesse von Gläubigern mit in ihre Entscheidungen einzubeziehen. Sorgfaltswidriger Umgang mit dem Vermögen der Gesellschaft – im Falle nicht geschäftsführender Direktoren bzw. Aufsichtratsmitglieder vielmehr die (grobe) Verletzung ihrer Überwachungspflicht – kann in allen Rechtsordnungen zur Haftung führen.[474]

Ein wesentlicher Unterschied zwischen den speziellen Pflichten, die Organmitgliedern in der Insolvenzsituation obliegen, ergibt sich zwischen dem US-amerikanischen und dem deutschen und englischen Recht. Vorstände deutscher und englischer Gesellschaften haben eine strenge Pflicht, bei Zahlungsunfähigkeit der Gesellschaft unmittelbar das Insolvenzverfahren anzumelden. Kommen sie dem nicht umgehend nach, drohen erhebliche Haftungsrisiken sowohl zivilrechtlicher als auch strafrechtlicher Art. Das US-amerikanische Recht legt dem Board keine solche spezielle Pflicht auf.[475]

Die klare Aufgabentrennung zwischen Vorstand und Aufsichtsrat macht sich aber auch hier bemerkbar. Im dualistischen System wird diese Pflicht dem Vorstand auferlegt, während im monistischen System grundsätzlich keine Unterscheidung nach der Art des Direktors vorgenommen wird.[476] Der anzulegende objektive Sorgfaltsmaßstab kann jedoch zur Abschwächung des Haftungsrisikos von nicht geschäftsführenden Direktoren führen, denn normalerweise wird die Geschäftsführung die Finanzlage des Unternehmens näher überblicken können. Insgesamt sollte diese Abgrenzung zum Vorstand das Haftungsrisiko von Aufsichtsratsmitgliedern gegenüber nicht geschäftsführenden Direktoren in Großbritannien aber reduzieren. Wie geschildert, erhöht sich jedoch die Überwachungsintensität des Aufsichtrats bei Anzeichen einer finanziellen Krise deutlich.

III. Haftungsausschluss bzw. Beschränkung

Eine Haftungsmilderung von Organmitgliedern kann zum einen durch Reduzierung der Sorgfaltsanforderungen in der Gesellschaftssatzung erreicht werden. Der **Ausschluss der Haftung** nicht geschäftsführender Direktoren durch die **Satzung** wird sehr unterschiedlich behandelt. Das deutsche Recht vertritt dabei die strengste Position. Eine Beschränkung der Haftung ist nicht möglich. Das englische Recht lässt den Ausschluss der Haftung in einigen Interessenkonfliktsituationen zu. Die

---

474 Darstellung zahlreicher Rechtsordnungen: *Sorensen* (Hrsg.), Directors' liabilities in case of insolvency, 1999. In den USA: Einhaltung von Sorgfaltspflichten gegenüber Gläubigern, die Ansprüche durch abgeleitete Klage geltend machen können. In Großbritannien: wrongful und fraudulent trading Vorschriften. In Deutschland: Geltendmachung der Ansprüche der Gesellschaft durch Gläubiger schon vor der Insolvenz gem. § 93 Abs. 5 S. 1 AktG.

475 Rechtsvergleichend: *Hertig/Kanda,* Creditor Protection, in: *Kraakman u. a.,* The Anatomy of Corporate Law: A Comparative and Functional Approach, 73 f.

476 Diese Feststellung stützt die Ausgangsthese 1. (vgl. 3. Kap. I.).

Pflichten der Organmitglieder sind (darüber hinaus) zwingendes Recht. Das US-amerikanische Recht ist bei dieser Frage am liberalsten und lässt den Ausschluss der Haftung bei Sorgfaltspflichtverletzungen in weitem Maße zu.

In allen Rechtsordnungen können **Aktionäre** Organmitglieder durch **Ratifikation** ihres Handelns von der Haftung freistellen. Dies ist Ausdruck der Entscheidungsfreiheit der Träger des Unternehmens. Unterschiedlich wird gehandhabt, inwieweit hierbei Minderheitsaktionären besonderer Schutz zugestanden wird. Entweder wird, wie in Deutschland, einer prozentualen Minderheit die Möglichkeit des Widerspruchs gegeben oder die Ratifikation bestimmter Pflichtverletzungen ausgeschlossen. In den USA können sämtliche Treuepflichtverletzungen durch die Gerichte auf deren Fairness überprüft werden; während in Großbritannien nach Gestattung durch Aktionäre keine richterliche Überprüfung von Insichgeschäften mehr stattfindet. Dagegen sind spezielle Arten von Treuepflichtverletzungen, die in besondere Weise das Interesse aller Aktionäre gefährden, nicht ratifizierbar,[477] wobei sich ein großzügiger Trend abzeichnen lässt.[478] Interessant ist die Frage, ob eine Aktionärsgruppe bei der Ratifikation mitstimmen kann, die mit dem pflichtwidrig handelnden Organmitglied verbunden ist, z.B. ein Großaktionär, welcher das Aufsichtratsmitglied eingesetzt hat. Das englische Recht löst dieses Problem dadurch, dass Mitglieder, die ein Interesse an der Handlung hatten, bei dem Beschluss keine entscheidende Stimme abgeben dürfen.[479] Zum Schutz von Minderheitsaktionären erscheint dieses Stimmverbot sinnvoll.

Eine Besonderheit des englischen Rechts ist ein dem Gericht eingeräumter Ermessensspielraum zur Freistellung von Direktoren von ihrer Haftung.

IV. Durchsetzung

1. Probleme der Durchsetzung und Lösungsmöglichkeiten

In allen Rechtsordnungen schulden Organmitglieder ihre Pflichten grundsätzlich der Gesellschaft. Die Gesellschaft kann bei vorwerfbaren Pflichtverletzungen auf Ersatz des ihr dadurch entstandenen Schadens gegen ihre Organmitglieder klagen. Die Klage kann bzw. muss[480] durch das jeweils hierfür **zuständige Gesellschaftsorgan** initiiert werden. Im monistischen System ist dafür das **Board** im Rahmen seiner Geschäftsführungsbefugnis zuständig; im dualistischen System ist bei Haftung von Aufsichtsratsmitgliedern der **Vorstand** zur Inanspruchnahme verpflichtet. Wie gesehen, ergeben sich in allen Rechtsordnungen jedoch nach dieser formellen Auffassung erhebliche **Probleme,** nämlich, dass Ansprüche tatsächlich durchgesetzt werden. Entweder werden Probleme durch die Zuständigkeitsvertei-

477 *Davies,* Gower's Company Law, 16-40, 531.
478 *Davies,* Gower's Company Law, 16-86f., 586ff.
479 Etwa sec. 239 (4) CA 2006. Dazu *Davies,* Gower's Company Law, 16-86, 586f.
480 Für Großbritannien: Als Ausdruck der Treuepflicht, etwa *Davies,* Gower's Company Law, 17-12, 623. Für Deutschland: ARAG.

lung impliziert (monistisches System), ergeben sich durch den geforderten Darlegungsmaßstab (dualistisches System) oder durch die Loyalität unter den Mitgliedern (wohl stärker im monistischen System). Zur Durchsetzung kommt es in der Regel nur, wenn die betroffenen Organmitglieder nicht in den Entscheidungsprozess miteinbezogen sind.[481]

Andererseits muss nach dem **Zweck einer Durchsetzung** gefragt werden. Nicht jede Klage gegen ein sich pflichtwidrig verhaltendes Organmitglied liegt notwendigerweise im **Interesse der Gesellschaft.** Dieses Interesse ist jedoch ausschlaggebend.[482] Argumente, die gegen ein Klageverfahren sprechen, sind vielschichtig: Die Erfolgsaussichten einer Klage können sowohl in rechtlicher als auch in beweistechnischer Hinsicht zweifelhaft sein. Ökonomisch kann sich eine Klage als nachteilig erweisen. Zeit, Kosten und die Bindung von Personalressourcen können den eigentlichen Nutzen eines stattgebenden Urteils überwiegen. Nicht solvente Klagegegner implizieren eine unökonomische Klage. Kostentragungsregeln beeinflussen diese Entscheidung. Ein weitreichender Versicherungsschutz schwächt dieses Argument im Einzelfall ab.[483] Das öffentliche Ansehen des Unternehmens kann zudem unter Prozessen gegen eigene Organmitglieder leiden.

Die entscheidende Frage bei der Durchsetzung der Ansprüche der Gesellschaft ist also: **Wer soll die Entscheidung treffen, ob eine Klage gegen Organmitglieder im Interesse der Gesellschaft liegt?** Das jeweils zuständige Innenorgan ist, wie erläutert, nur nach Ausscheiden seiner Mitglieder entweder nach Auswechslung, insbesondere nach einer Übernahme der Gesellschaft, oder in der Insolvenz durch einen externen Verwalter dazu geeignet.[484] Alternativ können alle Mitglieder, die durch ein Verfahren auch nur mittelbar betroffen sind, von der Entscheidung ausgeschlossen werden. Dies kann ferner durch ein **unabhängiges Organ** geschehen (z.B. Ausschuss, besetzt mit unabhängigen Mitgliedern).[485] Der Geschäftsleitung diese Entscheidung ausschließlich zu überlasen, wird in zahlreichen Konstellationen dem Interesse der Gesellschaft nicht gerecht.

In allen Rechtsordnungen werden die Träger des Unternehmens neben den Geschäftsleitern als eine Gruppe identifiziert, die diese Entscheidung im Interesse der Gesellschaft treffen können. Die **Aktionäre** können ein tatsächliches Interesse an der Durchsetzung haben, gleichwohl dies auch durch persönliche Interessen motiviert sein kann. Aktionäre können diese Entscheidung in ihrer **Gesamtheit** oder **individuell** treffen. Ersteres wird regelmäßig durch einen ordentlichen

---

481 Diese Tendenz stützt die Ausgangsthese 4. (vgl. 3. Kap. IV.). So etwa auch *Pistor,* Legal Ground Rules in Coordinated and Liberal Market Economies, in: *Hopt/Wymeersch/Kanda/Baum* (Hrsg.), Corporate Governance in Context, 2005, 249, 272.

482 Für die USA: *Fanto,* Directors' and officers' liability, § 5:7.2, 5-34. Für Großbritannien: *Davies,* Gower's Company Law, 17-1, 605. Für Deutschland: § 148 Abs. 1 S. 2 Nr. 4.

483 Es ist aber zu bedenken, dass langfristig Versicherungen ihre Prämien dem Haftungsrisiko anpassen und finanzielle Belastungen so im Ergebnis auf die Gesellschaften abwälzen. In diese Richtung auch *Davies,* Gower's Company Law, 16-91, 593.

484 Externe Verwalter in der Insolvenz werden nur in Großbritannien und Deutschland bestellt, regelmäßig jedoch nicht in den USA (vgl. oben II.3.d).

485 So in den USA, nicht jedoch in Großbritannien und Deutschland.

Hauptversammlungsbeschluss geschehen.[486] Die Mehrheit bei einem solchen Beschluss zu erzielen, wird jedoch häufig ein Problem darstellen. Zudem können Interessengruppen, die durch eine Klage betroffen sind, möglicherweise erheblichen Einfluss auf die Entscheidung ausüben.[487]

2. Aktionärsklage

Bedeutenderweise wird daher in allen Rechtsordnungen einzelnen Aktionären die Durchsetzung der Ansprüche der Gesellschaft ermöglicht.[488] Die verfahrensrechtlichen Voraussetzungen der Aktionärsklage und die Weite der Minderheitenrechte sollen der Wahrung des Gesellschaftsinteresses dienen und beeinflussen erheblich das Haftungsrisiko.[489] Mit Ausnahme von Insolvenzsituationen ist daher nicht entscheidend, ob dem ein- oder dem zweistufigen Verwaltungssystem gefolgt wird, sondern wie effektiv sich die Durchsetzung der Ansprüche der Gesellschaft gegen ihre Organmitglieder durch Aktionäre darstellt.

Das Problem bei der **abgeleiteten Aktionärsklage** ist überwiegend die Verhinderung von deren **missbräuchlicher Geltendmachung.** Denn bei einzelnen Aktionären besteht die Gefahr, dass diese nicht notwendig im Interesse der Gesellschaft zum Wohle der Gesamtheit der Aktionäre handeln, sondern durch persönliche Interessen motiviert sind. Offensichtlich wird dies bei Minderheitsaktionären. Je geringer der Anteil an der Gesellschaft, desto größer ist das Risiko, dass andere Interessen auf deren Entscheidung Einfluss nehmen. Denn übereinstimmend gehen bei Klageerfolg bzw. Vergleichen Schadensersatzzahlungen an die Gesellschaft und nicht an Aktionäre direkt. Anteilseigner partizipieren nur über einen Anstieg des Aktienkurses oder über Sonderausschüttungen. Gerade in den USA besteht zudem die Gefahr, dass aufgrund der Stellung und Vergütung von Anwälten diese eine treibende Kraft darstellen. Diesem Problem kann entgegengesteuert werden durch die Festlegung von prozentualen oder kapitalmäßigen **Anteilsschwellen**[490] oder durch sonstige **prozessuale Hürden,** die aussichtslose oder missbräuchliche Klagen vermeiden sollen.

---

486 Für Großbritannien: *Davies,* Gower's Company Law, 17-3, 607f. Für Deutschland: § 147 Abs. 1 S. 1 AktG. In den USA wird ein Hauptversammlungsbeschluss für die Erhebung der Klage grundsätzlich nicht gefordert, vgl. *Pistor,* Legal Ground Rules in Coordinated and Liberal Market Economies, 272.
487 Dennoch werden betroffene Interessengruppen von der Abstimmung nicht ausgeschlossen. In Großbritannien trotz Vorschlag des CLR nicht in den CA 2006 aufgenommen: *Davies,* Gower's Company Law, 17-3, 608.
488 Dies wird als abgeleitete Aktionärsklage bezeichnet. Derivative action nach englischer Terminologie bzw. für das deutsche Recht eine (eingeschränkte) actio pro socio, vgl. *Mock,* in: *Spindler/Stilz,* Kommentar zum AktG § 148 Rn. 3; *Spindler,* in: *K. Schmidt/Lutter* (Hrsg.), AktG, § 116 Rn. 23ff.
489 Vgl. Ausgangsthese 4. (3. Kap. IV). In diese Richtung auch *Doralt/Doralt,* in: *Semler/v. Schenck,* Arbeitshandbuch für Aufsichtsratsmitglieder, § 13, Rn. 122 („Folglich ist es von besonderer Bedeutung, inwieweit das Gesetz auch einer Minderheit die Durchsetzung von Schadensersatzansprüchen ermöglicht"); *Grotheer,* Außenhaftung von Aufsichtsratsmitgliedern: Ein Anreiz zur Verbesserung der Überwachungstätigkeit? WM 2005, 2070, 2074.
490 So in Deutschland (zum Reformbedarf siehe unten); in den USA und in Großbritannien wird auf ein solches Quorum der zu haltenden Anteile verzichtet.

Als geeigneter Mechanismus hat sich in allen Rechtsordnungen etabliert, die **Zulassung der Klage durch ein Gericht** abhängig zu machen. Das **Zulassungsverfahren** unterscheidet sich jedoch. Bei der Frage, in welchem Zeitpunkt **Anteile der Gesellschaft** gehalten werden müssen, wird differenziert. Übereinstimmung besteht noch in der Frage, dass nur gegenwärtige Anteilseigner befugt sind, Klage einzureichen bzw. Zulassung zu beantragen.[491] Ehemalige Anteilseigner vertreten nicht mehr das Gesellschaftsinteresse.[492] Das US-amerikanische Recht macht dabei die weitesten Einschränkungen; Deutschland nimmt eine Mittelposition ein und Großbritannien ist am großzügigsten.[493]

Unterschiede ergeben sich auch bei einem vorherigen **gesellschaftsinternen Abhilfeverlangen.** In den USA und in Deutschland ist ein solches generell durchzuführen. Bei einer ablehnenden Entscheidung, wird dies in den USA durch das Gericht weitgehend anerkannt, wohingegen ein Gericht in Deutschland nicht an diese Entscheidung gebunden ist. In Großbritannien ist ein solches Verfahren nicht zwingend. Eine negative Entscheidung des Boards, insbesondere von unbeteiligten Mitgliedern, wird jedoch durch das Gericht als Faktor zu berücksichtigen sein. Wenn ein unabhängiger Ausschuss in den USA eingerichtet ist, wird das Abhilfeverlangen entbehrlich, und soweit dieser Ausschuss eine Klage ablehnt, wird dies durch das Gericht nur sehr zurückhaltend überprüft.[494]

Vom Gericht wird wohl verlangt, die **Beitreibbarkeit** der Klageforderung in die Entscheidung über das Zulassungsverfahren miteinzubeziehen.[495] Gerade bei hohen, von den angeblich ersatzpflichtigen Organmitgliedern nicht bezahlbaren Klageforderungen wäre eine ausdrückliche Regelung auch in Deutschland sinnvoll gewesen.[496]

Das vorzuliegende Maß der **Pflichtverletzung** wird nur in Deutschland über der einfachen Fahrlässigkeit angesetzt. Unredliche bzw. grob fahrlässige Pflichtverstöße sind Ausnahmefälle.[497] Damit erweist sich die Haftungsklage der Aktionäre,

---

491 Für die USA: *De Haas v. Empire Petroleum Co.,* 435 F.2d 1223 (10th Cir. 1970). Für Großbritannien: sec. 260 (1) CA 2006. Für Deutschland: § 148 Abs. 1 S. 1 AktG.

492 Für die USA: *McNeil v. Southern Golf Investments of Georgia,* 492 S.E.2d 283 (Ga. 1997). Für Großbritannien: *Davies,* Gower's Company Law, 17-8, 616.

493 Für die USA: Halten der Anteile im Zeitpunkt der Schädigung nach Rule 23.1 of the Federal Rules of Civil Procedure und teilweise während des gesamten Verfahrens; Nachweis siehe oben 4. Kap. IV.2. Für Deutschland: Aktien vor dem Zeitpunkt erworben, vor dem Antragsteller von Pflichtverletzung oder Schaden hätte erfahren müssen. Für Großbritannien: sec. 260 (4) CA 2006 unabhängig von Pflichtverletzung.

494 Ein solcher Vorschlag durch den CLR ist in Großbritannien nicht übernommen worden.

495 So in Großbritannien. Für Deutschland: *Hüffer,* AktG, § 148 Rn. 9: die Verfolgung von Ansprüchen, die ihrer Höhe nach nicht beigetrieben werden können, widerspricht dem Gesellschaftswohl.

496 So auch *Hüffer,* AktG, § 148 Rn. 3: laut RegBegr BR-Druck 3/05 S. 45 jedenfalls systemwidrig beim Gesellschaftswohl zu prüfen.

497 *Thümmel,* Organhaftung nach dem Referentenentwurf des Gesetzes zur Unternehmensintegrität und Modernisierung des Anfechtungsrechts (UMAG) – Neue Risiken für Manager?, DB 2004, 471, 473 f.; kritisch wohl auch *Mock,* in: *Spindler/Stilz,* Kommentar zum AktG § 148 Rn. 77, nach dem der Ausschluss für leichteste oder leichte Verstöße wenigstens restriktiv auszulegen ist.

anders als in den USA und Großbritannien, als außerordentlicher Rechtsbehelf.[498] Im angloamerikanischen Recht werden keine Einschränkungen im Hinblick auf die Schwere der Pflichtverletzung gemacht. Bedenkt man jedoch, dass in den USA bei Sorgfaltspflichtverletzungen durch die Satzung Ansprüche weitgehend ausgeschlossen werden, ist dies ein Indiz für die größere Haftungsintensität in den USA gerade für Treuepflichtverletzungen.

Es erscheint nicht überzeugend, dass Organmitglieder sich nach den materiellen Vorschriften der §§ 93, 116 AktG bereits bei einfacher Fahrlässigkeit haftbar machen, eine Zulassung der Aktionärsklage jedoch erst bei **unredlichen oder grob fahrlässigen Pflichtverletzungen** in Betracht kommt und somit eine Reihe von Pflichtverstößen nicht durch die Aktionäre verfolgt werden können. Überleitend zu den Treuepflichten ist der rechtspolitisch sinnvolle Ansatz zu unterstützen, dass zur „Unredlichkeit“ neben strafbaren Handlungen auch alle anderen Treuepflichtverletzungen zählen, ohne dass es, anders als für sonstige Pflichtverletzungen, darauf ankommt, ob es sich um grobe Verletzungen handelt.[499]

Sowohl im angloamerikanischen als auch im deutschen Recht besteht Einigkeit darüber, dass – soweit die Klage zugelassen worden ist – dem betreibenden Aktionär kein **Kostenrisiko** mehr obliegt. Dieses soll richtigerweise die Gesellschaft tragen. Die finanzielle Abschreckung wird so beseitigt.[500]

Durch die weit entwickelte Klagemöglichkeit einzelner Anteilseigner mittels der abgeleiteten Aktionärsklage, die prozessual vergleichsweise niedrigen Anforderungen, die Möglichkeit, diese in Sammelklagen geltend zu machen, und die sich von Deutschland und Großbritannien abweichende Kostentragungsregel[501] kommt es insgesamt in den USA zu deutlich mehr Verfahren gegen Organmitglieder einschließlich nicht geschäftsführender Direktoren als in Deutschland und Großbritannien.[502] Dies hat rechtspolitische Gründe: Im Gegensatz zu den Präventivwirkungen der US-amerikanischen shareholders derivative suits, orientiert sich die Aktionärsklage des UMAG und die Klage in Großbritannien vorrangig an der Wahrung des Gesellschaftsinteresses. Rechtspolitisch ist das deutsche Verständnis, anders als das US-amerikanische, welches Aktionärsklagen als ein effektives Mittel

---

498 *Hüffer,* AktG § 148 Rn. 8.
499 So *Spindler,* Haftung und Aktionärsklage nach dem neuen UMAG, NZG 2005, 865, 867.
500 In diese Richtung auch *Mock,* in: *Spindler/Stilz,* Kommentar zum AktG § 148 Rn. 27; insgesamt kritisch zur Kostentragungsregelung: *Pelzer,* Das Zulassungsverfahren nach § 148 AktG wird von der Praxis nicht angenommen! Warum? Was nun?, in: FS Schneider 2011, 953 ff.
501 In den USA: Immer eigene Kosten zu tragen. In Großbritannien und Deutschland: Bei erfolgreicher Zulassung keine Kosten (entscheidender wohl bei der Außenhaftung).
502 Insgesamt ist das jeweilige Prozessrecht iwS, welches im Rahmen der Arbeit nicht eingehend besprochen werden kann, ein mitbestimmender Faktor für die Durchsetzung von Ansprüchen. Rechtsvergleichend für die USA, Großbritannien und Deutschland: *Pistor,* Legal Ground Rules in Coordinated and Liberal Market Economies, in: *Hopt/Wymeersch/Kanda/Baum* (Hrsg.), Corporate Governance in Context, 249, 270 ff.; auch *Friedrich,* D&O Liability: Die Haftung des Managements nach deutschem und US-amerikanischem Recht, 110, sieht die Durchsetzung der Innenhaftungsansprüche im US-amerikanischen Recht wirkungsvoller geregelt als im deutschen Recht; *Lutter,* Entwicklung der Organpflichten und der Organhaftung, in: *Krieger/Schneider* (Hrsg.), Handbuch Managerhaftung, § 1 Rn. 22.

zur Durchsetzung des Gesellschaftsrechts sieht, dem Recht in Großbritannien näher, welches dem Nutzen von Aktionärsklagen äußerst skeptisch gegenübersteht, aus Bedenken, diese würden eher aus opportunistischen als aus Interessen der Gesellschaft betrieben.[503] Der liberale Umgang mit Aktionärsklagen in den USA hat sich in Europa nicht durchgesetzt. Es bleibt abzuwarten, ob die in Kraft getretenen Reformen zur Aktionärsklage in Deutschland und Großbritannien das bisher sehr eingeschränkte Innenhaftungsrisiko für nicht geschäftsführende Direktoren und Aufsichtsräte aufgrund der erleichterten Durchsetzbarkeit erhöhen werden. Eine Zunahme von Klageverfahren wird jedenfalls erwartet. Die Möglichkeit der Durchsetzung von Ansprüchen, insbesondere auch gegen Aufsichtsratsmitglieder, ist weiter zu verbessern und die Zulassung der Aktionärsklage an weniger strenge Voraussetzungen zu binden. Insbesondere gilt dies für die abgeleitete Aktionärsklage, da diese ein effektives Mittel zur Überwachung von Aufsichtsratsmitgliedern darstellt. Dies ergibt sich umso mehr aus der Tatsache, dass der Aufsichtsrat nicht wie der Vorstand durch ein anderes Organ überwacht wird.

Die Einführung eines **Individualklagerechts** statt des geltenden Minderheitenrechts könnte sich hinsichtlich der Durchsetzung von Ansprüchen der Gesellschaft gegen ihre Organmitglieder durch einzelne Aktionäre als sinnvoll erweisen. Ohne Rücksicht auf ein Quorum kann jedem Aktionär das Recht gegeben werden, Pflichtwidrigkeiten der Organmitglieder auf dem Wege der abgeleiteten Klage selbst zu verfolgen. Ein Missbrauch wird durch das gerichtliche Zulassungsverfahren verhindert, das die Erfolgsaussichten summarisch prüft. Das Individualklagerecht bei der Anfechtungsklage gem. § 246 AktG wird wegen sog. „räuberischen Aktionäre" überwiegend zu Recht als nachteilig angesehen und Reformvorhaben werden bemüht.[504] Der Vergleich bezüglich § 148 AktG ist jedoch nicht treffend.[505] Im Gegensatz zu § 246 AktG tritt bei der abgeleiteten Aktionärsklage gerade keine „Blockadewirkung" durch eine Registersperre ein. Auch das Problem der Anfechtungsklage, dass wegen kleinster formeller Mängel wesentliche Hauptversammlungsbeschlüsse für nichtig erklärt werden können, besteht bei der Aktionärsklage nicht.[506] Die Individualklage ist in den USA sowie z.B. auch in der Schweiz funktionsfähig.[507] Auch in Großbritannien ist durch jüngere Reformen ein Individual-

---

503 So *Schweitzer/Kumpan,* Changes of Governance in Europe, Japan and the US: Discussion Report, unter Bezugnahme auf *Davies,* in: *Hopt/Wymeersch/Kanda/Baum* (Hrsg.), Corporate Governance in Context, 2005, 687, 690. Rechtsvergleichend auch *Mock,* in: *Spindler/Stilz,* Kommentar zum AktG § 148 Rn. 16ff.

504 Dazu das Gesetz zur Umsetzung der Aktionärsrichtlinie (ARUG), vgl. *Noack,* ARUG: das nächste Stück der Aktienrechtsreform in Permanenz, NZG 2008, 441; insbesondere für die Einführung eines Quorums: *Poelzig,* Der Referentenentwurf eines Gesetzes zur Umsetzung der Aktionärsrechterichtlinie im Kampf gegen „räuberische Aktionäre", DStR 2008, 1538. Vgl. auch Beschlüsse des 67. Deutschen Juristentages, dazu FAZ v. 25. 9. 2008, Radikale Reform gegen Berufskläger.

505 Dazu *Bayer,* Aktionärsklagen de lege lata und de lege ferenda, NJW 2000, 2609. Die Bedenken, die bei der Absenkung des Schwellenwertes bestanden, haben sich jedenfalls bisher nicht bewahrheitet, vgl. *Mock,* in: *Spindler/Stilz,* Kommentar zum AktG § 148 Rn. 23.

506 Zu Beispielen aus jüngster deutscher Wirtschaftspraxis vgl. *Handelsblatt* v. 10. 2. 2009, Hauptversammlung: Kleine Fehler, große Wirkung.

507 Vgl. *Lutter,* Zur Durchsetzung von Schadensersatzansprüchen gegen Organmitglieder, in: FS Schneider 2011, 767f. m.w.N.

klagerecht eingeführt worden. Positive Nebeneffekte der Zulassung von Klagen sind weitere Konkretisierungen und die Ausgestaltung von Pflichten der Organmitglieder durch die Rechtsprechung. Kleinaktionäre haben wenig ökonomische Anreize, die Ansprüche der Gesellschaft durchzusetzen.[508] Anteilseigner partizipieren bei erfolgreichen Klagen nur über eine Steigung des Aktienkurses oder über Sonderausschüttungen. Zudem spricht gegen eine missbräuchliche Verwendung das erhebliche Kostenrisiko in Deutschland, da im Gegensatz zur US-amerikanischen Rechtslage im Unterliegensfalle auch die Kosten der gegnerischen Partei zu tragen sind.

V. Zusammenfassung 2. Teil

Zusammenfassend ist zur Innenhaftung nicht geschäftsführender Direktoren nach US-amerikanischen und nach englischem Recht und der von Aufsichtsratsmitgliedern nach deutschem Recht folgendes festzustellen: Während sich die materiellen Regeln hinsichtlich ihrer Pflichten, insbesondere hinsichtlich der ihnen übertragenen Überwachungsfunktion gegenüber der Geschäftsführung, trotz einiger bedeutsamer Differenzen weitgehend angenähert haben, sind vor allem bei der Durchsetzung von Ansprüchen erhebliche Unterschiede in den faktischen Auswirkungen zu erkennen.

Die Voraussetzungen der Innenhaftung sowie die Pflichten, aus denen eine Haftung hergeleitet wird, sind in den untersuchten Rechtsordnungen weitgehend inhaltsgleich. Nicht geschäftsführende Direktoren und Aufsichtsratsmitglieder haften gegenüber ihrer Gesellschaft insbesondere wegen der schuldhaften Verletzung von Sorgfalts- oder Treupflichtverletzungen für den dadurch entstandenen Schaden.

Ein wesentlicher Unterschied bei der Haftungssystematik ergibt sich zunächst aus der in den untersuchten Rechtsordnungen getroffen Entscheidung für das jeweilige Führungssystem. Während nach deutschem Recht mit zweistufigem Verwaltungssystem eine klare Unterscheidung zwischen der Haftung von Vorstand und Aufsichtsrat vorgenommen wird, differenziert das angloamerikanische Recht mit einstufigem Verwaltungssystem formal nicht zwischen den Pflichten verschiedener Direktoren und trifft vielmehr eine Einzelfallentscheidung. Weiter sind besonders in der Beweislast Unterschiede (bei der Sorgfaltspflichtsverletzung Beweislastumkehr in Deutschland, nicht hingegen in den USA und England) zu konstatieren.

Hinsichtlich der geschuldeten **Sorgfaltspflicht** hat sich übereinstimmend ein objektiver Sorgfaltsmaßstab durchgesetzt. Es wird zwar kein strenger professioneller Maßstab gefordert, jedoch zeichnet sich international ein Anstieg des allgemeinen Sorgfaltsmaßstabs, der an nicht geschäftsführende Organmitglieder angelegt wird, ab. In Deutschland und Großbritannien werden materiellrechtlich die Vor-

---

508 Vgl. *Spindler*, Haftung und Aktionärsklage nach dem neuen UMAG, NZG 2005, 865, 872; *Mock*, in: *Spindler/Stilz*, Kommentar zum AktG § 148 Rn. 11.

aussetzungen für eine Haftung überwiegend schon bei einfacher Fahrlässigkeit gegeben sein, während in den USA eine Haftung, insbesondere aufgrund satzungsmäßiger Ausschlussklauseln, erst bei einer bewussten Missachtung von Sorgfaltspflichten eintritt.

Bei der Überwachungsfunktion ist eine erhebliche Konvergenz der Rechtssysteme zu beobachten. Gegenstand der Überwachung ist die Leitung der Gesellschaft durch die Geschäftsführung. Überwachungsmaßstab ist zwar jeweils die Kontrolle der Führungsentscheidungen sowohl aus ex ante als auch aus ex post Sicht, jedoch ergeben sich hier noch erhebliche Differenzen zwischen der deutschen und der angloamerikanischen Rechtswirklichkeit, die es zu vermeiden gilt.[509] Für grundlegende Strategieentscheidungen ist daher eine Gesamtverantwortlichkeit des Vorstands und des Aufsichtrats zu fordern. Der Aufsichtsrat ist bei nicht ordnungsgemäßer ex ante Kontrolle verstärkt in die Verantwortung zu nehmen. Beim Umfang der Überwachung dürfen Aufsichtsratsmitglieder und nicht geschäftsführende Direktoren weitgehend auf Informationen vertrauen und Aufgaben mit wachsamem Auge delegieren. Soweit nicht geschäftsführende Organmitglieder in unternehmerische Entscheidungen miteinbezogen sind, werden ihnen durch die Business judgment rule (auch wenn diese formal unterschiedlich ausgestaltet ist) Ermessenspielräume eingeräumt, so dass hier vergleichbare Ergebnisse zu erwarten sind.

Verglichen mit der Geschäftsführung obliegt nicht geschäftsführenden Organmitgliedern nur eine abgeschwächte **Treupflicht**. In Interessenkonfliktsituationen, besonders in den hierzu im angloamerikanischen Rechtskreis weiterer entwickelten Kategorien, besteht das Risiko einer Haftung. Um nicht in den Bereich der Haftung zu kommen, wird überwiegend die Lösung von Interessenkonflikten durch Offenlegung- und Zustimmungsverfahren bevorzugt. Insbesondere unabhängigen Organmitgliedern kommt dabei eine entscheidende Rolle zu, da diese zumeist die effizientesten Entscheidungsabläufe gewährleisten.[510] Während das Problem von Insichgeschäften bei Vergütungsentscheidungen im Wesentlichen im einstufigen Verwaltungssystem inhärent ist, besteht besonderes Haftungspotential für Aufsichtsratsmitglieder bei Beratungsverträgen mit der Gesellschaft und bei der Entscheidung über die Vergütung des Vorstands. Im Gegensatz zum generellen Verbot der Kreditvergabe an Organmitglieder nach US-amerikanischem Recht, ist das deutsche und das englische Recht liberaler, indem es die Kreditvergabe von Zustimmungserfordernissen durch respektiv Aktionäre bzw. des Aufsichtsrats abhängig macht. Bei großen Publikumsgesellschaften stellt sich die Frage nach Interessenkonflikten weniger aufgrund des Wettbewerbs mit der eigenen Gesellschaft und der Ausnutzung von Geschäftschancen, sondern vielmehr bei Mehrfachposten in verschiedenen Gesellschaften. Solche Mehrfachposten sind in alle untersuchten Rechtsordnungen zulässig und auch weitgehend üblich. Soweit die Gesellschaften nicht miteinander in Wettbewerb stehen und keine Geschäftsverbindungen haben,

---

509 Dazu insb. 7. Kap. II.1.b) und 22. Kap. II.1.b)(1) „Verantwortung für ex ante Überwachung".
510 Dazu insb. 7. Kap. II.2.b) und 22. Kap. II.1.c) „Bedeutung unabhängiger Aufsichtsratsmitglieder".

ist diese Praxis auch unbedenklich; in Konkurrenzunternehmen ist dies jedoch keinesfalls Ausdruck guter Corporate Governance.

Bei den **sonstigen Haftungsquellen**, die Aufsichtsratsmitglieder und nicht geschäftsführende Direktoren in den untersuchten Rechtsordnungen treffen können, sind weitere Gemeinsamkeiten festzustellen. Eine Haftung kommt insbesondere wegen der Verletzung von Verschwiegenheitspflichten und Kapitalerhaltungsvorschriften in Betracht. Im Gegensatz zu deutschem Recht, wonach Aufsichtsräten bei Nichtbefolgung der Entsprechungserklärung zu Corporate Governance Empfehlungen zivilrechtliche Konsequenzen drohen, werden in Großbritannien hieran strafrechtliche Sanktionen geknüpft. Nach englischem Recht obliegt sämtlichen Mitgliedern des Boards eine strenge Insolvenzantragspflicht, wohingegen im zweistufigen Verwaltungssystem der deutschen Aktiengesellschaft diese Pflicht den Vorstand trifft; das US-amerikanische Insolvenzrecht legt dem Board keine solche spezielle Pflicht auf.

Einen **Haftungsausschluss** durch die Gesellschaftssatzung lässt US-amerikanisches Recht im Gegensatz zu deutschem Recht, wo eine solche **Beschränkung der Haftung** nicht möglich ist, bei der Sorgfaltspflicht weitgehend zu. Englisches Recht gestattet dies nur in wenigen Interessenkonfliktsituationen. Übereinstimmend bejaht wird die Frage, ob Aktionäre Organmitglieder durch **Ratifikation** ihres Handelns von der Haftung freistellen können, obwohl der Schutz von Minderheitsaktionären dabei unterschiedlich ausgestaltet ist.

Die **Durchsetzung** von Ansprüchen der Gesellschaft gegen ihre Organmitglieder gestaltet sich in allen Rechtsordnungen als nicht unproblematisch. Vor allem wenn die Klage durch das formell hierfür zuständige Gesellschaftsorgan initiiert werden soll, kommt es zur Durchsetzung in der Regel nur, wenn die betroffenen Organmitglieder nicht in den Entscheidungsprozess miteinbezogen werden. Entscheidend für die Haftungsdurchsetzung gegenüber nicht geschäftsführenden Direktoren und Aufsichtsratsmitgliedern ist es, wie effektiv sich insgesamt die Durchsetzung der Ansprüche der Gesellschaft gegen ihre Organmitglieder durch Aktionäre im Rahmen der sog. Aktionärsklage darstellt. Zur Vorbeugung gegen missbräuchliche Klagen ist in allen untersuchten Rechtsordnungen die Hürde durch gerichtliche Zulassungsverfahren geschaffen worden. Obwohl Reformen in Deutschland und England auf eine Erleichterung von Aktionärsklagen bedacht waren, tragen vergleichsweise niedrige prozessuale Anforderungen sowie weitere Faktoren dazu bei, dass Ansprüche gegen Organmitglieder in den USA häufiger durchgesetzt werden. Die Möglichkeit der Durchsetzung von Ansprüchen gegen Aufsichtsratsmitglieder ist daher zu verbessern, insbesondere die Voraussetzungen für die Aktionärsklage zu erleichtern.[511]

511 Dazu 7. Kap. IV.2. und 22. Kap. II.1.d) „Erleichterung der Aktionärsklage“.

3. Teil: Außenhaftung

Obwohl übereinstimmend nicht geschäftsführende Direktoren und Aufsichtsratsmitglieder grundsätzlich nur gegenüber der Gesellschaft verantwortlich sind, können diese unter entsprechenden Voraussetzungen auch Dritten gegenüber schadensersatzpflichtig sein (Außenhaftung). Insbesondere ist die Außenhaftung für fehlerhafte Informationen am Kapitalmarkt von Interesse. Im Folgenden soll schwerpunktmäßig diese sog. Kapitalmarktinformationshaftung vor dem Hintergrund der speziellen Aufgaben nicht geschäftsführender Direktoren und Aufsichtsratsmitglieder in den verschiedenen Rechtsordnungen dargestellt (Kapitel 8–10) und anschließend verglichen werden (Kapitel 11). Pflichten ergeben sich einerseits bei der Finanzierung der Gesellschaft am Kapitalmarkt durch Offenlegung bei der erstmaligen Markteinführung von Wertpapieren **(Primärmarkt)** und durch (periodische) Publizitätspflichten zur Förderung des nachfolgenden laufenden Handels **(Sekundärmarkt).**[1] Nicht geschäftsführende Organmitglieder sind entweder für die Publizität mit verantwortlich oder haben die Publizitätspflicht der Geschäftsführung zu überwachen. Haftungsbegründendes Verhalten ist typischerweise die Irreführung von Investoren entweder durch falsche oder irreführende Informationen oder durch die Nichtoffenlegung relevanter Informationen. Zivilrechtlich wird Fehlverhalten entweder durch spezialgesetzlich geregeltes Kapitalmarktrecht (I.) oder durch Deliktsrecht (II.) sanktioniert. Erhebliche Bedeutung kommt der Unterscheidung zwischen der Haftung des **Emittenten** und der direkten Haftung von **Organmitgliedern** zu (Anspruchsverpflichtete). Eine Haftung kommt vorwiegend gegenüber Aktionären (Eigenkapitalgeber), sonstigen Anlegern und Gläubigern (Fremdkapitalgeber) und unter Umständen auch gegenüber Arbeitnehmern in Betracht (Anspruchsberechtigung). Sonstige Haftungsquellen (III.), die eine Außenhaftung auslösen können, insbesondere spezialgesetzliche Rechtsgebiete, wie z.B. wegen Diskriminierung, Übernahme-, Umwelt-, Wettbewerbs- und Kartellrecht, werden nur sehr knapp besprochen. Ihre Erörterung würde den Rahmen dieser Arbeit übersteigen. Ohne auf verfahrensrechtliche Besonderheiten detailliert einzugehen, wird aus demselben Grund auch die Erörterung der Geltendmachung von Außenhaftungsansprüchen (IV.) kurz gehalten.

---

1 Hinsichtlich der Art der Information auf dem Sekundärmarkt ist weiter zwischen fehlerhafter Ad-hoc-Publizität und sonstigen Fehlinformationen (fehlerhafter Regelpublizität und fehlerhaften freiwilligen Verlautbarungen) zu unterscheiden. Überblick über das gemeinschaftsrechtliche Regelungswerk hierzu und zum Wertpapierbegriff: *Grundmann,* Europäisches Gesellschaftsrecht, § 18 Rn. 614ff., 609. Zum Wertpapierbegriff aus US-amerikanischer Sicht, vgl. *Kulms,* USA, in: *Hopt/Voigt* (Hrsg.), Prospekt- und Kapitalmarktinformationshaftung, 1104ff.

8. Kapitel: Outside directors nach US-amerikanischem Recht

I. Kapitalmarktrecht

Die wichtigste Quelle für die Außenhaftung nicht geschäftsführender Direktoren nach amerikanischem Recht findet sich im bundesrechtlich geregelten Kapitalmarktrecht (federal securities laws).[2] Rechtsstreitigkeiten werden vorwiegend als kapitalmarktrechtliche Sammelklagen (securities class actions) vor staatlichen Gerichten (federal courts) geltend gemacht. Neben der Gesellschaft selbst werden hauptsächlich der CEO und andere geschäftsführende Direktoren, teilweise aber auch die nicht geschäftsführenden Direktoren, Wirtschaftsprüfer und Investment Banken, verklagt. Die Klagefreudigkeit nach US-amerikanischem Kapitalmarktrecht wird nicht unkritisch betrachtet, denn Klagen werden schon bei größeren Kursschwankungen „automatisch" erhoben.[3]

Verschiedene Pflichten mit teilweise erheblich unterschiedlichen Sorgfaltsanforderungen von Direktoren bestehen sowohl am Primär- wie auch am Sekundärmarkt.[4] Andererseits finden sich Pflichten bei dem eigenen Handel mit Wertpapieren (sog. **Directors' Dealing**[5]) insbesondere beim sog. **Insiderhandel**, welcher aber

---

2 Die anderen Möglichkeiten eines Aktionärs, Klagen in diesem Zusammenhang geltend zu machen (z.B. nach common law bzw. „blue sky law") sind weniger günstig, da diese sowohl in prozessualer als auch in materieller Hinsicht nachteilig sind und daher kaum angestrengt werden (dazu auch unten II.), siehe hierzu: *Choper/Coffee/Gilson*, Cases and materials on corporations, 344–347. Aus der deutschsprachigen Literatur zur Kapitalmarktinformationshaftung in den USA: *Kulms*, USA, in: *Hopt/Voigt* (Hrsg.), Prospekt- und Kapitalmarktinformationshaftung, 1101 ff.

3 Hierzu *Coffee/Seligman/Sale*, Securities Regulation, Cases and Material, 1042–1048 „The Dilemma of Private Securities Litigation". Zu Klagen infolge der Subprime Krise: vgl. z.B. *Editorial*, Business Week „Waiting for the Subprime Lawsuits" (24. 3. 2008), 34, danach wurden bis Ende 2007 knapp 300 Klagen vor staatlichen Gerichten eingereicht ("Typically when investors suffer financial shocks, plaintiffs' lawyers are not shy about rushing to court, suing first and asking questions later"); laufende Aktualisierung: The D&O Diary, abrufbar unter http://www.dandodiary.com/articles/subprime-litigation/(1. 3. 2011).

4 Für den Primärmarkt kombiniert der Securities Act von 1933 (nachfolgend: Securities Act) für öffentliche Angebote eine Registrierungs- und Prospektpflicht mit zivil- und strafrechtlichen Sanktionen; der Exchange Act von 1934 (nachfolgend: Exchange Act) überträgt dieses Regelungskonzept auf den Sekundärmarkt, vgl. dazu *Kulms*, USA, in: *Hopt/Voigt* (Hrsg.), Prospekt- und Kapitalmarktinformationshaftung, 1102.

5 Rechtsvergleichend *Osterloh*, Directors' Dealings: § 15 a WpHG im Vergleich mit den Regelungen in den Vereinigten Staaten von Amerika, Großbritannien sowie der europäischen Marktmissbrauchsrichtlinie unter besonderer Berücksichtigung des persönlichen Anwendungsbereichs, 2007.

bei Missachtung der Vorschriften überwiegend aufsichtsrechtlich durch die SEC oder strafrechtlich sanktioniert wird (dazu unter 12. Kapitel, IV.).[6]

Klagen werden bei der Verletzung von Publizitätspflichten weit überwiegend auf Section 11 des Securities Act oder auf Section 10(b) des Exchange Acts i.V.m. Rule 10b-5 gestützt.[7]

1. Primärmarkt – WorldCom und Enron

a) Section 11 Securities Act

Sec. 11 des Securities Act gibt Investoren eine weitreichende Anspruchsgrundlage, um sicherzustellen, dass die Offenlegung von Informationen bei der erstmaligen Markteinführung von Wertpapieren materiell korrekt ist. Nach dieser Vorschrift haften alle Personen, die für die im Rahmen des öffentlichen Angebots abgegebene Registrierungserklärung (registration statement) verantwortlich sind, gegenüber Erwerbern von Wertpapieren, falls diese Erklärung unwahre oder irreführende Angaben enthält oder es unterlassen wurde, relevante Tatsachen bei Abgabe der Erklärung vorzunehmen.[8] **Verantwortlich** für die Erklärung sind ausdrücklich der Vorschrift unter anderem alle Personen, welche die Erklärung unterzeichnet haben, und **alle Direktoren** der Gesellschaft zum Zeitpunkt der Abgabe der Erklärung (oder solche, die in der Erklärung als Direktoren oder zukünftige genannt werden).[9] Der Kreis der Anspruchssteller beschränkt sich nicht nur auf Käufer bei

---

6 Die Verletzung der Vorschriften über den Insiderhandel können aber auch sowohl zur Außen- als auch zur Innenhaftung führen: Nach sec. 20A Exchange Act haftet jede Person, die Vorschriften über das insider trading verletzt, gegenüber einer anderen Person, die zum gleichen Zeitpunkt Wertpapiere kauft oder verkauft, wobei die Höhe des Schadensersatzanspruchs auf den durch den Insiderhandel erzielten Gewinn bzw. auf den dadurch vermiedenen Verlust beschränkt ist. Um kurzfristige Spekulationen von Aktionären zu unterbinden (short-swing trading), müssen Direktoren, die mehr als 10% der Anteile (equity security) der Gesellschaft halten bzw. solche erwerben, nach sec. 16(a) Exchange Act bei der SEC einen Bericht hierüber abgeben. Bei einem Verkauf der Anteile innerhalb eines Zeitraums von sechs Monaten nach Erwerb hat ein solcher Anteilseigner gem. sec. 16(b) sämtlichen dadurch erzielten Gewinn der Gesellschaft herauszugeben. Soweit die Gesellschaft den Anspruch nicht geltend macht, kann jeder Aktionär diese Klage im Namen der Gesellschaft geltend machen. Hierzu ausführlich: z.B. *Coffee/Seligman*/Sale, Securities Regulation, Cases and Material, 1185–1208; *Fanto,* Directors' and officers' liability, § 6:3.2 (A)(B), 6-35 ff.; *Soderquist/Gabaldon*, Securities Law, 172 ff.

7 Ansprüche nach sec. 11 werden häufig mit Ansprüchen nach sec. 15 Securities Act geltend gemacht; Ansprüche aus sec. 10(b) mit solchen aus sec. 20(a) Exchange Act (controlling persons) (dazu unten 2.c). Ansprüche nach sec. 14(a) (misdisclosure in proxy statement) und nach sec. 9(a) Exchange Act (Manipulation von Wertpapierkursen) sind weitaus unüblicher und werden wegen ihrer geringen Bedeutung für nicht geschäftsführende Direktoren nicht besprochen; ebenso sec. 12 Securities Act, welcher unvollständige Verkaufsprospekte und mündliche Erklärungen sanktioniert, aber eine unmittelbare Vertragsbeziehung zwischen den Parteien des Schadensersatzprozesses voraussetzt, vgl. *Kulms,* USA, in: *Hopt/Voigt* (Hrsg.), Prospekt- und Kapitalmarktinformationshaftung, 1119 ff.

8 Vgl. sec. 11(a) Securities Act, 15 U.S.C. sec. 77k(a).

9 Vgl. sec. 11(a)(1)-(3) Securities Act, 15 U.S.C. sec. 77k(a)(1)-(3). Nach sec. 6 (a) Securities Act haben neben dem Emittenten unter anderem dessen executive officer und dessen financial officer die Registrierungsunterlagen zu unterzeichnen.

Markteinführung (Ersterwerber), sondern auch auf solche, die registrierte Wertpapiere durch Handel im Zweitmarkt erworben haben (deren Rechtsnachfolger).[10] Nicht geschäftsführende Direktoren haften, wenn sie die von der Gesellschaft zur Verfügung gestellten Informationen nicht nachprüfen und sich diese als inhaltlich falsch oder irreführend herausstellen.

Ein Kläger muss grundsätzlich weder beweisen, dass wissentlich gehandelt wurde, dass er auf die Erklärung hinsichtlich ihrer Vollständigkeit bzw. ihre Richtigkeit vertraut hat (haftungsbegründende Kausalität) oder dass er die Erklärung bzw. den Prospekt tatsächlich gelesen hat, noch die **Kausalität** zwischen Vertrauen auf die Angaben und dem eingetretenen Schaden.[11] Während der ersten zwölf Monate nach Wirksamwerden der Registrierungsunterlagen gilt die Vermutung zugunsten des Klägers, dass er sich auf die dort enthaltenen Angaben verlassen hat.[12] Investoren dürfen sich grundsätzlich auf die Integrität des Kapitalmarktes verlassen.[13] Ein Beklagter kann jedoch darlegen, dass der Schaden bzw. ein Teil des Schadens auf anderen Umständen als der fehlerhaften Erklärung oder der unterlassenen Erklärung beruht (haftungsbegründende Kausalität).[14]

Die Höhe des **Schadens**ersatzes bestimmt sich vorwiegend aus der Differenz des gezahlten Preises (der jedoch nicht höher als der Ausgabepreis gewesen sein darf, z.B. durch Erwerb auf dem freien Markt) und dem Wert des Papiers zum Zeitpunkt der Klageerhebung.[15] Die Beklagten haften grundsätzlich **gesamtschuldnerisch** für den Schaden und können daher – außer in Fällen betrügerischen Verhaltens – Regress bei den anderen Beklagten nehmen.[16] Für nicht geschäftsführende Direktoren besteht jedoch eine Haftungserleichterung, die auf eine **verhältnismäßige Schadensbeteiligung** abzielt.[17] Ein nicht geschäftsführender Direktor haftet nur dann gesamtschuldnerisch, wenn eine Prüfung der Tatsachen implizit ergibt, dass dieser wissentlich einen Verstoß gegen kapitalmarktrechtliche Vorschriften begangen hat.[18] Anderenfalls haftet ein nicht geschäftsführender Direktor nur in dem Verhältnis zum Gesamtschaden, der seinem Anteil an der Gesamtverantwortung entspricht, welcher durch die Berücksichtigung seiner gesell-

---

10 Vgl. *Coffee/Seligman*/Sale, Securities Regulation, Cases and Material, 846; *Soderquist/Gabaldon*, Securities Law, 109.

11 Vgl. *Coffee/Seligman*/Sale, Securities Regulation, Cases and Material, 846; *Soderquist/Gabaldon*, Securities Law, 109; *Fanto*, Directors' and officers' liability, § 6:2.1(A)(3)(d), 6-12.

12 Sec. 11 (a) Securities Act. Eine Ausnahme ergibt sich, wenn der Kläger die Wertpapiere erworben hat, nachdem die Gesellschaft ein sog. earnings statement über einen Zeitraum von zwölf Monaten ihren Anlegern zugänglich gemacht hat.

13 *Kulms*, USA, in: *Hopt/Voigt* (Hrsg.), Prospekt- und Kapitalmarktinformationshaftung, 1123 bes. Fn. 139 mit weiteren Nachweisen.

14 Vgl. sec. 11(e) Securities Act, 15 U.S.C. sec. 77k(e).

15 Vgl. sec. 11(e) Securities Act, 15 U.S.C. sec. 77k(e). Alternativ kann der Schaden durch die Differenz zwischen Ausgabepreis und dem Verkaufspreis vor Klageerhebung oder nach Klageerhebung, jedoch vor Erlass des Urteils berechnet werden, soweit dieser geringer ist als die erste Variante.

16 Vgl. sec. 11(f)(1) Securities Act, 15 U.S.C. sec. 77k(f)(1).

17 Dazu auch *Kulms*, USA, in: *Hopt/Voigt* (Hrsg.), Prospekt- und Kapitalmarktinformationshaftung, 1130.

18 Vgl. sec. 11(f)(2)(A) Securities Act, 15 U.S.C. sec. 77k(f)(2)(A) i.V.m. sec. 21D(f)(2)(A) Exchange Act, 15 U.S.C. sec. 78u-4(f)(2)(A).

schaftsbezogenen Aufgabe und den dadurch kausal verursachten Schaden bestimmt wird.[19] Jeder outside director, der vor dem abschließenden Urteil einen Vergleich eingeht, ist von Regressansprüchen im Innenverhältnis befreit, verliert jedoch seinerseits etwaige Regressansprüche.[20]

Es bestehen zwei gesetzliche **Exkulpationsmöglichkeiten:** zum einen der Schutz durch sog. **whistleblowing** und zum anderen die Darlegung der Erfüllung der ordnungsgemäßen Sorgfalt **(due diligence defense).**

Erstgenannte schützt den Direktor unter anderem vor der Haftung, wenn dieser vor Wirksamwerden der Erklärung sein Amt niederlegt oder die Niederlegung seines Amtes einleitet und sowohl die SEC als auch die Gesellschaft von seiner Niederlegung benachrichtigt und sich öffentlich erklärt, für bestimmte Bestandteile der Erklärung keine Verantwortung zu übernehmen.[21]

Letztere befreit den Direktor im Wesentlichen von der Haftung, wenn er bei Überprüfung der Erklärung **ordentliche Sorgfalt** hat walten lassen. Der Sorgfaltsstandard bestimmt sich danach, wie sich eine umsichtige Person bei der Führung ihrer eigenen Vermögensbetreuung verhalten hätte (prudent man in the management of his own property).[22] Der Sorgfaltsmaßstab variiert in verschiedenen Situationen je nachdem, ob der relevante Teil der Erklärung durch einen Experten (z. B. einen Wirtschaftsprüfer) erstellt worden ist oder nicht.

Bei Bestandteilen der Erklärung, die **nicht** durch einen **Experten** erstellt worden sind, muss derjenige, der sich auf die Vorschrift beruft, durch Tatsachen darlegen, dass er „nach vernünftigerweise anzustellenden **Nachforschungen** vernünftige Grundlagen für seine Annahme hatte, dass Angaben vollständig und korrekt sind.“[23] Was „vernünftig“ ist, bestimmt sich nach seiner Stellung im Unternehmen, seiner individuellen Ausbildung, seinem Hintergrund, Wissen und seiner

---

19 Vgl. sec. 11(f)(2)(A) Securities Act, 15 U.S.C. sec. 77k(f)(2)(A) i. V. m. sec. 21D(f)(2)(B)(i),(3)(C) Exchange Act, 15 U.S.C sec. 78u-4(f)(2)(B)(i),(3)(C). Das in der Ausgangsthese 3. dargestellte Problem bei der Gesamtschuldnerhaftung durch das erhöhte Risiko der Inanspruchnahme und das Regressrisiko wird hierdurch behoben. Da nicht geschäftsführende Direktoren typischerweise nur Überwachungspflichten verletzen, ist ihr Haftungsanteil in der Regel nur gering, so auch *Black/Cheffins/Klausner,* Nicht-geschäftsführende Direktoren, Haftungsrisiko und Corporate Governance: Eine rechtsvergleichende Analyse, 16, Fn. 35.

20 Vgl. sec. 11(f)(2)(A) Securities Act, 15 U.S.C. sec. 77k(f)(2)(A) i. V. m. sec. 21D(f)(7) Exchange Act, 15 U.S.C. sec. 78u-4(f)(7). Diese Regelung wird teilweise nachteilig für nicht geschäftsführende Direktoren angesehen, da nach einem Vergleich der Schadensanspruch gegen die restlichen Beklagten um die verhältnismäßige Schadensbeteiligung verringert wird. Da diese typischerweise höher sein wird als die Vergleichssumme, werden Kläger nur zurückhaltend Vergleiche mit den nicht geschäftsführenden Direktoren eingehen, um so den Gesamtschaden zu erlangen, vgl. *Black/Cheffins/Klausner,* Outside Director Liability,1082.

21 Vgl. sec. 11(b)(1) Securities Act, 15 U.S.C. sec. 77k(b)(1). Dazu auch *Kulms,* USA, in: *Hopt/Voigt* (Hrsg.), Prospekt- und Kapitalmarktinformationshaftung, 1123 ff.

22 Vgl. sec. 11(c) Securities Act, 15 U.S.C. sec. 77k(c).

23 Vgl. sec. 11(b)(3)(A) Securities Act, 15 U.S.C. sec. 77k(b)(3)(A).

persönlichen Erfahrung.[24] Ein geschäftsführender Direktor wird daher an einem höheren Sorgfaltsstandard gemessen als ein nicht geschäftsführender; ein Direktor mit finanz- oder wirtschaftsrechtlichem Hintergrund an einem höheren Standard als ein Direktor ohne diesen Hintergrund.[25] Die Bestimmung des Sorgfaltspflichtstandards von nicht geschäftsführenden Direktoren, die sich im Wesentlichen auf die Ausarbeitung der Geschäftsführung verlassen, stellt sich als problematisch dar. Unter keinen Umständen kann sich ein nicht geschäftsführender Direktor schlicht darauf berufen, er habe auf die officers der Gesellschaft vertraut, die die Erklärung vorbereitet haben.[26] Nicht geschäftsführende Direktoren dürfen zwar ihre Nachforschungspflicht delegieren, jedoch haften sie, wenn die Person, auf die delegiert wurde, ihren Pflichten nicht ordnungsgemäß nachkommt.[27] Eine kritische Überprüfung der Erklärung und der Präsentationen der Geschäftsführung ist zwingend.[28] Es ist jedoch nicht notwendig, dass separate Nachforschungen bezüglich jedes einzelnen Bestandteils der Erklärung angestellt werden. Die Vorbereitung durch spezielle Ausschüsse sowie die Durchsicht (review) der wesentliche Teile rechtfertigen das Vertrauen auf die Korrektheit, soweit sich sonst keine besonderen Anhaltspunkte für die Unrichtigkeit aufdrängen (sog. red flags).[29] Nach den folgenschweren Unternehmensskandalen – insbesondere WorldCom – ist davon auszugehen, dass Gerichte einen strengeren Maßstab an nicht geschäftsführende Direktoren anlegen werden.[30]

Bei Bestandteilen der Erklärung, die durch einen **Experten** erstellt worden sind, dürfen **keine** vernünftigen Grundlagen für seine Annahme bestanden haben, dass die Erklärung unvollständig oder unkorrekt ist.[31] Diese Teile der Erklärung sind typischerweise die durch eine unabhängige Wirtschaftsprüfungsgesellschaft geprüften Bilanzen. Blindes Vertrauen unter Missachtung von konkreten Anhaltspunkten kann jedoch auch hier zur Haftung führen.[32]

Durch das Zusammenspiel von Haftungszuweisung (sec. 11 (a) Securities Act verlangt kein Verschulden) und Haftungsausschluss (ordentliche Sorgfalt) werden nicht geschäftsführende Direktoren somit an einem einfachen **Fahrlässigkeitsstandard** gemessen, der materiell für Kläger deutlich günstiger ist als der Haftungsmaßstab unter sec. 10(b) Exchange Act bzw. der nach bundesstaatlichem Gesellschaftsrecht.[33]

---

24 Vgl. *Escott v. BarChris,* 283 F. Supp. 643, 684–697 (S.D.N.Y. 1968). Dargestellt bei *Coffee/Seligman/*Sale, Securities Regulation, Cases and Material, 847–863. Dazu auch *Kulms,* USA, in: *Hopt/Voigt* (Hrsg.), Prospekt- und Kapitalmarktinformationshaftung, 1124 ff.

25 Vgl. *In re* WorldCom Sec. Litig., 2005 U.S. Dist. LEXIS 4193, 24–25 (S.D.N.Y. 21. März 2005).

26 So auch *Fanto,* Directors' and officers' liability, § 6:2.1(A)(3)(c)(i), 6-9 f.

27 Vgl. *Escott v. BarChris.* (Nachweis bei *Coffee/Seligman/Sale,* Securities Regulation, Cases and Material, 885).

28 Vgl. *Fanto,* Directors' and officers' liability, § 6:2.1(A)(3)(c)(ii), 6-11.

29 Vgl. *Fanto,* Directors' and officers' liability, § 6:2.1(A)(3)(c)(ii), 6-10 f.

30 So *Coffee Jr.,* Gatekeepers: The Professions and Corporate Governance, 355–356.

31 Vgl. sec. 11(b)(3)(C) Securities Act, 15 U.S.C. sec. 77k(b)(3)(C).

32 Vgl. WorldCom (dazu unten); *In re* Software Toolworks, Inc. Sec. Litig., 50 F.3d. 615 (9th Cir. 1994). Dargestellt bei *Coffee/Seligman/*Sale, Securities Regulation, Cases and Material, 863–868.

33 Vgl. *Black/Cheffins/Klausner,* Outside Director Liability, 1078.

b) WorldCom[34]

Die Kläger – angeführt durch den New York State Common Retirement Fund (NYSCRF) – in der Sammelklage **WorldCom**[35] stützten ihren Anspruch auf sec. 11 des Securities Act. Die Unternehmenspleite von WorldCom war – gefolgt von Enron – die bislang größte Insolvenz in der Geschichte der USA. Die 12 outside directors haben sich im Zuge der vergleichsweisen Beilegung bereit erklärt – neben der Leistung durch die D&O Versicherungen in Höhe von 35 Millionen Dollar – insgesamt 24,75 Millionen Dollar aus eigener Tasche zu bezahlen.[36] Die geschäftsführenden Direktoren haben in der Zeit zwischen 1999 und 2002 milliardenschweren Bilanzbetrug begangen, der letztlich zum Zusammenbruch des Unternehmens geführt hat. Beklagte in der Sammelklage waren sowohl die geschäftsführenden Direktoren, die nicht geschäftsführenden Direktoren, die Wirtschaftsprüfungsgesellschaft Arthur Andersen als auch insgesamt 18 Banken. Im Jahr 2005 wurde der Rechtsstreit gegen Gesamtleistungen i. H. v. 6 Milliarden Dollar verglichen.

Die Grundlage der Klage nach sec. 11 des Securities Act war sowohl Fehlinformationen und die Nichtoffenlegung von relevanten Informationen in Registrierungserklärungen im Zusammenhang mit der Herausgabe von zwei Anleihen in den Jahren 2000 und 2001. Die Kläger führten an, dass sich die nicht geschäftsführenden Direktoren im Wesentlichen wegen drei verschiedener Umstände haftbar gemacht haben: Erstens wegen Bilanzbetrugs, zweitens wegen der vorwerfbaren Nichtoffenlegung in den Registrierungserklärungen, nämlich des Umstands, dass Kredite an den CEO vergeben wurden, und drittens wegen der Nichtoffenlegung der inadäquaten Aufsicht des Boards bei den getätigten Akquisitionen von WorldCom. Wenigstens bei den ersten zwei Anschuldigungen lagen die Voraussetzungen der getätigten Fehlinformationen und Nichtoffenlegungen offenkundig vor. Der einzige Ausnahmetatbestand, auf den sich die nicht geschäftsführenden Direktoren hätten berufen können, wäre somit die due diligence defense gewesen.

Bei dem Vorwurf des Bilanzbetrugs hatten die nicht geschäftsführenden Direktoren eine relativ günstige Ausgangslage, da die Bilanzen durch die Wirtschaftsprüfungsgesellschaft Arthur Andersen als „Experten" erstellt wurden. Die nicht geschäftsführenden Direktoren hätten daher darlegen müssen, dass sie keine vernünftigen Grundlagen für ihre Annahme hatten, dass die Erklärungen unvollständig oder unkorrekt waren. Der *Thornburgh Report* und der Bericht des sich aus später gewählten Direktoren zusammengesetzten *Special Committee Report* fand heraus, dass das Board und das Prüfungskomitee von WorldCom äußerst passiv waren und schlichtweg ihre Aufsichtsfunktionen verletzt hatten.[37] Das Prüfungskomitee „spielte eine so

34 Ausführungen angelehnt an *Black/Cheffins/Klausner*, Outside Director Liability.

35 *In re* WorldCom, Inc. Sec. Litig., 345 F.2d. 628 (S.D.N.Y. 2004) und 2005 WL 335201 (S.D.N.Y. 2005).

36 *In re* WorldCom, Inc. Sec. Litig., 2005 WL 335201 (S.D.N.Y. 2005). Nachrichten und Dokumente zu WorldCom einsehbar unter http://news.findlaw.com/legalnews/lit/worldcom/index.html (1. 3. 2011).

37 THIRD AND FINAL REPORT OF DICK THORNBURGH, BANKRUPTCY COURT EXAMINER (nachfolgend *Thornburgh Report*), einsehbar unter http://www.klgates.com/files/tbl_s48News/PDF

untergeordnete Rolle bei der Aufsicht von WorldCom, dass es unwahrscheinlich gewesen wäre, wenn überhaupt ein Finanzbetrug – außer der höchst offenkundigste – ihre Aufmerksamkeit geweckt hätte."[38] Auf der anderen Seite sind die Berichte zu dem Ergebnis gekommen, dass die nicht geschäftsführenden Direktoren tatsächlich nichts von dem Bilanzbetrug gewusst haben, die Geschäftsführung diesen vor ihnen aktiv verdeckt gehalten hat und dass die Wirtschaftsprüfer ihnen versichert hatten, dass die Bilanzen keinerlei Probleme aufwerfen. Ohne irgendwelche konkreten Anhaltspunkte (red flags) kann das Board jedoch auf die Arbeit der Wirtschaftsprüfer vertrauen. Daher wird davon ausgegangen, dass die nicht geschäftsführenden Direktoren sich im Hinblick auf diese Anschuldigung auf die due diligence defense hätten berufen können.[39] Das Gericht hat jedoch einem nicht geschäftsführenden Direktor von WorldCom den Schutz dieser Vorschrift versagt, da sich ihm aufgrund seiner Expertise in der Telekommunikationsindustrie der massive Betrug in den Bilanzen hätte aufdrängen müssen.[40]

Die zweite Anschuldigung bezog sich auf Kredite und Kreditzusagen an den damaligen CEO Bernhard Ebbers i.H.v. insgesamt über 250 Millionen Dollar. Die Kläger machten geltend, dass eine der Registrierungserklärungen sec. 11 Securities Act verletzt habe. Die Erklärung habe nicht offengelegt, dass die Kredite und die Zusagen ohne ausreichende Sicherheiten, unterhalb der marktüblichen Zinsen und ohne Zustimmung des Boards vergeben wurden. Die Beweislage hinsichtlich dieser Anschuldigung war erdrückend. Der *Special Committee Report* war hierzu eindeutig: „Durch diese Kredite nahm WorldCom Risiken auf, die kein Finanzinstitut auf sich genommen hätte (…) es ist unverständlich, wie das Vergütungskomitee oder das Board zu der Auffassung kommen konnten, diese Kredite seien im besten Interesse der Gesellschaft gewesen."[41] Die Due Diligence Verteidigung wäre den nicht geschäftsführenden Direktoren hier aller Voraussicht nach nicht zugutegekommen.[42] Nicht geklärt bleibt jedoch, wie hoch der Verursachungsbeitrag der nicht geschäftsführenden Direktoren im Verhältnis zum Gesamtschaden war. Denn der weitaus größte Schaden wurde durch den Bilanzbetrug verursacht und hinsichtlich der Kredite traf den CEO die überwiegende Verantwortung.

Die dritte Haftungsgrundlage des Anspruchs betraf das Fehlverhalten des Boards hinsichtlich der Nichtoffenlegung der Tatsache, dass die Aufsicht des Boards über die Akquisitionen der Gesellschaft unzureichend war. Der *Thornburgh Report* führte aus, dass das Board sich seit 1999 zunehmend passiv verhalten habe und dass diese Passivität letztlich zur Genehmigung von Milliarden-Transaktionen des früheren Management führte, ohne dabei irgendwelche Daten zur Verfügung gehabt zu

---

Upload307/10129/WorldCom_Report_final.pdf (1. 3. 2011); *Dennis R. Beresford u.a.*, REPORT OF INVESTIGATION BY THE SPECIAL INVESTIGATIVE COMMITTEE OF THE BOARD OF DIRECTORS OF WORLDCOM, INC. (nachfolgend *Special Committee Report*), einsehbar unter http://news.findlaw.com/hdocs/docs/worldcom/bdspcomm60903rpt.pdf (1. 3. 2011).

38 *Special Committee Report* 278.

39 So *Black/Cheffins/Klausner*, Outside Director Liability, 1123.

40 Vgl. *In re* WorldCom Sec. Litig., 2005 U.S. Dist. LEXIS 4193, 34–35 (S.D.N.Y. 21. März 2005).

41 *Special Committee Report* 292 f.

42 So auch *Black/Cheffins/Klausner*, Outside Director Liability, 1122.

haben.[43] Ein Berufen auf die gesetzliche Verteidigungsmöglichkeit wäre hier voraussichtlich ebenso wenig Erfolg versprechend gewesen, denn die nicht geschäftsführenden Direktoren hätten zu beweisen gehabt, dass sie vernünftige Nachforschungen im Hinblick auf ihr eigenes Fehlverhalten angestellt haben. Die nicht geschäftsführenden Direktoren hätten daher bei diesem Teil des Anspruchs für den entstandenen Schaden gehaftet; zudem war ihr Verursachungsbeitrag dabei relativ hoch.[44]

Neben dem Vorliegen der materiellen Voraussetzungen waren aber auch weitere Bedingungen für die persönlich Haftung der nicht geschäftsführenden Direktoren für die Kläger günstig: WorldCom war mittlerweile insolvent. Die D&O Versicherung deckte nur einen geringen Teil der entstandenen Schäden ab und wäre wegen des betrügerischen Verhaltens im Zweifel überhaupt nicht zur Verfügung gestanden. Die nicht geschäftsführenden Direktoren waren sehr wohlhabend. Die Mitbeklagten waren zahlungskräftig und schließlich kam es den Kläger gerade darauf an, dass die nicht geschäftsführenden Direktoren persönlich für den entstanden Schaden mithaften.[45]

c) Enron[46]

In dem Fall **Enron**[47] wurde sowohl eine Klage unter Kapitalmarktrecht nach sec. 11 Securities Act und sec. 10(b) Exchange Act von dem Hauptkläger, der Regents of the University of California, als auch eine Klage nach dem Employment Retirement Income Security Act (ERISA) durch das U.S. Department of Labor (DoL) angestrengt (dazu unten III.). Zur vergleichsweisen Beilegung der ersten Klage haben zehn nicht geschäftsführende Direktoren 13 Millionen Dollar gezahlt; zur Beilegung der zweiten 1,5 Millionen Dollar.[48] Der Finanzbetrug – der an Komplexität den Betrug von WorldCom deutlich übertraf – wurde 2001 aufgedeckt, nachdem Enron ankündigte, seine Bilanzen für die Jahre 1997 bis 2001 zu berichtigen. Zahlreiche Transaktionen wurden zur Verdunklung der finanziellen Situation des Unternehmens und zur Bereicherung der Seniorgeschäftsführung ausgestaltet. Es wurden Zweckgesellschaften gegründet, bei denen die Senior Executives von Enron die Geschäftsführungsposten besetzten, um so Geschäfte zu nicht marktüblichen Konditionen mit diesen einzugehen, die Bilanzen zu fälschen und tatsächlich nicht vorhanden Gewinne vorzutäuschen.

Wie bei WorldCom haben auch hier unabhängige Berichte überzeugende Beweise für betrügerische Geschäfte ausgemacht und bestätigt, dass die Registrierungser-

---

43 *Thornburgh Report* 372.
44 So *Black/Cheffins/Klausner*, Outside Director Liability, 1123.
45 *Black/Cheffins/Klausner*, Outside Director Liability, 1123, beschreiben dieses Szenario als „perfect storm“, unter dessen Bedingungen das Risiko der persönlichen Haftung von nicht geschäftsführenden Direktoren am größten ist.
46 Ausführungen angelehnt an *Black/Cheffins/Klausner*, Outside Director Liability.
47 *In re* Enron Corp. Sec., Derivate & ERISA Litig., 235 F. Supp. 2d 549 (S.D. Tex. 2002).
48 Nachrichten und Dokumente zu Enron einsehbar unter http://news.findlaw.com/legalnews/lit/enron/index.html (1. 3. 2011).

klärungen Fehlinformationen beinhalteten und substanzielle Tatsachen nicht offengelegt wurden.[49] Die entscheidende Frage war auch hier, ob sich die nicht geschäftsführenden Direktoren auf die Due Diligence Verteidigung berufen hätten können.

Sogar bei den geprüften Bilanzen wäre hier jedoch nach aller Voraussicht zu entscheiden gewesen, dass sich den nicht geschäftsführenden Direktoren konkrete Anhaltspunkte hätten aufdrängen müssen, die ihr passives Verhalten nicht rechtfertigen hätten können. Hinsichtlich einer Transaktion wurde das Board darauf hingewiesen, dass Risiken vorlagen, welche der genauen bilanziellen Überprüfung bedurften. Der *Powers* Bericht identifizierte diesen Hinweis als sog. red flag, welcher das Board dazu hätte veranlassen müssen, an das Prüfungs- und Compliance Komitee heranzutreten, um eine weitere Überprüfung vorzunehmen. Die Berichte kritisierten das Aufsichtsversagen des Boards schwer. Hinzu kommt, dass die Wirtschaftsprüfungsgesellschaft regelmäßig mit dem Prüfungskomitee zusammengetreten war und dieses darüber informierte, dass die buchführerischen Praktiken der Gesellschaft „hoch risikoreich" waren, dazu tendierten, „Grenzen auszutesten (push limits)", und an der Grenze zu inakzeptablen Praktiken lagen.[50] Nichtsdestotrotz haben die Mitglieder des Prüfungskomitees weder versucht, diese Praktiken zu überblicken, noch angestrengt, die Wirtschaftsprüfer erneut zu konsultieren. Indem die Wirtschaftsprüfungsgesellschaft letztendlich Enron jährlich einen Abschlussbericht (Testat) ausstellte, hat das Board seine Pflicht verletzt, dafür zu sorgen, dass die Gesellschaft eine verantwortungsvolle Abschlussprüfung vornimmt. Daher wird angenommen, dass die nicht geschäftsführenden Direktoren im Rahmen von sec. 11 Securities Act wohl keinen Erfolg damit gehabt hätten, darzulegen, sie hätten vernünftige Grundlagen für die Annahme gehabt, dass die Bilanzen akkurat waren.[51]

Weiterhin betrafen zahlreiche Anschuldigungen Bestandteile der Erklärung, die nicht im Zuständigkeitsbereich der Wirtschaftsprüfer lagen. Denn auch die Aufsicht des Boards bei den erwähnten Gründungen und Verwendungen der Zweckgesellschaften war höchst zweifelhaft. Diese begründeten erhebliche Bedenken im Hinblick auf Interessenkonflikte von bestimmten geschäftsführenden Direktoren. Durch die Genehmigung einiger risikobehafteter Interessenkonfliktsituationen – so der *Powers Report* – hatte das Board die Pflicht, die sich anschließenden Transaktionen sorgsam zu verfolgen.[52] Dem ist das Board nicht nachgekommen.

Im Falle eines abschließenden Urteils wären die nicht geschäftsführenden Direktoren voraussichtlich nach sec. 11 Securities Act als schadensersatzpflichtig erach-

---

49 *WILLIAM C. POWERS, JR. u.a.*, REPORT OF INVESTIGATION BY THE SPECIAL INVESTIGATIVE COMMITTEE OF THE BOARD OF DIRECTORS OF ENRON CORPORATION (2002) (nachfolgend *Powers Report*); PERMANENT SUBCOMM. OF INVESTIGATIONS OF THE S. COMM. ON GOVERNMENTAL AFFAIRS, THE ROLE OF THE BOARD OF DIRECTORS IN ENRON'S COLLAPSE, S. REP. NO. 107-70 (2d Sess. 2002) (nachfolgend *Senate Report*).

50 *In re* Enron Corp. Sec., Derivate & ERISA Litig., 258 F. Supp. 2d 576, 640 (S.D. Tex. 2003).

51 Vgl. *Black/Cheffins/Klausner*, Outside Director Liability, 1127.

52 *Powers Report* 23.

tet worden.[53] Schließlich waren die sonstigen Umstände bei Enron für die persönliche Haftung der nicht geschäftsführenden Direktoren – wie bei WorldCom – für die Kläger günstig, d.h. Insolvenz des Unternehmens, die Versicherungsdeckung weit übersteigende Schadensersatzforderungen, wohlhabende Direktoren, solvente Mitbeklagte und das Bestehen der Kläger darauf, dass die nicht geschäftsführenden Direktoren persönlich zur Rechenschaft gezogen werden.

2. Sekundärmarkt

a) Rule 10b-5

Section 10(b) Exchange Act i.V.m. Rule 10b-5 (**antifraud liability** – manipulierende und betrügerische Verhaltensweisen) dient als Schadensersatzgrundlage für Investoren, die auf Informationen bzw. deren unterlassene Offenlegung beim Handel im Zweitmarkt vertraut haben (auch bei Privatplatzierungen).[54] Organmitglieder haften gegenüber Käufern und **Verkäufern** für Fehler in der Unternehmenspublizität, wenn sie Kenntnis von der fehlerhaften Darstellung hatten oder diese leichtfertig nicht verhinderten. Der **Darlegungsstandard** ist hier im Vergleich zu sec. 11 **deutlich gesteigert.** Kläger müssen eine erhebliche Beteiligung des Direktors mit ausreichenden Fakten substanziieren (particularity)[55] und beweisen, dass dieser mindestens – was teilweise als ausreichend angesehen wird – rücksichtslos (reckless) die Wahrheit außer Acht gelassen hat oder einen vorsätzlichen Betrug begangen hat (scienter).[56] Anhaltspunkte erheblicher Beteiligungen sind bei Klagen gegen nicht geschäftsführende Direktoren für Kläger nur schwer darzulegen. Solche drängen sich z.B. dann auf, wenn nicht geschäftsführende Direktoren Berichten über Probleme – wie Warnungen von Wirtschaftsprüfern über fehlende interne Kontrollmechanismen[57] – in ihrem Unternehmen nicht nachgehen oder eine verdächtig große Zahl an Aktienpaketen kurz vor der Veröffentlichung nachteiliger Unternehmensnachrichten verkaufen.

Weiterhin müssen Kläger beweisen, dass das Verhalten eines bestimmten Beklagten gerade den Schaden verursacht hat.[58] Bei dem Beweis des **Vertrauens** auf die Richtigkeit der Informationen und der **Kausalität** hilft Klägern jedoch die Vermutung

---

53 So *Black/Cheffins/Klausner*, Outside Director Liability, 1128.

54 Dazu *Kulms*, USA, in: *Hopt/Voigt* (Hrsg.), Prospekt- und Kapitalmarktinformationshaftung, 1139ff.

55 *Ernst & Ernst v. Hochfelder*, 425 U.S. 185 (1976). Dargestellt bei *Coffee/Seligman*/Sale, Securities Regulation, Cases and Material, 994–998 (Nachweis bei Fanto 6-15, Fn. 49).

56 *SEC v. U.S. Envtl., Inc.*, 155 F.3d 107 (2d Cir. 1998) (Nachweis bei Fanto 6-15, Fn. 50). Aus der deutschsprachigen Literatur *Hopt/Voigt*, in: *dies.*, Prospekt- und Kapitalmarktinformationshaftung, 125f. bes. Fn. 786 und 787 mit weiteren Nachweisen dazu, dass Berufungsgerichte überwiegend recklessness ausreichen lassen und dass dieser Begriff sich am treffendsten mit bewusster Fahrlässigkeit übersetzen lässt.

57 *In re* Lernout & Hauspie Sec. Litig., 286 B.R. 33, 37-38 (D. Mass. 2002).

58 15 U.S.C. sec. 78u-4(b)(4); *Kulms*, USA, in: *Hopt/Voigt* (Hrsg.), Prospekt- und Kapitalmarktinformationshaftung, 1141 f. mit weiteren Nachweisen.

durch die sog. fraud on the market theory.[59] Es existiert bei Anwendung dieser Theorie eine **widerlegbare Kausalitätsvermutung,** dass sich der Anleger auf die Integrität eines effizienten und entwickelten Anlagemarkts verlassen hat. Diese Vermutung beruht auf der Hypothese, dass in öffentlichen und entwickelten Kapitalmärkten der Preis einer Aktie sich durch die zugänglichen substanziellen Informationen über das Unternehmen und ihr Geschäft bestimmt.[60] Danach liegt die erforderliche Kausalität in der täuschungsbedingten Verursachung überhöhter Aktienkurse. Gerichte nehmen an, dass Anleger nicht nur auf den Marktpreis vertrauen, sondern bereits auf die Integrität der sich im Aktienkurs widerspiegelnden Informationen.[61] Dieses Vertrauen erscheint im Hinblick auf das kapitalmarktrechtliche Schutzgut der Marktfunktionsfähigkeit auch schutzwürdig. Für das Aktiengeschäft eines Anlegers ist die Falschinformation des Emittenten dann zumindest mitursächlich. Die Beweispflicht des Anlegers reduziert sich auf die Feststellung eines effizienten Kapitalmarkts zum Zeitpunkt des Aktienerwerbs.[62] Gerade bei Sammelklagen wird diese Doktrin aus Praktikabilitätsgründen für unverzichtbar gehalten. Der Nachweis des Vertrauens einzelner Kläger auf die Korrektheit der Information würde die einzelnen Problemgestaltungen weit überwiegen.[63] Auf dem Primärmarkt findet diese Kausalitätsvermutung jedoch keine Anwendung, da der Ausgabepreis von Wertpapieren nicht durch den Kapitalmarkt festgelegt wird.

Im Übrigen kann im Wesentlichen auf das zu sec. 11 Securities Act Gesagte verwiesen werden.[64] Wegen der geringeren materiellen Anforderungen ist das Haftungsrisiko bei sec. 11 Securities Act deutlich gesteigert gegenüber dem bei sec. 10(b) Exchange Act.[65] Sowohl bei WorldCom als auch bei Enron wurde der Anspruch nach sec. 10(b) Exchange Act jedenfalls gegen die nicht geschäftsführenden Direktoren zurückgewiesen.[66]

b) Section 18 (a) Exchange Act

Bei periodischen Publizitätspflichten des Exchange Acts können Direktoren sich gem. sec. 18 (a) Exchange Act haftbar machen.[67] Danach haftet jede Person, die

---

59 Diese Doktrin ist bestätigt worden durch den Supreme Court in *Basic Inc. v. Levinson,* 485 U.S. 224 (1988); Besprechung bei *Coffee/Seligman/Sale,* Securities Regulation, Cases and Material, 1003 ff.

60 *Coffee/Seligman/Sale,* Securities Regulation, Cases and Material, 1004.

61 Kritisch *Coffee/Seligman/Sale,* Securities Regulation, Cases and Material, 1007.

62 Dazu auch *Soderquist/Gabaldon,* Securities Law, 172 ff.; aus deutscher Sichtweise, vgl. *Findeisen,* Die Bedeutung der haftungsbegründenden Kausalität einer fehlerhaften Ad-hoc-Mitteilung für die Anlageentscheidung des Schadensersatzklägers, NZG 2007, 692, 694.

63 *Coffee/Seligman/Sale,* Securities Regulation, Cases and Material, 1008.

64 Zum Schaden, der grundsätzlich durch einen Vergleich zwischen dem vom Kläger gezahlten Verkaufspreis und dem tatsächlichen Wert zum Zeitpunkt des Kaufs bzw. Verkaufs ermittelt wird, vgl. *Kulms,* USA, in: *Hopt/Voigt* (Hrsg.), Prospekt- und Kapitalmarktinformationshaftung, 1145 f. Es liegt im Ermessen des Gerichts, als Schadensersatz auch die vollständige Rückabwicklung zu gewähren, so *Hopt/Voigt,* in: *dies.,* Prospekt- und Kapitalmarktinformationshaftung, 129.

65 So auch *Black/Cheffins/Klausner,* Outside Director Liability, 1080 mit weiteren Nachweisen.

66 Dazu *Peloso/Indek,* Outside Directors and Red Flags, 5 f.

67 Dazu *Kulms,* USA, in: *Hopt/Voigt* (Hrsg.), Prospekt- und Kapitalmarktinformationshaftung, 1138 f.

substanziell fehlerhafte oder irreführende Informationen ausgegeben hat oder verursacht hat, dass solche ausgegeben werden, gegenüber jeder Person, die im Vertrauen auf solche Berichte Wertpapiere gekauft oder veräußert hat.[68] Der Direktor kann sich jedoch darauf berufen, dass er im guten Glauben gehandelt hat und keine Kenntnis von der Fehlerhaftigkeit hatte. Geschädigte Anleger und auch die SEC können bei Vorliegen der Voraussetzungen beide Anspruchsgrundlagen nebeneinander geltend machen.[69]

c) Controlling person liability

Sowohl im Securities Act als auch im Exchange Act finden sich Vorschriften, die die Haftung nach kapitalmarktrechtlichen Vorschriften auf sog. controlling persons erweitern.[70] Personen, die andere – direkt oder indirekt – „kontrollieren", sollen gesamtschuldnerisch neben dieser haften. Keine dieser Vorschriften definiert diesen Begriff und eine genaue Abgrenzungsformel ist nicht vorhanden.[71] Die Kontrolle kann einerseits durch kontrollierende Anteilsmehrheiten begründet werden. Diese kann je nach den Umständen aber auch dem Board als Gesamtheit (sog. controlling group) bzw. einzelnen Direktoren zugesprochen werden, sodass diese persönlich für das Verhalten anderer haften können. Es erscheint zwar einfacher, diese Haftungszurechnung bei geschäftsführenden als bei nicht geschäftsführenden Direktoren zu begründen, jedoch könnte sich hier mit fortwährender Professionalisierung der nicht geschäftsführenden Direktoren ein Wandel abzeichnen.[72] Denn die Geschäftsführung steht zunehmend unter der Aufsicht der Boards und dessen Komitees. Mit diesem wachsenden Einfluss von Kontrolle und Überwachungsverantwortung der Direktoren, insbesondere in dem Prüfungsausschuss, könnte es auch zu zunehmender Haftung aufgrund der Vorschriften über controlling persons kommen.[73]

---

68 Die Vertrauensvoraussetzung führt dazu, dass diese Anspruchsgrundlage sich nur als wenig wirkungsvoll erwiesen hat, vgl. *Choper/Coffee/Gilson,* Cases and materials on corporations, 2004, 345, Fn. 23.

69 *Fanto,* Directors' and officers' liability, § 6:2.2(A)(2), 6-20, insb. Fn. 66.

70 Vgl. sec. 15 Securities Act, 15 U.S.C. § 77o; sec. 20 Exchange Act, 15 U.S.C. § 78t.

71 Zur Diskussion, den einzelnen Voraussetzungen und Ausnahmen: *Coffee/Seligman/Sale,* Securities Regulation, Cases and Material, 501–506; *Fanto,* Directors' and officers' liability, § 6:4, 6-42 ff.

72 *In re* Lernout & Hauspie Sec Litig 286 BR 33 US Dist LEIS 22708 (D Mass 18 November 2002), 14, hat das Gericht anerkannt, dass nicht geschäftsführende Personen nicht ohne weitere Umstände schon controlling persons sind.

73 Insgesamt hierzu: *Coffee/Seligman/Sale,* Securities Regulation, Cases and Material, 505 f.; *Coffee,* Gatekeeper Failure and Reform, in: *Hopt/Wymeersch/Kanda/Baum* (Hrsg.), Corporate Governance in Context, 2005, 599, 637 f.; *Fanto,* Directors' and officers' liability, § 6:4, 6-43. Teilweise wird davon ausgegangen, dass diese Zurechnungsvorschriften das Haftungsrisiko nicht geschäftsführender Direktoren nicht erhöhen soll, da zur Anwendung dieser Vorschriften etwa die gleichen subjektiven (mental state) Voraussetzungen wie unter sec. 11 Securities Act und sec. 10(b) Exchange Act erfüllt sein müssen. Zudem sollte der Schutz der verhältnismäßigen Haftung hier zur Verfügung stehen vgl. *Black/Cheffins/Klausner,* Outside Director Liability, Fn. 66.

II. Tort Law

Geschädigte Anleger oder Gläubiger können bei materiellen Fehlinformationen oder der Nichtoffenlegung erheblicher Tatsachen auch Ansprüche nach dem sog. Common Law of Fraud geltend machen. Sowohl das prozessuale Verfahren vor bundesstaatlichen Gerichten als auch die materiellen Voraussetzungen sind jedoch für potenzielle Kläger – wie bereits erwähnt – deutlich ungünstiger gegenüber dem Kapitalmarktrecht und erscheinen daher nur von geringem Gewicht. Für einen Käufer oder Verkäufer von Wertpapieren, der durch Falschangaben oder die Nichtoffenlegung Schäden erlitten hat, besteht die Möglichkeit, wegen betrügerischen Verhaltens (sog. tort of deceit) gegen einen Direktor vorzugehen. Haftung tritt jedoch nur ein, wenn den Direktor eine persönliche Pflicht gegenüber der dritten Partei trifft.[74] Gerade wenn der Kläger die Wertpapiere im freien Markt und nicht direkt von der Gesellschaft erworben hat, ergeben sich daher erhebliche Probleme.[75] Nur Personen, gegenüber denen Angaben gemacht wurden, können sich auf diese Anspruchsgrundlage berufen. Der Anspruchssteller muss sowohl den Vorsatz zum Betrug, zur Irreführung oder zum Hervorrufen einer Fehlvorstellung des Direktors als auch die Kausalität beweisen. Bloßes Schweigen oder durch passives Verhalten bedingte Nichtoffenlegung von Informationen, die der Kläger kannte, reichen nicht aus.[76]

III. Sonstige Haftungsquellen

Eine weitere Rechtsquelle, die eine Haftung von nicht geschäftsführenden Direktoren auslösen kann, ist der sog. Employee Retirement Income Security Act 1974 (**ERISA**).[77] Als Antwort auf Missmanagement von Pensionsplänen wurde dieses Gesetz zum Schutz von Pensionsplänen erlassen und reguliert detailliert deren Handhabe. Nach ERISA haften Treuhänder wegen Verletzung ihrer treuhänderischen Pflichten persönlich für alle Verluste des Plans bzw. für sämtliche Gewinne, die der Treuhänder aus der unrechtmäßigen Verwendung der ihm treuhänderisch überlassenen Vermögenswerte zieht.[78] Sammelklagen nach ERISA ähneln und überschneiden sich im Anwendungsbereich oft mit kapitalmarktrechtlichen Sammelklagen, werden jedoch im Namen von Arbeitnehmern geltend gemacht.

Arbeitnehmer-Pensionspläne können derart ausgestaltet sein, dass diese – zumindest teilweise – in Wertpapiere der eigenen Gesellschaft investieren.[79] Soweit Akti-

---

74 *Knepper/Bailey,* Liability of Corporate Officers and Directors, Vol 1, § 6.07, 6-15, Fn. 5 mit weiteren Nachweisen.

75 So *Choper/Coffee/Gilson,* Cases and materials on corporations, 346.

76 Insgesamt dazu *Choper/Coffee/Gilson,* Cases and materials on corporations, 346.

77 ERISA – The Law and the Code, Ausgabe 2007.

78 Vgl. ERISA sec. 409, 29 U.S.C. § 1109(a).

79 Bei der Anlagestrategie von betrieblichen Pensionsfonds ergeben sich erhebliche Unterschiede zwischen Kontinentaleuropa und dem angelsächsischen Raum: Während kontinentaleuropäische Pensionsfonds nur Aktienanlagen im Ausmaß von bis zu 33%, jedoch 53% Rentenanlagen beinhal-

en des eigenen Unternehmens zu einer Zeit erworben wurden, zu der der Marktwert des Unternehmens durch fehlerhafte Publizität „künstlich in die Höhe getrieben“ war, können Arbeitnehmer versuchen darzulegen, dass nicht geschäftsführende Direktoren Treuhänder nach ERISA waren, diese den Plan unzureichend überwacht haben und daher für die Schäden von Arbeitnehmern durch spätere Kurseinbrüche haften sollen.[80]

Jeder Pensionsplan muss mindestens einen Treuhänder benennen.[81] Häufig wird dies die Gesellschaft selbst sein. Unabhängig von der Tatsache, dass die Führung der Geschäfte, die Kontrolle und die Verantwortung der Verwaltung des Plans auf einige officers und directors delegiert wird, werden die übrigen Direktoren nicht allein aus ihrer Stellung heraus ebenfalls Treuhänder.[82] Das Recht zu der Frage, wer im Zweifel als ERISA-Treuhänder angesehen werden kann, ist noch unklar.[83] Die Definition ist bewusst weit formuliert.[84] Das Fallrecht ist mangels abschließender Entscheidungen nur unzureichend entwickelt.[85] Es wird nach objektivem Standard bestimmt, wer de facto Kontrolle über treuhänderische Funktionen innehatte.[86]

Der Standard, der an den Treuhänder bei der Erfüllung seiner treuhänderischen Pflichten angelegt wird, ist der einer umsichtig handelnden Person in vergleichbarer Position, die mit solchen Angelegenheiten vertraut ist (sog. prudent expert, d.h. ein erhöhter Fahrlässigkeitsstandard).[87] Von dem Treuhänder wird erwartet, dass er unter anderem die Risiken der Investitionen des Plans überwacht.[88] Im Vergleich zu der Entlastungsmöglichkeit des nicht geschäftsführenden Direktors bei ordentlicher Sorgfalt unter sec. 11 Securities Act, trägt ein Kläger hier die Darlegungs- und Beweislast hinsichtlich des Vertretenmüssens. Wenn es zu Unternehmenszusammenbrüchen kommt, wird typischerweise wie folgt argumentiert: Obwohl die Direktoren wussten, dass die Anlage in Aktien des Unternehmens für die Arbeitnehmer kein Erfolg versprechendes Investment mehr darstellte, bzw. da

---

ten, ergibt sich für die USA und Großbritannien fast das Spiegelbild dieser Anlagestrategie (60% Aktien und 30% Renten). Einheitlicher sind dagegen alternative Anlagestrategien. Europäer tendieren hierbei verstärkt zu Immobilien, während Amerikaner eher auf die Bereiche Private Equity sowie Hedgefonds setzen. Derivate wie Futures oder Swaps sind in den USA mit 70% etwas stärker etabliert als in Europa. US-amerikanische und britische Unternehmen weisen im Vergleich hinsichtlich der Pensionspläne in ihren Verbindlichkeiten wesentlich höhere Deckungslücken auf. Vgl. dazu Studienvergleich JPMorgan Asset Management „Across the divide: approaches to pension risk management in Europe and the US“.

80 *In re* Enron Corp. Sec., Derivate & ERISA Litig., 284 F. Supp. 2d 511, 683–684 (S.D. Tex. 2003).

81 Vgl. ERISA sec. 402(a), 29 U.S.C. § 1102(a).

82 *Knepper/Bailey,* Liability of Corporate Officers and Directors, Vol 1, § 9.03, 9–4 mit Verweis auf *Confer v. Custom Engineering Co.*, 952 F.2d 34 (3d Cir. 1991).

83 *In re* Enron Corp. Sec., Derivate & ERISA Litig., 284 F. Supp. 2d 511, 543–546 (S.D. Tex. 2003).

84 *Knepper/Bailey,* Liability of Corporate Officers and Directors, Vol 1, § 9.03, 9–4.

85 So *Black/Cheffins/Klausner,* Outside Director Liability, 2006, 1137.

86 *Knepper/Bailey,* Liability of Corporate Officers and Directors, Vol 1, § 9.03, 9-4 mit weiteren Nachweisen; *Fanto,* Directors' and officers' liability, § 6:2.2, 6-48.

87 Vgl. ERISA sec. 404(a), 29 U.S.C. § 1104(a).

88 Vgl. *Fanto,* Directors' and officers' liability, § 6:2.2, 6-49 mit Verweis auf 29 C.F.R. § 2550.404a-1 (2005) („Investment duties“).

sie dies durch ihrer Verhalten sogar herbeigeführt haben, waren die Pensionspläne weiter in dem Unternehmen investiert.[89] Ein solches Verhalten verletzt eindeutig den beschriebenen Sorgfaltsmaßstab.[90] Für nicht geschäftsführende Direktoren gilt allerdings die widerlegliche Vermutung, dass sie umsichtig gehandelt haben, indem sie Vermögenswerte des Plans in Aktien des eigenen Unternehmens angelegt oder ein solches zugelassen haben.[91]

Weiterhin kann eine Handlung, die kapitalmarktrechtliche Vorschriften bei der Registrierungserklärung verletzt, zugleich als Verletzung der ERISA-Vorschriften angesehen werden, soweit der Plan die Anlage in gesellschaftseigene Wertpapiere vorsieht und der nicht geschäftsführende Direktor als Treuhänder angesehen wird.[92] Es gilt der Grundsatz der gesamtschuldnerischen Haftung, ohne dass sich nicht geschäftsführende Direktoren auf die verhältnismäßige Schadensbeteiligung wie unter sec. 11 und sec. 10(b) berufen können.[93]

Die Direktoren haben zumeist einen Anspruch auf eine Haftungsfreistellung durch die Gesellschaft, und obwohl gewöhnliche D&O Versicherungen Ansprüche nach ERISA ausschließen, haben die meisten Unternehmen eine separate Versicherung hiergegen (dazu 16. Kap.).[94]

Bei Enron wurden zwei parallele ERISA-Verfahren gegen die Direktoren geführt:[95] Eine „private“ Klage von Arbeitnehmern von Enron und eine durch das Department of Labor. Den Direktoren wurde vorgeworfen, dass diese ERISA-Treuhänder waren und ihre Pflichten verletzt hatten, indem sie es versäumten, Treuhandverwalter (trustees) für zwei Arbeitnehmerpensionspläne zu benennen, welche Aktien von Enron hielten und Verluste i.H.v. 85 Millionen Dollar durch die Unternehmenspleite erlitten.[96] Die Privatklage wurde gegen eine Zahlung von 85 Millionen Dollar verglichen, was der Deckungsgrenze der D&O Versicherung entsprach. Das DoL erwirkte jedoch eine persönliche Zahlung durch die nicht geschäftsführenden Direktoren i. H. v. 1,5 Millionen Dollar.

---

89 So die Argumentation gegen Ebbers in *WorldCom;* in *Rankin v. Rots,* 278 F. Supp. 2d 853 (E.D. Mich. 2003) wurde auch die Klage gegen nicht geschäftsführende Direktoren zugelassen.

90 So auch *Fanto,* Directors' and officers' liability, § 6:2.3, 6-51.

91 Vgl. z. B. *in re* Schering-Plough Corp. ERISA Litig., 420 F.3d 231, 239 (3d Cir. 2005).

92 So etwa *Fanto,* Directors' and officers' liability, § 6:2.3, 6-52.

93 ERISA § 405(a), 29 U.S.C. § 1105(a) (2006). Die gesamtschuldnerische Haftung erhöht hier also das Risiko einer Inanspruchnahme und das Regressrisiko entsprechend der Ausgangsthese III.

94 ERISA § 410(b), 29 U.S.C. § 1110(b) (2006) gestattet den Abschluss einer Treuhänderversicherung.

95 Im Rahmen der „Beinahe-Insolvenz“ von Bear Stearns – ehemals fünftgrößte Investmentbank in den USA – wurde auch eine Klage nach ERISA geprüft, vgl Artikel v. 17. 3. 2008 „Keller Rohrback L.L.P. Announces ERISA Investigation of the Bear Stearns Companies Inc. Employee Stock Ownership Plan“ FindLAW, abrufbar unter http://news.findlaw.com/prnewswire/20080317/17mar2008 1951.html (1. 3. 2011).

96 *In re* Enron Corp. Sec., Derivate & ERISA Litig., 284 F. Supp. 2d 511 (S.D. Tex. 2003).

IV. Geltendmachung

Die besprochenen Fälle zeigen deutlich, dass nicht geschäftsführende Direktoren in den USA vor allem bei der Außenhaftung dem Risiko ausgesetzt sind, in Klageverfahren miteinbezogen zu werden und Schadensersatz bzw. Vergleichszahlungen leisten zu müssen. Neben den anlegerfreundlichen materiellen Voraussetzungen trägt das Verfahrensrecht zu einem nicht unerheblichen Teil zu dieser Situation bei. Gerade die Möglichkeit von Geschädigten, ihre Ansprüche gemeinsam in **Sammelklagen** geltend zu machen, gibt Anreize, um das Problem „kollektiven Handelns“ zu lösen. Die class action nach Rule 23 der US Federal Rules of Civil Procedure erlangt bei Außenhaftungsansprüchen erhebliche Bedeutung. Ohne auf spezielle verfahrensrechtliche Einzelheiten einzugehen, bestehen dabei für Kläger erhebliche Vorteile.[97] So können z. B. Klagen von einer Vielzahl von Geschädigten durch einen oder mehrere Anspruchsberechtigte in einer Klage geltend gemacht werden, ohne einzeln als Kläger genannt zu werden oder vor Gericht erscheinen zu müssen. Urteile oder Vergleiche binden alle Beteiligten. Im Rahmen von Sammelklagen können daher Vergleiche geschlossen werden, ohne dass jeder einzelne Kläger einem solchen Vergleich zuzustimmen hat.[98] Dies ist in Deutschland bei einer hohen Anzahl von Klägern illusorisch.[99] Weitere Faktoren, die Anlegerklagen wegen Minimierung des Kostenrisikos begünstigen, sind, wie schon oben beschrieben, die Kostentragungsregel, nämlich dass im Grundsatz in den USA jeder Verfahrensbeteiligte unabhängig vom Ausgang des Verfahren seine Kosten selbst zu tragen hat, und die erfolgsabhängige Vergütungsmöglichkeit von Rechtsanwälten.[100]

---

97 Insgesamt dazu *Hopt/Voigt,* in: *dies.,* Prospekt- und Kapitalmarktinformationshaftung, 100 f.; *Kulms,* USA, in: *Hopt/Voigt* (Hrsg.), Prospekt- und Kapitalmarktinformationshaftung, 1147 f.; *Banes/Burgess/Winters/Toskan,* Liability of Directors and Officers of Non-U.S. Corporations under States Federal Law, § 37 Rn. 73 ff.

98 Ausführlich zu den Faktoren, die die Beteiligten zu einen Vergleichsschluss bei Aktionärsklagen bewegen: *Black/Cheffins/Klausner,* Outside Director Liability, 1097–1110.

99 Ein Beispiel ist die Klage gegen die Deutsche Telekom AG wegen Prospekthaftung. In den USA hat ein Sammelklageverfahren zu einem Vergleich i. H. v. 120 Millionen Dollar geführt (in re Deutsche Telekom AG Sec. Litig, No. 00-CV-9475, 2002 U.S. Dist. LEXIS 45798, at 13 (S.D.N.Y. 2005). Ein Vergleich war in Deutschland bei einer Anzahl von über 16.000 überwiegend Kleinanlegern schon von vornherein ausgeschlossen. Dazu *Editorial,* Financial Times Deutschland, Telekom lehnt Vergleich ab, v. 7. 4. 2008, einsehbar unter http://www.ftd.de/technik/it_telekommunikation/:Telekom%20Vergleich/339691.html (1. 3. 2011). Den 120-Millionen-Dollar-Vergleich in den USA rechtfertigte Telekom-Verteidiger Schmitz mit der „Laienjury“, die dort entscheide. Dies berge unkalkulierbare Risiken, die kein Emittent eingehen könne (vgl. Welt online vom 8. 4. 2008).

100 Vgl. 4. Kap. IV.3.

9. Kapitel: Non-executive directors nach englischem Recht

Eine unmittelbare Außenhaftung von nicht geschäftsführenden Direktoren ist in England sowohl nach kapitalmarktrechtlichen Spezialgesetzen (I.) als auch nach Deliktsrecht (II.) möglich. Die kapitalmarktrechtlichen Vorschriften sind anlegerfreundlicher, es kann jedoch aufgrund verschiedener Voraussetzungen bzw. Rechtsfolgen eine Klage auch (zusätzlich) auf deliktische Ansprüche gestützt werden.[101] Die Haftungsrisiken auf dem Primärmarkt sind dabei erheblich höher als auf dem Sekundärmarkt, wo für Direktoren nahezu kein haftungsrechtlicher Anknüpfungspunkt besteht.

I. Kapitalmarktrecht

Das britische Kapitalmarktrecht zeichnet sich durch weit entwickelte Publizitätspflichten auf dem Primär- und dem Sekundärmarkt aus, welches nunmehr überwiegend durch den Financial Service and Markets Act 2000 (FSMA 2000) geregelt ist und unter Aufsicht der Financial Service Authority steht.[102]

1. Primärmarkt

In Großbritannien ist eine spezialgesetzliche Prospekthaftung in sec. 90 FSMA detailliert geregelt. Diese Regelung entspricht weitgehend sec. 11 Securities Act. Danach haften neben dem Emittenten alle diejenigen Personen, die zum Zeitpunkt der Prospektveröffentlichung Direktor sind oder waren, sämtlichen Personen gegenüber auf Schadensersatz, welche Wertpapiere im Zusammenhang mit dem fehlerhaften, irreführenden oder unvollständigen Börsenprospekt erworben haben.[103] Der Zweiterwerb fällt wohl auch unter die Vorschrift.[104] Die Vorschrift nimmt keine Unterscheidung zwischen geschäftsführenden und nicht geschäftsführenden Direktoren vor.[105] Ob zwischen den verschiedenen Arten von Direktoren in der

101 *Davies,* Gower's Company Law, 25-35, 888 f. Dazu unten II.

102 Insgesamt dazu *Davies,* Gower's Company Law, Kapitel 25 und 26; aus der deutschsprachigen Literatur *Leyens/Magnus,* England, in: *Hopt/Voigt* (Hrsg.), Prospekt- und Kapitalmarktinformationshaftung, 418 ff.

103 Nach dem zum FSMA 2000 ergangenen Statutory Instrument 2001 No. 2956 sec. 6(1)(b) sind alle Direktoren des Emittenten verantwortlich für den Prospekt, außer dieser ist ohne ihr Wissen oder ihre Zustimmung veröffentlicht worden; *Davies,* Gower's Company Law, 25-34, 887.

104 *Leyens/Magnus,* England, in: *Hopt/Voigt* (Hrsg.), Prospekt- und Kapitalmarktinformationshaftung, 482 mit weiteren Nachweisen.

105 Dazu *Black/Cheffins,* Outside Director Liability Across Countries, 1411.

Haftungspraxis unterschiedliche Maßstäbe angelegt werden oder eine verhältnismäßige Schadensbeteiligung vorgenommen wird, wie sie in den USA gesetzlich vorgeschrieben ist, ist mangels Rechtsprechung noch ungeklärt.[106] Jedenfalls stellt dies eine erhebliche Rechtsunsicherheit für nicht geschäftsführende Direktoren dar und kann aufgrund der gesamtschuldnerischen Haftung zwischen den Anspruchsverpflichteten zu einem erhöhten Haftungs- und Regressrisiko führen.[107]

Direktoren stehen **Exkulpationsmöglichkeiten** zur Verfügung, die im Zusammenspiel mit der verschuldensunabhängigen Verantwortungszuweisung eine Haftung bei **leichter Fahrlässigkeit** auslösen und zu einer Beweislastumkehr führen.[108] Die Haftung ist ausgeschlossen, wenn der Direktor darlegen kann, dass er vernünftigerweise an die Richtigkeit und Vollständigkeit der Prospektangaben geglaubt hat.[109] Bei der Vorbereitung der Angaben durch einen Experten tritt keine Haftung ein, wenn der (non-expert) Direktor vernünftigerweise auf dessen Kompetenz vertrauen durfte und er zugestimmt hat, dass die Aussage in dem Prospekt mit aufgenommen wurde.[110] Zudem kann der Direktor den Nachweis führen, dass der Geschädigte Kenntnis von der wahren Sachlage besaß.[111]

Wie in den USA hat der Kläger nicht zu beweisen, dass er beim Erwerb der Wertpapiere auf die Richtigkeit der Angaben vertraut hat **(haftungsbegründende Kausalität).**[112] Ausreichend ist bereits, dass die Fehlerhaftigkeit den Marktpreis beeinflusst hat, selbst wenn der Geschädigte den Prospekt nie gelesen hat.[113] Ein Beklagter kann sich nur durch Nachweis der positiven Kenntnis des Geschädigten von dem Prospektmangel exkulpieren.[114] Erforderlich ist jedoch, dass er beweist, dass die Fehlerhaftigkeit der Angaben gerade den Schaden herbeigeführt hat **(haftungsausfüllende Kausalität).**[115] Bei einem nachgeordneten Erwerb wird dieser Beweis kaum zu führen sein.[116]

---

106 Eine Recherche von *Black/Cheffins*, Outside Director Liability Across Countries, 1411 bes. Fn. 137, hat kein Klageverfahren gestützt auf sec. 90 FSMA bzw. dessen Vorgängernorm identifizieren können.

107 Vgl. Ausgangsthesen I. und III.

108 *Davies*, Gower's Company Law, 25-33, 886; *Leyens/Magnus*, England, in: *Hopt/Voigt* (Hrsg.), Prospekt- und Kapitalmarktinformationshaftung, 477.

109 FSMA 2000 schedule 10 s. 1(2).

110 FSMA 2000 schedule 10 s. 2; *Davies*, Gower's Company Law, 25-33, 887.

111 FSMA 2000 schedule 10 s. 6; *Davies*, Gower's Company Law, 25-33, 887; allgemeiner Kausalitätsgrundsatz, vgl. *Leyens/Magnus*, England, in: *Hopt/Voigt* (Hrsg.), Prospekt- und Kapitalmarktinformationshaftung, 479.

112 *Davies*, Gower's Company Law, 25-32, 886; *Leyens/Magnus*, England, in: *Hopt/Voigt* (Hrsg.), Prospekt- und Kapitalmarktinformationshaftung, 486.

113 *Davies*, Gower's Company Law, 25-32, 886; *Leyens/Magnus*, England, in: *Hopt/Voigt* (Hrsg.), Prospekt- und Kapitalmarktinformationshaftung, 482 ff.

114 *Leyens/Magnus*, England, in: *Hopt/Voigt* (Hrsg.), Prospekt- und Kapitalmarktinformationshaftung, 481 f.

115 *Davies*, Gower's Company Law, 25-32, 886. Dies unterscheidet sich von der Rechtslage in den USA also nur dadurch, dass dem Kläger die Beweislast hierfür obliegt, wohingegen der Beklagte sich in den USA entlasten muss.

116 *Davies*, Gower's Company Law, 25-32, 886; *Leyens/Magnus*, England, in: *Hopt/Voigt* (Hrsg.), Prospekt- und Kapitalmarktinformationshaftung, 483 f., 486.

Der **Schaden** berechnet sich nach überwiegender Meinung aus der Differenz zwischen dem wirklichen Wert und dem aufgrund des Prospekts gezahlten Preises, was nach deutschem Verständnis etwa dem Ersatz des negativen Interesses entspricht.[117] Eine Rückgängigmachung der Transaktion kommt nur bei deliktischer Haftung in Betracht (dazu gleich).

2. Sekundärmarkt

Zivilrechtliche Ansprüche wegen Verstöße gegen sekundärmarktbezogene Publizitätspflichten haben in England verschwindend geringe Bedeutung.[118] Eine vergleichbare Regelung wie Rule 10b-5, durch welche das US-amerikanische Kapitalmarktrecht geschädigten Anlegern eine weitreichende Anspruchsgrundlage gegen Organmitglieder zur Verfügung stellt, existiert in Großbritannien nicht.[119] Vorschriften zur Ad-hoc-Publizität haben keinen drittschützenden Charakter, sodass individuelle Ansprüche gegen Organmitglieder weitgehend ausgeschlossen sind.[120] Sec. 90A FSMA 2000 beschränkt die Haftung wegen betrügerischer Veröffentlichung von bestimmten durch die Transparenzrichtlinie verlangten Publizitätspflichten ausschließlich auf den Emittenten.[121]

II. Tort Law

Das Deliktsrecht (tort law of deceit) spielt bei kapitalmarktrechtlichen Publizitätsverletzungen nur eine ergänzende Rolle, wenn die spezialgesetzlichen Vorschriften nicht zur Anwendung kommen oder keine ausdrückliche Regelung treffen.[122] Entscheidend ist dies z.B., wenn im Zusammenhang mit der Herausgabe von Wertpapieren andere Dokumente als der Prospekt fehlerhaft waren oder es als Rechtsfolge neben dem Schadensersatz zusätzlich zu einer Rückabwicklung des Geschäftes kommen soll (rescission). Die deliktsrechtliche Prospekthaftung bezieht zwar auch Direktoren in den Kreis der Anspruchsverpflichteten mit ein,[123] jedoch kommt eine Haftung nach Common Law bzw. nach sec. 2(1), (2) des Mis-

---

117 *Leyens/Magnus,* England, in: *Hopt/Voigt* (Hrsg.), Prospekt- und Kapitalmarktinformationshaftung, 484 f. mit weiteren Nachweisen.

118 *Leyens/Magnus,* England, in: *Hopt/Voigt* (Hrsg.), Prospekt- und Kapitalmarktinformationshaftung, 547 f.

119 So auch *Black/Cheffins,* Outside Director Liability Across Countries, 1411.

120 *Leyens/Magnus,* England, in: *Hopt/Voigt* (Hrsg.), Prospekt- und Kapitalmarktinformationshaftung, 547 f.

121 Diese Vorschrift geht auf die Transparenz-Verordnung zurück, dazu *Davies,* Gower's Company Law, 21-27, 742; 26-11, 914 f. bes. Fn. 78. Ein Direktor haftet aber für die Unrichtigkeit des Lageberichts gegenüber seiner Gesellschaft aufgrund von wissentlichem oder rücksichtslosem Verhalten nach sec. 463 CA 2006.

122 *Davies,* Gower's Company Law, 25-35, 888 f. Die Außenhaftung von nicht geschäftsführenden Direktoren nach Deliktsrecht ist generell möglich, jedoch von zu vernachlässigender Bedeutung, so *Black/Cheffins,* Outside Director Liability Across Countries, 1408 bes. Fn. 115.

123 *Davies,* Gower's Company Law, 25-37, 890; *Leyens/Magnus,* England, in: *Hopt/Voigt* (Hrsg.), Prospekt- und Kapitalmarktinformationshaftung, 468 f.

representation Act 1967 auf Rückgängigmachung der Transaktion nur bei einem rechtsgeschäftlichem Kontakt zwischen Schädiger und Geschädigtem in Betracht, was die Haftung eines Organmitglieds diesbezüglich praktisch ausschließt.[124] Der Verschuldensmaßstab bei der deliktischen Prospekthaftung ist nicht einheitlich. Überwiegend wird wohl einfache Fahrlässigkeit für die Haftung ausreichen.[125]

Auch aus Deliktsrecht ergibt sich grundsätzlich keine Haftung von Direktoren auf dem Sekundärmarkt.[126] Eine vorauszusetzende Treuebindung von Direktoren gegenüber den Aktionären wird außer in besonderen Näheverhältnissen abgelehnt.[127]

Die fahrlässige Abgabe von unrichtigen sekundärmarktbezogenen Erklärungen, für welche Direktoren im Zusammenhang mit dem Combined Code ausdrücklich die Verantwortung übernehmen, scheint haftungsrechtlich noch nicht abschließend geklärt.[128] Relevanz erfährt dies z.B. bei dem von den Direktoren zu unterzeichnenden directors' report und bei der Erklärung zur Corporate Governance.[129] Zweck der Einfügung der Vorschrift sec. 463 CA 2006 ist es, dass ein Direktor für die Unrichtigkeit der Berichte gegenüber seiner Gesellschaft – in Abweichung von dem allgemeinen Fahrlässigkeitsstandard – nur aufgrund von wissentlichem oder rücksichtslosem Verhalten haftbar gemacht werden kann (dazu schon 5. Kap. II. 1. a).[130] Aus der Vorschrift folgt, dass keine direkte Außenhaftung von Direktoren aufgrund von Unrichtigkeit des directors' report hergeleitet werden kann.[131] Darüber hinaus treten bei Fehlverhalten nur ordnungsbehördliche oder strafrechtliche Sanktionen ein (dazu 13. Kap. I.).

III. Sonstige Haftungsquellen

1. Stellungnahme im Rahmen von Übernahmeangeboten

Eine mögliche Verletzung einer direkt dem Anteilseigner geschuldeten Treuepflicht von Direktoren börsennotierter Unternehmen kann in der Situation auftre-

---

124 *Davies,* Gower's Company Law, 25-36, 890; *Leyens/Magnus,* England, in: *Hopt/Voigt* (Hrsg.), Prospekt- und Kapitalmarktinformationshaftung, 469.

125 In *Derry v. Peek* (1889) 14 App.Cas. 337 wohl noch Vorsatz und grobe Fahrlässigkeit, neuere Rspr. z.B. *Hedley Byrne & Co Ltd. v. Heller & Partners Ltd.* (1964) A.C. 465 und sec. 2(1) Misrepresentation Act 1967 führen einfachen Fahrlässigkeitsmaßstab ein. Insgesamt dazu *Davies,* Gower's Company Law, 25-36f., 889ff.; *Leyens/Magnus,* England, in: *Hopt/Voigt* (Hrsg.), Prospekt- und Kapitalmarktinformationshaftung, 479ff.

126 Dazu *Davies,* Gower's Company Law, 26-11, 914ff.; *Leyens/Magnus,* England, in: *Hopt/Voigt* (Hrsg.), Prospekt- und Kapitalmarktinformationshaftung, 550f.

127 *Percival v. Wright* (1902) 2 Ch 421. Zusammenfassend *Leyens/Magnus,* England, in: *Hopt/Voigt* (Hrsg.), Prospekt- und Kapitalmarktinformationshaftung, 550f.

128 Für ein mögliche Außenhaftungsgrundlage von Organmitgliedern: *Smerdon,* A Practical Guide to Corporate Governance, 55ff.; offen: *Leyens/Magnus,* England, in: *Hopt/Voigt* (Hrsg.), Prospekt- und Kapitalmarktinformationshaftung, 551.

129 Ausführlich zum Directors' Report: *Davies,* Gower's Company Law, 21-21ff., 734ff.

130 Dazu *Davies,* Gower's Company Law, 21-27, 742.

131 Sec. 463 (4), (5) CA 2006.

ten, in der Direktoren **Empfehlungen im Rahmen eines Übernahmeangebots** abgeben. Nach dem city code on take-overs and mergers müssen Direktoren Verantwortung für die in Umlauf gebrachten Informationen übernehmen und haben die Pflicht zur neutralen Beratung der Anteilseigner in Bezug auf ein Übernahmeangebot.[132]

2. Spezialgesetzliche Regelungen

Spezialgesetzliche Rechtsgebiete, wie z.B. sec. 157 des Environmental Protection Act 1990 oder sec. 37 des Health and Safety at Work Act 1974, können zwar theoretisch Grundlage einer Außenhaftung von Direktoren sein, indem Direktoren für Fehlverhalten der Gesellschaft verantwortlich gemacht werden können.[133] Zivilrechtliche Klagen, gestützt hierauf, sind jedoch in der Praxis bislang nicht vorgekommen.[134] Ähnlich wie die Haftung nach ERISA in den USA, ist in England eine Haftung von Direktoren im Rahmen von Pensionsplänen nach Trust-Recht möglich.[135]

IV. Geltendmachung

Reformen aus dem Jahr 2000 lassen nunmehr auch in England eine **kollektive Geltendmachung** von Ansprüchen durch eine sog. group litigation zu.[136] Es steht dabei im Ermessen des Gerichts, gleich gelagerte Fälle zusammen zu verhandeln und zu entscheiden. Es wird ein Musterfall ausgewählt, dessen Entscheidung dann grundsätzlich für alle einbezogenen Verfahren Bindungswirkung entfaltet.[137]

---

132 Rule 19.2.

133 Dazu *Smerdon*, A Practical Guide to Corporate Governance, 4.017 f.

134 *Black/Cheffins*, Outside Director Liability Across Countries, 2003, Fn. 127.

135 Dazu *Davies*, Gower's Company Law, 16-95, 596 f.

136 Part 19.10–19.16 Civil Procedure Rules. Insgesamt dazu *Heß*, Sammelklagen im Kapitalmarktrecht, AG 2003, 113–125; *Hopt/Voigt*, in: *dies.*, Prospekt- und Kapitalmarktinformationshaftung, 101 f. Diese Reformen haben jedoch nicht zu einem merklichen Anstieg von Klagen geführt; zu den Gründen: *Black/Cheffins*, Outside Director Liability Across Countries, 1412.

137 *Heß*, Sammelklagen im Kapitalmarktrecht, AG 2003, 113, 119.

10. Kapitel: Aufsichtsratsmitglieder nach deutschem Recht[138]

Die Aufsichtsratsmitglieder sind grundsätzlich nur gegenüber der Gesellschaft und nicht gegenüber einzelnen Aktionären verantwortlich.[139] Das Gesellschaftsrecht geht vom Grundsatz der Innenhaftung aus und die Außenhaftung bedarf eines besonderen Haftungsgrundes. Die Innenhaftungsnormen gelten nicht entsprechend.[140] Fehlerhafte Kapitalmarktinformationen werden im Gegensatz zu den USA weitgehend durch das Deliktsrecht sanktioniert. Aus dem Aktiengesetz ergeben sich einige Sonderbestimmungen, die zur Außenhaftung führen können.[141] Als Anspruchssteller kommen grundsätzlich Aktionäre, Anleger im Allgemeinen und Gläubiger insbesondere bei Insolvenzverschleppung in Betracht. Als maßgeblicher Grund für eine Organaußenhaftung wird die Präventivwirkung gesehen; der eigentliche Schadensausgleich tritt dahinter zurück.[142]

I. Kapitalmarktrecht

Die Informationspflichten auf dem Kapitalmarkt – sowohl dem Primär- als auch dem Sekundärmarkt – haben sich auch in Deutschland in den letzten Jahren deut-

---

138 Spezielle Literatur: *Altmeppen*, Organhaftung gegenüber Dritten – Grundlagen, insbesondere die Haftung aus unerlaubter Handlung und c.i.c., in: *Krieger/Schneider* (Hrsg.), Handbuch Managerhaftung, 2. Aufl., 2010, § 7; *Fleischer*, in: *Assmann/Schütze*, Handbuch des Kapitalanlagerechts, 3. Auflage 2007, bes. § 6 Prospekthaftung, § 7 Haftung für fehlerhafte Kapitalmarktkommunikation; *Grotheer*, Außenhaftung von Aufsichtsratsmitgliedern: Ein Anreiz zur Verbesserung der Überwachungstätigkeit? WM 2005, 2070–2078; *Hess*, Massenklagen und Managerhaftung, in: *Krieger/Schneider* (Hrsg.), Handbuch Managerhaftung, § 14; *Hopt/Voigt* (Hrsg.), Prospekt- und Kapitalmarktinformationshaftung, 2005; *Krämer*, Risikobereich und Haftung: Kapitalmarktinformationen, in: *Krieger/Schneider* (Hrsg.), Handbuch Managerhaftung, § 28; *Schäfer*, § 16 Haftung für fehlerhafte Kapitalmarktinformationen, in: *Marsch-Barner/Schäfer* (Hrsg.), Handbuch börsennotierte AG, Aktien- und Kapitalmarktrecht, 2. Aufl., 2009; *Spindler*, in: *Spindler/Stilz*, Kommentar zum AktG § 116 Rn. 182 ff.

139 *Semler*, MüKoAktG, § 116, Rn. 700; in der 3. Aufl., 2008: *Habersack*, § 116, Rn. 77; *Spindler*, in: *Spindler/Stilz*, Kommentar zum AktG § 116 Rn. 184.

140 *Semler*, MüKoAktG, § 116, Rn. 700–701, 736; in der 3. Aufl.: *Habersack*, § 116, Rn. 77.

141 Z.B. eine unmittelbare Haftung von Aufsichtsratmitgliedern gegenüber Aktionären kommt bei einer schädigenden Einflussnahme auf die Gesellschaft gem. § 117 Abs. 1 S. 2, Abs. 2 AktG in Betracht; aus konzernrechtlichen Bestimmungen (§§ 310, 318, 323 Abs. 1 S. 2 AktG) kann sich ein Direktanspruch der Aktionäre ergeben, wobei diese aber nur Leistung an die Gesellschaft verlangen können, vgl. *Habersack*, MüKoAktG, § 116, Rn. 75; *Lutter/Krieger*, Rechte und Pflichten des Aufsichtsrats, Rn. 1020.

142 *Grotheer*, Außenhaftung von Aufsichtsratsmitgliedern: Ein Anreiz zur Verbesserung der Überwachungstätigkeit? WM 2005, 2070, 2075 bes. Fn. 68 mit weiteren Nachweisen, 2078.

lich verschärft.[143] Schadensersatzhaftung kann bei fehlerhafter, unvollständiger oder pflichtwidrig unterbliebener Informationserteilung entstehen. Für einige Informationspflichten bestehen besondere Haftungstatbestände. Spezialgesetzliche Anspruchsgrundlagen sind bislang für Prospekthaftungsfälle nach § 44 BörsG bzw. §§ 13, 13a VerkProspG und für die Haftung für fehlerhafte Ad-hoc-Mitteilungen nach § 37b, c WpHG vorhanden.[144] Deren Anwendungsbereich beschränkt sich allerdings **nur auf die Außenhaftung des Emittenten, nicht jedoch** auf Vorstand und **Aufsichtsrat persönlich.**[145] Eine persönliche Haftung des Aufsichtsrats unmittelbar gegenüber Anlegern kann sich nur dann ergeben, wenn Aufsichtsratsmitglieder im Prospekt als Verantwortliche genannt werden oder wenn von ihnen der Prospekt ausgeht, d. h. wenn sie maßgeblich an der Erstellung des Prospektes beteiligt waren und ein eigenes wirtschaftliches Interesse an der Emission haben.[146] Der Entwurf des Kapitalmarktinformationshaftungsgesetzes (KapInHaG), welches erstmalig die direkte Organaußenhaftung bereits bei grober Fahrlässigkeit enthielt, wurde 2004 aufgrund heftiger Kritik zurückgezogen. Die deutsche Rechtslage unterscheidet sich damit wesentlich von der in den USA.[147] Nach US-amerikanischem Kapitalmarktrecht stehen Aktionären konkrete Anspruchsgrundlagen bei der Verletzung von Publizitätspflichten zu, um gegen Direktoren vorzugehen, die sich pflichtwidrig verhalten haben.

---

143 Es bestehen Informationspflichten auf dem Primärmarkt nach dem Wertpapierprospektgesetz (WpPG), die durch das internationale Prospekthaftungsregime des § 44 BörsG i. V. m. §§ 13, 13 a VerkProspG sanktioniert werden. Auf dem Sekundärmarkt bestehen primär nach dem Inkrafttreten des Transparenzrichtlinien-Umsetzungsgesetzes (TUG) Informationspflichten nach dem WpHG, aber auch nach dem Wertpapiererwerbs- und Übernahmegesetz (WpÜG) und der Entsprechungserklärung zum Deutschen Corporate Governance Kodex gem. § 161 AktG sowie den spezifischen Regelungen der Börsenordungen. Überblick zu den Informationspflichten, vgl. *Krämer,* Risikobereich und Haftung: Kapitalmarktinformationen, Rn. 3–16. Monografisch zur Prospektrichtlinie und Prospektverordnung und rechtsvergleichend zum US-amerikanischen Securities Act: *Wiegel,* Die Prospektrichtlinie und Prospektverordnung – Eine dogmatische, ökonomische und rechtsvergleichende Analyse, 2008.

144 *Krämer,* Risikobereich und Haftung: Kapitalmarktinformationen, Rn. 1; *Habersack,* MüKo-AktG, § 116, Rn. 80.

145 *Krämer,* Risikobereich und Haftung: Kapitalmarktinformationen, Rn. 1; *Hopt/Voigt,* in: *dies.,* Prospekt- und Kapitalmarktinformationshaftung, 66; *Spindler,* in: *Spindler/Stilz,* Kommentar zum AktG § 116 Rn. 199. Gegenüber der Gesellschaft haften Organmitglieder, die kapitalmarktbezogene Falschinformationen verbreiten, wegen Verstoßes gegen ihre organschaftliche Legalitätspflicht und machen sich nach § 93 Abs. 2 AktG (i. V. m. § 116 AktG) schadensersatzpflichtig, wobei der Schaden der Gesellschaft gerade in der Belastung mit Haftungsansprüchen der Anleger liegen kann, vgl. *Hopt/Voigt,* in: *dies.,* Prospekt- und Kapitalmarktinformationshaftung, 66; *Fleischer,* in: *Assmann/Schütze,* Handbuch des Kapitalanlagerechts, § 7 Haftung für fehlerhafte Kapitalmarktkommunikation, Rn. 7.

146 *Hopt/Voigt,* in: *dies.,* Prospekt- und Kapitalmarktinformationshaftung, 67 bes. Fn. 372 mit weiteren Nachweisen; *Ek,* Haftungsrisiken für Vorstand und Aufsichtsrat, 194; dies ist aber regelmäßig nicht der Fall, vgl. *Habersack,* MüKoAktG, § 116, Rn. 80.

147 So auch *Doralt/Doralt,* in: *Semler/v. Schenck,* Arbeitshandbuch für Aufsichtsratsmitglieder, § 13, Rn. 188; *Theisen,* in: *Potthoff/Trescher,* Das Aufsichtsratsmitglied – Ein Handbuch der Aufgaben, Rechte und Pflichten, 533 mit Verweis auf *Thümmel,* Persönliche Haftung von Managern und Aufsichtsräten, Rn. 6.

II. Deliktische Haftung

Außenhaftung von Organmitgliedern beruht in Deutschland weitgehend auf dem Deliktsrecht und dieses ist in jüngster Zeit gerade im Hinblick auf **fehlerhafte Kapitalmarktinformationen** durch die Rechtsprechung konkretisiert worden.[148] Die Rechtsprechung bezieht sich jedoch überwiegend auf die Geschäftsleiterhaftung; der Deliktshaftung von Aufsichtsratsmitgliedern wird dagegen nur geringe Aufmerksamkeit geschenkt.[149] Die Außenhaftung des Aufsichtsrats als Innenorgan wird allenfalls als akzessorische Haftung im Verhältnis zum Vorstand in Betracht kommen.[150] Die zwischenzeitliche Rechtsprechung ist insgesamt deutlich restriktiver als die Vorschläge durch das KapInHaG.[151]

Ein Schadensersatzanspruch ist denkbar aus § 823 Abs. 1 BGB wegen einer Rechtsgutsverletzung; von eigentlichem Gewicht ist jedoch nur ein Anspruch aus § 823 Abs. 2 BGB wegen der Verletzung eines Schutzgesetzes und aus § 826 BGB wegen einer vorsätzlichen sittenwidrigen Schädigung.[152]

1. § 823 Abs. 1 BGB

Eine Haftung wegen Verletzung absolut geschützter Rechte gem. **§ 823 Abs. 1 BGB** kommt in der Regel nicht Betracht.[153] Für eine Haftung aufgrund fehlerhafter Kapitalmarktinformationen fehlt es wegen Vermögensschäden der Anleger an einem absolut geschützten Rechtsgut. Diskutiert wird die Haftung von Aufsichtsratsmitgliedern nach den sog. Holzmüller-Fällen wegen Eingriffs in das Mitglied-

---

148 Entscheidungen hierzu z.B. BGH v. 19. 7. 2004 – II ZR 217/03, 218/03 und 402/02, NJW 2004, 2971, 2973 = AG 2004, 546 (Infomatec); BHG v. 12. 9. 2006 – II ZR 153/05, ZIP 2007, 326f. = AG 2007, 169 (Comroad), vgl. *Krämer,* Risikobereich und Haftung: Kapitalmarktinformationen, Rn. 54, Fn. 8. *Fleischer,* in: *Assmann/Schütze,* Handbuch des Kapitalanlagerechts, § 7 Haftung für fehlerhafte Kapitalmarktkommunikation, Rn. 11. Eine formelle Unterscheidung der Haftung auf dem Primär- und auf dem Sekundärmarkt soll bei der Darstellung des deutschen Rechts nicht gemacht werden; soweit wesentliche Unterschiede bestehen, werden dieses im Rahmen des jeweiligen Problemkreises erläutert.

149 Vgl. *Altmeppen,* Organhaftung gegenüber Dritten, Rn. 82. Zur Aufsichtsratsaußenhaftung jüngst OLG Düsseldorf, Urteil vom 23. 6. 2008 – 9 U 22/08 (dazu unten 3.).

150 „D.h. die schadensstiftende Handlung oder Unterlassung war vom Vorstand zu verantworten und dem Aufsichtsrat wird vom geschädigten Aktionär oder Gläubiger vorgeworfen, versäumt zu haben, den Vorstand an dessen schadensstiftender Verhaltensweise zu hindern." vgl. *Peltzer,* in: *Wellhöfer/Peltzer/Müller,* Haftung von Vorstand, Aufsichtsrat und Wirtschaftsprüfer: mit GmbH-Geschäftsführer, § 20, Rn. 164.

151 *Peltzer,* in: *Wellhöfer/Peltzer/Müller,* Haftung von Vorstand, Aufsichtsrat und Wirtschaftsprüfer: mit GmbH-Geschäftsführer, § 20, Rn. 173.

152 *Doralt/Doralt,* in: *Semler/v. Schenck,* Arbeitshandbuch für Aufsichtsratsmitglieder, § 13, Rn. 178ff.; *Grotheer,* Außenhaftung von Aufsichtsratsmitgliedern: Ein Anreiz zur Verbesserung der Überwachungstätigkeit? WM 2005, 2070, 2075. Die bürgerlich-rechtliche Prospekthaftung ist in der Kapitalmarktpraxis von zu vernachlässigender Bedeutung, vgl. dazu *Krämer,* Risikobereich und Haftung: Kapitalmarktinformationen, Rn. 31; *Peltzer,* in: *Wellhöfer/Peltzer/Müller,* Haftung von Vorstand, Aufsichtsrat und Wirtschaftsprüfer: mit GmbH-Geschäftsführer, § 20, Rn. 175.

153 *Semler,* MüKoAktG, § 116, Rn. 704.

schaftsrecht der Aktionäre.[154] Duldet der Aufsichtsrat rechts- oder satzungswidriges Verhalten des Vorstands im Rahmen seiner Überwachungsaufgabe trotz Erkennbarkeit oder erteilt er sogar seine Zustimmung hierzu, so kann er gem. § 823 Abs. 1 BGB haften.[155]

2. § 823 Abs. 2 BGB – Schutzgesetze

Eine Außenhaftung wird weitgehend aus **§ 823 Abs. 2 BGB** wegen Verletzung eines Schutzgesetzes begründet. Etwaige Anspruchsteller sind Aktionäre, Gläubiger oder auch sonstige Dritte. Diskutiert wird vor allem die Einordnung von Gesetzen als **Schutzgesetze.**

Teilweise umstritten ist der Schutzgesetzcharakter von **kapitalmarktrechtlichen Vorschriften.** Im Rahmen der kapitalmarktrechtlichen Informationspflichten nach dem **WpHG** ist entscheidend, ob sie der Funktionsfähigkeit des Kapitalmarkts im Allgemeinen oder auch den Schutz des Einzelanlegers bezwecken.[156] Verstöße gegen die **Insidervorschriften,** insbesondere gegen die §§ 13, 14 WpHG, stellen zwar Pflichtverletzungen gegenüber der Gesellschaft dar und können zudem gem. § 38 WpHG als Straftat verfolgt werden, jedoch tritt anders als in den USA keine unmittelbare Schadensersatzpflicht gegenüber den Aktionären der Gesellschaft bei ihrer Verletzung ein.[157] Gleiches gilt für die Bestimmungen über die **Ad-hoc-Publizität** gem. § 15 WpHG.[158] Dem **Directors' Dealing** nach § 15 a WpHG, welches der deutsche Gesetzgeber nach dem rechtsvergleichenden Vorbild des sec. 16 (a) des Securities Exchange Act 1934 bildete, kommt keine Schutznormqualität zu.[159] Nach ganz überwiegender Auffassung sind diese Bestimmun-

---

154 BGHZ 83, 122, 133ff. „Holzmüller". Dazu *Spindler,* in: *Spindler/Stilz,* Kommentar zum AktG § 116 Rn. 186ff.

155 *Lutter/Krieger,* Rechte und Pflichten des Aufsichtsrats, Rn. 1019; *Ek,* Haftungsrisiken für Vorstand und Aufsichtsrat, 2005, 193. Hierzu ist vieles streitig, zum Meinungsstand vgl. *Semler,* MüKoAktG, § 116, Rn. 706–709. Primär wird eine Haftung des Vorstands in Betracht kommen, vgl. *Vetter,* in: *Marsch-Barner/Schäfer* (Hrsg.), Handbuch börsennotierte AG, Aktien- und Kapitalmarktrecht, Rechte und Pflichten des Aufsichtsratsmitglieds, § 29, Rn. 71.

156 Ausführlich: *Krämer,* Risikobereich und Haftung: Kapitalmarktinformationen, Rn. 53.

157 Str. vgl. *Schwark/Kruse,* in: *Schwark/Zimmer,* Kapitalmarktrechts-Kommentar, Rn. 47 mit weiteren Nachweisen. Ablehnend zu § 14 WpHG *Spindler,* in: *Spindler/Stilz,* Kommentar zum AktG § 116 Rn. 199. Eine Ausnahme ergibt sich, wenn es sich bei den Insiderinformationen um Geheimnisse i.S.d. § 404 AktG handelt, da § 404 AktG ein Schutzgesetz zugunsten der Aktionäre i.S.d. § 823 Abs. 2 BGB darstellt, vgl. *Ek,* Haftungsrisiken für Vorstand und Aufsichtsrat, 194 mit weiteren Nachweisen.

158 *Spindler,* in: *Spindler/Stilz,* Kommentar zum AktG § 116 Rn. 199; *Grundmann,* in: *Ebenroth/Boujong/Joost,* Handelsgesetzbuch, WpHG § 15 Veröffentlichung und Mitteilung kursbeeinflussender Tatsachen, 1. Aufl., 2001, Band 2, Rn. VI 161161 (für Europarechtswidrigkeit str.); *Krämer,* Risikobereich und Haftung: Kapitalmarktinformationen, Rn. 53; *Fleischer,* in: *Assmann/Schütze,* Handbuch des Kapitalanlagerechts, § 7, Haftung für fehlerhafte Kapitalmarktkommunikation, Rn. 13: „Dies entspricht auch europarechtlichen Vorgaben, da weder die Marktmissbrauchsrichtlinie noch die Transparenzrichtlinie einen zivilrechtlichen Schadensersatzanspruch bei fehlerhafter Ad-hoc-Publizität zwingend fordern".

159 *Habersack,* MüKoAktG, Rn. 80; *Zimmer/Osterloh,* in: *Schwark/Zimmer,* Kapitalmarktrechts-Kommentar, § 15a WpHG, Rn. 110; zweifelnd *Fleischer,* Das Vierte Finanzmarktförderungsgesetz,

gen des WpHG keine Schutzgesetze zugunsten der Aktionäre.[160] Die Sonderbestimmung § 88 des BörsenG a. F. bzw. die Nachfolgeregelung des § 20 a WpHG und die Entsprechungserklärung nach § 161 AktG werden ebenso nicht als Schutzgesetze angesehen.[161]

Die **Vermögensdelikte des StGB** insbesondere Betrug (§ 263 StGB), Kapitalanlagebetrug (§ 264a StGB), Untreue (§ 266 StGB) und Bankrott (§ 283 StGB) werden als Schutzgesetze zugunsten von Aktionären betrachtet.[162]

Die Vorschrift betreffend die Pflicht des Vorstands zur rechtzeitigen **Beantragung des Insolvenzverfahrens** nach § 15a Abs. 1 InsO wird nach überwiegender Meinung als Schutzgesetz zugunsten der Gläubiger der Gesellschaft begriffen.[163] Eine Haftung eines Aufsichtsratsmitglieds kann jedoch nur wegen Anstiftung oder Beihilfe zur Verschleppung des Insolvenzverfahrens in Betracht kommen.[164]

Die **aktienrechtlichen Straf- und Bußgeldvorschriften** sind unstreitig Schutzgesetze.[165] Da diese Vorschriften den Schutz der Aktionäre bezwecken, kann einem Aktionär und auch Gläubigern der Gesellschaft ein Schadensersatzanspruch zustehen. Insbesondere die unrichtige Darstellung der Verhältnisse der Gesellschaft

---

NJW 2002, 2977, 2978. Nach sec. 16 (b) des Securities Exchange Act, Herausgabeanspruch der Gesellschaft vgl. oben Fn. 6. Zu § 15a WpHG auch *Schuster*, Kapitalmarktrechtliche Verhaltenspflichten von Organmitgliedern am Beispiel des § 15a WpHG, ZHR 2003, 167, 193–215.

160 *Doralt/Doralt*, in: *Semler/v. Schenck*, Arbeitshandbuch für Aufsichtsratsmitglieder, § 13, Rn. 186 (bejahend aber zu aktienrechtlichen Strafbestimmungen als Grundlage für Schadensersatzansprüche im Rahmen der Ad-hoc-Publizität zumindest bei Kenntnis der Aufsichtsratsmitgliedern von fehlerhaften oder unvollständigen Informationen).

161 Zu § 88 BörsG bzw. der Nachfolgevorschrift des § 20 a WpHG: *Fleischer*, in: *Assmann/Schütze*, Handbuch des Kapitalanlagerechts, § 7 Haftung für fehlerhafte Kapitalmarktkommunikation, Rn. 14, 15; *Doralt/Doralt*, in: *Semler/v. Schenck*, Arbeitshandbuch für Aufsichtsratsmitglieder, § 13, Rn. 187; *Spindler*, in: *Spindler/Stilz*, Kommentar zum AktG § 116 Rn. 199. Zu § 161 AktG: *Krämer*, Risikobereich und Haftung: Kapitalmarktinformationen, Rn. 53.

162 *Doralt/Doralt*, in: *Semler/v. Schenck*, Arbeitshandbuch für Aufsichtsratsmitglieder, § 13, Rn. 193; str. Untreue, zustimmend *Spindler*, in: *Spindler/Stilz*, Kommentar zum AktG § 116 Rn. 192; Meinungsstand bei *Semler*, MüKoAktG, § 116, Rn. 716. §§ 263, 264a StGB helfen irregeführten Anlegern aus unterschiedlichen Gründen nicht weiter, dazu unten 14. Kapitel und *Fleischer*, in: *Assmann/Schütze*, Handbuch des Kapitalanlagerechts, § 7 Haftung für fehlerhafte Kapitalmarktkommunikation, Rn. 18.

163 Dazu *Doralt/Doralt*, in: *Semler/v. Schenck*, Arbeitshandbuch für Aufsichtsratsmitglieder, § 13, Rn. 194. § 92 Abs. 2 AktG wurde durch das MoMiG aufgehoben und in die InsO verlagert. Vgl. dazu schon oben 6. Kap. II.3.d), bes. Antragspflicht des Aufsichtsrats bei Führungslosigkeit.

164 *Habersack*, MüKoAktG, § 116, Rn. 79. Ein Aufsichtsratsmitglied, das den Vorstand nicht zu seinen diesbezüglichen Pflichten anhält, kann sich gegenüber Gläubigern schadensersatzpflichtig machen, vgl. *Peltzer*, in: *Wellhöfer/Peltzer/Müller*, Haftung von Vorstand, Aufsichtsrat und Wirtschaftsprüfer: mit GmbH-Geschäftsführer, § 20, Rn. 164. Wegen der Voraussetzung des vorsätzlichen Handelns des Haupttäters (§§ 26, 27 Abs. 1 StGB) ist kaum Raum für die Haftung eines Aufsichtsratsmitglieds, vgl. *Doralt/Doralt*, in: *Semler/v. Schenck*, Arbeitshandbuch für Aufsichtsratsmitglieder, § 13, Rn. 194, bes. Fn. 413 mit weiteren Nachweisen.

165 Strafvorschriften über falsche Angaben § 399 AktG, wegen unrichtiger Darstellung § 400 AktG, Vorschriften über eine Verletzung der Geheimhaltungspflicht § 404 AktG und über Ordnungswidrigkeiten § 405 AktG. Statt vieler: *Spindler*, in: *Spindler/Stilz*, Kommentar zum AktG § 116 Rn. 191; zuletzt zu § 400 AktG und § 331 HGB, jedoch den Schutzcharakter von Rechnungslegungsvorschriften verneinend OLG Düsseldorf, Urteil v. 4. 3. 2011 – I-6 U 94/09, AG 2011, 31–36.

gem. § 400 AktG kommt für die Haftung nach § 823 Abs. 2 BGB in Betracht.[166] Voraussetzung für die Haftung von Vorstand und Aufsichtsrat wird jedoch nur bei mindest bedingt vorsätzlichem Verhalten begründet.[167]

Eine Haftung wegen der bloßen Verletzung von **Überwachungspflichten** ist bei § 823 Abs. 2 BGB regelmäßig ausgeschlossen. Der Aufsichtsrat ist grundsätzlich ein reines Innenorgan. Normalerweise tritt zwischen die Pflichtverletzung des Aufsichtsrats und die deliktische Schädigung Dritter das außenwirksame Verhalten des Vorstands.[168] Die Teilnehmerhaftung kommt nur bei vorsätzlicher Teilnahme an einer vorsätzlichen Haupttat in Betracht.[169]

3. § 826 BGB

§ 826 BGB ist aufgrund jüngerer Rechtsprechung des BGH[170] mangels spezialgesetzlicher Anspruchsgrundlage – vor allem wenn kein Schutzgesetz verletzt ist – die zentrale Haftungsnorm für Schadensersatzansprüche von Anlegern gegen Vorstandsmitglieder wegen fehlerhafter Sekundärmarktinformationen (Ad-hoc-Publizität).[171] Eine Haftung wegen vorsätzlicher sittenwidriger Schädigung der Aufsichtsratsmitglieder kommt bei Verletzung der **Aufsichtspflichten** jedoch kaum in Betracht.[172] Kapitalmarktmitteilungen werden in der Regel vom Vorstand und nicht vom Aufsichtsrat herausgegeben. Es ist praktisch unmöglich und auch nicht zweckmäßig, dass Ad-hoc-Mitteilungen vom Aufsichtsrat vor Bekanntgabe regelmäßig überprüft werden. Eine Haftung kommt überhaupt nur dann in Betracht,

---

166 *Fleischer*, in: *Assmann/Schütze*, Handbuch des Kapitalanlagerechts, § 7 Haftung für fehlerhafte Kapitalmarktkommunikation, Rn. 16, 17: Ad-hoc-Mitteilungen können mangels Eindruck der Vollständigkeit den Tatbestand des § 400 Abs. 1 Nr. 1 AktG nur ausnahmsweise verwirklichen.
167 § 15 StGB. *Krämer*, Risikobereich und Haftung: Kapitalmarktinformationen, Rn. 37.
168 *Habersack*, MüKoAktG, § 116, Rn. 76; *Altmeppen*, Organhaftung gegenüber Dritten, Rn. 83: relativiert wird dies jedoch, wenn man die Anwendung von § 830 Abs. 2 BGB auf Organmitglieder bejaht und so zu einer Gleichstellung der Teilnehmerhaftung mit der Mittäterschaft gem. § 830 Abs. 2 i.V.m. Abs. 1 BGB kommt; str. Nachweise bei *Hopt/Voigt*, in: *dies.*, Prospekt- und Kapitalmarktinformationshaftung, 72 bes. Fn. 417; *Drygala*, in: *K. Schmidt/Lutter* (Hrsg.), AktG, § 116 Rn. 50; vgl. zur deliktischen Teilnehmerhaftung von Organmitgliedern auch *Fleischer*, Aktuelle Entwicklungen der Managerhaftung, NJW 2009, 2337, 2341.
169 *Drygala*, in: *K. Schmidt/Lutter* (Hrsg.), AktG, § 116 Rn. 50. Vgl. insbesondere die Entscheidungen zur Teilnehmerhaftung unter nachfolgend 3.
170 BGH v. 19. 7. 2004 – II ZR 217/03, 218/03 und 402/02, NJW 2004, 2971, 2973 = AG 2004, 546 (Infomatec). Dazu *Kort*, Die Haftung von Vorstandsmitgliedern für falsche Ad-hoc-Mitteilungen, 2005, AG Heft 1–2, 21–26; *Leisch*, Vorstandshaftung für falsche Ad-hoc-Mitteilungen – ein höchstrichterlicher Beitrag zur Stärkung des Finanzplatzes Deutschland, 2004, ZIP Heft 34, 1573, 1580.
171 Ausführlich zur Haftung für die fehlerhafte Ad-hoc-Publizität: *Fleischer*, in: *Assmann/Schütze*, Handbuch des Kapitalanlagerechts, § 7 Haftung für fehlerhafte Kapitalmarktkommunikation, Rn. 19–37; *Krämer*, Risikobereich und Haftung: Kapitalmarktinformationen, Rn. 57ff.; *Schäfer*, § 16 Haftung für fehlerhafte Kapitalmarktinformationen, Rn. 34.
172 *Semler*, MüKoAktG, § 116, Rn. 711; in der 3. Aufl.: *Habersack*, MüKoAktG, § 116, Rn. 79.

wenn die Mitteilung inhaltlich falsch war, das Aufsichtsratmitglied positives Wissen hiervon hatte und dies hätte verhindern können und müssen.[173]

Generell ist eine Haftung eines Aufsichtsratsmitglieds zu bejahen, wenn er ein strafbares oder sittenwidriges Verhalten des Vorstands vorsätzlich veranlasst oder aktiv unterstützt.[174] Denkbar ist eine solche Haftung im Bereich der dem Aufsichtsrat obliegenden Geschäftsführungsmaßnahmen, primär bei zustimmungspflichtigen Geschäften.[175] Eine derartige Unterstützungshandlung kommt insbesondere in Betracht, wenn dem Vorstand ein sittenwidriges oder strafbares Verhalten im Zusammenhang mit Kapitalerhöhungen zur Last gelegt wird, da der Aufsichtsrat an der Geschäftsführungsmaßnahme der Kapitalerhöhung im Rahmen des genehmigten Kapitals gem. § 202 Abs. 3 S. 2 AktG mitwirkt, was eine ausreichende objektive Beihilfeleistung darstellt (§§ 826, 830 BGB).[176]

4. Vorsatzhaftung

Im Ergebnis haftet ein Aufsichtratsmitglied Dritten gegenüber in der Regel also nur bei wenigstens bedingt vorsätzlichem Verhalten; eine bloße fahrlässige Verletzung seiner Überwachungspflicht ist für die Außenhaftung nicht ausreichend.[177] Aufsichtsratsmitglieder können im Bereich des Kapitalmarkts haftbar gemacht werden, wenn sie von falschen Angaben des Vorstands wissen und diese nicht verhindern oder berichtigen.[178] Für den Vorsatz reicht bewusstes Sichverschließen (billigendes Inkaufnehmen) hinsichtlich der unredlichen Geschäftspraktiken des Vorstands aus, wenn das Aufsichtsratsmitglied jedenfalls einen dringenden Verdacht gehabt und die sich ihm als Aufsichtsratsvorsitzendem bzw. Aufsichtsrats-

---

173 *Peltzer*, in: *Wellhöfer/Peltzer/Müller*, Haftung von Vorstand, Aufsichtsrat und Wirtschaftsprüfer: mit GmbH-Geschäftsführer, § 20, Rn. 168 ff.: unter diesen Voraussetzungen hätten Aufsichtsratsmitglieder sowohl in Infomatec als auch in EM. TV haftbar gemacht werden können.

174 *Semler*, MüKoAktG, § 116, Rn. 745.

175 *Semler*, MüKoAktG, § 116, Rn. 711; *Spindler*, in: *Spindler/Stilz*, Kommentar zum AktG § 116 Rn. 194.

176 OLG Düsseldorf, Urteil vom 23. 6. 2008 – 9 U 22/08 = NZG 2008, 713 ff. An diese Entscheidung kann nicht die Erwartung einer deutlichen Haftungserweiterung geknüpft werden, es handle sich um einen krassen Ausnahmefall, so *Wilsing/Ogorek*, Zur Außenhaftung des Aufsichtsrats gegenüber den Aktionären nach Deliktsrecht, DB 2008, 1963–1965. In einer Entscheidung des OLG Karlsruhe v. 4. 9. 2008 (Az. 4 U 26/06) ist der Aufsichtsratsvorsitzende einer AG dazu verurteilt worden, an 71 Anleger insgesamt drei Millionen Euro Schadensersatz zu zahlen, da er (hauptberuflicher Wirtschaftsprüfer) durch seine Mitwirkung an verschiedenen Beschlüssen Beihilfe zum Betrug geleistet hat. In Emissionsprospekten waren wesentliche Tatsachen vorsätzlich falsch dargestellt worden. Der Aufsichtsratsvorsitzende sei dafür insoweit mitverantwortlich, da er den Emissionsprospekt und die Bedeutung der Fehler gekannt hat.

177 Etwa *Semler*, MüKoAktG, § 116, Rn. 711; *Peltzer*, in: *Wellhöfer/Peltzer/Müller*, Haftung von Vorstand, Aufsichtsrat und Wirtschaftsprüfer: mit GmbH-Geschäftsführer, § 20, Rn. 165 bes. Fn. 205; *Altmeppen*, Organhaftung gegenüber Dritten, Rn. 84; *Grotheer*, Außenhaftung von Aufsichtsratsmitgliedern: Ein Anreiz zur Verbesserung der Überwachungstätigkeit? WM 2005, 2070, 2075.

178 So *Peltzer*, in: *Wellhöfer/Peltzer/Müller*, Haftung von Vorstand, Aufsichtsrat und Wirtschaftsprüfer: mit GmbH-Geschäftsführer, § 20, Rn. 169, 172 beispielhaft zu einem Verschuldensmaßstab, der eine Haftung des Aufsichtsrats in Infomatec oder EM. TV ausgelöst hätte.

mitglied bietende Möglichkeit, sich Klarheit zu verschaffen, bewusst nicht wahrgenommen hat.[179]

5. Beweislast und Kausalität

Der Kläger trägt die **Beweislast** für das Vorliegen einer unerlaubten Handlung und den ursächlichen Zusammenhang zwischen ihr und dem eingetretenen Schaden nach allgemeinen Grundsätzen.[180]

Die haftungsbegründende **Kausalität** ist im Rahmen fehlerhafter Kapitalmarktinformationen gegeben, wenn die Informationen ursächlich für die Anlageentscheidung waren.[181] Die Falschinformation muss den Anleger zum Kauf oder Verkauf seiner Wertpapiere veranlasst haben. Um den erheblichen Beweisschwierigkeiten zu entgegnen, hat die Rechtsprechung im Primärmarkt eine Beweiserleichterung durch die sog. Rechtsfigur der Anlagestimmung entwickelt.[182] Dem Anleger kommt jedoch im Sekundärmarkt **kein Anscheinsbeweis** bezüglich des Bestehens einer Anlagestimmung zugute.[183] Bei Comroad hat der BGH dies für Ad-hoc-Mitteilungen bestätigt und im Leitsatz ausdrücklich klargestellt, dass eine Anknüpfung an das enttäuschte allgemeine Anlegervertrauen in die Integrität der Marktpreisbildung – in Anlehnung an die sog. fraud on the market theory des US-amerikanischen Kapitalmarktrechts – im Rahmen des ohnehin offenen Haftungstatbestands der vorsätzlichen sittenwidrigen Schädigung nicht in Betracht kommt.[184]

---

179 Vgl. OLG Düsseldorf, Urteil vom 23. 6. 2008 – 9 U 22/08 = NZG 2008, 713.

180 Vgl. *Semler,* MüKoAktG, § 116, Rn. 721. Diese allgemeine Beweislastregel erschwert die Durchsetzung von Außenhaftungsansprüchen gegenüber der im Rahmen der Innenhaftung geltenden Beweislastumkehr erheblich, so auch *Peltzer,* in: *Wellhöfer/Peltzer/Müller,* Haftung von Vorstand, Aufsichtsrat und Wirtschaftsprüfer: mit GmbH-Geschäftsführer, § 20, Rn. 165.

181 *Krämer,* Risikobereich und Haftung: Kapitalmarktinformationen, Rn. 43 mit Verweis auf BGH v. 5. 7. 1993 – II ZR 194/92, BHGZ 123, 106, 111 = AG 1994, 32; *Hopt/Voigt,* in: *dies.,* Prospekt- und Kapitalmarktinformationshaftung, 97, 133 bes. Fn. 833 mit weiteren Nachweisen; *Semler/Gittermann,* Persönliche Haftung der Organmitglieder für Fehlinformationen des Kapitalmarktes – Zeigt das KapInHaG den richtigen Weg?, NZG 2004, 1081, 1083.

182 Für die börsengesetzliche Prospekthaftung normiert in § 45 Abs. 2 Nr. 1 BörsG; nach dem Entwurf des KapInHaG soll genügen, dass der Anleger das Finanzinstrument innerhalb von drei Monaten nach der fehlerhaften oder unterlassenen Kapitalmarktinformation erworben oder veräußert hat; nach Ablauf der Dreimonatsfrist geht die Beweislast auf den Anleger über, vgl. im Einzelnen RefE § 37 a III WpHG.

183 H.M. BGH v. 19. 7. 2004 – II ZR 402/02 (Infomatec); *Fleischer,* in: *Assmann/Schütze,* Handbuch des Kapitalanlagerechts, § 7 Haftung für fehlerhafte Kapitalmarktkommunikation, Rn. 27, 28; *Schäfer,* § 16 Haftung für fehlerhafte Kapitalmarktinformationen, Rn. 28–30; *Hopt/Voigt,* in: *dies.,* Prospekt- und Kapitalmarktinformationshaftung, 137 f.; *Findeisen,* Die Bedeutung der haftungsbegründenden Kausalität einer fehlerhaften Ad-hoc-Mitteilung für die Anlageentscheidung des Schadensersatzklägers, NZG 2007, 692–695, wirft daher die Frage auf, ob die zur Beweislastumkehr führende Rechtsfigur der „Anlagestimmung" nach Ansicht des BGH nur im Primärmarkt zu Beweiserleichterungen führen sollte.

184 BHG v. 12. 9. 2006 – II ZR 153/05, ZIP 2007, 326 f. = AG 2007, 169 (Comroad). Kritisch *Möllers,* Konkrete Kausalität, Preiskausalität und uferlose Haftungsausdehnung – Comroad I – VIII, NZG 2008, 413.

6. Schaden

Bei der Berechnung des **Schadens** bei der Kapitalinformationshaftung ist vieles streitig.[185] Ein Anleger hat bei fehlerhaften Kapitalmarktinformationen grundsätzlich Anspruch auf **Naturalrestitution** i. S. v. § 249 BGB. Er ist so zu stellen, als hätte er den schadensbehafteten Kauf bzw. Verkauf nicht vorgenommen (negatives Interesse).[186] Im Falle des Kaufs geschieht dies in Form der Erstattung des gezahlten Kaufpreises gegen Übertragung der erworbenen Aktien.[187] Alternativ, soweit der Anleger nicht mehr Inhaber der Wertpapiere ist, kann er den Differenzbetrag zwischen dem Erwerbspreis und dem hypothetischen Wert geltend machen, wie er bei Offenlegung der wahren Sachlage zu zahlen gewesen wäre.[188] Der Schaden muss gerade durch die Anlageentscheidung verursacht worden sein.

Ein Aktionär kann die Ersatzleistung an sich selbst nur verlangen, wenn ihm durch die Entwertung seiner Aktien ein über die Schädigung der Gesellschaft hinausgehender Schaden entstanden ist, der nicht einen sog. **Reflex- oder Doppelschaden** darstellt.[189] Ein Doppelschaden liegt dann vor, wenn der Aktionär durch die Schädigung des Gesellschaftsvermögens einen Schaden im Wert seiner Aktie erleidet (Konkurrenz von Innen- und Außenhaftung). Nach überwiegender Meinung kann der Aktionär keinen Anspruch haben, soweit auch die Gesellschaft anspruchsberechtigt ist. Der Schaden ist nur durch Ersatzleistung an die Gesellschaft auszugleichen. Die Rechtsprechung geht überwiegend davon aus, dass die Aktionäre das Recht haben, ihren Anspruch mittels Klage durchzusetzen, jedoch nur auf Zahlung an die Gesellschaft.

7. Gesamtschuldnerische Haftung und Innenausgleich

Auch Aufsichtsratsmitglieder sind, soweit sie sich haftbar gemacht haben, neben den Vorständen im Außenverhältnis nach § 840 Abs. 1 BGB **Gesamtschuldner.** Übereinstimmung besteht dahin gehend, dass die verursachenden Vorstandsmitglieder stärker herangezogen werden können als die Aufsichtsratsmitglieder, die den Schaden nur nicht verhindert haben. Umstritten ist der Gesamtschuldnerausgleich, wenn ein oder mehrere Organmitglieder wegen unmittelbarer Schädigung,

---

185 Einzelheiten zum Schaden und Streitstand bei Ad-hoc-Mitteilungen, Naturalrestitution und Differenzschaden: *Fleischer,* in: *Assmann/Schütze,* Handbuch des Kapitalanlagerechts, § 7 Haftung für fehlerhafte Kapitalmarktkommunikation, Rn. 32–36; *Hopt/Voigt,* in: *dies.,* Prospekt- und Kapitalmarktinformationshaftung, 86 ff. für Haftung auf negatives Interesse, 128 ff.; *Schäfer,* § 16 Haftung für fehlerhafte Kapitalmarktinformationen, Rn. 24–27.

186 *Schäfer,* § 16 Haftung für fehlerhafte Kapitalmarktinformationen, Rn. 24.

187 BGH v. 19. 7. 2004 – II ZR 402/02. Für die deliktische Haftung ist dies jedenfalls unstreitig, vgl. *Hopt/Voigt,* in: *dies.,* Prospekt- und Kapitalmarktinformationshaftung, 133.

188 *Hopt/Voigt,* in: *dies.,* Prospekt- und Kapitalmarktinformationshaftung, 87 mit weiteren Nachweisen.

189 Dazu ausführlich *Semler,* MüKoAktG, § 116, Rn. 722–735; *Doralt/Doralt,* in: *Semler/v. Schenck,* Arbeitshandbuch für Aufsichtsratsmitglieder, § 13, Rn. 182 f.; *Spindler,* in: *Spindler/Stilz,* Kommentar zum AktG § 116 Rn. 195 ff.

andere hingegen nur aufgrund mangelnder Überwachung – also typischerweise Aufsichtsräte – als Gesamtschuldner haftbar sind. Im Innenverhältnis soll nach einer Ansicht der unmittelbare Schädiger (Vorstand) zu demjenigen, dem allein eine Verletzung von Überwachungspflichten zur Last fällt, allein verantwortlich sein. Nach anderer Auffassung wird die gänzliche Freistellung des wegen nachlässiger Überwachung verantwortlichen Aufsichtsratsmitglieds abgelehnt.[190] Zuzustimmen ist dem nur dann, wenn ein vorsätzliches Handeln des Aufsichtspflichtigen vorliegt.[191]

III. Sonstige Haftungsquellen

1. Entsprechungserklärung gem. § 161 AktG

Die Verletzung der Entsprechungserklärung des § 161 AktG kann zur Außenhaftung führen. Anspruchssteller können Aktionäre und Anleger, die aufgrund eines relevanten Verhaltens Wertpapiere verkauft oder gekauft haben, sowie Gläubiger sein. Diskutiert werden verschiedenste Anspruchsgrundlagen: die Vorschriften über unerlaubte Handlungen (insbesondere §§ 823 Abs. 2, 826 BGB), die spezialgesetzliche und die bürgerlich-rechtlich Prospekthaftung, die Vertrauenshaftung aus §§ 311 Abs. 3, 280 Abs. 1 BGB (c.i.c.) und die kapitalmarktrechtliche Vertrauenshaftung sowie die Haftung wegen mangelhafter Ad-hoc-Mitteilung. Im Einzelnen ist dabei vieles umstritten. Überwiegend wird eine Außenhaftung nur angenommen, wenn Organmitglieder vorsätzlich etwas Falsches erklären und dadurch Anleger schädigen.[192] Hier liegt es nahe, ein gegen die guten Sitten verstoßendes Verhalten anzunehmen und eine **Haftung aus unerlaubter Handlung gem. § 826 BGB** festzustellen.[193]

2. Stellungnahme im Rahmen von Übernahmeangeboten gem. § 27 WpÜG

Aufsichtsräte der Zielgesellschaft haben die kapitalmarktrechtliche Pflicht, bei Angeboten auf den Erwerb von Wertpapieren eine begründete **Stellungnahme** ab-

190 *Semler,* MüKoAktG, § 116, Rn. 554; in der 3. Aufl.: *Habersack,* MüKoAktG, § 116, Rn. 73.
191 Zum Meinungsstand und wohl für diese vermittelnde Ansicht: *Altmeppen,* Organhaftung gegenüber Dritten, Rn. 84.
192 *Hüffer,* AktG § 161 Rn. 30; *Semler,* MüKoAktG, § 161 Rn. 201–233; *Marsch-Barner/Schäfer* (Hrsg.), Handbuch börsennotierte AG, Aktien- und Kapitalmarktrecht, 2005, § 2 Corporate Governance, Rn. 74–76; *Berg/Stöcker,* Anwendungs- und Haftungsfragen zum Deutschen Corporate Governance Kodex, WM 2002, 1569, 1580 ff.; *Peltzer,* Deutsche Corporate Governance – Ein Leitfaden, Rn. 399–410; *Kiethe,* Falsche Erklärung nach § 161 AktG – Haftungsverschärfung für Vorstand und Aufsichtsrat? NZG 2003, 559–567; *Ettinger/Grützediek,* Haftungsrisiken im Zusammenhang mit der Abgabe der Corporate Governance Entsprechenserklärung gemäß § 161 AktG, AG 2003, 353–366; weitergehend für eine kapitalmarktrechtliche Vertrauenshaftung und zivilrechtliche Prospekthaftung: *Lutter/Krieger,* Rechte und Pflichten des Aufsichtsrats (4. Aufl., 2002), Rn. 864; *Lutter,* FS Druey, 2002, 463, 473 ff. In der 5. Aufl. jedoch mit der h. M. *Lutter/Krieger,* Rechte und Pflichten des Aufsichtsrats, Rn. 1021.
193 *Semler,* MüKoAktG, § 161 Rn. 233.

zugeben.[194] Aufsichtsratsmitglieder können gegenüber Aktionären haften, wenn der Aufsichtsrat vorsätzlich oder grob fahrlässig inhaltlich falsche Angaben in der Stellungnahme abgibt und Aktionäre im Vertrauen auf diese Angaben Aktien verkaufen oder eintauschen und kausal einen Schaden erleiden.[195]

3. US-Börsennotierung

Eine weitere Quelle der Außenhaftung sowie auch der strafrechtlichen Haftung von Aufsichtsratsmitgliedern kann sich bei Börsennotierungen ihrer Unternehmen – typischerweise an der NYSE – bei sog. **cross-listings** nach US-amerikanischen Kapitalmarktrecht ergeben.[196] Selbst ohne Börsennotierung ist eine solche Haftung von Organmitgliedern bei Annahme der internationalen Zuständigkeit amerikanischer Gerichte durchaus möglich.[197] An Aufsichtsratsmitglieder sind dabei jedoch – entsprechend der Unterscheidung nach sec. 11 Securities Act zwischen geschäftsführenden und nicht geschäftsführenden Direktoren – geringere Sorgfaltsanforderungen zu stellen als an den Vorstand.[198]

4. Spezialgesetzliche Regelungen

Weitere Außenhaftungsquellen können sich aus spezialgesetzlichen Regelungen bzw. speziellen Rechtsgebieten ergeben, so z.B. die Haftung für entstandene Schäden bei Vorgängen aus UmwG (§§ 25ff. UmwG)[199], aus wettbewerbs- oder kartell-

---

194 § 27 WpÜG. Näher dazu *Peltzer,* in: *Wellhöfer/Peltzer/Müller,* § 20, Rn. 121ff.
195 *Peltzer,* in: *Wellhöfer/Peltzer/Müller,* § 20, Rn. 129. a.A. *Schwennicke,* in: *Geibel/Süßmann,* Wertpapiererwerbs- und Übernahmegesetz, Rn 58 (Haftung nur in extremen Ausnahmefällen nach § 826 BGB). Vergleichbar mit der Rechtslage in England knüpft an eine Pflichtverletzung im Rahmen von solchen Stellungnahmen wohl eher eine Außenhaftung, wohingegen in den USA neutrales Verhalten gegenüber den Aktionären bei Übernahmen eher im Rahmen der allgemeinen Treuepflicht besprochen wird und so bei Verletzung die Innenhaftung auslösen kann (dazu oben 4. Kap. II.2.c)).
196 Dies sind derzeit jedoch nur eine überschaubare Anzahl deutscher Unternehmen, u.a. Allianz SE, Daimler AG, Deutsche Bank AG, Deutsche Telekom AG, Infineon AG, SAP AG und Siemens AG. Ausführlich zu den Haftungsrisiken von Vorstands- und Geschäftsführungsmitgliedern deutscher Unternhemen in den USA: *Banes/Burgess/Winters/Toskan,* Liability of Directors and Officers of Non-U.S. Corporations under States Federal Law, in: *Krieger/Schneider* (Hrsg.), Handbuch Managerhaftung, § 37; *Friedrich,* D&O Liability: Die Haftung des Managements nach deutschem und US-amerikanischem Recht, 97ff. Zudem sind weitere Rechtsvorschriften grundsätzlich haftungsträchtig, wie z.B. der Foreign Corrupt Practices Act, auf welchem das Vorgehen gegen Siemens im Rahmen der Korruptionsaffäre überwiegend gestützt wurde.
197 Zu den Voraussetzungen: *Banes/Burgess/Winters/Toskan,* Liability of Directors and Officers of Non-U.S. Corporations under States Federal Law, § 37, Rn. 50ff.
198 *Banes/Burgess/Winters/Toskan,* Liability of Directors and Officers of Non-U.S. Corporations under States Federal Law, § 37, Rn. 12.
199 Ausführlich zur Haftung von Organmitgliedern nach § 25 Abs. 1 UmwG: *Schnorbus,* Grundlagen der persönlichen Haftung von Organmitgliedern nach § 25 Abs. 1 UmwG, ZHR 167, 2003, 666–701.

rechtlichen Bestimmungen, Produktverantwortung, M&A Transaktionen, Steuerrecht, Sozialversicherungsrecht oder Umweltrecht.[200]

IV. Geltendmachung

Am 1. 11. 2005 ist das Kapitalanleger-Musterverfahrensgesetz (KapMuG) in Kraft getreten, das Anlegern die kollektive Durchsetzung von Schadensersatzansprüchen wegen falscher oder irreführender öffentlicher Kapitalmarktinformation erleichtern soll.[201] Das Gesetz schließt Haftungsklagen – auch nach allgemeinem Deliktsrecht – gegen Organmitglieder von Kapitalgesellschaften ein.[202] Rechts- und Tatsachenfragen sollen in gleich gelagerten Prozessen durch einen Musterentscheid einheitlich festgestellt werden und entfalten für die Beteiligten gewisse Bindungswirkungen.[203]

---

200 Dazu ausführliche Beiträge in *Krieger/Schneider* (Hrsg.), Handbuch Managerhaftung, 3. Teil: Besondere Risikobereiche und Haftungsfolgen; *Ek,* Haftungsrisiken für Vorstand und Aufsichtsrat, 193.

201 Nach § 1 Abs. 1 KapMuG erfasst das Musterverfahren die Haftung für falsche, irreführende oder unterlassene öffentliche Kapitalmarktinformationen (§ 1 Abs. 1 S. 3 KapMuG). Ausführlich dazu *Hess,* Massenklagen und Managerhaftung, § 14; *Plaßmeier,* Brauchen wir ein Kapitalanleger-Musterverfahren? – Eine Inventur des KapMuG, NZG 2005, 609. Zu den anderen Möglichkeiten des kollektiven Rechtsschutzes *Hess,* Sammelklagen im Kapitalmarktrecht, AG 2003, 113, 114ff.

202 BHG v. 30. 1. 2007 – X ARZ 381/06, BB 2007, 686 f – VIP 4-Fonds.

203 Die Feststellungen des Musterentscheids wirken für und gegen die Beigeladenen (§ 16 Abs. 3 KapMuG) in Anlehnung an die Interventionswirkung des § 68 ZPO; zu dem Verfahren und den ersten Erfahrungen, vgl. *Hess,* Massenklagen und Managerhaftung, § 14, 412–415.

11. Kapitel: Rechtsvergleich und Schlussfolgerungen – Außenhaftung

I. Europarechtliche Vorgaben

In der EU besteht keine Harmonisierung hinsichtlich des Regelwerks zur Außenhaftung von Organmitgliedern. Eine Vereinheitlichung folgt nicht aus der Vorgabe der kollektiven Verantwortlichkeit von Organmitgliedern. Die Gesamtverantwortung wird nur hinsichtlich der Innenhaftung den Mitgliedsstaaten als Mindestanforderung zur Umsetzung ins nationale Recht aufgegeben. Eine darüber hinausgehende Anordnung der Außenhaftung von Organmitgliedern wird den Mitgliedsstaaten freigestellt. Die Transparenzrichtlinie fordert zwar allgemein die Haftung oder die Verantwortung von Emittenten oder dessen Organen, jedoch ist die Regelung des Ausmaßes der Sanktionen wiederum den Mitgliedstaaten überlassen worden.[204] Die Richtlinie enthält daher keine Verpflichtung, die persönliche zivilrechtliche Organaußenhaftung einzuführen.[205] In England bestehen für die Veröffentlichung der Informationen nach der Transparenzrichtlinie keine Außenhaftungsfolgen für Organmitglieder; jedoch drohen ordnungsbehördliche Sanktionen.[206] In Deutschland dient § 400 AktG als Anknüpfungspunkt einer Außenhaftung von Aufsichtsratsmitgliedern für fehlerhafte Abschlüsse. Schließlich schreibt die Prospektrichtlinie eine Organaußenhaftung nicht zwingend vor.[207] Teilweise wird vertreten, dass es nicht geboten wäre, das nationale Recht durch Schaffung einer Außenhaftung von Organmitgliedern gegenüber Anlegern anzupassen.[208] Anderen erscheint wegen der Unterschiede der persönlichen Außenhaftung von Organmitgliedern eine Vereinheitlichung auf europäischer Ebene anstrebenswert und wird aufgrund rechtsvergleichender Befunde – jedenfalls für fehlerhafte Prospekte – auch zu erwarten sein.[209]

---

204 Art. 7 und 28 Abs. 1 der Transparenzrichtlinie. Zum Sanktionssystem des TUG, vgl. *Mülbert/Steup,* Das zweispurige Regime der Regelpublizität nach Inkrafttreten des TUG – Nachbesserungsbedarf aus Sicht von EU- und nationalem Recht, NZG 2007, 761–770, bes. 767 ff.: HGB und WpHG sehen unterschiedliche straf- und ordnungsrechtliche Sanktionen für Verstöße gegen die jeweiligen Erstellungs- und Publizitätsregeln vor.

205 So *Hopt/Voigt,* in: *dies.,* Prospekt- und Kapitalmarktinformationshaftung, 66 bes. Fn. 376.

206 Sec. 414(1) CA 2006. Dazu schon oben 5. Kap. II.1.a).

207 Richtlinie 2003/71/EG vom 4. 11. 2003, Abl. EU Nr. L 345 vom 31. 12. 2003, 64. Dazu *Hopt/Voigt,* in: *dies.,* Prospekt- und Kapitalmarktinformationshaftung, 66.

208 So *Grotheer,* Außenhaftung von Aufsichtsratsmitgliedern: Ein Anreiz zur Verbesserung der Überwachungstätigkeit? WM 2005, 2070.

209 *Hopt/Voigt,* in: *dies.,* Prospekt- und Kapitalmarktinformationshaftung, 66 f.

II. Voraussetzungen der Haftung

1. Unmittelbare Organaußenhaftung

Sowohl in den USA als auch in England bestehen spezialgesetzliche Anspruchsgrundlagen für die unmittelbare Außenhaftung von Organmitgliedern bei der erstmaligen Platzierung von Wertpapieren.[210] Die Voraussetzungen entsprechen sich weitgehend. Das US-amerikanische Kapitalmarktrecht liefert geschädigten Anlegern darüber hinaus eine Generalklausel für die Organaußenhaftung im Sekundärmarktrecht bei manipulierendem und betrügerischem Verhalten. In England werden an die Publizitätspflicht im nachfolgenden Handel keine zivilrechtlichen Haftungsfolgen an Organmitglieder geknüpft. In Deutschland wurde die Normierung einer Organaußenhaftung durch das KapInHaG zwar vorgeschlagen, jedoch aufgrund heftiger Kritik nicht umgesetzt. Eine Außenhaftung bei Publizitätspflichtverletzungen kommt in Deutschland daher grundsätzlich nur über das **allgemeine Deliktsrecht** in Betracht.

Die Gerichte haben hier Grundlagen für die Haftung entwickelt, um bei extremen Fällen notwendige Sanktionen herbeizuführen. Die Ahndung evidenter Fälle von Pflichtverletzungen gestaltet sich dennoch schwer und die Rechtslage bleibt weiterhin unübersichtlich und einzelfallbezogen.[211] Insbesondere ergeben sich erhebliche Beweisschwierigkeiten gerade im Hinblick auf falsche Angaben in Ad-hoc-Mitteilungen. Eine Anpassung an internationale Standards durch die **Kodifikation einer persönlichen Außenhaftung der Organmitglieder** sowohl auf dem Primär- als auch auf dem Sekundärmarkt, der tatbestandlichen Ausdehnung der Haftung und ergänzender Maßnahmen (Beweiserleichterungen, kollektive Geltendmachung) erscheinen wünschenswert.[212] Eine solche Außenhaftung ist wie ausführlich dargelegt de lege lata nicht systemfremd. Die Vorteile einer Kodifizierung gegenüber der allgemeinen Deliktshaftung sind jedoch, dass so eine bereichsspezifische, auf die besonderen Bedürfnisse des Kapitalmarkts zugeschnittene Haftungsnorm zur Verfügung stehen würde.[213] Bedenken, dass solche Haftungsnormen Organmitglieder übermäßig in Haftungsprozesse verwickeln und weites Geschäftsleiterermessen in unternehmerischen Entscheidungen beeinträchtigen, haben die rechtsvergleichenden Erfahrungen nicht bestätigen können.[214] Gerade bei der Haftung gegenüber Aktionären können zusätzliche Anreize für nicht geschäftsführen-

---

210 Für die USA: sec. 11 Securities Act. Für England: 90 FSMA.

211 *Semler,* Zur aktienrechtlichen Haftung der Organmitglieder einer Aktiengesellschaft, AG 2005, 321, 328.

212 Zum Meinungsstand und zustimmend: *Fleischer,* in: *Assmann/Schütze,* Handbuch des Kapitalanlagerechts, § 7 Haftung für fehlerhafte Kapitalmarktkommunikation, Rn. 7–10: *Hopt/Voigt,* in: *dies.,* Prospekt- und Kapitalmarktinformationshaftung, 69 ff. für Primärmarkt und 121 ff. für Sekundärmarkt.

213 *Fleischer,* in: *Assmann/Schütze,* Handbuch des Kapitalanlagerechts, § 7 Haftung für fehlerhafte Kapitalmarktkommunikation, Rn. 10.

214 So auch *Fleischer,* in: *Assmann/Schütze,* Handbuch des Kapitalanlagerechts, § 7 Haftung für fehlerhafte Kapitalmarktkommunikation, Rn. 10; *Hopt/Voigt,* in: *dies.,* Prospekt- und Kapitalmarktinformationshaftung, 69.

de Organmitglieder zur ordnungsgemäßen Erfüllung ihrer Aufgaben durch ein größeres Maß an direkter Verantwortlichkeit gegenüber Aktionären gesetzt werden.[215] Die Organ-Außenhaftung des Aufsichtsrats ist ein treffendes Mittel zur Verbesserung seiner Kontrolltätigkeit.[216] Zusätzliche Präventionseffekte sind vor allem durch die Abschreckungswirkung öffentlichkeitswirksamer Prozesse zu erwarten.[217] Zahlreiche Probleme, die sich bei der Innenhaftung ergeben, können durch eine effektive Außenhaftung vermieden werden. Im Folgenden soll deswegen im Wesentlichen auf die mögliche Ausgestaltung einer gesetzlichen Regelung unter Betrachtung des Entwurfs des KapInHaG, speziell im Hinblick auf Aufsichtsratsmitglieder, eingegangen werden.[218] Der zurückgenommene Entwurf des KapInHaG steht weiterhin in der rechtswissenschaftlichen Diskussion und der öffentliche Ruf nach einer größeren persönlichen Verantwortlichkeit von Organmitgliedern wird nicht zuletzt durch die Finanzkrise zunehmend (wieder) lauter.

2. Verschulden und haftungsbegründendes Verhalten

Beim Verschulden zeigen sich sowohl Unterschiede in den untersuchten Rechtsordnungen wie auch im Primär- und Sekundärmarkt. In den USA und in England ist im Ergebnis ein einfach fahrlässiger Maßstab hinsichtlich der Überwachungspflicht der nicht geschäftsführenden Direktoren bei der **erstmaligen Platzierung** von Wertpapieren anzulegen. Aufsichtsratsmitglieder haften derzeit im Ergebnis grundsätzlich nur bei vorsätzlichen Pflichtverletzungen. Diese **Vorsatzhaftung** stellt eine wesentliche Haftungserleichterung gegenüber den USA und Großbritannien dar.

Nicht geschäftsführende Direktoren werden dabei in den USA nicht an dem gleichen **Sorgfaltsmaßstab** gemessen wie die Geschäftsführung. Der anzulegende Maßstab beschränkt sich auf die kritische Überprüfung der vorbereiteten Dokumente. Haftungsbegründendes Verhalten ist daher nur bei unzureichender Überwachung gegeben. In Großbritannien lässt sich eine solche differenzierende Behandlung von unterschiedlichen Organmitgliedern mangels dazu vorliegenden Fallrechts noch nicht prognostizieren.

Im **Sekundärmarkt** besteht aufgrund der bloßen Überwachungspflichten übereinstimmend nur ein äußerst geringes Außenhaftungsrisiko für Aufsichtsratsmitglieder und nicht geschäftsführende Direktoren. Die sekundärmarktrechtliche

---

215 So auch *Davies*, Gower's Company Law, 14–33, 410.
216 So *Grotheer*, Außenhaftung von Aufsichtsratsmitgliedern: Ein Anreiz zur Verbesserung der Überwachungstätigkeit? WM 2005, 2070, 2078.
217 So auch *Fleischer*, in: *Assmann/Schütze*, Handbuch des Kapitalanlagerechts, § 7 Haftung für fehlerhafte Kapitalmarktkommunikation, Rn. 10; *Hopt/Voigt*, in: *dies.*, Prospekt- und Kapitalmarktinformationshaftung, 122.
218 Diskussionsentwurf eines Gesetzes zur Verbesserung der Haftung für falsche Kapitalmarktinformationen (Kapitalmarktinformationshaftungsgesetz – KapInHaG) Stand: 7. 10. 2004.

Außenhaftung in den USA knüpft an überwiegend vorsätzliches Verhalten an.[219] Im Vergleich zu der Rechtslage in den USA haften Aufsichtsratsmitglieder bei Sekundärmarktinformationen gleichsam auch nur bei positivem Wissen von falschen Angaben und daraufhin nicht hinzunehmendem Untätigbleiben.

Die in Aussicht gestellte Reform in Deutschland sollte – im Gleichlauf mit der derzeitigen Emittentenhaftung (§§ 45 Abs. 1, 55 BörsG) – Fälle ab der Schwelle zur groben Fahrlässigkeit erfassen. Es zeigt sich selbst danach ein deutlich strengerer Haftungsmaßstab der Prospektverantwortlichen in den untersuchten ausländischen Rechtsordnungen.[220]

Rechtspolitisch ist daher zu fordern, dass Aufsichtratsmitglieder entsprechend ihrer gesellschaftsbezogenen Aufgaben auch bei der Außenhaftung für eine mangelnde Überwachung haftbar gemacht werden können. Das einzelne Aufsichtsratsmitglied muss eine Haftung treffen, wenn es bei fehlerhaften oder unterlassenen Kapitalmarktinformationen des Vorstands seine **Überwachungspflichten** grob fahrlässig verletzt hat. Nach dem Entwurf des KapInHaG § 37a Abs. 2 S. 2 WpHG-E trifft die Mitglieder des Aufsichtsrats keine persönliche Haftung für die Verletzung ihrer Kontrollpflichten, da eine Haftung für die Verletzung von Kontrollpflichten nur auf die Leitungs- und Verwaltungsorganmitglieder beschränkt ist.[221] Der Begriff der Kontrollpflicht kann wohl nicht mit der allgemeinen Überwachungspflicht des Aufsichtsrats identisch sein, da Aufsichtsratsmitglieder sonst entgegen den Regelungen des Gesetzesentwurfs von der Außenhaftung weitgehend ausgenommen wären.[222] § 37a Abs. 2 S. 2 WpHG-E sollte daher Aufsichtsratsmitglieder in den Tatbestand miteinbeziehen und klarstellend den etablierten Begriff der Überwachung verwenden.[223] So kann bei unzureichender Überwachung des Prüfungsausschusses durch das Plenum eine Außenhaftung begründet werden. Ferner sollen nicht geschäftsführende Organmitglieder einer monistisch ausgestalteten SE nach deutschem Recht von dieser Vorschrift erfasst werden.[224] Allein dies stellt eine nicht zu rechtfertigende Ungleichbehandlung dar.

Für die Organ-Außenhaftung müssen spezifisch kapitalmarktbezogene Funktionen und Pflichten des Aufsichtsrats näher bestimmt werden. Denn nicht jede gesellschaftsrechtlich relevante Pflichtverletzung darf zur Außenhaftung führen. Vom Tatbestand sind weiter solche Fälle zu erfassen, in denen der Aufsichtsrat

---

219 *Hopt/Voigt,* in: *dies.,* Prospekt- und Kapitalmarktinformationshaftung, 125 f. teilweise auch bei bewusster Fahrlässigkeit (siehe schon oben 8. Kap. I.2.a).

220 So auch *Hopt/Voigt,* in: *dies.,* Prospekt- und Kapitalmarktinformationshaftung, 82.

221 Vgl. *Semler/Gittermann,* Persönliche Haftung der Organmitglieder für Fehlinformationen des Kapitalmarktes – Zeigt das KapInHaG den richtigen Weg?, NZG 2004, 1081, 1083; *Grotheer,* Außenhaftung von Aufsichtsratsmitgliedern: Ein Anreiz zur Verbesserung der Überwachungstätigkeit? WM 2005, 2070, 2076.

222 Vgl. *Grotheer,* Außenhaftung von Aufsichtsratsmitgliedern: Ein Anreiz zur Verbesserung der Überwachungstätigkeit? WM 2005, 2070, 2076.

223 Vgl. *Semler/Gittermann,* Persönliche Haftung der Organmitglieder für Fehlinformationen des Kapitalmarktes – Zeigt das KapInHaG den richtigen Weg?, NZG 2004, 1086, Anmerkung Nr. 2.

224 Vgl. *Semler/Gittermann,* Persönliche Haftung der Organmitglieder für Fehlinformationen des Kapitalmarktes – Zeigt das KapInHaG den richtigen Weg?, NZG 2004, Fn. 36.

selbst unrichtige Angaben macht,[225] beim Verschweigen entgegen bestehender Rechtsvorschriften,[226] bei Verletzung von Überwachungspflichten bei der Delegation auf Ausschüsse oder bei der Billigung der Abschlüsse durch den Gesamtaufsichtsrat.[227] Sinnvoll ist eine ausdrückliche Anknüpfung des Haftungstatbestands an die formale Prüfung und Billigung von Abschlüssen einschließlich der Zwischen- und Quartalsberichte. Eine originäre Zuweisung an den Prüfungsausschuss erscheint jedoch mit dem Prinzip der Gesamtverantwortlichkeit des Aufsichtsrats nicht unbedingt vereinbar.[228]

Die Einführung des **grob fahrlässigen Maßstabs** erscheint insbesondere vor rechtsvergleichendem Hintergrund auch gerechtfertigt.[229] Eine Haftung von Aufsichtsräten nur eintreten zu lassen, wenn diese positives Wissen von Fehlinformationen hatten, befreit sie weitgehend von einer gerechten Überwachung der Geschäftsführung. Anstatt durch eine Haftungsandrohung Anreize zur sorgfältigen Überwachung zu setzen, wird vielmehr gefördert, dass sich Aufsichtsräte umfassender Informationsversorgung verschließen, um nicht in den Bereich der Haftung zu gelangen. Anderseits schützt ein solcher grob fahrlässiger Standard vor missbräuchlichen Klagen.[230] Zum geltenden Recht würde dies eine Haftungsverschärfung für Aufsichtsratsmitglieder darstellen. Aufsichtratsmitglieder können dann haftbar gemacht werden, wenn sie bei der Überwachung der Publizitätspflicht des Vorstands die im Verkehr erforderliche Sorgfalt in grob fahrlässiger Weise verletzen. Was die im Verkehr erforderliche Sorgfalt gebietet, kann auch in Anlehnung an angloamerikanische Prinzipien versucht werden zu konkretisieren. Informationen, die durch professionelle externe Berater, häufig durch Wirtschaftsprüfer, zusammengetragen und ausgewertet wurden, müssen nicht im Detail überprüft werden und schon offensichtlich fehlerhaft sein, um ein Vertretenmüssen das Aufsichtsrats zu begründen. An Aufsichtsratsmitglieder, die dem Prüfungsausschuss angehören, sind dabei jedoch erhöhte Anforderungen zu stellen. Bei Informationen, welche intern vorbereitet wurden, ist schon eine kritische Überprüfung der Erklärungen und der Präsentationen des Vorstands erforderlich. Grobe Fahrlässigkeit des Aufsichtsratsmitglieds ist gerade haftungsrechtlich von

---

225 Unmittelbare Äußerungen einzelner Aufsichtsratsmitglieder gegenüber der Hauptversammlung sollen unproblematisch erfasst sein, vgl. *Grotheer,* Außenhaftung von Aufsichtsratsmitgliedern: Ein Anreiz zur Verbesserung der Überwachungstätigkeit? WM 2005, 2076.

226 Eine solche Offenbarungspflicht dürfte sich bei Aufsichtsratsmitgliedern allenfalls aus §§ 171 Abs. 2, 314 Abs. 2 AktG ergeben, darüber hinaus sind keine Offenbarungspflichten ersichtlich, vgl. *Semler/Gittermann,* Persönliche Haftung der Organmitglieder für Fehlinformationen des Kapitalmarktes – Zeigt das KapInHaG den richtigen Weg?, NZG 2004, 1083.

227 *Grotheer,* Außenhaftung von Aufsichtsratsmitgliedern: Ein Anreiz zur Verbesserung der Überwachungstätigkeit? WM 2005, 2070, 2076 f, 2078.

228 Vgl. *Grotheer,* Außenhaftung von Aufsichtsratsmitgliedern: Ein Anreiz zur Verbesserung der Überwachungstätigkeit? WM 2005, 2070, 2076ff., jedoch a. A. zu letzterem.

229 *Fleischer,* in: *Assmann/Schütze,* Handbuch des Kapitalanlagerechts, § 7 Haftung für fehlerhafte Kapitalmarktkommunikation, Rn. 10; *Hopt/Voigt,* in: *dies.,* Prospekt- und Kapitalmarktinformationshaftung, 84ff. für Primärmarkt, 127f. für Sekundärmarkt.

230 *Fleischer,* in: *Assmann/Schütze,* Handbuch des Kapitalanlagerechts, § 7 Haftung für fehlerhafte Kapitalmarktkommunikation, Rn. 10.

besonderer Bedeutung.[231] Eine Unterscheidung zwischen Primär- und Sekundärmarkt scheint derzeit nicht angebracht, um den Gleichlauf mit geltendem Recht zu gewährleisten.[232] Teilweise wird langfristig über eine Anpassung des subjektiven Sorgfaltsmaßstabs im Primärmarkt an internationale Standards durch die Absenkung auf einfache Fahrlässigkeit nachgedacht.[233] Im Hinblick auf die zu erwartende Präventivwirkung sollte ein grob fahrlässiger Maßstab sowohl im Primär- als auch im Sekundärmarkt geeignet sein, um zu einer verbesserten Aufsichtsratstätigkeit beizutragen, ohne dabei die Haftungsrisiken übermäßig zu erhöhen, und um missbräuchliche Klagen einzudämmen. Diesbezüglich erscheint auch ein Haftungshöchstbetrag bei grob fahrlässigem Verhalten (nicht jedoch vorsätzlichem) konsequent.[234] Präventivzwecke werden gewahrt, ohne existenzvernichtende Haftungsgrundlagen zu schaffen.

3. Kausalität und Beweislast

Eine mögliche Ersatzpflicht von Organmitgliedern setzt nach allen untersuchten Rechtsordnungen die **Kausalität** zwischen der fehlerhaften Kapitalmarktinformation und dem Vermögensschaden des Anlegers voraus.

Unterschiede ergeben sich aber vor allem bei der **haftungsbegründenden** Kausalität. Die entscheidende Frage ist, ob ein Ursachenzusammenhang zwischen der fehlerhaften Kapitalmarktinformation und der Anlageentscheidung des Investors notwendig ist. Daran schließt sich die Frage an, ob die Preisintegrität, also die Wahrheit der Preisfindung am Markt durch richtige und vollständige Informationen, oder die individuelle Anlageentscheidung des Investors das Schutzgut der Prospektpublizität ist.[235]

Das angloamerikanische Recht beantwortet die Frage zugunsten der **Preisintegrität**. Die Kausalität zwischen dem Prospektfehler und der Anlageentscheidung braucht weder in den USA noch in Großbritannien bewiesen zu werden. Die tatsächliche Kenntnis vom Prospekt ist unerheblich. Erwerber von Wertpapieren dürfen sich auf die Integrität eines funktionierenden Kapitalmarkts verlassen. Auch im Rahmen des Sekundärmarkts gilt die widerlegbare Vermutung durch die sog. fraud on the market theory. Es reicht aus, dass die Fehlerhaftigkeit den Marktpreis beeinflusst hat. Denn es wird davon ausgegangen, dass auf informationseffizienten Märkten die Falschinformation sich umgehend in dem Marktpreis des Wert-

---

231 *Grotheer,* Außenhaftung von Aufsichtsratsmitgliedern: Ein Anreiz zur Verbesserung der Überwachungstätigkeit? WM 2005, 2077.

232 *Hopt/Voigt,* in: *dies.,* Prospekt- und Kapitalmarktinformationshaftung, 85 f.

233 *Hopt/Voigt,* in: *dies.,* Prospekt- und Kapitalmarktinformationshaftung, 86.

234 Gem. § 37c Abs. 1 S. 2 WpHG-E das Vierfache der letzten Bruttojahresvergütung einschließlich variabler Vergütungsbestandteile. So auch *Grotheer,* Außenhaftung von Aufsichtsratsmitgliedern: Ein Anreiz zur Verbesserung der Überwachungstätigkeit? WM 2005, 2077.

235 *Hopt/Voigt,* in: *dies.,* Prospekt- und Kapitalmarktinformationshaftung, 96 f.

papiers widerspiegelt.[236] Dem zusätzliche Zweck der Kapitalinformationshaftung, nämlich die Schaffung eines anlegerfreundlichen Klimas (Vertrauen auf die Marktintegrität), wird hierdurch mehr Gewicht beigemessen.

Das deutsche Recht entscheidet die Ausgangsfrage zugunsten der **individuellen Anlageentscheidung** des Investors als rechtlich geschütztes Interesse.[237] Ein Anleger ist nach allgemeinen zivilprozessualen Regeln im Grundsatz dazu verpflichtet, den ursächlichen Zusammenhang zwischen Falschinformation und seiner Anlageentscheidung darzulegen und zu beweisen.[238] Im Primärmarkt gilt die Beweiserleichterung durch die Rechtsfigur der Anlagestimmung; im Sekundärmarktrecht ist deren Anwendung jedoch ausgeschlossen.

Der Nachweis, dass Aktien im Vertrauen auf falsche Angaben in bzw. aufgrund pflichtwidrig unterlassener Ad-hoc-Mitteilungen erworben wurden, hat sich in der Vergangenheit für einen wirksamen Anlegerschutz als besonders hinderlich erwiesen.[239] *Hopt* zeigt daher die Vorzüge eines am Schutz der Preisintegrität orientierten Haftungsmodels auf und spricht sich zu Recht dafür aus, dass es im Rahmen eines modernen Kapitalinformationshaftungsrechts insgesamt auf eine Anlageentscheidung nicht mehr ankommen darf.[240] Dem Anleger sollte durch **Beweiserleichterungen** bzw. einer Beweislastumkehr entgegengekommen werden. Vorschläge gehen dahin, entweder die aus der Börsenhaftung bekannte Rechtsfigur der Anlagestimmung oder den Anscheinsbeweis aufgrund der fraud on the market theory auf fehlerhafte Ad-hoc-Mitteilungen zu übertragen.[241] Nach der derzeitigen Rechtslage bestehen im Hinblick auf die Präventivwirkung wohl nur geringe Anreize für Aufsichtsratsmitglieder, ihrer Überwachungsaufgabe mit der nötigen Sorgfalt nachzukommen. Ein Richtungswechsel hin zum Schutz der Preisintegrität und eine Kodifizierung einer Beweislasterleichterung in einem KapInHaG kann hier Abhilfe schaffen.[242]

Bei der **haftungsausfüllenden Kausalität** besteht in den untersuchten Rechtsordnungen Einigkeit, dass eine Ersatzpflicht nur eintritt, wenn eine kausale Verbindung zwischen dem Prospektmangel und einem Vermögensschaden vorliegt.[243] Unterschiede ergeben sich jedoch bei der Beweislast: Während in Deutschland und

236 *Hopt/Voigt,* in: *dies.,* Prospekt- und Kapitalmarktinformationshaftung, 96 für Primärmarkt, 134 für Sekundärmarkt mit jeweils weiteren Nachweisen.
237 *Hopt/Voigt,* in: *dies.,* Prospekt- und Kapitalmarktinformationshaftung, 96f. arg. § 45 Abs. 2 Nr. 1 BörsG zur Emittentenhaftung.
238 Vgl. Nachweise bei 10. Kap. II.5.
239 So *Hopt/Voigt,* in: *dies.,* Prospekt- und Kapitalmarktinformationshaftung, 133.
240 *Hopt/Voigt,* in: *dies.,* Prospekt- und Kapitalmarktinformationshaftung, 134ff.
241 Für Übernahme der fraud on the market theory z.B. *Fleischer,* Gutachten F für den 64. Deutschen Juristentag, 2002, F 104–105. Zweifelhaft dazu *Hopt/Voigt,* in: *dies.,* Prospekt- und Kapitalmarktinformationshaftung, 137ff.
242 So *Hopt/Voigt,* in: *dies.,* Prospekt- und Kapitalmarktinformationshaftung, 140; ebenso § 37 Abs. 3 WpHG-E (Dreimonatsfrist).
243 *Hopt/Voigt,* in: *dies.,* Prospekt- und Kapitalmarktinformationshaftung, 96ff. bes. 98 rechtsvergleichend zu dem Problem, wenn der Marktpreis nicht aufgrund des Prospektmangels, sondern aus anderen Gründen wie einer allgemeinen Abwärtsbewegung im Markt fällt. Hier sei im internationalen Vergleich die haftungsausfüllende Kausalität wohl zu verneinen.

England der Kläger die Kausalität zu beweisen hat, hat in den USA der Ersatzpflichtige andere Umstände darzulegen, welche den Schaden verursacht haben.[244]

III. Umfang der Haftung

1. Schaden

Wie nach deutschem Recht, ist der Ersatzanspruch auch in den USA und in England auf das negative Interesse begrenzt. Ein etwaiger entgangener Gewinn ist nicht zu ersetzen. Entweder wird der Kursdifferenzschaden ersetzt oder es kann teilweise die Rückgängigmachung der Transaktion verlangt werden.

Der **Kursdifferenzschaden** berechnet sich teilweise unterschiedlich: In den USA bestimmt sich der Schaden bei der Primärhaftung grundsätzlich aus der Differenz zwischen gezahltem Preis (beschränkt durch die Höhe des Ausgabepreises) und dem Wert im Zeitpunkt der Klageerhebung bzw. des Verkaufspreises. In England ist als Schaden grundsätzlich der Differenzbetrag zwischen dem tatsächlich gezahlten Preis und dem hypothetischen Preis geltend zu machen. Gleichsam berechnet sich der Differenzschaden auch in Deutschland, wenn der Anleger nicht mehr Inhaber der Wertpapiere ist. Solange er noch Inhaber ist, kommt es grundsätzlich zur vollständigen **Rückabwicklung** der Wertpapiertransaktion. Eine solche Rückabwicklung ist in den USA und in England nur ausnahmsweise nach Deliktsrecht möglich, wenn ein rechtsgeschäftlicher Kontakt zwischen Schädiger und Geschädigtem bestand.[245]

Auch in England ist das Prinzip zu finden, dass bei Innen- und Außenhaftungskonkurrenz Anleger einen Schaden nur selbstständig neben der Gesellschaft einklagen können, wenn dieser nicht den Schaden der Gesellschaft darstellt.[246]

Bei einer hier geforderten Kodifikation der Organaußenhaftung erscheint es vorzugswürdig, insgesamt im Rahmen der Kapitalmarktinformationshaftung zum **Differenzschadensmodel** überzugehen.[247] Im Grundsatz folgt auch der Vorschlag zum KapInHaG diesem Ansatz, indem der Gesetzgeber eine pauschalierte Differenzschadensersatzhaftung einführt.[248] Ein Anleger kann danach lediglich Geldersatz verlangen. Als Schaden ist dem Anleger der Differenzbetrag zwischen dem Kauf- oder Verkaufspreis und dem gewichteten durchschnittlichen inländischen Börsenpreis des Finanzinstruments während der ersten 30 Tage nach dem Bekanntwerden der Unrichtigkeit der Angabe oder der verschwiegenen Umstände zu ersetzen. Dies dient dem Anleger als Beweiserleichterung, wobei beiden Parteien

---

244 Ebenso § 37 Abs. 4 WpHG-E.

245 Auch in Deutschland generell nur bei deliktischer Haftung unstreitig. Bei Rule 10b-5 wohl auch Rückabwicklung nach Ermessen des Gerichts möglich, vgl. oben 8. Kap. I.2.a); *Hopt/Voigt,* in: *dies.,* Prospekt- und Kapitalmarktinformationshaftung, 129.

246 Sog. reflective loss, vgl. *Davies,* Gower's Company Law, 17–13, 624.

247 *Hopt/Voigt,* in: *dies.,* Prospekt- und Kapitalmarktinformationshaftung, 95 a. E.

248 § 37 a Abs. 4 S. 1 WpHG-E.

der Beweis eines höheren oder niedrigeren Schadens ausdrücklich zugestanden wird.[249]

2. Gesamtschuldnerische Haftung und Innenausgleich

Es gilt in allen Rechtsordnungen der Grundsatz der gesamtschuldnerischen Haftung. Problematisch stellt sich jedoch dar, ob nicht geschäftsführende Direktoren und Aufsichtsratsmitglieder wegen ihrer gesellschaftsbezogenen Überwachungsaufgabe nur eingeschränkt in Anspruch genommen werden sollen. Nach der Rechtslage in den USA gilt für nicht geschäftsführende Direktoren nur eine **verhältnismäßige Schadensbeteiligung** an dem Gesamtschaden, der sich an ihrer Überwachungsfunktion orientiert. Eine Ausnahme ergibt sich nur bei wissentlichen Verstößen. Entsprechend scheint es auch in Deutschland angebracht, Aufsichtsratsmitglieder nur bei wissentlichem Überwachungsverschulden neben den pflichtwidrig handelnden Vorständen als Gesamtschuldner haftbar zu machen und selbst dann im Innenverhältnis den Vorstand wegen unmittelbarer Schädigung stärker in die Verantwortung zu nehmen.[250] In England wird eine solche verhältnismäßige Schadensbeteiligung nicht diskutiert, was die gesamtschuldnerische Haftung für nicht geschäftsführende Direktoren risikobehaftet werden lässt. Bei der hier geforderten Kodifizierung der Organaußenhaftung ist eine Haftungserleichterung für Aufsichtsratsmitglieder, abzielend auf eine verhältnismäßige Schadensbeteiligung am Gesamtschaden, wie nach US-amerikanischem Kapitalmarktrecht für nicht geschäftsführende Direktoren geltend, sinnvollerweise zu regeln. Verhält sich der Vorstand aktiv pflichtwidrig, macht er z.B. vorsätzlich falsche Angaben, dem Aufsichtrat kann hingegen nur die (grob fahrlässige) Verletzung seiner Überwachungspflicht zur Last gelegt werden, so erscheint es für ein Aufsichtsratsmitglied eine ungerechtfertigte Belastung darzustellen, wenn es im Außenverhältnis entsprechend der gesamtschuldnerischen Haftung für die volle Schadenssumme in Anspruch genommen werden kann und auf den risikobehafteten Regress im Innenverhältnis verwiesen wird. Ein Aufsichtsrat soll in dieser Konstellation – entsprechend der Regel des US-amerikanischen Rechts – also nur in dem Verhältnis zum Gesamtschaden haften, der seinem Anteil an der Gesamtverantwortung entspricht. Dieser Anteil wird bestimmt durch Berücksichtigung seiner gesellschaftsbezogenen Überwachungsaufgabe und des dadurch kausal verursachten Schadens.[251] Nicht gelten kann dies bei entsprechend vorsätzlichem Verhalten eines Aufsichtsratsmitglieds.

---

249 § 37a Abs. 4 S. 2 und 3 WpHG-E.

250 Da nach momentaner Gesetzeslage nur bei Vorsatz des Aufsichtsrats eine Haftung eintritt, ist auch nur dann ein die Gesamtschuldnerschaft auslösendes haftungsbegründendes Verhalten gegeben. Die Anwendung des § 830 Abs. 2 BGB wird demnach abgelehnt, da sonst das Bemühen um eine Konkretisierung des haftungsbegründenden Verhaltens von Aufsichtsratsmitgliedern „vollends konterkariert" wäre, vgl. *Grotheer,* Außenhaftung von Aufsichtsratsmitgliedern: Ein Anreiz zur Verbesserung der Überwachungstätigkeit? WM 2005, 2070, 2077.

251 Vgl. 8. Kap. I.1.a).

IV. Geltendmachung

Auch bei der Geltendmachung von Ersatzansprüchen gegen Organmitglieder zeigt sich die anlegerfreundlichere Herangehensweise des US-amerikanischen Rechts.[252] Gruppenklagen sind hier historisch weit entwickelt und tägliche Rechtspraxis. Dadurch wird der Aktionärsapathie entgegengewirkt.[253] Diese ergibt sich aus der Tatsache, dass zwar eine Vielzahl von Anlegern Schäden erleiden, die einzelnen Schadenssummen jedoch vergleichsweise gering bleiben.[254] Wirtschaftlich erweist sich die **individuelle** Geltendmachung als unökonomisch und ineffizient, selbst wenn für die Gesamtheit der Aktionäre Erfolgsaussichten bestehen. Die kollektive Geltendmachung gestaltet sich in den USA erheblich leichter als in Deutschland und England.[255] In den beiden letzten Rechtsordnungen wurden daher verfahrensrechtliche Reformen vorgenommen, die einen höheren Grad an Anlegerschutz gewährleisten und die **kollektive** Geltendmachung vereinfachen sollen. Deren Einfluss und Nutzen wird sich in der Praxis erst noch zeigen müssen. Zudem trägt die Kostentragungsregel in den USA dazu bei. Diese setzt weitere Anreize zur Geltendmachung von Ansprüchen trotz allgemeiner Prozessrisiken und ungewissen Beweissituationen.[256] Zur Verwirklichung effektiven Rechtsschutzes wird daher auch in Deutschland vorgeschlagen, Anleger von den Verfahrenskosten bei teilweisem Obsiegen zu befreien und selbst im Falle des Verlierens nur mit reduzierten Gerichtskosten zu belasten.[257] Durch die Vereinbarung von Erfolgshonoraren, welche sich anteilig nach der erstrittenen oder verglichenen Schadenssumme richten, wird in den USA schließlich das Kostenrisiko teilweise auf Anwälte abgewälzt.[258]

Nicht zuletzt beeinflusst die Aktionärsstruktur die Bereitschaft, Ansprüche geltend zu machen.[259] Institutionelle Investoren werden bei etwaigen Erfolgsaussichten eher Klagen anstreben, um Renditen zu maximieren bzw. im Falle von Unternehmenskrisen wahrscheinliche Verlust zu minimieren. Im angloamerikanischen

---

252 So auch *Friedrich*, D&O Liability: Die Haftung des Managements nach deutschem und US-amerikanischem Recht, 110.

253 Allgemein zur sog. Aktionärsapathie *Grundmann*, Europäisches Gesellschaftsrecht, § 3 Rn. 91.

254 Vgl. *Hopt/Voigt*, in: *dies.*, Prospekt- und Kapitalmarktinformationshaftung, 104.

255 *Black/Cheffins*, Outside Director Liability Across Countries, 1463, für Großbritannien: 1421.

256 So etwa *Black/Cheffins*, Outside Director Liability Across Countries, 1463.

257 So *Hopt/Voigt*, in: *dies.*, Prospekt- und Kapitalmarktinformationshaftung, 105 f.

258 Im Anschluss an die Rechtsprechung des BVerfG vom 12. 12. 2006, AZ.: 1 BvR 2576/04, BB 2007, 617, gestattet nunmehr § 4 a RVG eingefügt durch Art. 2 Nr. 4 G v. 12. 6. 2008 I 1000 m. W. v. 1. 7. 2008 unter engen Voraussetzung die Vereinbarung von erfolgsabhängiger Vergütung, vgl. Besprechungen dazu z. B. *Mann/Wolf*, Erfolgshonorare bei Rechtsanwälten, Steuerberatern und Wirtschaftsprüfern, BB-Spezial 2008, Nr. 3, 19–23; *Seltmann*, Erfolgshonorar und andere Änderungen des RVG, NJW-Spezial 2008, 350–351. Für Großbritannien: Vereinbarung eines Erfolgshonorars bis maximal zur Höhe des Stundensatzes möglich, dazu *Boyle*, Minority Shareholders' Remedies, 37, 59; *Black/Cheffins*, Outside Director Liability Across Countries, 1405 f., bes. Fn. 94 (deshalb nur vergleichsweise schwacher Faktor zu den Erfolghonoraren in den USA).

259 Zur Aktionärsstruktur in den Mitgliedstaaten allgemein *Grundmann*, Europäisches Gesellschaftsrecht, § 13 Rn. 454 ff.; *Wymeersch*, in: *Hopt/Kanda/Roe/Wymeersch/Prigge* (Hrsg.), Comparative Corporate Governance, 1045.

Raum dominieren institutionelle Anleger neben dem Streubesitz die Aktionärsstruktur.[260] Vor allem in den USA beziehen institutionelle Anleger – oft Pensionsfonds – neben der Gesellschaft gerade auch Organmitglieder weniger aus ökonomischen Motiven in Klagen mit ein, sondern vielmehr um das öffentliche Interesse aufrechtzuerhalten und ein „Zeichen" zu setzen.[261] Bestärkt wird dies zudem durch den Umstand, dass Geschäftsführer US-amerikanischer öffentlicher Pensionsfonds – im Gegensatz zu Großbritannien – oft politische Vertreter sind.[262]

V. Zusammenfassung 3. Teil

Der Vergleich der Außenhaftung nicht geschäftsführender Direktoren in den USA und in Großbritannien sowie von Aufsichtsratsmitgliedern in Deutschland zeigt erhebliche Unterschiede auf. Diese basieren sowohl auf materiellen als auch auf prozessualen Gegebenheiten. Das europarechtliche Regelwerk gibt keine Harmonisierung auf diesem Gebiet vor. Die Organaußenhaftung wird im angloamerikanischen Rechtskreis weitgehend durch Kapitalmarktrecht zu regeln versucht, wohingegen dieser Problemkreis in Deutschland fast ausschließlich dem allgemeinen Deliktsrecht überlassen wird. Insgesamt sind nicht geschäftsführende Direktoren in den USA im Vergleich zu deutschen Aufsichtsräten höheren Außenhaftungsrisiken ausgesetzt, die sich aus dem Zusammenspiel der anlegerfreundlichen materiellen und verfahrensrechtlichen Regeln, aber auch aus rechtspolitischem Hintergrund ergeben. In den USA wird zwar die unterschiedliche Stellung von nicht geschäftsführenden Direktoren gegenüber der Geschäftsführung berücksichtigt, doch zunehmend werden auch outside directors in Klageverfahren miteinbezogen und für die Verletzung ihrer Überwachungspflichten in die Verantwortung genommen. In Deutschland hingegen richtet sich das Augenmerk von klagewilligen Anlegern zunächst weit überwiegend auf Fehlverhalten des Vorstands. Unterstützung erfährt das überschaubare Risiko in Deutschland durch die hohen materiellen Anforderungen und die Probleme der Geltendmachung. Gleichsam gering erscheint das Außenhaftungsrisiko von nicht geschäftsführenden Direktoren in England.[263]

Eine Anpassung der Organaußenhaftung sowohl auf dem Primär- als auch auf dem Sekundärmarkt an internationale Standards durch die **Kodifikation einer spezialgesetzlichen Anspruchsgrundlage** mit Umschreibung von Tatbestandsvoraussetzungen und Rechtsfolgen erscheint sinnvoll, um eine bereichsspezifische, auf die besonderen Bedürfnisse des Kapitalmarkts zugeschnittene Haftungsnorm zur

---

260 *Grundmann,* Europäisches Gesellschaftsrecht, § 13 Rn. 454 bes. Fn. 33 mit weiteren Nachweisen.
261 *Black/Cheffins,* Outside Director Liability Across Countries, 1465 ff. bezeichnen dies als „litigation intended to send a message".
262 *Black/Cheffins,* Outside Director Liability Across Countries, 1420.
263 I. E. auch *Black/Cheffins,* Outside Director Liability Across Countries, 1411.

Verfügung zu stellen. Zudem ist vor rechtsvergleichendem Hintergrund eine Vereinheitlichung anstrebenswert.

Es bedarf der Abstimmung dieser Haftung mit der **Überwachungsfunktion** des Aufsichtsrats, also der Konkretisierung der Außenhaftungsverantwortlichkeit für Aufsichtsräte im Hinblick auf ihre gesellschaftsbezogenen Aufgaben mit kapitalmarktspezifischem Bezug. Insbesondere kann eine tatbestandliche Anknüpfung hinsichtlich der Überwachung des Vorstands erfolgen, welche für fehlerhafte oder unterlassene Kapitalmarktinformationen einschließlich der formalen Prüfung und Billigung von Abschlüssen gilt.[264]

Während in den USA und Großbritannien jedenfalls im Primärmarkt ein einfach fährlässiger Maßstab angelegt wird, gilt für deutsche Aufsichtsräte eine Vorsatzhaftung. Eine Verschärfung der Haftung durch Einführen eines **grob fahrlässigen Standards** gewährt einerseits zusätzliche verhaltenssteuernde Impulse, schützt jedoch andererseits vor missbräuchlichen Klagen. In Anlehnung an angloamerikanische Prinzipien kann bei der Bestimmung der im Verkehr erforderlichen Sorgfalt unterschieden werden, ob die Informationen, die der Aufsichtsrat zu überwachen hat, durch externe professionelle Berater (Wirtschaftsprüfer etc.) oder intern durch den Vorstand vorbereitet wurden.[265] Haftungshöchstbeträge erscheinen dabei konsequent.[266]

Bei der **haftungsbegründenden** Kausalität bestehen in den untersuchten Rechtsordnungen erhebliche Unterschiede, ob Anlegern die Beweislast für den Ursachenzusammenhang zwischen der fehlerhaften Kapitalmarktinformation und der Anlageentscheidung obliegt.[267] De lege lata hat ein Anleger derzeit in Deutschland grundsätzlich den Nachweis zu führen, dass ein ursächlicher Zusammenhang zwischen Falschinformation und seiner Anlageentscheidung bestand.[268] Weder in den USA noch in Großbritannien braucht im Primärmarkt dieser Ursachenzusammenhang bewiesen zu werden; im Rahmen des Sekundärmarkts gilt die widerlegbare Vermutung durch die sog. fraud on the market theory. Aus rechtspolitischer Sicht sind ein eindeutiger Richtungswechsel hin zum Schutz der Preisintegrität und eine Kodifizierung einer Beweislastumkehr zu fordern.[269]

Im Rahmen der Kapitalmarktinformationshaftung erscheint es vorzugswürdig, zum **Differenzschadensmodel** überzugehen. Dies entspricht internationalen Standards und ist auch der Grundsatz, den der Gesetzgeber beim Entwurf KapInHaG vorgeschlagen hat.[270]

Bei der hier geforderten Kodifizierung der Organaußenhaftung ist eine **Haftungserleichterung für Aufsichtsratsmitglieder**, abzielend auf eine verhältnismäßige

264 Vgl. 11. Kap. II.2.
265 Vgl. dazu 11. Kap. II.2.
266 Vgl. 11. Kap. II.2.
267 Vgl. 11. Kap. II.3.
268 Vgl. 10. Kap. II.5.
269 Vgl. 11. Kap. II.3.
270 Vgl. 11. Kap. III.1.

Schadensbeteiligung am Gesamtschaden, wie nach US-amerikanischem Kapitalmarktrecht für nicht geschäftsführende Direktoren geltend, zu regeln. Verursacht der Vorstand einen Schaden durch aktives Fehlverhalten, den Aufsichtsrat trifft hingegen nur eine nicht vorsätzliche Verletzung seiner gesellschaftsrechtlichen Überwachungsaufgabe, so erscheint es angebracht, den Aufsichtsrat auch im Außenverhältnis wegen des Regressrisikos abweichend von dem Prinzip der gesamtschuldnerischen Haftung nur verhältnismäßig am Schaden zu beteiligen.[271]

Um der Aktionärsapathie entgegenzuwirken, muss Anlegern bei der **Geltendmachung** dieser Ansprüche eine funktionsmäßige Gruppenklage zur Verfügung stehen.[272] Die Möglichkeit der kollektiven Geltendmachung von Außenhaftungsansprüchen ist in den USA erheblich weiter entwickelt. Die einfache Geltendmachung hat aber ihre wesentliche Grundlage in einer unterschiedlichen Klagementalität sowie Unterschieden in der Aktionärsstruktur und passt daher nicht unreflektiert in das deutsche Verständnis, um die Haftungsrisiken von Organmitgliedern infolge einer Kumulation anlegerschützender Vorschriften nicht unüberschaubar werden zu lassen. Das Kapitalanleger-Musterverfahrensgesetz (KapMuG) hat in diesem Bereich bereits wesentliche Erleichterungen geschaffen.[273]

---

271 Vgl. dazu 11. Kap. III.2.
272 Vgl. dazu 11. Kap. IV.
273 Vgl. dazu 10. Kap IV. 11.

4. Teil: Strafsanktionen

Um nicht geschäftsführende Organmitglieder zur ordnungsgemäßen Aufgabenerfüllung anzuhalten, wird in allen drei Rechtsordnungen grundsätzlich auch das Instrument des Strafrechts und vergleichbare hoheitlich durchzusetzende Sanktionen angewandt.[1] Es drohen Geldstrafen bzw. -bußen, Berufsverbote und in äußersten Fällen sogar Haftstrafen. Mögliche Verstöße finden sich sowohl innerhalb des Gesellschaftsrechts (AktG, Companies Act), im Kapitalmarktrecht (Securities Act, Exchange Act, FSMA, §§ 38, 39 WpHG) als auch in einer Reihe anderer Rechtsgebiete, wie z.B. im Wettbewerbsrecht und im Umweltrecht. Augenmerk soll bei dem Vergleich der Strafsanktionen insbesondere auf kapitalmarktrechtliches Fehlverhalten gelegt werden (Kapitalmarktstrafrecht). Zunächst werden in den jeweiligen Rechtsordnungen kapitalmarktrechtliche Vergehen bei der Publizität und deren Sanktionierung dargestellt (I.). Die strafrechtliche Sanktionierung ist bei Aufsichtsfehlverhalten übereinstimmend eher gering ausgeprägt und setzt schon eine erhebliche Außerachtlassung der Pflichten voraus. Überwiegend wird der Verhängung von Strafsanktionen aktives Fehlverhalten von nicht geschäftsführenden Direktoren und Aufsichtsratsmitgliedern vorausgehen. Dies ist vor allem der Fall bei betrügerischem Verhalten (II.), insbesondere aufgrund vorsätzlich fehlerhafter Kapitalmarktinformationen. Die Verletzung treuhänderischer Pflichten (III.), insbesondere unzulässige Insichgeschäfte bzw. Fälle von Untreue können mit Strafsanktionen belangt werden. Schließlich ist in allen Rechtsordnungen Insiderhandel strafbewehrt; die Haftungsfolgen sind jedoch unterschiedlich ausgestaltet (IV.).

---

1 Als Oberbegriff soll im Folgenden hierfür „Strafsanktionen" verwendet werden, denn die Terminologie ist in den vergleichenden Rechtsordnungen nicht einheitlich. Teilweise wird in den ausländischen Rechtsordnungen die Unterscheidung, die das deutsche Recht zwischen Ordnungswidrigkeit und Straftat macht, nicht klar getroffen. Zudem lassen sich die Sanktionen, die Börsenaufsichtbehörden gegen Organmitglieder verhängen, nicht eindeutig nach den deutschen Begrifflichkeiten typisieren.

12. Kapitel: Outside directors nach amerikanischem Recht

I. Kapitalmarktinformationen

Verletzungen des Kapitalmarktrechts können grundsätzlich **strafrechtlich** geahndet werden. Zur strafrechtlichen Verfolgung ist das U.S. Department of Justice zuständig. Die Liste von Fällen von Wirtschaftskriminalität, die zu Gefängnisstrafen von Direktoren geführt hat, ist lang. In jüngsten Unternehmensskandalen sind teilweise sehr hohe Haftstrafen verhängt worden. Ein Höchstmaß hat Ebbers, früherer CEO und Chairman von WorldCom, erhalten: Er wurde zu 25 Jahren Gefängnisstrafe verurteilt. Die strafrechtliche Verfolgung erreicht grundsätzlich jedoch kaum nicht geschäftsführende Direktoren.[2]

Jede Person, die eine der **kapitalmarktrechtlichen Vorschriften** des Securities Act oder des Exchange Act verletzt, kann strafrechtlich belangt werden.[3] Dies setzt voraus, dass willfully und beim Exchange Act zudem teilweise auch knowingly gehandelt wurde.[4] Es wird zwar kontrovers diskutiert, welcher Grad an Verschulden unter *willful* fällt – nämlich, ob dies nur Verhalten umfasst, das wissentlich und bewusst die Vorschriften verletzt, oder auch rücksichtloses Außerachtlassen hierunter subsumiert werden kann[5] – jedoch erklärt dieser hohe Standard wohl das tatsächliche Nichtvorhandensein von strafrechtlichen Verfahren gegen nicht geschäftsführende Direktoren wegen Aufsichtsfehlverhaltens.[6] Anderes kann sich jedoch beim Insiderhandel und bei unzulässigen Insichgeschäften von nicht geschäftsführenden Direktoren ergeben.

Weiterhin können Verstöße gegen das Kapitalmarktrecht parallel „zivilrechtlich" durch die United States Securities and Exchange Commission (SEC) durchgesetzt werden. Dies wird jedoch als **„quasi-strafrechtlich"** beschrieben und ist wegen der **hoheitlichen Befugnis der SEC** auch vorzugsweise hier einzuordnen.[7] Die SEC kann „zivilrechtliche" Sanktionen treffen und Berufsverbote verhängen. Unter anderem kann die SEC je nach Schwere der Verletzung Geldstrafen gegenüber na-

---

2 *Fanto,* Directors' and officers' liability, § 6:2.3, 6-52.

3 Unter sec. 24 des Securities Act beträgt die Höchstgeldstrafe $ 10.000 und/oder bis zu fünf Jahren Haft; bei sec. 32(a) des Exchange Act beträgt die Höchstgeldstrafe für natürliche Personen $ 5 Millionen und/oder bis zu 20 Jahren Haft.

4 Vgl. sec. 24 Securities Act, 15 U.S.C. § 77x, sec. 32(a) Exchange Act, 15 U.S.C. § 78ff.(a).

5 Die Gerichte entscheiden hierzu nicht einheitlich. Nachweise bei *Fanto,* Directors' and officers' liability, § 7:3.1 (A), 7-13, Fn. 38; *Soderquist/Gabaldon,* Securities Law, 105 f., Fn. 45.

6 So *Black/Cheffins/Klausner,* Outside Director Liability, 1131.

7 Dazu auch *Banes/Burgess/Winters/Toskan,* Liability of Directors and Officers of Non-U.S. Corporations under States Federal Law, § 37 Rn. 67 ff.

türlichen Personen i.H.v. maximal 100.000 Dollar bzw. in Höhe des erlangten Vermögensvorteils durch ein Gericht anordnen lassen, und soweit ein Direktor in unzulässigerweise Weise persönliche Zuwendungen erlangt hat, diese herausverlangen.[8] Die SEC besteht in solchen Fällen im Rahmen ihrer allgemeinen politischen Leitlinien grundsätzlich darauf, dass es zu persönlichen Zahlungen kommt, unabhängig davon, ob eine Haftungsfreistellung durch die Gesellschaft zur Übernahme der Strafe oder eine D&O Versicherung zur Verfügung steht.[9] Geldstrafen können prinzipiell auch bei der Verletzung von Aufsichtpflichten verhängt werden, sollten aber selten vorkommen.[10] Die SEC ist jedoch zunehmend gewillt, Verfahren gegen nicht geschäftsführende Direktoren einzuleiten, die ihren Pflichten nicht ausreichend nachkommen und beim Vorliegen konkreter Anhaltspunkte für Unregelmäßigkeiten nicht handeln.[11]

Darüber hinaus kann die SEC anordnen, dass Direktoren ihres Postens enthoben werden, und gegen diese vorübergehende oder permanente Berufsverbote verhängen.[12] Die SEC muss hierfür darlegen, dass das Verhalten des nicht geschäftsführenden Direktors demonstriert, dass dieser ungeeignet für die Besetzung eines solchen Postens ist. Um die dabei hohen Voraussetzungen zu erfüllen, muss ein nicht geschäftsführender Direktor jedoch schon unzulässige Insichgeschäfte getätigt haben oder außerordentlich leichtsinnig seine Aufsichtpflicht verletzt haben.[13]

---

8 Vgl. sec. 20(d) Securities Act, 15 U.S.C. §§ 77 t(d), 77h-1(e); sec. 21(d)(3), 21A, 21B Exchange Act, 15 U.S.C. §§ 78 u(d)(3), 78 u3(e). Eine solche Gewinnabschöpfung lässt sich nach deutschem Recht nur über das Bereicherungsrecht sowie vertragliche Regelungen erreichen, vgl. *Marsch-Barner/Schäfer* (Hrsg.), Handbuch börsennotierte AG, Aktien- und Kapitalmarktrecht, 2005, 49 mit weiteren Verweisen.

9 Dazu unten 16. Kap.

10 Vgl. *Black/Cheffins/Klausner,* Outside Director Liability, 1133: In dieser Untersuchung wurde kein einziger Fall ausgemacht, in dem Geldstrafen für Aufsichtsfehlverhalten verhängt wurden. Auch in einem weiteren Verfahren wegen angeblicher Aufsichtspflichtverletzungen gegen nicht geschäftsführende Direktoren von Hollinger International Inc. wurde das Verfahren eingestellt, vgl. The D&O Diary „Developments in Outside Director Liability“ (23. Oktober 2006) einsehbar unter http://dandodiary.blogspot.com/2006/10/developments-in-outside-director.html (1. 3. 2011); *U.S. Securities and Exchange Commission v. Conrad M. Black, F. David Radler and Hollinger Inc.*, Civil Action No. 04C7377 (N.D. Ill. 2004) einsehbar unter http://www.sec.gov/litigation/litreleases/2007/lr20043.htm (1. 3. 2011).

11 So *Peloso/Indek,* Outside Directors and Red Flags, 1 f.; *Dravis,* The role of independent directors after Sarbanes-Oxley, 131 f., unter Bezugnahme auf Aussagen des SEC Enforcement Chief Stephen Cutler „Sarbanes-Oxley significantly increased the responsibility of independent directors – particulary, the members of a Board's audit committee – in overseeing the accounting, reporting and auditing functions. Too many times, outside directors, were chosen for who they knew rather than what they knew. They weren't just desinterested; they were uninterested (…)“.

12 Vgl. 20(e) Securities Act, 15 U.S.C. §§ 77 t(e); 21(d)(2) Exchange Act, 15 U.S.C. §§ 78 u(d)(2). Dies geht über das deutsche Recht hinaus, vgl. *Marsch-Barner/Schäfer* (Hrsg.), Handbuch börsennotierte AG, Aktien- und Kapitalmarktrecht, 2005, Rn. 93.

13 So hat ein nicht geschäftsführender Direktor nach einer Aufsichtspflichtverletzung zur Einstellung des Verfahrens gegen ihn einem Berufverbot zugestimmt, vgl. in *SEC v. Chancellor Corp.,* SEC Litig. Release No. 19, 177, 2005 SEC Lexis 800 (11. April 2005): Dieser war zwar nicht angeschuldigt, sich direkt an dem Bilanzbetrug beteiligt zu haben, jedoch hat er Finanzberichte unterschrieben und dabei fortlaufend konkrete Anhaltspunkte von buchführerischen Unregelmäßigkei-

Ein Fall, der in Zusammenhang mit Deutschland steht, ist das Verfahren der SEC gegen deutsche nicht geschäftsführende Direktoren – unter anderem Michael Otto, Mehrheitseigentümer der OTTO GmbH & Co. KG.[14] Das Verfahren wurde gegen Vergleichszahlungen i.H.v. von insgesamt 850.000 Dollar – wovon Michael Otto 100.000 Dollar zahlte – im November 2006 eingestellt. Otto war nicht geschäftsführender Verwaltungsratsvorsitzender (Chairman) einer Tochtergesellschaft, die an der NASDAQ gelistet war. Die SEC hatte den Angeschuldigten gem. sec. 21(d) und 21(e) Exchange Act vorgeworfen, zwischen April 2002 und Februar 2003 Geschäftsberichte der Gesellschaft nicht eingereicht und notleidende Forderungen verschleiert zu haben. Die nicht geschäftsführenden Direktoren hätten dahin gehende Empfehlungen gebilligt, obwohl sie sowohl von externen als auch internen Beratern darüber aufgeklärt worden waren, dass dies Verletzungen des Kapitalmarktrechts (insbesondere sec. 13(a) Exchange Act) darstelle. Das Unternehmen hatte 2003 wegen seiner verschlechterten Finanzlage das Insolvenzverfahren eingeleitet. Aber auch hier wurde den nicht geschäftsführenden Direktoren mehr als ein bloßes Aufsichtsfehlverhalten vorgeworfen, denn sie seien aktiv in die Entscheidungsprozesse miteinbezogen gewesen, Geschäftsberichte zurückzuhalten, und hätten diese Entscheidungen im Bewusstsein getroffen, geltendes Recht zu verletzen.

II. Betrug

Als Reaktion auf kapitalmarktrechtlichen **Betrug** bei Publikumsgesellschaften hat der Sarbanes-Oxley Act eine neue Strafvorschrift in den U.S. Criminal Code eingeführt, die das Strafmaß anhebt und um Staatsanwälten das Vorgehen mittels einer einzigen Vorschrift gegen sämtliche Verstöße hiergegen zu ermöglichen.[15] Bisher wurden Verfahren jedoch nur zurückhaltend auf diese Vorschrift gestützt, da betrügerisches Verhalten eben auch durch Verletzung anderer, insbesondere der kapitalmarktrechtlichen Vorschriften, z.B. Rule 10b-5, belangt werden kann.[16] Die allgemeine Betrugsvorschrift sec. 17 Securities Act (antifraud provision) gibt zudem der SEC und dem Department of Justice die oben genannten Handlungsmög-

---

ten der Gesellschaft ignoriert. Dazu *Black/Cheffins/Klausner,* Outside Director Liability, Fn. 272; *Peloso/Indek,* Outside Directors and Red Flags, 1 f.

14 *Securities and Exchange Commission v. Michael Crusemann and Michael Otto,* No. 06-CV-5969, N.D. Ill., (2. November 2006) einsehbar unter http://www.sec.gov/litigation/complaints/2006/comp19897mcmo.pdf (1. 3. 2011).

15 Vgl. Sarbanes-Oxley § 807(a), 18 U.S.C. § 1348.

16 Vgl. *Fanto,* Directors' and officers' liability, § 7:3.1 (B), 7-13 f.; *Banes/Burgess/Winters/Toskan,* Liability of Directors and Officers of Non-U.S. Corporations under States Federal Law, in: *Krieger/Schneider* (Hrsg.), Handbuch Managerhaftung, § 37 Rn 50. Zu Rule 10b-5 siehe oben 8. Kapitel, I.2.a). Das deutsche Recht bedient sich etwa einem gleichen Regelungsmechanismus, indem es bei der Verletzung von bestimmten Strafvorschriften, z.B. bei unrichtiger Darstellung der Verhältnisse der Gesellschaft gem. § 400 AktG, diese bei Verletzung gleichzeitig als Schutzgesetz i.S.v. § 823 II BGB für die Außenhaftung heranzieht. Dies betrifft aber in beiden Rechtsordnungen wohl eher die Geschäftsführung und nicht Aufsichtspflichtverletzungen.

lichkeiten bei Betrug im Zusammenhang mit Angebot und Verkauf von Wertpapieren.

III. Verletzung treuhänderischer Pflichten

Die Verletzung allein treuhänderischer Pflichten ohne weiteren Täuschungsvorsatz, die dem Direktor gegenüber der Gesellschaft obliegen, genügt nicht, um strafrechtliches Verhalten zu begründen bzw. ein Vorgehen der SEC insbesondere nach sec. 10(b) i. V. m. Rule 10b-5 auszulösen.[17]

Soweit strafrechtlich relevantes Verhalten eines Direktors jedoch zugleich dessen treuhänderische Pflichten verletzt, hat die Gesellschaft prinzipiell einen Anspruch auf **Freistellung** von den Kosten, die dieses Verhalten verursacht hat. Dieser Anspruch kann Verfahrenskosten sowie Strafzahlungen umfassen und kann durch die Gesellschaft oder aufgrund einer abgeleiteten Aktionärsklage durchgesetzt werden.[18]

Ein Bespiel einer Verletzung treuhänderischer Pflichten durch Vornahme eines unzulässigen **Insichgeschäfts** ist der oben bereits angesprochene Fall eines nicht geschäftsführenden Direktors von *Tyco*.[19] Für sein Verhalten, nämlich die Gewährung von 20 Millionen Dollar an sich selbst für die Anbahnung einer Unternehmensübernahme, ohne dies dem Board offenzulegen, hat er sich für schuldig erklärt und 2,5 Millionen Dollar an Strafe zur Einstellung des strafrechtlichen Verfahrens gezahlt.[20] In dem parallelen Verfahren wurde durch die SEC die Herausgabe der durch das Geschäft zu Unrecht erlangten 20 Millionen Dollar angeordnet.

IV. Insiderhandel

Obwohl nicht geschäftsführende Direktoren nicht in das Tagesgeschäft eingebunden sind, werden sie trotzdem erhebliche vertrauliche und öffentlich nicht bekannte Informationen über die Gesellschaft haben, die sie zum eigenen Handel

---

17 So *Peloso/Indek*, Outside Directors and Red Flags, 7.

18 Hierzu *Knepper/Bailey*, Liability of Corporate Officers and Directors, Vol. 1, § 8.14, 8-49 ff.

19 *SEC v. Walsh*, SEC Litig. Release No. 17, 896, 2002 SEC Lexis 3193 (17. Dez 2002) einsehbar unter http://www.sec.gov/news/press/2002-177.htm (1. 3. 2011).

20 Die Konstellation ist durchaus vergleichbar mit dem Verfahren Mannesmann: Der Aufsichtsratsvorsitzende Funk hat im Rahmen der Übernahme eine Zahlung von € 4,8 Mio. an sich selbst vorgeschlagen und bei der anschließenden Beratung und Abstimmung teilgenommen. Dieses Verhalten hätte wohl den Tatbestand der Untreue gem. § 266 StGB erfüllt. Wegen der nachträglich erkannten Selbstbegünstigung wurde diese Prämie nicht ausbezahlt. Erst nach dem erneuten Beschluss, zu dessen Zeitpunkt Funk jedoch bereits ausgeschieden war, wurden an ihn eine Anerkennungsprämie i. H. v. etwa € 3 Mio. ausbezahlt, was nach Ansicht des BHG ebenfalls den Untreuetatbestand in Person der beiden anderen angeklagten Aufsichtsräte erfüllt hat. Vgl. BGH, NJW 2006, 522, Rn. 44, 53 ff.

mit Wertpapieren des Unternehmens missbrauchen können. Verletzungen von Vorschriften über den **Insiderhandel** können ebenso entweder strafrechtlich verfolgt werden oder durch die SEC geahndet werden.[21] Nach sec. 21A Exchange Act kann die SEC eine Klage gegen Personen erheben, die Vorschriften über den Insiderhandel verletzt haben, mit dem Ziel, „zivilrechtliche" Geldstrafen gegen diese zu verhängen, wobei die Höhe der Strafe den dreifachen durch den Insiderhandel erzielten Gewinn bzw. den dadurch vermiedenen Verlust nicht übersteigen darf.[22] Strafrechtliche Sanktionen können wiederum nach sec. 32(a) Exchange Act getroffen werden. Aufgrund der Durchsetzung von Vorschriften über den Insiderhandel durch die SEC ist es zu zahlreichen Fällen von persönlicher Haftung von nicht geschäftsführenden Direktoren gekommen.[23] Die SEC versucht typischerweise die Herausgabe des erlangten Gewinnes, eine Geldstrafe und teilweise ein Berufsverbot zu erwirken. Um dem Verdacht bzw. dem Risiko des unzulässigen Insiderhandels zu entgehen, können nicht geschäftsführende Direktoren sich entweder gänzlich dem Handel mit Wertpapieren des eigenen Unternehmens enthalten oder nur in Abstimmung mit vorgegebenen Plänen handeln.[24]

V. Sonstige Haftungsquellen

Es werden **weitere Quellen** genannt, die eine strafrechtliche oder sonstige hoheitliche Haftung von Direktoren begründen können. Diese betreffen aber weniger nicht geschäftsführende Direktoren und deren Besprechung würde über den Rahmen dieser Arbeit hinausgehen. Diese sind z.B. sog. Obstruction of Justice, etwa die Vernichtung von Beweismitteln;[25] sog. Improper Certification, etwa Urkundenfälschung;[26] sog. Mail and Wire Fraud, etwa Betrug von Investoren durch Telekommunikationsmedien;[27] Foreign Corrupt Practices Act, Korruption außerhalb der USA;[28] Haftung nach RICO, Gesetz über inländische Korruption;[29] Haf-

---

21 Die Verletzung von Vorschriften über den Insiderhandel können also unter den entsprechenden weiteren Voraussetzungen sowohl nach sec. 16(b) Exchange Act zur Haftung gegenüber der Gesellschaft, als auch nach sec. 20A zur Haftung gegenüber verletzten Dritten und zu Strafsanktionen führen.

22 Vgl. 15 U.S.C. § 78u-1(a)(1)(2).

23 Eine ausführliche Auflistung bei *Black/Cheffins/Klausner*, Outside Director Liability, Fn. 259.

24 So der safe harbor nach Exchange Act Rule 10b-1.

25 Hierzu *Fanto*, Directors' and officers' liability, § 7:3.1(C), 7-14; *Knepper/Bailey*, Liability of Corporate Officers and Directors, Vol. 1, 8.04(3), 8.11.

26 Hierzu *Fanto*, Directors' and officers' liability, § 7:3.1(D), 7-15; *Knepper/Bailey*, Liability of Corporate Officers and Directors, Vol. 1, 8.04(2): betrifft nur CEO und CFO.

27 Hierzu *Fanto*, Directors' and officers' liability, § 7:3.1(H), 7-17; *Knepper/Bailey*, Liability of Corporate Officers and Directors, Vol. 1, 8.08.

28 Hierzu *Fanto*, Directors' and officers' liability, § 7:3.1(i), 7-19, *Knepper/Bailey*, Liability of Corporate Officers and Directors, Vol. 1, 8.05; *Banes/Burgess/Winters/Toskan*, Liability of Directors and Officers of Non-U.S. Corporations under States Federal Law, § 37 Rn. 83 ff. Das Vorgehen gegen Siemens im Rahmen der Korruptionsaffäre beruht überwiegend auf diesem Gesetz.

29 Hierzu *Knepper/Bailey*, Liability of Corporate Officers and Directors, Vol. 1, 8.07(1).

tung nach Umweltrecht;[30] Occupational Health and Safety Act 1970 (OSAH), Haftung für Sicherheit am Arbeitsplatz;[31] Haftung wegen Verstößen gegen das Wettbewerbsrecht;[32] Haftung wegen Verstößen gegen das Insolvenzrecht.[33]

30 Hierzu *Knepper/Bailey,* Liability of Corporate Officers and Directors, Vol. 1, 8.07(2): normalerweise Geldstrafen.
31 Hierzu *Knepper/Bailey,* Liability of Corporate Officers and Directors, Vol. 1, 8.07(4).
32 Hierzu *Knepper/Bailey,* Liability of Corporate Officers and Directors, Vol. 1, 8.13; *Banes/Burgess/Winters/Toskan,* Liability of Directors and Officers of Non-U.S. Corporations under States Federal Law, § 37 Rn. 99 ff.
33 Hierzu *Knepper/Bailey,* Liability of Corporate Officers and Directors, Vol. 1, 8.07(6).

13. Kapitel: Non-executive directors nach englischem Recht

I. Kapitalmarktinformationen

Zur Sicherstellung der ordnungsgemäßen Publizität drohen Organmitgliedern in Großbritannien neben den zivilrechtlichen Sanktionen (jedenfalls auf dem Primärmarkt) auch ordnungsbehördliche und strafrechtliche Sanktionen. Die beiden Letzteren werden heute effektiv durch die Financial Service Authority (FSA) durchgesetzt.[34] Bei Verstößen gegen die Publizitätspflichten im Primärmarkt kann die FSA Geldstrafen in unbegrenzter Höhe gegen Direktoren verhängen, welche wissentlich an dem Verstoß beteiligt waren.[35] Gleiches gilt für den Sekundärmarkt, wenn Direktoren es in vorwerfbarer Weise unterlassen, relevante Informationen zu veröffentlichen.[36] Krasse Fälle von unterlassener Offenlegung oder Veröffentlichung unrichtiger Informationen können zudem nach sec. 397 CA 2006 mit Geld- oder Freiheitsstrafe geahndet werden. Danach begeht eine Person eine Straftat (offence), wenn sie wissentlich oder grob fahrlässig eine irreführende oder falsche Erklärung, Zusage oder Vorhersage abgibt oder es vorsätzlich (dishonestly) unterlässt, relevante Tatsachen bekannt zu machen, in der Absicht oder in grob fahrlässiger Weise verursacht, dass eine andere Person daraufhin ein Geschäft eingeht bzw. davon Abstand nimmt.[37] Daneben kann die FSA nach sec. 123 (1) FSMA Strafgelder wegen Marktmanipulation gegen eine Person verhängen, welche hiervon Kenntnis oder fahrlässige Unkenntnis hatte.[38]

Der Jahresabschlussbericht muss wie oben bereits geschildert durch das Board genehmigt werden. Wenn Direktoren den Abschlussbericht genehmigen, obwohl er nicht den Vorgaben des Companies Act oder der IAS Regulations entspricht, macht sich jeder Direktor ordnungsrechtlich (offence) schuldig, der Kenntnis von deren

---

34 Sec. 401 FSMA. *Davies,* Gower's Company Law, 25-30, 884.
35 Sec. 91(2) FSMA. Dazu *Davies,* Gower's Company Law, 25-40, 895.
36 Sec. 91(1ZA)(2)(3) FSMA. Dazu *Davies,* Gower's Company Law, 26-8, 910ff.
37 Sec. 397 (1), (2) FSMA. Diese Vorschrift geht zurück auf sec. 12 of the Prevention of Fraud (Investments) Act 1935. In *R. v. Bailey and Rigby* (2006) 2 Cr.App.R.(S.) 36 wurden der CEO und der CFO aufgrund dieser Vorschrift zu Gefängnisstrafen verurteilt wegen der Veröffentlichung von irreführenden Erklärungen, die dazu geführt haben, dass der Aktienpreis künstlich angestiegen ist und Investoren dadurch Vermögensschäden erlitten. Dazu *Davies,* Gower's Company Law, 26-8, 911f.
38 Diese Vorschrift geht auf die Marktmissbrauchs-Richtlinie zurück. Marktmissbrauch wird in sec. 118 FSMA definiert. Entsprechend Art. 1 der Marktmissbrauchs-Richtlinie wird zwischen Insider Trading und Marktmanipulation unterschieden. Dies entspricht im Wesentlichen § 14 und § 20 a WpHG. Näher dazu *Davies,* Gower's Company Law, 26-9f., 912ff.; aus gemeinschaftsrechtlicher Sicht: *Grundmann,* Europäisches Gesellschaftsrecht, § 21 Rn. 725.

Unrichtigkeit hat, grob fahrlässig hinsichtlich der Fehlerhaftigkeit handelt, keine vernünftigen Maßnahmen ergriffen hat, um die Richtigkeit sicherzustellen, oder es nicht verhindert hat, dass dieser genehmigt wird.[39] Da die jährliche Entsprechungserklärung zur Corporate Governance von börsennotierten Unternehmen in ihren Jahresabschlussbericht mit aufzunehmen ist, ist diese davon wohl umfasst.[40] Ebenso werden die Anforderungen an die Erstellung des Lage- und des Vergütungsberichts strafrechtlich flankiert.[41]

Sowohl die Anordnung von Strafzahlungen durch die FSA als auch strafrechtliche Sanktionen nach dem Companies Act spielen jedoch in der Praxis eine untergeordnete Rolle.[42] Die strafrechtliche Verantwortlichkeit nicht geschäftsführender Direktoren wird wegen der bloßen Verletzung von Aufsichtsfehlverhalten nur selten in Betracht kommen.

II. Betrug

397 CA 2006 umfasst von seinem weit formulierten Tatbestand auch typische Fälle, in denen bewusst irreführende oder falsche Angaben gemacht werden, um andere Personen dazu zu bewegen, Aktien einer börsennotierten Gesellschaft zu kaufen oder zu verkaufen.[43] Daneben werden betrügerische Verhaltensweisen von Direktoren sanktioniert, wenn die Gesellschaft sich der Zahlungsunfähigkeit nähert. Ein Fortführen von Geschäften des Unternehmens in der Absicht, Gläubiger zu betrügen (fraudulent trading), kann zugleich eine strafbare Verantwortlichkeit auslösen, ohne dass hier die bei der zivilrechtlichen Haftung vorausgesetzte Auflösung der Gesellschaft (winding up) vorliegen muss.[44]

III. Verletzung treuhänderischer Pflichten

Im Rahmen des Companies Act 2006 wird nur ein Fall einer Verletzung treuhänderischer Pflichten unter Strafe gestellt. Einem Direktor können Strafsanktionen auferlegt werden, wenn er bei bereits bestehenden Geschäften mit der Gesellschaft einen Interessenkonflikt nicht ordnungsgemäß offenlegt.[45]

---

39 Sec. 414(4)(5) CA 2006.
40 So etwa *Davies,* Gower's Company Law, 14-31, 405 bes. Fn. 175 m. V. a. 25–40, 893 ff.
41 Sec. 415(4), 419(3) und 420(2) CA 2006.
42 *Davies,* Gower's Company Law, 25-40, 893 für Primärmarkt; 26-8, 919 ff. für Sekundärmarkt; *Black/Cheffins,* Outside Director Liability Across Countries, 1471 für den CA 1985.
43 So *Davies,* Gower's Company Law, 26-8, 911.
44 Sec. 993 CA 2006. Dazu *Davies,* Gower's Company Law, 9-5, 215.
45 Sec. 183 i. V. m. 182 CA 2006. Zu sec. 182 CA 2006, vgl. *Davies,* Gower's Company Law, 16-47, 539; 16-76, 577; *Birds/Boyle,* Company Law, 637 ff.

IV. Insiderhandel

Die Sanktionierung von Insiderhandel ist in Großbritannien uneinheitlich geregelt.[46] Strafrechtlich ist unzulässiger Insiderhandel von sec. 52 (1) des Criminal Justice Act 1993 erfasst. Daneben kann die FSA nach sec. 123 (1) FSMA Strafgelder wegen Insiderhandel als Teil des Marktmissbrauchs verhängen. Verboten ist nach beiden Vorschriften der Handel von Wertpapieren aufgrund von Insider-Informationen. Als Insider gilt jede Person, die vertrauliche Informationen aufgrund ihrer Stellung als Direktor oder Anteileigner hat.[47]

V. Sonstige Haftungsquellen

Außerhalb des Gesellschafts- und des Kapitalmarktrechts können Vergehen gegen des Umweltrecht und die Verantwortlichkeit für die Sicherheit am Arbeitsplatz neben der Außenhaftung strafrechtliche Konsequenzen nach sich ziehen.[48] Diese spezialgesetzlichen Regelungen haben jedoch – wie bei der Außenhaftung – in der Praxis insbesondere für nicht geschäftsführende Direktoren wenig Bedeutung.[49]

---

46 Ausführlich: *Davies,* Gower's Company Law, 30, 1083 ff.; *Fischer/Bewsey/Walters/Ovey,* The Law of Investor Protection, 289 ff., 13-007 ff.; *Smerdon,* A Practical Guide to Corporate Governance, 15.003-8; *Financial Service Authority,* Enforcing the Code of Market Conduct, 2006, abrufbar unter www.fsa.gov.uk/pages/doing/regulated/law/focus/conduct.shtml (1. 3. 2011).

47 Sec. 57 CJA; sec. 118B FSMA. *Davies,* Gower's Company Law, 30-29, 1113.

48 Sec. 157 des Environmental Protection Act 1990; sec. 37 des Health and Safety at Work Act 1974. Dazu *Smerdon,* A Practical Guide to Corporate Governance, 4.017 f.

49 *Black/Cheffins,* Outside Director Liability Across Countries, 1471 f.

14. Kapitel: Aufsichtsratsmitglieder nach deutschem Recht[50]

I. Kapitalmarktinformationen

Strafrechtliche Folgen bei kapitalmarktrelevanten Fehlinformationen können sich bei schuldhaften Pflichtverletzungen von Aufsichtsratsmitgliedern gem. § 331 Nr. 1 HGB ergeben, wenn ein Aufsichtsratsmitglied daran mitwirkt, dass in der Eröffnungsbilanz, im Jahresabschluss oder im Lagebericht die Verhältnisse einer Kapitalgesellschaft unrichtig wiedergeben oder verschleiert worden sind. Auffangtatbestand dazu ist § 400 Abs. 1 Nr. 1 AktG. Danach drohen Aufsichtsratsmitgliedern Freiheitsstrafen bis zu drei Jahren oder Geldstrafen für eine falsche Darstellung der Verhältnisse der Gesellschaft einschließlich ihrer Beziehungen zu verbundenen Unternehmen. Nach letzter Vorschrift wurden im Fall Haffa/EM. TV beide Vorstände zu Strafen i.H.v. 240.000 Euro bzw. 1,2 Millionen Euro verurteilt.[51] Die Angeklagten haben durch vorsätzlich falsche Konzern-Halbjahreszahlen mittels einer Ad-hoc-Mitteilung den Aktienpreis künstlich in die Höhe getrieben. Das Gericht stellte fest, dass solche Berichte die Verhältnisse der Aktiengesellschaft über den Vermögensstand wiedergeben, wenn sie ein Gesamtbild über die wirtschaftliche Lage der Gesellschaft ermöglichen und den Eindruck der Vollständigkeit erwecken.[52] Aufsichtsratsmitglieder können sich im Ergebnis nur strafbar machen, wenn sie trotz Kenntnis des vorsätzlichen Handelns des Vorstands die falschen Angaben nicht verhinderten oder berichtigten.[53] Bei Ad-hoc-Mitteilungen ist zudem – wie bereits im Rahmen der Außenhaftung dargelegt – zu bedenken, dass es praktisch unmöglich ist, dass diese vom Aufsichtsrat vor Bekanntgabe regelmäßig überprüft werden.

Vom sog. Börsenstrafrecht ist nur das Verbot zur Verleitung zu Börsenspekulationsgeschäften gem. §§ 23 i.V.m. 61 BörsG übrig geblieben, nach dem der Straftatbestand des Kursbetrugs als Verbot der Marktmanipulation in § 20 a WpHG

---

50 Spezielle Literatur: *Wabnitz/Janovsky,* Handbuch des Wirtschafts- u. Steuerstrafrechts, 3. Aufl. 2007; *Park,* Kapitalmarktstrafrecht, 2. Aufl., 2008; *Schwark/Zimmer,* Kapitalmarktrechts-Kommentar, 4. Auflage 2010; *Beukelmann,* Strafbarkeit des Aufsichtsrats, NJW-Spezial 2009, 152; *Fischer,* Das Haffa-Urteil: Kapitalmarktstrafrecht auf dem Prüfstand, NJW 2003, 2584; *Kiethe,* Die zivil- und strafrechtliche Haftung von Aufsichtsräten für Geschäftsrisiken, WM 2005, 2122–2130; *Kiethe,* Anmerkung, Strafrechtlicher Anlegerschutz durch § 400 I Nr. 1 AktG, NStZ 2004, 73–77; *Krause,* Strafrechtliche Haftung von Geschäftsleitern, in: *Krieger/Schneider* (Hrsg.), Handbuch Managerhaftung, § 35.

51 BGH, Urteil vom 16. 12. 2004 – 1 StR 420/03 = NJW 2005, 445–450.

52 Leitsatz BGH, Urteil vom 16. 12. 2004 – 1 StR 420/03.

53 In diese Richtung *Peltzer,* in: *Wellhöfer/Peltzer/Müller,* Haftung von Vorstand, Aufsichtsrat und Wirtschaftsprüfer: mit GmbH-Geschäftsführer, § 20, Rn. 172.

modifiziert wurde.[54] Um eine effektive Bekämpfung von Insiderhandel und Kursmanipulationen sicherzustellen, überwacht die Bundesanstalt für Finanzdienstleistungsaufsicht (BaFin) Geschäfte in den vom Insiderhandelsverbot (dazu unten IV.) und vom Verbot der Kurs- und Marktpreismanipulation geschützten Wertpapieren.[55] Im Fall von Tatsachen, die den Anfangsverdacht einer Straftat nach §§ 14, 38 Abs. 1 Nr. 1, 2 oder 3 oder nach §§ 20 a Abs. 1, 38 Abs. 1 Nr. 4 begründen, hat die BaFin dies der zuständigen Staatsanwaltschaft anzuzeigen, der die Entscheidung über die Einleitung eines strafrechtlichen Ermittlungsverfahrens obliegt.[56] Zuständige Behörde für die Verfolgung von Ordnungswidrigkeiten nach dem WpHG ist die BaFin.[57] Diese kann nach § 39 Abs. 4 WpHG Bußgelder bis maximal 1,5 Millionen Euro verhängen.[58] Eine wesentliche Bedeutung für den Aufsichtsrat sollte diesen Vorschriften jedoch nicht zukommen.[59]

II. Betrug

Aus dem Kernstrafrecht sind vor allem die Vermögensdelikte für den Aufsichtsrat relevant. Zur Verfolgung von kapitalmarktrechtlichen Fehlinformationen können die Betrugsvorschriften zu den aktienrechtlichen Vorschriften jedenfalls im Primärmarkt ergänzend herangezogen werden.[60] Im Rahmen des Sekundärmarkts sind die Vorschriften zur Strafverfolgung jedoch ungeeignet. Beim **Betrugs**tatbestand (§ 263 StGB) fehlt es an dem Erfordernis der Stoffgleichheit zwischen Vermögensverfügung und erstrebtem Vorteil.[61] Beim Tatbestand des Kapitalanlagebetrugs gem. § 264 a Abs. 1 StGB mangelt es an fehlerhaften Informationen „in Prospekten“ oder „in Darstellungen oder Übersichten über den Vermögensstand“

---

54 § 20 a WpHG geht auf die Marktmissbrauchs-Richtlinie zurück. Ausführlich dazu *Worms,* in: *Assmann/Schütze,* Handbuch des Kapitalanlagerechts, § 9 Straf- und ordnungswidrigkeitsrechtlich sanktionierte Verhaltenspflichten von Kapitalmarktteilnehmern im Zusammenhang mit der Verleitung zu Börsenspekulationsgeschäften und der Marktmanipulation. Die Aufsicht wird durch § 20 b WpHG auf die Bundesanstalt für Finanzdienstleistungsaufsicht übertragen.

55 Dazu *Krause,* Strafrechtliche Haftung von Geschäftsleitern, § 35 Rn. 119 ff. Ausführlich zur BaFin: *Park,* Kapitalmarktstrafrecht, Teil 2: Die Bundesanstalt für Finanzdienstleistungsaufsicht (BaFin), Rn. 1–96.

56 *Zimmer/Cloppenburg,* in: *Schwark/Zimmer,* Kapitalmarktrechts-Kommentar, § 38 WpHG, Rn. 3.

57 *Zimmer/Cloppenburg,* in: *Schwark/Zimmer,* Kapitalmarktrechts-Kommentar, § 40 WpHG, Rn. 1. Ausführlich zu den Ordnungswidrigkeiten nach dem WpHG: *Park,* Kapitalmarktstrafrecht, Teil 4: Ordnungswidrigkeiten.

58 Ausführlich zu den Bußgeldfolgen: *Zimmer/Cloppenburg,* in: *Schwark/Zimmer,* Kapitalmarktrechts-Kommentar, § 39 WpHG, Rn. 44–48.

59 Die Pflicht zur Offenbarung und damit ein etwaiger Verstoß gegen § 20 a WpHG trifft bedingt durch die Gesamtverantwortung des Vorstands alle Vorstandsmitglieder, vgl. *Worms,* in: *Assmann/Schütze,* Handbuch des Kapitalanlagerechts, § 9, Rn. 103.

60 Ausführlich: *Zieschang* zu § 263 StGB und *Park* zu § 264 a StGB, in: *Park,* Kapitalmarktstrafrecht.

61 *Park,* in: *ders.,* Kapitalmarktstrafrecht, § 263 StGB, Rn. 110; *Fleischer,* in: *Assmann/Schütze,* Handbuch des Kapitalanlagerechts, § 7, Haftung für fehlerhafte Kapitalmarktkommunikation, Rn. 18 mit weiteren Nachweisen.

und an dem vorausgesetzten Zusammenhang der Tathandlung mit dem „Vertrieb von Anteilen“ (Nr. 1) oder mit dem „Angebot, die Einlagen zu erhöhen“ (Nr. 2).[62]

Für die strafrechtliche Verantwortlichkeit aufgrund von **Aufsichtsfehlverhalten** bleibt danach jedoch wenig Raum.[63] Denn ganz allgemein kann sich für das einzelne Aufsichtsratsmitglied lediglich in krassen Ausnahmefällen, in denen der Vorstand grob unwirtschaftlich oder rechtswidrig handelt, soweit es hierfür verdichtete Anhaltpunkte gibt, die Pflicht ergeben, eine Beschlussfassung des Aufsichtsrats herbeizuführen mit dem Ziel, eine Ablösung des Vorstands durchzusetzen. „Unterlässt er dies, kann darin eine Beihilfe durch Unterlassen zu sehen sein. Allerdings wird dies nur solche rechtswidrige Handlungen betreffen, die sich gegen die Vermögensinteressen der Aktiengesellschaft richten. Nur insoweit trifft den Aufsichtsrat eine Garantenstellung, weil er aus seinem Rechtsverhältnis als Aufsichtsrat gegenüber der Aktiengesellschaft zur Vermögensbetreuung verpflichtet ist, nicht aber generell gegenüber der Gemeinschaft für ein rechtstreues Verhalten des Vorstands einzustehen hat.“[64]

III. Untreue

Der **Untreue**tatbestand gem. § 266 StGB ist für Aufsichtratsmitglieder umfassend diskutiert worden und war Gegenstand des Mannesmann-Verfahrens.[65] Nach dem BHG sind vertraglich zuvor nicht vereinbarte Sonderzahlungen, die der Aufsichtsrat einer AG dem Vorstand nachträglich bewilligt, eine treuepflichtwidrige Verschwendung des Gesellschaftsvermögens, wenn sie dem Unternehmen keinen zukunftsbezogenen Nutzen bringen.[66]

Soweit der Aufsichtsrat im Rahmen seiner Kontrolltätigkeit Handlungen des Vorstands entdeckt, die Schadensersatzpflichten auslösen könnten, trifft ihn der Aktiengesellschaft gegenüber eine Vermögensbetreuungspflicht im Sinne des § 266 StGB. Ein Aufsichtsratsmitglied kann sich wegen Untreue durch Unterlassen nach § 266 StGB strafbar machen, wenn er die Geltendmachung eines solchen An-

---

62 *Fleischer*, in: *Assmann/Schütze*, Handbuch des Kapitalanlagerechts, § 7, Haftung für fehlerhafte Kapitalmarktkommunikation, Rn. 18.

63 Vgl. aber die Grundsätze zur Haftung des Aufsichtsrats für die Unterstützung von sittenwidrigem oder strafbarem Verhaltens des Vorstands gem. §§ 826, 830 BGB (vgl. oben 10. Kap. II. 3.), die auch im Rahmen der Beihilfestrafbarkeit Anwendung finden sollten.

64 Vgl. *Raum*, in: *Wabnitz/Janovsky*, Handbuch des Wirtschafts- u. Steuerstrafrechts, 4. Kapitel: Allgemeine Grundsätze des Wirtschaftsstrafrechts, Rn. 55; *Spindler*, in: *Spindler/Stilz*, Kommentar zum AktG § 116 Rn. 205 näher zur Garantenstellung eines Aufsichtsratsmitglieds.

65 BGH, Urteil v. 21. 12. 2005 – 3 StR 470/04, NJW 2006, 522; LG Düsseldorf, NJW 2004, 3275. *Krause*, Strafrechtliche Haftung von Geschäftsleitern, § 35 Rn. 25 ff. Monografisch: *Dittrich*, Die Untreuestrafbarkeit von Aufsichtsratsmitgliedern bei der Festsetzung überhöhter Vorstandsvergütungen, 2007; *Ransiek*, Anerkennungsprämien und Untreue – Das „Mannesmann“-Urteil des BGH, NJW 2006, 814–816.

66 BGH, NJW 2006, 522 Ls. 1.

spruchs nicht betreibt.[67] Was einerseits nach zivilrechtlichen Grundsätzen keinen Pflichtverstoß darstellt, kann keine strafrechtlich relevante Handlung begründen; andererseits begründet jedoch nicht jedes zivilrechtlich pflichtwidrige Verhalten eine Verletzung der Vermögensbetreuungspflicht i. S. d. § 266 StGB.[68]

Die Anwendungshäufigkeit des Untreuetatbestands gerade in wirtschaftlichen Lebensbereichen stößt auf deutliche Kritik bis hin zur Frage nach der Verfassungsmäßigkeit der Norm.[69] „Der Vorwurf der Untreue mutiert zur Allzweckwaffe von Strafverfolgern gegen Vorstände und Aufsichtsräte."[70] Der Untreuetatbestand erscheint jedenfalls bei komplexen gesellschaftsrechtlichen Sachverhalten zumeist ungeeignet, ausgewogene Problemlösungen und eine gerechte Sanktionierung herbeizuführen. Der Tatbestand ist zu unbestimmt, um zu erwarten, dass Aufsichtsräte wissen können, woran sie ihr Verhalten auszurichten haben. Die Weite dieses Tatbestands führt daher zu erheblicher Rechtsunsicherheit.

IV. Insiderhandel

Nach § 14 Abs. 1 WpHG unterliegen Primär- wie Sekundärinsider einem Nutzungs-, Mitteilungs- und Empfehlungsverbot **(Insiderhandelsverbot).**[71] Mitglieder des Aufsichtsrats, die Kenntnis von einer Insidertatsache erhalten haben, sind nach § 13 Abs. 1 Nr. 1 WpHG regelmäßig sog. Primärinsider.[72] Nach § 38 WpHG wird hieran bei einem vorsätzlichen Verstoß eine differenzierende Strafbarkeit geknüpft.[73] Zudem liegt – wie bereits oben erwähnt – in der Weitergabe einer In-

---

67 Vgl. BGH v. 6. 12. 2001 – 1 StR 215/01; *Raum*, in: *Wabnitz/Janovsky*, Handbuch des Wirtschafts- u. Steuerstrafrechts, 4. Kapitel: Allgemeine Grundsätze des Wirtschaftsstrafrechts, Rn. 56; *Krause*, Strafrechtliche Haftung von Geschäftsleitern, § 35 Rn. 31.

68 *Krause*, Strafrechtliche Haftung von Geschäftsleitern, § 35 Rn. 32.

69 Besonders deutlich: *Dierlamm*, Münchener Kommentar zum StGB, 1. Auflage 2006, § 266 Rn. 3–6; *Kubiciel*, Gesellschaftsrechtliche Pflichtwidrigkeit und Untreuestrafbarkeit, NStZ 2005, 353. Mit Beschluss vom 23. 6. 2010, BVerfG, 2 BvR 2559/08, hat das Bundesverfassungsgericht die Vereinbarkeit des Untreuetatbestandes des § 266 StGB Abs. 1 mit dem Bestimmtheitsgebot des Art. 103 Abs. 2 anerkannt, jedoch zu einer Präzisierung durch das Hinzuziehen einer gefestigten höchstrichterlichen Rechtsprechung insbesondere hinsichtlich des erforderlichen Vermögensnachteils angehalten. Aus Sicht des Verfassungsgerichts ist es unzureichend, pauschal auf die Rechtsfigur des Gefährdungsschadens zurückzugreifen. In dem zugrundeliegenden Fall waren fünf ehemalige Vorstandsmitglieder der Berlin-Hannoverschen Hypothekenbank um den Ex-CDU-Politiker Landowsky 2007 vom Berliner Landgericht wegen Untreue verurteilt worden, weil sie einen unzureichend gesicherten Kredit über knapp 20 Millionen DM bewilligt und ausgezahlt hatten. Der BGH hatte die Urteile bestätigt.

70 *Financial Times Deutschland* v. 23. 10. 2008, Die steile Karriere eines Paragraphen; *Financial Times Deutschland* v. 10. 3. 2009, Immer wieder die Untreue – Der sperrige Paragraph wird auch Bankmanager treffen, 20.

71 Zur Effizienz des Insiderhandelsverbots: *Grundmann*, in: *Ebenroth/Boujong/Joost*, Handelsgesetzbuch, Gesetz über den Wertpapierhandel (Wertpapierhandelsgesetz – WpHG), Rn. VI 2929.

72 *Semler*, MüKoAktG, § 116, Rn. 193; *Spindler*, in: *Spindler/Stilz*, Kommentar zum AktG § 116 Rn. 207.

73 Dazu *Schäfer*, § 13 Insiderrecht, in: *Marsch-Barner/Schäfer* (Hrsg.), Handbuch börsennotierte AG, Aktien- und Kapitalmarktrecht, Rn. 98–101, 660; *Semler*, MüKoAktG, § 116, Rn. 193; *Krause*, Strafrechtliche Haftung von Geschäftsleitern, § 35 Rn. 106ff.

siderinformation eine strafbewehrte Verletzung der Geheimhaltungspflicht nach § 404 AktG.

V. Sonstige Haftungsquellen

Im Hinblick auf sonstige Haftungsquellen soll nur wegen der Vergleichbarkeit mit dem fraudulent trading nach englischem Recht auf die strafrechtliche Verantwortlichkeit in **Insolvenzsituationen** hingewiesen werden. Da die Insolvenzantragspflicht nach § 15a Abs. 1 InsO unmittelbar nur dem Vorstand obliegt, kann sich ein Aufsichtratsmitglied neben dem Vorstand wegen Beihilfe durch Unterlassen pflichtgemäßen Verhaltens gem. §§ 15a Abs. 4 InsO, 13 Abs. 1, 27 Abs. 1 StGB strafbar machen, wenn er es versäumt, den Vorstand zur Pflichterfüllung anzuhalten.[74] Wie in England ist für die strafrechtliche Verantwortlichkeit daher vorsätzliches Handeln notwendig. Eine Neuerung durch das MoMiG ergibt sich bei Führungslosigkeit der Gesellschaft: In diesem Fall ist nunmehr auch der Aufsichtsrat zur Stellung des Insolvenzantrags verpflichtet, korrespondierend ordnet daher § 15a Abs. 4 iVm Abs. 3 InsO die Strafbarkeit des Aufsichtsrats an, wenn dieser einen Insolvenzantrag nicht, nicht richtig oder nicht rechtszeitig stellt. In diesen Fällen ist daher gem. 15a Abs. 5 InsO auch eine Fahrlässigkeitsstrafbarkeit möglich.

74 Vgl. *Peltzer*, in: *Wellhöfer/Peltzer/Müller*, Haftung von Vorstand, Aufsichtsrat und Wirtschaftsprüfer: mit GmbH-Geschäftsführer, § 19, Rn. 68. *Krause*, Strafrechtliche Haftung von Geschäftsleitern, § 35 Rn. 129ff. Vgl. auch oben 10. Kap. II.2. Durch das MoMiG v. 23. 10. 2008 (BGGl. I S. 2026) wurden die Insolvenzantragspflichten bei juristischen Personen aus dem jeweiligen gesellschaftsrechtlichen Gesetzen in den neuen § 15a InsO verlagert. Die Strafvorschrift des § 401 Abs. 1 Nr. 2 AktG wurde aufgehoben und wird nun durch § 15a Abs. 4 und 5 strafbewehrt. Dazu *Knapp*, Auswirkungen des MoMiG auf Aktiengesellschaften und ihre Organmitglieder, DStR 2008, 2371–2375; und schon oben 6. Kap. II.3.d).

15. Kapitel: Rechtsvergleich und Schlussfolgerungen – Strafsanktionen

I. Kapitalmarktstrafrecht

Gerade bei Fehlverhalten im Rahmen der Publizitätspflicht auf dem Kapitalmarkt bedienen sich die untersuchten Rechtsordnungen der generalpräventiven Wirkung und der Pönalisierung durch das Strafrecht bzw. durch vergleichbare hoheitliche Strafsanktionen. Das **Kapitalmarktstrafrecht** hat sich bereits als eigenständige Rechtsdisziplin etabliert. Im angloamerikanischen Kapitalmarktrecht werden den dortigen **Aufsichtsbehörden** der SEC und der FSA im Vergleich zu BaFin in Deutschland erheblich weitere Befugnisse zur Sanktionierung von Fehlverhalten von Organmitgliedern übertragen. So ist z.B. die FSA bei kapitalmarktrechtlichen Verstößen gleichzeitig Strafverfolgungsbehörde, während die BaFin nur zur Verfolgung von Ordnungswidrigkeiten zuständig ist. Die Sanktionen sind deutlich schärfer als in Deutschland ausgestaltet; so trifft das US-amerikanische Kapitalmarktrecht eine äußerst strenge Regelung, die jede willentliche und wissentliche Verletzung der Kapitalmarktgesetze zum Straftatbestand erklärt.

Im Gleichlauf mit der Organaußenhaftung drohen Direktoren bei der fehlerhaften Publizität im **Primärmarkt** in den USA und in England Strafsanktionen. Der Verschuldensmaßstab ist hier jedoch gegenüber der Außenhaftungsverantwortlichkeit auf überwiegend vorsätzliches Handeln beschränkt.

Im **Sekundärmarkt** insbesondere bei der Regel- und bei der Ad-hoc-Publizität können sich Organmitglieder in allen untersuchten Rechtsordnungen Strafsanktionen ausgesetzt sehen. Während sich Aufsichtsratsmitglieder nach deutschem Recht im Ergebnis nur bei vorsätzlichem Verhalten strafbar machen, d.h. wenigstens trotz Kenntnis des vorsätzlichen Handeln des Vorstands, die falschen Angaben nicht verhinderten oder berichtigten, ist z.B. in England der Verschuldensmaßstab auf grobe Fahrlässigkeit abgesenkt. Bei fehlerhaften **Ad-hoc-Mitteilungen** ergibt sich nach deutschem Recht das Problem, dass solche Mitteilungen, die nur einzelne Geschäftsabschlüsse betreffen, keine „Darstellungen oder Übersichten über den Vermögensstand" im Sinne des § 400 Abs. 1 Nr. 1 AktG sind.[75] So besteht für diese Fälle eine Strafbarkeitslücke.[76] Rechtspolitisch wird für die Schließung dieser Lücke plädiert, jedoch wegen deren weitem Anwendungsbereich nicht

---

75 Schlussfolgerung aus den Entscheidungen EM. TV und Infomatec.

76 *Fischer*, Das Haffa-Urteil: Kapitalmarktstrafrecht auf dem Prüfstand, NJW 2003, 2584, 2585.

durch Übernahme der US-Regelungen.[77] Da Ad-hoc-Mitteilungen regelmäßig im Zuständigkeitsbereich des Vorstands liegen, ist diese Diskussion für die Aufsichtsratsmitglieder nicht von besonderer Bedeutung.

II. Aufsichtspflichtverletzungen

Trotzdem ist in allen Rechtsordnungen das Risiko für nicht geschäftsführende Direktoren und Aufsichtsratsmitglieder, Strafsanktionen wegen der bloßen Verletzung von Aufsichtspflichten auferlegt zu bekommen, äußerst gering. Die grundsätzliche Verantwortlichkeit für die Publizität trifft – wie bereits zahlreich erwähnt – die geschäftsführenden Direktoren und den Vorstand. In den USA sind jedoch jüngst einige Fälle aufgetreten, in denen die SEC Verfahren gegen nicht geschäftsführende Direktoren wegen äußerst nachlässiger Außerachtlassung ihrer Überwachungspflichten eingeleitet hat. Wirkliche Bedeutung kommt den Strafsanktionen nur zu, wenn nicht geschäftsführende Direktoren und Aufsichtsratsmitglieder sich aktiv betrügerisch verhalten oder unzulässigen Insiderhandel betreiben.

III. Verletzung treuhänderischer Pflichten

Die bloße Verletzung treuhänderischer Pflichten, insbesondere die Tätigung unzulässiger Insichgeschäfte bzw. Fälle von Untreue, wird im rechtlichen Vergleich nur in Ausnahmefällen mit Strafsanktionen belangt. Ein Beispiel, welches strafrechtliche Verfolgung rechtfertigt, ist die vorsätzliche unrechtmäßige Bereicherung zulasten des Vermögens der Gesellschaft. Schwer fällt die Abgrenzung, wo Sonderzahlungen an Organmitglieder noch zulässig sind und wo diese nicht mehr hinzunehmen sind. Im angloamerikanischen Rechtsraum sind sog. appreciation awards gängige Praxis. Die strafrechtliche Verfolgung der Aufsichtsräte im Mannesmann-Verfahren ist daher im Ausland weitgehend auf Unverständnis gestoßen.

IV. Insiderhandel

Insiderhandel wird in allen untersuchten Rechtsordnungen Organmitgliedern im Prinzip untersagt. In der Europäischen Union ist dies schon durch die Marktmissbrauchs-Richtlinie entsprechend vorgegeben.[78] Vom Insiderhandelsverbot sind nicht geschäftsführende Direktoren und Aufsichtsratsmitglieder zweifelsohne er-

77 Vgl. *Fischer*, Das Haffa-Urteil: Kapitalmarktstrafrecht auf dem Prüfstand, NJW 2003, 2584.
78 Ausführlicher Vergleich zur Umsetzung in den Mitgliedsstaaten: *British Institute of International and Comparative Law, Welch/Pannier u.a.*, Comparative Implementation of EU Directives (I) – Insider Dealing and Market Abuse, 2005, abrufbar unter www.cityoflondon.gov.uk/economicresearch (1.3.2011).

fasst. Zusammenfassend sollen im Folgenden die verschiedenen Sanktionsmöglichkeiten dargestellt werden: Unzulässiger Insiderhandel kann nach allen untersuchten Rechtsordnungen Strafsanktionen nach sich ziehen.[79] Die Position in den USA hinsichtlich zivil- und strafrechtlicher Sanktionen ist am umfassendsten.[80] Die Ausnutzung der durch seine Stellung als Organmitglied erhaltenen Informationen wird in allen Rechtsordnungen üblicherweise auch eine Pflichtverletzung – insbesondere der Treuepflicht – gegenüber der eigenen Gesellschaft darstellen und kann somit zur Innenhaftung führen.[81] Bei der Außenhaftung ergeben sich jedoch unterschiedliche Ergebnisse: In den USA können Dritte bei einem Verstoß gegen Insiderhandelsvorschriften Schadensersatzansprüche geltend machen.[82] In England besteht außer bei einem besonderen Näheverhältnis grundsätzlich keine Treuepflicht gegenüber den Aktionären, was eine Außenhaftung regelmäßig ausschließt.[83] Im Grundsatz ist ein Schadensersatzanspruch der Aktionäre nach deutschem Recht auch nicht möglich, da die Vorschriften zum Insiderhandel keine Schutzgesetze darstellen, mit der Ausnahme, dass die Information ein Geheimnis i.S.d. § 404 AktG ist.

V. Sanktionierung

Hinsichtlich einer möglichen Sanktionierung sollen nur einige kurze Anmerkungen gemacht werden: Überwiegend werden wohl Geldstrafen verhängt. In den USA kann zudem die Herausgabe von in unzulässiger Weise Erlangtem verlangt werden. Die Möglichkeit, Berufsverbote gegen Organmitglieder nach angloamerikanischem Recht zu verhängen, gehen über das deutsche Recht hinaus. Zuletzt sind in extremen Fällen Haftstrafen denkbar.

VI. Zusammenfassung 4. Teil

Der Präventivzweck der Innen- und der Außenhaftung wird durch Strafsanktionen flankiert. Es bedarf jedoch einer Ausbalancierung zwischen zivil- und strafrechtlichen Sanktionen. Gesellschaftsrechtlich pflichtwidriges Verhalten von Organmitgliedern muss zunächst effektiv durch zivilrechtliche Sanktion geahndet werden können. Strafsanktionen sind ultima ratio und erscheinen nur dort angebracht, wo durch das Fehlverhalten von nicht geschäftsführenden Direktoren über

---

79 USA: Strafrechtlich nach sec. 32 (a) Exchange Act und Geldstrafe nach 21A Exchange Act. Großbritannien: Strafrechtlich nach sec. 52 (1) des Criminal Justice Act 1993 und Geldstrafe nach sec. 118 i.V.m. 123 FSMA. Deutschland: Strafrechtlich nach §§ 14 iVm 38 WpHG.
80 So auch *Fischer/Bewsey/Walters/Ovey*, The Law of Investor Protection, 289, 13-007.
81 Für Großbritannien: *Davies*, Gower's Company Law, 30-6, 1088.
82 Sec. 20A Exchange Act.
83 *Percival v. Wright* (1902) 2 Ch 421; *Davies*, Gower's Company Law, 30-6, 1088f., *Fischer/Bewsey/Walters/Ovey*, The Law of Investor Protection, 289, 13-007.

private Interessen hinaus auch öffentliche Interessen betroffen werden.[84] Dies ist vor allem auf dem Gebiet der fehlerhaften Informationsversorgung des Kapitalmarkts von Bedeutung. Kapitalmarktstrafrecht ist dabei eine wertvolle Disziplin, denn die Sanktionierung durch das Kernstrafrecht erscheint oft unangemessen in komplexen gesellschafts- und kapitalmarktrechtlichen Bereichen.[85] Dies hat das Mannesmann-Verfahren offenbart. Der Untreuetatbestand zeichnet sich durch eine beachtliche Unbestimmtheit aus. Die Grenze zwischen rechtlich zulässigem und strafbarem Handeln ist unscharf und schafft erhebliche Rechtsunsicherheit für Vorstände und Aufsichtsräte. Die **Konkretisierung des** eigentlichen **Kapitalmarktstrafrechts** ist daher auch vor rechtsvergleichendem Hintergrund zu fordern und bedarf der Abstimmung mit dem Aufgabenbereich des Aufsichtsrats. Die kapitalmarktrechtlichen Regeln in Großbritannien und den USA – insbesondere der Securities Act und der Exchange Act, die teilweise äußerst scharfe Sanktionen beinhalten – erscheinen in diesem Bereich differenziertere und vorhersehbarere strafbewehrte Verhaltensweisen zu beschreiben und somit dem eigentlichen Abschreckungszweck effektiver Geltung zu verschaffen.

Die Zuständigkeit zur hoheitlichen Sanktionierung bei Fehlverhalten von Organmitgliedern wird im angloamerikanischen Kapitalmarktrecht weitgehend den dortigen Aufsichtsbehörden, der SEC und der FSA, übertragen. Diesen werden zugleich weite Befugnisse eingeräumt. Diese Zuständigkeitsverlagerung weg von den eigentlichen Strafverfolgungsbehörden hin zu den **kapitalmarktrechtlichen Aufsichtsbehörden** verspricht schon aus dem Sachzusammenhang eine kompetentere Auseinandersetzung mit den Sachverhalten und eine ausgewogene Sanktionierung, welche in Deutschland teilweise nicht gelingen mag.

Bei typischen **Aufsichtspflichtverletzungen** von nicht geschäftsführenden Direktoren und Aufsichtsratsmitgliedern wird vom Instrument des Strafrechts rechtsvergleichend nur sehr zurückhaltend Gebrauch gemacht. Richtigerweise ist dieser Bereich auch dem Zivilrecht zu überlassen. Ausnahmen sind nur in Situationen gerechtfertigt, in denen der Aufsichtsrat betrügerisches Vorstandshandeln wissentlich duldet, in welchen der Vorstand sich oder andere aktiv bereichert und den Kapitalmarkt vorsätzlich mit Fehlinformationen versorgt oder relevante Informationen zurückhält. Darüber hinaus bleibt Raum für strafrechtliche Verantwortung nur noch in Fällen, in welchen Aufsichtsratsmitgliedern selbst ein solches Verhalten zur Last gelegt werden kann.

---

84 In diese Richtung auch *Krause*, Strafrechtliche Haftung von Geschäftsleitern, § 35 Rn. 32.
85 Dazu *v. Werder*, Persönliche Verantwortung aus betriebswirtschaftlicher Sicht, in: *Grundmann/Hofmann/Möslein* (Hrsg.): Finanzkrise und Wirtschaftsordnung, 99 f.

5. Teil: Haftungsfreistellung und D&O Versicherung

Es stellt sich grundsätzlich die Frage, wie Haftungsrisiken der Organmitglieder verringert oder verlagert werden können. Zum einen kann – wie oben im 2. Teil, jeweils III. besprochen – eine Haftungsmilderung durch Reduzierung der Sorgfaltsanforderungen in der Gesellschaftssatzung (in den USA) oder ein Haftungsausschluss durch Ratifikation der Anteilseigner erreicht werden. Um daneben nicht geschäftsführende Direktoren von ihren finanziellen Risiken zu befreien, ist es teilweise zulässig, dass in bestimmten Fällen die Gesellschaft ihre Direktoren von deren Haftung und von anfallenden Kosten, die gerade in den USA auch bei einer erfolgreichen Verteidigung entstehen können, freistellt (I.). Die Abgrenzung zum Institut der Ratifikation durch Anteilseigner ist hier nicht immer eindeutig zu treffen (dazu näher beim Rechtsvergleich 19. Kap.).

Darüber hinaus ist die im angloamerikanischen Rechtsraum schon in den 1930er Jahren durch Lloyd's of London entwickelte Versicherung, die die Gesellschaft für ihre Direktoren gegen das Risiko der Haftung abschließt, die sog. D&O Versicherung (Directors and Officers Liability Insurance) (II.), mittlerweile international gängige Praxis.[1] Im Folgenden sollen die wesentlichen Gemeinsamkeiten und Unterschiede überblicksweise herausgearbeitet werden, ohne dabei näher auf versicherungsspezifische Probleme einzugehen.

1 Vgl. *Thümmel*, Persönliche Haftung von Managern und Aufsichtsräten, Rn. 403.

16. Kapitel: Outside directors nach US-amerikanischem Recht

I. Freistellung von Haftung und Kosten

Die Freistellung der Direktoren von der Haftung wird in den USA großzügig gehandhabt. Diese umschließt sämtliche Verfahrensarten unabhängig davon, ob diese drohend, anhängend oder bereits abgeschlossen, förmlich oder nicht förmlich sind. So werden Zivilrechtsstreitigkeiten, strafrechtliche und verwaltungsrechtliche Streitigkeiten, sonstige – insbesondere aufsichtsrechtliche – Untersuchungsverfahren und teilweise auch Schiedsgerichtsverfahren von der Freistellung erfasst.[2] Die Haftungsfreistellung beinhaltet grundsätzlich Schadensersatzzahlungen auf ein Urteil, Buß- oder Strafgelder, Leistungen aufgrund eines Vergleiches und angemessene Verfahrens- und Rechtschutzkosten.[3] Eine Ausnahme hiervon gilt jedoch bei der Durchsetzung durch die SEC, die eine Haftungsfreistellung durch die Gesellschaft gegenläufig zu ihrer allgemeinen Politik ansieht.[4]

Es gibt im US-amerikanischen Recht gesetzliche Vorschriften, die entweder eine Haftungsfreistellung ins **Ermessen** der Gesellschaft stellen oder eine solche **zwingend** anordnen oder Gerichten die Befugnis übertragen, Direktoren von der Haftung freizustellen.

Bei der **Außenhaftung**, insbesondere bei kapitalmarktrechtlichen Klagen, **kann** die Gesellschaft den Direktor in zulässiger Weise von seiner Haftung freistellen, solange er in gutem Glauben gehandelt hat und vernünftigerweise davon ausgegangen ist, dass sein Handeln im besten Interesse der Gesellschaft lag.[5] Das Gesellschaftsrecht in Delaware gestattet es Gesellschaften auch, Verfahrenskosten von Direktoren in kapitalmarktrechtlichen Klagen laufend und im Voraus zu übernehmen.[6] In **strafrechtlichen** Verfahren darf der Direktor keinen vernünftigen

---

2 MBCA, § 8.50(7), 8-95.

3 MBCA, § 8.50(4), 8-94.

4 So z.B. ALI, *American Law Institute,* Principles of Corporate Governance: Analysis and Recommendations, Vol. 2, sec. 7.20, Anmerkung 7, 286f. Es ist jedoch anerkannt, dass bei Vergleichen eine Haftungsfreistellung möglich bleibt. Weiter wird empfohlen, dass die SEC diese Politik gegen nicht geschäftsführende Direktoren, solange diese in gutem Glauben gehandelt haben, aufgeben soll, vgl. *Fanto,* Directors' and officers' liability, § 8:3.1 (C), 8-8, Fn. 15 mit weiterem Nachweis.

5 So die Empfehlung des Model Business Corporation Act und die Rechtslage in Delaware und in New York: MBCA, § 8.51(a), 8-99; Del. CODE ANN. Tit. 8, § 145(a) (2005); N.Y. BUS. CORP. LAW § 722(a) (Mc Kinney, 2005).

6 Del. CODE ANN. Tit. 8, § 145 (e) (2005). Näher zur Kostenübernahme im Voraus: *Fanto,* Directors' and officers' liability, § 8:3.1 (F), 8-14–8-18.

Grund zu der Annahme gehabt haben, dass sein Handeln rechtswidrig war.[7] Feststellungen im Verfahren haben dabei keine Bindungswirkung.[8] Demnach hat die weit überwiegende Zahl der Publikumsgesellschaften Freistellungsvereinbarungen bzw. Regelungen in der Satzung (sog. bylaws) getroffen, die diese Möglichkeit der Freistellung der nicht geschäftsführenden Direktoren so ausgestaltet, dass sie sich zur Übernahme von Verfahrenskosten im Voraus und zur Freistellung von Rechtsschutzkosten, Schadensersatzzahlungen und Vergleichszahlungen im äußerst zulässigem Maße verpflichten.[9]

Zur Freistellung von jeglicher Haftung kommt es im Ergebnis nur dann nicht, wenn die Gesellschaft insolvent ist, der nicht geschäftsführende Direktor bösgläubig gehandelt hat, das Board – insbesondere nachdem es zu einem Wechsel der Mitglieder gekommen ist – die Freistellung verweigert oder in einem Verfahren die SEC die Haftungsfreistellung ausschließt, was letztlich jedoch ein Gericht zu entscheiden hat.

Bei der **Innenhaftung** stellt sich die Situation grundlegend verschieden dar. Bei abgeleiteten Klagen, die im Namen der Gesellschaft geltend gemacht werden (was typischerweise der Fall ist), darf die Gesellschaft die Direktoren nur von aufgewendeten Rechtsschutzkosten einschließlich Rechtsanwaltskosten freistellen, die im Zusammenhang mit der Verteidigung gegen die Klage oder der vergleichsweisen Beilegung vernünftigerweise entstanden sind, wenn aufgrund eines Mehrheitsbeschlusses von nicht betroffenen Direktoren festgestellt wurde, dass der Direktor in gutem Glauben und im besten Interesse der Gesellschaft gehandelt hat.[10] Darüber hinaus ist es einer Gesellschaft untersagt, einen Direktor von jeglicher Haftung und seinen Kosten freizustellen, wenn er in unzulässigerweise Profit aus einer Handlung gezogen hat.[11] Soweit der Direktor darlegen kann, er habe in gutem Glauben gehandelt, wird seine Haftung jedoch schon durch den satzungsgemäßen Haftungsausschluss ausgeschlossen sein, sodass sich die Frage der Freistellung gar nicht mehr stellt.

---

7 Wie vor: MBCA, § 8.51(a), 8-99; Del. CODE ANN. Tit. 8, § 145(a) (2005); N.Y. BUS. CORP. LAW § 722(a) (Mc Kinney, 2005).

8 MBCA, § 8.51(c), 8-99.

9 Vgl. *Black/Cheffins/Klausner,* Outside Director Liability, 1083; *Dravis,* The role of independent directors after Sarbanes-Oxley, 41. Die bundesstaatlichen Gesetze sind überwiegend so ausgestaltet, dass sie weitergehende Haftungsfreistellungen zulassen (non-exclusive statutes). Eine Grenze wird vorzugsweise nur durch öffentliche Grundsätze (ordre public/public policy) gesetzt, so *Fanto,* Directors' and officers' liability, § 8:3.2 (B), 8-21.

10 MBCA, § 8.51(d)(1), 8-99f.; Del. CODE ANN. Tit. 8, § 145 (b) (2005). Das Recht in Delaware lässt darüber hinaus eine Haftungsfreistellung zu, wenn die Verantwortlichkeit des Direktors abschließend gerichtlich festgestellt wurde, jedoch das Gericht im Lichte aller Umstände zu der Überzeugung gelangt, dass der Direktor gerechter- und vernünftigerweise von seiner Haftung freizustellen sei.

11 MBCA, § 8.51(d)(2), 8-100.

War die Verteidigung erfolgreich, **muss** die Gesellschaft den Direktor von sämtlichen Kosten freistellen, die ihm im Rahmen der Verteidigung aus seiner Stellung als Direktor vernünftigerweise entstanden sind.[12]

Darüber hinaus kann ein **Gericht** die Freistellung von der Haftung anordnen, wenn es feststellt, dass im Lichte aller Umstände der Direktor gerechter- und vernünftigerweise von seiner Haftung freizustellen ist.[13]

II. D&O Versicherung

Gerade wegen der dargestellten Ausnahmen der Haftungsfreistellung, insbesondere bei stattgebenden Urteilen und Vergleichen aus abgeleiteten Klagen und durch die SEC verhängten Sanktionen, und wegen einer etwaigen Unternehmensinsolvenz, ist die weitreichende Versicherung von Direktoren gegen finanzielle Risiken von erheblicher Bedeutung. Die Versicherung umfasst daneben grundsätzlich auch die Deckung von Leistungen der Gesellschaft, die auf die Freistellung erbracht worden sind. Es wird eine laufende Untersuchung des Versicherungsmarkts vorgenommen, welche Eckdaten wie Premium, Versicherungsdeckung, eingeklagte Beträge etc. veröffentlicht.[14] Demnach haben sämtliche Publikumsgesellschaften in den USA D&O Versicherungsschutz.

Entsprechend der Vorgaben des ALI gestatten **gesetzliche Vorschriften** Gesellschaften, Versicherungsschutz unabhängig von der Möglichkeit der Freistellung für ihre Direktoren und Officers zu erwerben.[15] Der Versicherungsschutz umfasst grundsätzlich sowohl Rechtsschutzkosten als auch Leistungen aufgrund eines Urteils oder eines Vergleichs aufgrund von Ansprüchen wegen Fehlverhaltens von Direktoren, die erstmalig zum Zeitpunkt des Bestehens des Versicherungsschutzes geltend gemacht werden.[16] Weder das Gesellschaftsrecht noch das Kapitalmarktrecht macht im Vergleich zur Haftungsfreistellung grundsätzlich Ausnahmen im Hinblick auf den Umfang der Versicherungsdeckung.[17]

---

12 MBCA, § 8.52, 8-107, spricht von „vollumfänglichem Erfolgreichsein". Das Recht in Delaware ist großzügiger und lässt auch schon Erfolg hinsichtlich einzelner Klageforderungen oder teilweises Erfolgreichsein genügen, vgl. Del. CODE ANN. Tit. 8, § 145 (c) (2005). Dazu *Fanto,* Directors' and officers' liability, § 8:3.1 (E), 8-13.

13 MBCA, § 8.54(a)(3), 8-115. Vergleichbar mit sec. 727 CA.

14 Tillinghast-Towers Perrin, DIRECTORS AND OFFICERS LIABILITY: 2005 SURVEY OF INSURANCE PURCHASING AND CLAIMS TRENS 33 (2005) einsehbar unter http://www.towersperrin.com/tp/getwebcachedoc?webc=TILL/USA/2006/200601/DO_2005_Exec_Sum.pdf (1. 3. 2011).

15 Vgl. 2 ALI, Principles of Corporate Governance: Analysis and Recommendations, 1994, sec. 7.20(a)(4), 262; MBCA, § 8.57, 8-128; Del. CODE ANN. Tit. 8, § 145 (g) (2005).

16 *Knepper/Bailey,* Liability of Corporate Officers and Directors, Vol. 2, § 23.02, 23-4.

17 Die SEC hat keine Einwendungen gegen die Versicherung von nicht geschäftsführenden Direktoren. Die Grenze, bei der Versicherungsschutz versagt werden kann, ist ein Zuwiderlaufen gegen den ordre public.

Jedoch treffen **Versicherungspolicen** Ausnahmen, welche häufig auch von der Haftungsfreistellung ausgenommen sind. Generell ist die Deckung ausgenommen für vorsätzlich betrügerisches oder strafrechtliches Fehlverhalten oder bei Handlungen, die zu ungerechtfertigten Vermögensvorteilen geführt haben.[18] Häufig werden diese Ausnahmen nur unter der Voraussetzung getroffen, dass ein Gericht dieses Verhalten abschließend festgestellt hat, so dass die Versicherungsausnahmen dann nicht bei Vergleichen greifen. Diese Ausnahmen sind daher deutlich großzügiger im Vergleich zur Haftungsfreistellung, die nur bei Handeln im guten Glauben eingreift (nur bewusstes Missachten der eigenen Verantwortung gegenüber tatsächlich vorsätzlichem Verhalten). Manche Policen nehmen Strafzahlungen und sog. punitive damages auf abschließende Urteile als Ausdruck des ordre public aus.[19] Ansprüche nach ERISA und Umweltrecht sind typischerweise ausgeschlossen, jedoch gibt es hierfür eigene Versicherungen z. B. sog. Treuhänderversicherungen.[20]

Eine weitere Ausnahme, die sog. insured vs. insured, soll die Deckung für Ansprüche einer Versichertenpartei gegen eine andere unter derselben Police ausschließen.[21] Da üblicherweise sowohl der Versicherungsschutz der Gesellschaft als auch der Versicherungsschutz der Direktoren durch die gleiche Police gedeckt wird, haben sich Bedenken bei Klagen der Gesellschaft gegen ihre Direktoren ergeben. Aktuelle Versicherungspolicen schließen jedoch nunmehr nicht die Fälle von abgeleiteten Klagen bei der Innenhaftung aus, die unabhängig von der Gesellschaft geltend gemacht werden.[22] Unabhängig vom Verhalten einzelner Direktoren kann ein Versicherer, soweit nicht die getrennte Betrachtung der Ausnahmetatbestände vertraglich festgehalten worden ist, die Versicherungsleistung für alle Direktoren – einschließlich der nicht geschäftsführenden Direktoren – ablehnen, wenn nur einem einzigen (üblicherweise einem geschäftsführenden Direktor) ein nicht versichertes Verhalten vorgeworfen werden kann.[23] Aufgrund des Marktdrucks decken D&O Versicherungen nunmehr sehr weitgehend Haftungsrisiken für nicht geschäftsführende Direktoren und dargestellte Lücken ab, insbesondere solche, die durch Fehlverhalten durch geschäftsführende Direktoren entstehen können.[24]

Das Risiko bleibt, dass die Deckungssumme der Versicherung durch die Schadensersatzansprüche überschritten wird. Das Problem betrifft nicht geschäftsführende Direktoren besonders dann, wenn gegen sie erst später vorgegangen wird. Denn in Fällen von Unternehmenskriminalität wird zunächst ein Verfahren gegen diejeni-

---

18 *Knepper/Bailey,* Liability of Corporate Officers and Directors, Vol. 2, § 25.03, 25-11; so etwa auch schon das Recht in New York vgl. N.Y. BUS. CORP. LAW § 726(b)(1) (Mc Kinney, 2005).
19 *Fanto,* Directors' and officers' liability, § 8:4.4 (B), 8-26: Wegen der überwiegenden Anzahl von abgeschlossenen Vergleichen sollen diese Ausnahmen jedoch kaum zu Problemen führen.
20 *Fanto,* Directors' and officers' liability, § 8:4.4 (C), 8-27. *Knepper/Bailey,* Liability of Corporate Officers and Directors, Vol. 2, § 25.06, 25-14. Auch oben B.1.C.
21 Dazu *Knepper/Bailey,* Liability of Corporate Officers and Directors, Vol. 2, § 25.09, 25-23.
22 *Fanto,* Directors' and officers' liability, § 8:4.4 (C), 8-28.
23 *Knepper/Bailey,* Liability of Corporate Officers and Directors, Vol. 2, § 23.02, 23-3; *Black/Cheffins/Klausner,* Outside Director Liability, 1086.
24 *Black/Cheffins/Klausner,* Outside Director Liability, 1087.

gen eingeleitet, welche die größte Verantwortung trifft. Dies sind typischerweise die geschäftsführenden Direktoren. Solche Verfahren können die Deckungssumme schon derart aufzehren, dass zu dem Zeitpunkt, in dem gegen die nicht geschäftsführenden Direktoren verfahren wird, keine Versicherungsdeckung mehr vorhanden ist. Deswegen wird teilweise gefordert, dass eine separate Deckung für nicht geschäftsführende Direktoren abgeschlossen wird, die unabhängig von der restlichen Deckung gilt und erst in Anspruch genommen werden kann, wenn die vorrangige Versicherung erschöpft ist.[25] Mittlerweile sind daher Policen erhältlich, die ausschließlich nicht geschäftsführende Direktoren versichern (sog. independent director liability – IDL).

---

25 *Fanto,* Directors' and officers' liability, § 8:4.4 (F), 8-31.

17. Kapitel: Non-executive directors nach englischem Recht

I. Freistellung von Haftung und Kosten

Nach sec. 232 (2) CA 2006 ist – abgesehen von drei wichtigen Ausnahmen – jede Vorschrift in der Satzung oder jede sonstige vertragliche Vereinbarung ungültig, die einen Direktor von seiner Haftung freistellt. Die erste Ausnahme trifft sec. 234 CA 2006. Danach ist die Freistellung bei Ansprüchen, die nicht der Gesellschaft zustehen, insbesondere von **Außenhaftungsansprüchen,** zulässig. Die Freistellungsvereinbarung kann dabei sämtliche Zahlungen auf ein Urteil, auf einen Vergleich und Rechtsschutzkosten umfassen und kann die Haftung insbesondere nach US-amerikanischem Recht einschließen.[26] Es kommt dabei nicht darauf an, ob eine Verteidigung erfolgreich ist oder nicht, was jedoch gerade bei Innenhaftungsansprüchen und Strafsanktionen das zugrunde liegende Konzept darstellt.

Im Umkehrschluss folgt aus der Vorschrift, dass die Freistellung von **Innenhaftungsansprüchen** nicht zulässig ist.[27] Gleiches gilt für dabei anfallende Rechtsschutzkosten im Falle des Unterliegens und für einen erfolglosen Antrag an das Gericht auf Freistellung nach sec. 1157 CA 2006.[28] Jedoch kann eine Vereinbarung getroffen werden, nach der die Gesellschaft ihren Direktor von Rechtsschutzkosten freistellt, die bei einer erfolgreichen Verteidigung gegen eine Klage der Gesellschaft oder bei einem Vergleichsschluss entstehen.

Bei **Strafsanktionen** können Freistellungsvereinbarungen gleichsam nur hinsichtlich einer erfolgreichen Verteidigung getroffen werden. Hingegen ist weder die Freistellung von Geldstrafen in Strafverfahren, und hierbei anfallenden Rechtsschutzkosten, noch die Übernahme von durch Aufsichtsbehörden (insbesondere der FSA) verhängten Bußgeldern (Penalties) zulässig.[29] Es erscheint jedoch, dass Rechtsschutzkosten auch bei erfolglosen aufsichtsrechtlichen Verfahren übernommen werden dürfen.[30]

Eine zulässige Freistellungsvereinbarung muss im jährlichen Lagebericht (directors' report) den Aktionären gegenüber offengelegt werden.[31] Die Übernahme von Rechtsschutzkosten im Voraus ist von dem Grundsatz, dass die Vergabe von Kredi-

---

26 *Davies,* Gower's Company Law, 16-93f., 594f.
27 *Davies,* Gower's Company Law, 16-93, 594f.
28 Sec. 234 (3)(b)(ii),(iii) CA 2006.
29 Sec. 234 (3)(a)(i),(ii) und (b)(i) CA 2006.
30 *Davies,* Gower's Company Law, 16-93, 595.
31 Sec. 236 CA 2006.

ten bzw. vergleichbaren Geschäften der Zustimmung der Aktionäre bedarf, ausgenommen, wenn diese im Falle der erfolglosen Verteidigung wieder zurückzuerstatten sind.[32] Nach der zweiten Ausnahme können Direktoren bei der Haftung nach Trust-Recht im Rahmen von Pensionsplänen von sämtlicher zivilrechtlicher Innen- und Außenhaftung freigestellt werden; von Strafsanktionen entsprechend den oben genannten Grundsätzen jedoch nur im Erfolgsfalle.[33]

II. D&O Versicherung

Als dritte Ausnahme wird Unternehmen seit 1989 gestattet, Versicherungen für ihre Direktoren zu erwerben.[34] Hierbei gelten – außer den ordre public Grundsätzen – keine gesetzlichen Beschränkungen. Der Abschluss einer D&O Versicherung wird sogar auf der comply or explain Basis des Combined Code Gesellschaften empfohlen.[35] Typischerweise werden von D&O Policen Schäden umfasst, die auf schuldhaftes (culpable) Handeln oder Unterlassen des jeweiligen Direktors zurückzuführen sind.[36] Schuldhaftes Handeln wird in der Regel weit gefasst sein und allgemeine Pflichtverletzungen, Verletzungen von Trust-Recht, Fahrlässigkeitsrecht (neglect) und wrongful trading umfassen.[37] Deckung wird normalerweise für Schäden infolge von Urteilen auf die Zahlung von Schadensersatz sowie für Vergleichszahlungen und Rechtsverfolgungskosten bestehen.[38] Unter den etwa 100 größten Gesellschaften sind vergleichbare Deckungssummen wie in den USA in der Größenordnung von 100–200 Millionen britischen Pfund durchaus üblich.[39] Ebenso wie in den USA werden regelmäßig betrügerische und sonstige strafrechtliche Verhaltensweisen und vorsätzliche Verstöße von dem Versicherungsschutz nicht umfasst sein.[40] Gegen ordre public Grundsätze kann die Übernahme von Versicherungsschutz für wissentliches oder absichtliches Fehlverhalten sowie für Strafsanktionen verstoßen, sodass selbst bei Deckung eine Durchsetzung nicht möglich ist.[41]

---

32 Dazu schon oben 5. Kapitel, II.2.b)(2) Kreditvergabe an Organmitglieder.
33 Sec. 235 CA 2006. *Davies,* Gower's Company Law, 16-95, 596 f.
34 Sec. 233 CA 2006.
35 A.1.5.
36 *Black/Cheffins,* Outside Director Liability Across Countries, 1415.
37 *Black/Cheffins,* Outside Director Liability Across Countries, 1416.
38 *Black/Cheffins,* Outside Director Liability Across Countries, 1416.
39 *Black/Cheffins,* Outside Director Liability Across Countries, 1416.
40 *Davies,* Gower's Company Law, 16-92, 593.
41 *Black/Cheffins,* Outside Director Liability Across Countries, 1416, 1470 bes. Fn. 527 mit weiteren Nachweisen.

18. Kapitel: Aufsichtsratsmitglieder nach deutschem Recht

I. Freistellung von Haftung und Kosten

Eine Freistellung durch die Gesellschaft von der **Außenhaftung** ist grundsätzlich möglich. Ein Aufsichtsratsmitglied hat bereits einen Anspruch auf Freistellung aus dem allgemeinen Auftragsrecht gem. §§ 670, 257 S. 1 BGB, soweit er im Interesse der Gesellschaft gehandelt hat und das mit einem denkbaren Gesetzesverstoß verbundene Risiko nicht außer Verhältnis zum Vorteil der Gesellschaft steht.[42] Etwas anderes gilt wegen § 93 Abs. 4 S. 3 AktG, wenn das Fehlverhalten zugleich eine Pflichtverletzung gegenüber der Gesellschaft darstellt, was regelmäßig der Fall sein wird.[43]

Bei der **Innenhaftung** gelten die oben zum Haftungsausschluss geschilderten Grundsätze.[44] Eine Beschränkung der Innenhaftung mit Rechtsfolge der Haftungsbefreiung kommt nur unter engen gesetzlich geregelten Voraussetzungen in Betracht, nämlich dem Beruhen der schadensursächlichen Handlung auf einem Hauptversammlungsbeschluss gem. § 93 Abs. 4 S. 1 AktG oder dem nachträglichen Verzicht auf oder dem Vergleich über die Ansprüche nach § 93 Abs. 4 S. 3 AktG. Eine generelle nachträgliche Freistellung von Innenhaftungsansprüchen ist daher ausgeschlossen, da sie gegen den zwingenden Charakter der §§ 116, 93 AktG verstoßen würde.[45] Eine Freistellungserklärung durch Dritte, insbesondere durch einen Großaktionär, ist grundsätzlich zulässig.[46]

Eine Freistellung von **Geldstrafen und -bußen** durch die Gesellschaft ist grundsätzlich nicht zulässig.[47]

II. D&O Versicherung[48]

D&O Versicherungen werden in Deutschland von Unternehmen als Vermögensschaden-Haftpflichtversicherungen für ihre Organe abgeschlossen. Bei börsenno-

---

42 *Ek*, Haftungsrisiken für Vorstand und Aufsichtsrat, 195 mit weiteren Nachweisen.
43 *Ek*, Haftungsrisiken für Vorstand und Aufsichtsrat, 195.
44 Vgl. 6. Kap. III.
45 *Habersack*, MüKoAktG, § 116 Rn. 74.
46 *Hüffer*, AktG § 116 Rn. 8; *Vetter*, Rechte und Pflichten des Aufsichtsratsmitglieds, § 29, Rn. 78; *Spindler*, in: *Spindler/Stilz*, Kommentar zum AktG § 116 Rn. 158; *Habersack*, MüKoAktG, § 116 Rn. 74 (nicht bei vorsätzlichen Pflichtverletzungen).
47 *Ek*, Haftungsrisiken für Vorstand und Aufsichtsrat, 195 mit weiteren Nachweisen.
48 Spezielle Literatur: *Peltzer*, in: *Wellhöfer/Peltzer/Müller*, Haftung von Vorstand, Aufsichtsrat und Wirtschaftsprüfer: mit GmbH-Geschäftsführer, § 20, Rn. 181 ff.; *Sieg*, D&O Versicherung des Mana-

tierten Aktiengesellschaften ist dies mittlerweile Standard.[49] Gegen die Zulässigkeit von Vermögensschaden-Haftpflichtversicherungen bestehen im Hinblick auf § 93 Abs. 4 AktG keine rechtlichen Bedenken.[50] Daneben werden auch Straf-Rechtsschutzversicherungen abgeschlossen, die auf die Deckung von Kosten, die im Rahmen der Verteidigung gegen strafrechtliche Anschuldigungen entstehen, abzielen.

Umfasst von der D&O Versicherung sind grundsätzlich alle **Vermögensschäden,** die durch eine fahrlässige Pflichtverletzung in Ausübung der versicherten Tätigkeit entstanden sind. Sowohl **Innenhaftungs- als auch Außenhaftungsansprüche** werden abgedeckt.[51] Um die Präventivfunktion der persönlichen Haftung von Organmitgliedern nicht zu konterkarieren, empfiehlt Ziff. 3.8. Abs. 2 (für den Vorstand) und Abs. 3 (für den Aufsichtsrat) des DCGK, dass bei Abschluss einer D&O Versicherung ein angemessener **Selbstbehalt** – insbesondere bei grober Fahrlässigkeit – vereinbart werden soll. Der verpflichtende Selbstbehalt bei Abschluss einer D&O Versicherung ist nunmehr durch das VorstAG in § 93 Abs. 2 S. 3 AktG für den Vorstand gesetzlich verankert worden. Danach ist nunmehr zwingend ein Selbstbehalt zu vereinbaren, der mindestens 10% des Schadens abdeckt und nicht niedriger als das Eineinhalbfache der jährlichen Festvergütung sein darf. Demnach haben sich zahlreiche Streitfragen durch die gesetzgeberischen Vorgaben geklärt.[52] Der Selbstbehalt wurde bis zur gesetzlichen Verpflichtung in der Praxis von einem erheblichen Teil der börsennotierten Gesellschaften nicht vereinbart.[53]

---

gers, in: *Krieger/Schneider* (Hrsg.), Handbuch Managerhaftung, § 15; *Schimmer,* in: *Patzina/Bank/Schimmer/Simon-Widmann,* Haftung von Unternehmensorganen: Vorstände, Aufsichtsräte, Geschäftsführer, 18. Kap; teilweise rechtsvergleichend: *Peltzer,* Konstruktions- und Handhabungsschwierigkeiten bei der D&O Versicherung, NZG 2009, 970–975.

49 *Peltzer,* in: *Wellhöfer/Peltzer/Müller,* Haftung von Vorstand, Aufsichtsrat und Wirtschaftsprüfer: mit GmbH-Geschäftsführer, § 20, Rn. 181 mit weiterem Nachweis.

50 Vgl. z.B. *Vetter,* Rechte und Pflichten des Aufsichtsratsmitglieds, § 29, Rn. 77; *Lutter/Krieger,* Rechte und Pflichten des Aufsichtsrats, Rn. 1025; *Spindler,* in: *Spindler/Stilz,* Kommentar zum AktG § 116 Rn. 159, 160 zur Zuständigkeit zum Abschluss der D&O Versicherung für den Aufsichtrat, die, soweit sie keinen Fürsorgecharakter erfüllt, als Vergütung zu qualifizieren ist und daher gem. § 113 Abs. 1 AktG in den Zuständigkeitsbereich der Hauptversammlung fällt.

51 *Lutter/Krieger,* Rechte und Pflichten des Aufsichtsrats, Rn. 1024; *Vetter,* Rechte und Pflichten des Aufsichtsratsmitglieds, § 29, Rn. 75.

52 Zur Angemessenheit: *Dreher,* Der angemessene Selbstbehalt in der D&O-Versicherung, ZIP 2003, 2321–2329. Zur Art der Festsetzung (betragsmäßig, prozentual an der Jahresaufwandsentschädigung ausgerichtet oder Orientierung an der Schadenssumme): *Ek,* Haftungsrisiken für Vorstand und Aufsichtsrat, 2005, 195 mit weiteren Nachweisen. Zur verhaltenssteuernden Funktion: Wegen der Präventivwirkung gerade von Außenhaftungsfällen wird der Selbstbehalt als folgerichtig erachtet, vgl. *Grotheer,* Außenhaftung von Aufsichtsratsmitgliedern: Ein Anreiz zur Verbesserung der Überwachungstätigkeit? WM 2005, 2070, 2077. Zweifel, dass Selbstbehalte ernsthafte Präventions- und Sühneeffekte erzielen können, vgl. *Peltzer,* in: *Wellhöfer/Peltzer/Müller,* Haftung von Vorstand, Aufsichtsrat und Wirtschaftsprüfer: mit GmbH-Geschäftsführer, § 20, Rn. 213 mit weiteren Nachweisen; *v. Werder,* Persönliche Managementverantwortung aus betriebswirtschaftlicher Sicht, in: *Grundmann/Hofmann/Möslein* (Hrsg): Finanzkrise und Wirtschaftsordnung, 99.

53 *Peltzer,* in: *Wellhöfer/Peltzer/Müller,* Haftung von Vorstand, Aufsichtsrat und Wirtschaftsprüfer: mit GmbH-Geschäftsführer, § 20, Rn. 213 f. mit weiterem Nachweis. Die Befolgungsquote, über alle Börsensegmente hinweg betrachtet, lag 2008 noch bei lediglich 48,7%, vgl. *v. Werder/Talaulicar,* DB 61, 2008, 827 f.

Erstaunlicherweise wird nach § 116 S. 1 AktG die Anwendung über den Selbstbehalt für den Aufsichtsrat gerade ausgenommen; ein zwingender Selbstbehalt für den Aufsichtsrat ist daher nicht vorgeschrieben.[54] Die Empfehlung des DCGK setzt nicht zwingend die Erfüllung der gesetzlichen Vorgaben des § 93 Abs. 2 S. 3 AktG voraus.[55]

Eingeschränkt ist der Versicherungsschutz teilweise bei Innenhaftungsansprüchen gegen versicherte Personen in der Höhe, in der diese Personen an der Gesellschaft beteiligt sind. Dies betrifft Aufsichtsräte mit großen Gesellschaftsanteilen und sollte daher bei Publikumsgesellschaften eher selten der Fall sein. **Ausgeschlossen** ist der Versicherungsschutz grundsätzlich für vorsätzliche Pflichtverletzungen, teilweise für wissentliches Abweichen von der Gesetzeslage oder der Satzung und für Geldstrafen oder Geldbußen. Interessanterweise schließen Versicherungsbedingungen zum Teil sämtliche Ansprüche aus, die in den USA oder sogar Nordamerika geltend gemacht werden, oder enthalten wenigstens Ausschlussklauseln für Ansprüche nach ERISA, für kapitalmarktrechtliche Ansprüche nach dem Securities und dem Exchange Act oder für Innenhaftungsansprüche.[56] Auch die Versicherungsprämien erhöhen sich durch ein etwaiges US-Engagement einer Gesellschaft.

Es wird allgemein erwartet, dass die übliche D&O Versicherung zur Zunahme von Klagen führen wird, da für die Verwirklichung der Ansprüche ein solventer Schuldner vorhanden ist, „Mitleids-Argumente“ sowie das „Argument, der Schaden stehe in keinem Verhältnis zur Leistungsfähigkeit des Schuldigen“, beseitigt werden.[57]

---

54 Vgl. *Fleischer*, Das Gesetz zur Angemessenheit der Vorstandsvergütung (VorstAG), NZG 2009, 806; *Conrad/Panetta*, Neuerungen durch das Gesetz zur Angemessenheit der Vorstandsvergütungen, NJOZ 2009, 3201; *Spindler*, in: *Spindler/Stilz*, Kommentar zum AktG § 116 Rn. 159.

55 *Spindler*, in: *Spindler/Stilz*, Kommentar zum AktG § 116 Rn. 159.

56 *Ek*, Haftungsrisiken für Vorstand und Aufsichtsrat, 195 mit weiteren Nachweisen.

57 Vgl. *Lutter*, Entwicklung der Organpflichten und der Haftung, in: *Krieger/Schneider* (Hrsg.), Handbuch Managerhaftung § 1 Rn. 26; *Peltzer*, in: *Wellhöfer/Peltzer/Müller*, Haftung von Vorstand, Aufsichtsrat und Wirtschaftsprüfer: mit GmbH-Geschäftsführer, § 20, Rn. 181 mit weiterem Nachweis.

19. Kapitel: Rechtsvergleich und Schlussfolgerungen – Haftungsfreistellung und D&O Versicherung[58]

I. Freistellung von Haftung und Kosten

Übereinstimmend besteht grundsätzlich der größere Schutz gegen Ansprüche, die nicht der Gesellschaft zustehen. So kann in allen untersuchten Rechtsordnungen grundsätzlich die Gesellschaft ihre Organmitglieder von **Außenhaftungsansprüchen** freistellen. In den USA gilt die Einschränkung, dass der Betroffene in gutem Glauben gehandelt hat und in subjektiver Hinsicht im besten Interesse der Gesellschaft handeln wollte. In Deutschland darf für die Freistellung nicht gleichzeitig eine Pflichtverletzung gegenüber der Gesellschaft vorliegen.

Bei **Strafsanktionen** ist die Freistellung übereinstimmend deutlich restriktiver. Grundsätzlich soll in allen untersuchten Rechtsordnungen keine Freistellung durch die Gesellschaft erfolgen, wenn dem Organmitglied Strafzahlungen oder aufsichtsrechtliche Geldbußen auferlegt werden. In den USA kann jedoch ausnahmsweise freigestellt werden, wenn der Betroffene keinen Grund zur Annahme hatte, dass sein Handeln rechtswidrig gewesen sei. Bei aufsichtsrechtlichen Maßnahmen der SEC wird eine Freistellung jedoch untersagen. In England gilt das Erfolgsprinzip: Im Erfolgsfall kann die Gesellschaft jegliche Kosten, die durch die Verteidigung angefallen sind, übernehmen; bei aufsichtsrechtlichen Strafsanktionen sogar im Falle des Unterliegens.

Auch die Freistellung von der **Innenhaftung** wird zurückhaltender gehandhabt, da die Gesellschaft nicht widersprüchlicherweise von Ansprüchen, die ihr selbst zustehen, postwendend freistellen soll. Die Frage der Freistellung betrifft daher überwiegend die Außenhaftung und die strafrechtliche Verantwortlichkeit. Beschränkungen hinsichtlich der Innenhaftung werden konzeptionell eher durch einen Satzungsausschluss, soweit ein solcher zulässig ist, oder durch die Ratifikation der Anteilseigner erreicht (dazu oben 2. Teil, jeweils III.). Außenhaftungsansprüche können selbstverständlicherweise nicht durch diese Institute modifiziert werden. Der Unterschied zwischen dem Satzungsausschluss und der Freistellung besteht also darin, dass bei Erstem schon kein haftungsbegründendes Verhalten vorliegt, bei Zweitem das Organmitglied zwar im Prinzip haftbar ist, jedoch finanzielle Belastungen durch die Gesellschaft oder durch Dritte übernommen werden.

---

58 Rechtsvergleichend zum Vorstand in den USA, England und der Schweiz: *Fleischer,* Haftungsfreistellung, Prozesskostenersatz und Versicherung für Vorstandsmitglieder – eine rechtsvergleichende Bestandsaufnahme zur Enthaftung des Managements, WM 2005, 909–920.

Da ein solcher Satzungsausschluss in Deutschland nicht zulässig ist, ist eine Freistellung von Innenhaftungsansprüchen nur in den engen Grenzen der Ratifikation durch die Aktionäre nach § 93 Abs. 4 S. 1 und 3 AktG möglich. Die Ratifikation kommt daher in Deutschland etwa einer nachträglichen Freistellung von Ansprüchen nahe. In den USA ist bei abgeleiteten Aktionärsklagen regelmäßig weder die Freistellung von Schadensersatzansprüchen noch von Vergleichszahlungen zulässig; von Rechtsverfolgungskosten kann nur bei Zustimmung nicht betroffener Direktoren bei gutem Glauben freigestellt werden. Auch in England ist die Freistellung bei Innenhaftungsansprüchen unzulässig.

Darüber hinaus gilt in den USA und in England sowohl bei der Innen-, Außen- sowie bei der straf- und aufsichtsrechtlichen Haftung das Prinzip, dass Organmitglieder von sämtlichen Rechtsverfolgungskosten freigestellt werden müssen (USA) bzw. können (England), wenn die Verteidigung erfolgreich war.

II. D&O Versicherung

Gerade wegen der restriktiven Freistellungsmöglichkeit bei der Innenhaftung und wegen des Risikos, dass eine Freistellung in der Insolvenz des Unternehmens keinen wirksamen Schutz mehr darstellt, kommt der D&O Versicherung erhebliche Bedeutung zu. Solche Versicherungen sollen das Risiko von Organmitgliedern abmildern, mit ihrem Privatvermögen für die im Rahmen ihrer Tätigkeit entstandenen Vermögensschäden persönlich einstehen zu müssen. Daneben sichern sich Unternehmen gegen etwaige Zahlungen ab, die sie im Hinblick auf die Freistellung erbracht haben.

In allen untersuchten Rechtsordnungen werden von den Versicherungsbestimmungen regelmäßig alle Schäden erfasst, die nicht auf vorsätzlichen Pflichtverletzungen und vorsätzlich strafrechtlich relevantem Verhalten beruhen. Für letzteres Risiko gibt es jedoch wieder eigene Straf-Rechtsschutzversicherungen. Als Korrektiv für übermäßigen Versicherungsschutz gilt der ordre public Grundsatz. Der grundsätzlichen Gefahr für Organmitglieder, dass Schadensersatzsummen die Deckungsgrenzen überschreiten, wird durch immer höhere Deckungssummen begegnet. Gerade wegen des erhöhten Haftungsrisikos nach US-amerikanischem Kapitalmarktrecht versuchen deutsche Versicherungsbestimmungen, Ansprüche hiernach von der Deckung auszunehmen oder von erheblich höheren Prämien abhängig zu machen. Die vorliegenden Ergebnisse rechtfertigen diese Praxis. Konsens besteht ferner darüber, dass die Zunahme der D&O Versicherungen zu vermehrten Haftungsklagen führen wird.

Der vom DCGK empfohlene und jetzt durch das VorstAG für den Vorstand zwingend vorgeschriebene Selbstbehalt findet im Vergleich mit der Situation in den USA und in England keine Entsprechung. Nach den ausländischen Rechtsordnungen bedarf es für dort ansässige Gesellschaften für die Verhaltenssteuerung hin zu einer ordnungsgemäßen und sorgfältigen Berufsausübung erfahrungsgemäß keines Selbstbehalts.[59] Ob in der deutschen Rechtspraxis Aufsichtsräte entgegen den Empfehlungen des DCGK von der Vereinbarung eines Selbstbehalts ausgenommen werden, bleibt abzuwarten. Um ausreichende Präventiveffekte zu erzielen, wird die Vereinbarung eines Selbstbehalts von Aufsichtsratsmitgliedern entsprechend den Vorgaben des § 93 Abs. 2 S. 3 AktG jedoch dringend empfohlen.[60]

III. Zusammenfassung 5. Teil

Zur Entschärfung einer persönlichen Haftung von Organmitgliedern werden neben der Modifikation der materiellen Voraussetzungen die Institute der Haftungsfreistellung und die nunmehr international standardmäßige D&O Versicherung herangezogen. Ohne solche Schutzmechanismen gegen die persönliche Inanspruchnahme wäre die Übernahme von leitenden Funktionen in Unternehmen mit teilweise nicht tragbaren finanziellen Risiken verbunden. In besonderem Maße gilt dies für nicht geschäftsführende Direktoren und Aufsichtsräte, deren Vergütung und Einflussmöglichkeit auf die Gesellschaft im Vergleich zur Geschäftsführung erheblich geringer ist.[61]

Die Freistellung von der Außenhaftung ist in allen Rechtsordnungen weitgehend möglich; die Freistellung von der Innenhaftung und die Freistellung bei Strafsanktionen werden übereinstimmend vergleichsweise restriktiv gehandhabt. Unterschiede ergeben sich insbesondere bei den Fragen, ob und inwieweit Organmitglieder dennoch von Ansprüchen im Innenverhältnis freigestellt bzw. gegen solche versichert werden können, wie weit die Freistellung bzw. die Versicherung bei Ansprüchen im Außenverhältnis reicht und ob auch Schutz bei strafrechtlicher bzw. sonstiger hoheitlicher Haftung besteht. Übereinstimmend wird zwischen Rechtsschutzkosten und der eigentlichen Haftung unterschieden.

Entgegen der Rechtslage in den USA und in Großbritannien ist in Deutschland bei Abschluss einer D&O Versicherung nunmehr die Verpflichtung zur Vereinbarung eines Selbstbehalts für den Vorstand eingeführt worden, welche auch für den Aufsichtsrat dringend anzuraten ist.

---

59 So auch *Vetter*, Rechte und Pflichten des Aufsichtsratsmitglieds, § 29, Rn. 76 (in der 1. Aufl.).
60 Dazu auch 20. Kap. II.1.a).
61 In diese Richtung *Davies*, Gower's Company Law, 16-92, 593.

6. Teil: Haftung nicht geschäftsführender Organmitglieder in der SE nach deutschem Recht[1]

In diesem 6. Teil wird die Organhaftung nicht geschäftsführender Direktoren in der SE nach deutschem Recht thematisiert werden. Hierbei wird insbesondere auf die monistisch ausgestaltete SE nach deutschem Recht – vor dem Hintergrund der Lösungsansätze aus dem angloamerikanischen einstufigen Boardsystem – einzugehen sein.

20. Kapitel: SE mit dualistischem Führungssystem[2]

Für die Haftung von Aufsichtsratsmitgliedern einer dualistisch strukturierten SE mit Sitz in Deutschland ist (in europarechtlicher Auslegung) deutsches Aktienrecht anwendbar, d.h. es gelten im Ergebnis dieselben **Haftungsregeln wie für den Aufsichtsrat** der Aktiengesellschaft.[3] Dies ergibt sich aus dem Verweis in Art. 51 SE-VO auf die aktienrechtlichen Haftungsregeln. Aufsichtsratsmitglieder einer SE mit dualistischem Führungssystem haften also gegenüber der eigenen Gesellschaft insbesondere für Pflichtverletzungen gem. Art. 51 SE-VO i.V.m. § 116 AktG.[4] Haftungsbegründende Pflichtverletzungen ergeben sich aus der Zusammenschau europäischen und nationalen Aktienrechts.[5] Aufsichtsratsmitglieder, die gem. Art. 40 Abs. 1 SE-VO die Führung der Geschäfte durch das Leitungsorgan zu überwachen haben, haften also insbesondere für die Verletzung ihrer Überwachungspflichten.[6] Ebenso gelten die sonstigen Haftungsregeln für Mitglieder des

---

1 Instruktiv zur SE: *Grundmann*, Europäisches Gesellschaftsrecht, § 29.

2 Alle derzeit im DAX vertretene Konzerne (Allianz, BASF, MAN), welche die Unternehmensform der SE gewählt haben, haben sich für das dualistische Führungssystem mit Vorstand und Aufsichtsrat entschieden. Ebenso ist die Porsche Automobil Holding SE mit zweistufigem Führungssystem strukturiert. Die Fresenius SE firmiert nunmehr in der Rechtsform der SE & Co. KGaA. Vgl. insgesamt zur Coporate Governance in der SE *Hemeling*, in: *Hommelhoff/Hopt/v. Werder* (Hrsg.): Handbuch Corporate Governance – Die Corporate Governance der Societas Europaea (SE), 769ff.

3 *Reichert/Brandes*, MüKoAktG, VO (EWG) 2157/2001 Art. 51, Rn. 10; ausführlich zum Aufsichtsorgan in der dualistisch organisierten SE mit dem Sitz in Deutschland: *Lutter/Krieger*, Rechte und Pflichten des Aufsichtsrats, § 19 bes. zur Haftung Rn. 1402; *Hommelhoff/Teichmann*, Organhaftung in der SE, § 5 in: *Krieger/Schneider* (Hrsg.), Handbuch Managerhaftung, Rn. 17; *Eberspächer*, in: *Spindler/Stilz*, Kommentar zum AktG SE-VO Art. 51, Rn. 4; *Manz/Mayer/Schröder*, Europäische Aktiengesellschaft, Art. 51 SE-VO, Rn. 11.

4 *Hommelhoff/Teichmann*, Organhaftung in der SE, Rn. 17.

5 *Hommelhoff/Teichmann*, Organhaftung in der SE, Rn. 18.

6 Dazu *Reichert/Brandes*, MüKoAktG, VO (EWG) 2157/2001 Art. 51, Rn. 13ff.

Aufsichtsrats, z. B. § 117 AktG, für die Außenhaftung insbesondere das deliktische Haftungsregime, sowie die Regeln zur Bestimmung des Sorgfaltsmaßstabs, der Kausalität und der Schadensberechnung.[7] Diesbezüglich kann auf die Ausführungen zum deutschen Recht im 2. und 3. Teil verwiesen werden.

---

7 *Hommelhoff/Teichmann*, Organhaftung in der SE, Rn. 17–20; zur Außenhaftung: *Lutter/Krieger*, Rechte und Pflichten des Aufsichtsrats, § 19, Rn. 1402.

21. Kapitel: SE mit monistischem Führungssystem

Interessanter ist die Haftung nicht geschäftsführender Organmitglieder in der SE mit Sitz in Deutschland in monistischer Ausprägung. Um einer SE die Annahme einer funktionsfähigen Struktur zu ermöglichen, hat der deutsche Gesetzgeber mit dem SEAG ergänzende Regelungen geschaffen.[8] Das Verwaltungsorgan der monistischen SE (nach § 20 SEAG Verwaltungsrat) kann aus geschäftsführenden und nicht geschäftsführenden Direktoren bestehen, sofern Letztere die Mehrheit des Verwaltungsrats ausmachen.[9] Es sind also diese Mitglieder des Verwaltungsrats, die nicht zugleich geschäftsführende Direktoren sind, deren Haftung hier zur Debatte steht.

I. Differenzierender Haftungsmaßstab

Für nicht geschäftsführende Direktoren wird über den Verweis in § 39 SEAG die entsprechende Anwendung von § 93 AktG angeordnet; § 40 Abs. 8 SEAG trifft für geschäftsführende Direktoren die gleiche Verweisung.[10] Die Diskussion, die im angloamerikanischen Rechtskreis zuweilen seit Langem geführt wird, ob zwischen geschäftsführenden und nicht geschäftsführenden Direktoren ein differenzierender Haftungsmaßstab angelegt werden muss, stellt sich demnach nunmehr auch im deutschen Recht. Diesbezüglich ist angeraten, die wesentlichen Erwägungen, die zum monistischen Führungssystem angloamerikanischer Ausprägung angestellt worden sind, in der deutschen Diskussion nicht außer Acht zu lassen.[11] Im Prinzip sind also alle Verwaltungsratsmitglieder – zunächst unabhängig davon, ob diese geschäftsführende oder nicht geschäftsführende sind – an **gleichen Standards** zu messen. Es darf jedoch nicht vernachlässigt werden, dass, obwohl der Verwaltungsrat gem. § 22 Abs. 1 SEAG die Gesellschaft leitet, die Grundlinien ihrer Tätigkeit bestimmt und deren Umsetzung überwacht, es die geschäftsführenden Direktoren sind, die gem. § 40 Abs. 2 S. 2 SEAG die Geschäfte der Gesellschaft führen und in erster Linie für das operative Geschäft verantwortlich sind. Nicht geschäftsführende Direktoren können also unter dieser Prämisse **im Einzelfall** ei-

---

8 Vgl. dazu 1. Kap.

9 § 40 Abs. 1 S. 2 SEAG.

10 Zur Haftung der geschäftsführenden Direktoren: *Hommelhoff/Teichmann,* Organhaftung in der SE, Rn. 43 ff.; *Reichert/Brandes,* MüKoAktG, VO (EWG) 2157/2001 Art. 43, Rn. 173–190.

11 Vgl. dazu 4. und 5. Kap. jeweils I.

nem **differenzierenden Sorgfaltsmaßstab** unterworfen sein.[12] Eine klare Trennung zwischen den Funktionen, Befugnissen, Pflichten und der Haftung – wie diese im dualistischen System vorgenommen wird – ist hier weder möglich noch wünschenswert und mit den Grundprinzipien einer monistischen Führungsstruktur nicht in Einklang zu bringen.[13] Jedoch sind im Bereich einer **Außenhaftung** wegen des erhöhten Haftungs- und des Regressrisikos im einstufigen Board Haftungserleichterungen durch eine nur **verhältnismäßige Schadensbeteiligung** für nicht geschäftsführende Direktoren nach Vorbild des US-amerikanischen Kapitalmarktrechts zu empfehlen.[14]

II. Sorgfaltspflicht

Verwaltungsratsmitglieder haben im monistischen System gem. §§ 39 SEAG, 93 Abs. 1 Satz 1 AktG die Sorgfalt eines „ordentlichen und gewissenhaften Geschäftsleiters“ anzuwenden. Anders als Aufsichtsratsmitglieder einer Aktiengesellschaft und einer dualistisch organisierten SE haben nicht geschäftsführende Direktoren die **Gesamtverantwortung für die Oberleitung** der Gesellschaft.[15] Sie haben also ihre Sorgfalt sowohl bei der Festlegung der Grundlinien der Unternehmenspolitik, bei der strategischen Planung und bei der Entscheidungsfindung in Grundsatzangelegenheiten wie auch bei Überwachungs- und Kontrollpflichten gegenüber den geschäftsführenden Direktoren zu beachten. Es findet also eine Vereinigung beider Funktionen – **Leitung und Überwachung** – statt. Somit wird der Pflichtenkreis und die Gefahr von Interessenkonflikten und damit das Haftungsrisiko von nicht geschäftsführenden Direktoren durch die Optierung zum einstufigen Verwaltungssystem gegenüber Aufsichtsratsmitgliedern erweitert.[16] Andererseits sollten durch den direkten Einfluss auf Grundsatzentscheidungen der Unternehmensstrategie die Voraussetzungen für eine effiziente Überwachung der Geschäftsführung gewährleistet sein.

Entsprechend der Verweisung auf § 93 AktG steht nicht geschäftsführenden Direktoren bei unternehmerischen Entscheidungen der Schutz durch die **business**

---

12 In diese Richtung auch: *Reichert/Brandes,* MüKoAktG, VO (EWG) 2157/2001 Art. 51, Rn. 15; *Hommelhoff/Teichmann,* Organhaftung in der SE, Rn. 26; *Hemeling,* in *Hommelhoff/Hopt/v. Werder* (Hrsg.): Handbuch Corporate Governance – Die Corporate Governance der Societas Europaea (SE), 777; *Eberspächer,* in: *Spindler/Stilz,* Kommentar zum AktG SE-VO Art. 51, Rn. 2.

13 Vgl. dazu Ausgangsthese 1. *Hommelhoff/Teichmann,* Organhaftung in der SE, Rn. 30 „die konkrete Grenzziehung zwischen Oberleitung und Tagesgeschäft (ist) seine (des Verwaltungsrates) originäre und stets aufs Neue zu überprüfende unternehmerische Entscheidung“.

14 Vgl. zu diesem erhöhtem Risiko Ausgangsthese 3.; 11. Kap. III.2.

15 *Reichert/Brandes,* MüKoAktG, VO (EWG) 2157/2001 Art. 51, Rn. 13; *Hommelhoff/Teichmann,* Organhaftung in der SE, Rn. 26; *Eberspächer,* in: *Spindler/Stilz,* Kommentar zum AktG SE-VO Art. 51, Rn. 6.

16 Vgl. dazu Ausgangsthese 2. So auch *Hemeling,* in *Hommelhoff/Hopt/v. Werder* (Hrsg.): Handbuch Corporate Governance – Die Corporate Governance der Societas Europaea (SE), 778; *Eberspächer,* in: *Spindler/Stilz,* Kommentar zum AktG SE-VO Art. 51 Rn. 8; *Manz/Mayer/Schröder,* Europäische Aktiengesellschaft, Art. 51 SE-VO, Rn. 14, 19, sieht den Maßstab zwischen dem eines Geschäftsleiters und dem eines Aufsichtsorgans.

judgment rule zu. Mit Ausnahme der Pflicht zur allgemeinen Unternehmensleitung und zur Festlegung der Grundlinien der Unternehmenspolitik besteht die Möglichkeit der **Delegation** von Aufgaben sowohl an die Geschäftsführung als auch an Ausschüsse (auch im Kernbereich zur Vorbereitung) und an nachgeordnete Führungsebenen, wie dies dem monistischen Führungssystem immanent ist.[17] Die Übertragung von Aufgaben entbindet jedoch nicht von der Verantwortung, die delegierten Funktionen weiter zu überwachen und zu kontrollieren.[18]

III. Treuepflicht

Nicht geschäftsführende Direktoren unterliegen einer Treuepflicht, nach der sie ihr Handeln am Interesse der Gesellschaft auszurichten haben. Im Vergleich mit der Geschäftsführung haben diese jedoch nur eine abgeschwächte Interessenwahrungspflicht zu beachten.[19] Um wegen einer Treuepflichtverletzung nicht in den Bereich der Haftung zu kommen, ist den Möglichkeiten zur **Lösung von Interessenkonflikten**, wie sie überwiegend im angloamerikanischen Rechtskreis zum monistischen Führungssystem entwickelt worden sind, aus deutscher Sicht Beachtung zu schenken. Hier zeigt sich die erneut die Wichtigkeit von **unabhängigen Direktoren** innerhalb des Verwaltungsrats, da sich die Trennung in zwei Organe zur Vermeidung von Interessenkonflikten nicht zunutze gemacht werden kann.

So ist es nicht geschäftsführenden Direktoren, um einer Haftung zu entgehen, zu raten, in Interessenkonfliktsituationen die Offenlegung gegenüber unabhängigen Direktoren vorzunehmen und ihre Genehmigung einzuholen. Soweit der Deutsche Corporate Governance Kodex an die monistische Führungsstruktur angepasst wird, ist die Aufnahme einer solchen Empfehlung anzudenken. Darüber hinaus, und solange keine Anpassung erfolgt ist, sind die Empfehlungen des Deutschen Corporate Governance Kodex an Aufsichtsratsmitgliedern auf nicht geschäftsführende Direktoren wohl entsprechend anzuwenden.[20]

Bei **Insichgeschäften** wie Vergütungsentscheidungen und der Kreditvergabe an Organmitglieder ist es ratsam, insbesondere die Vergütung der geschäftsführenden Direktoren durch einen Vergütungsausschuss festlegen zu lassen, der aus-

---

17 Vgl. dazu 4. und 5. Kap. jeweils II.1.b). Dazu auch *Reichert/Brandes,* MüKoAktG, VO (EWG) 2157/2001 Art. 51, Rn. 17; *Hommelhoff/Teichmann,* Organhaftung in der SE, Rn. 30; *Eberspächer,* in: *Spindler/Stilz,* Kommentar zum AktG SE-VO Art. 51, Rn. 8.

18 *Eberspächer,* in: *Spindler/Stilz,* Kommentar zum AktG SE-VO Art. 51, Rn. 8.

19 Vgl. dazu insbesondere 7. Kap. II.2.

20 So *Reichert/Brandes,* MüKoAktG, VO (EWG) 2157/2001 Art. 51, Rn. 31. Ziff. 5.5.2 DCGK, wonach Aufsichtsratsmitglieder Interessenkonflikte, insbesondere solche die aufgrund einer Beratung oder Organfunktion bei Kunden, Lieferanten, Kreditgebern oder sonstigen Geschäftspartnern entstehen können, dem Aufsichtsrat gegenüber offengelegt werden sollen, ist hier also mit der Maßgabe entsprechend anzuwenden, dass eine Offenlegung gegenüber dem Verwaltungsrat erfolgen soll, Ziff. 5.5.4 DCGK, wonach Berater- und sonstige Dienstleistungs- und Werkverträge eines Aufsichtsratsmitglieds mit der Gesellschaft der Zustimmung des Aufsichtsrats bedürfen, mit der Maßgabe, dass diese der Zustimmung des Verwaltungsrates bedürfen.

schließlich mit unabhängigen nicht geschäftsführenden Direktoren zu besetzen ist.

Nicht geschäftsführende Direktoren unterliegen wie Aufsichtsratsmitglieder grundsätzlich **nicht** dem gesetzlichen **Wettbewerbsverbot** gem. § 88 AktG.[21] Ob Personen, die zugleich Führungsverantwortung für einen Wettbewerber der Gesellschaft tragen, Mitglied des Verwaltungsrats sein können, ist umstritten.[22] Entsprechend der Aktiengesellschaft, ist dies jedoch sicher nicht Ausdruck einer guten Corporate Governance.[23] Die im angloamerikanischen Recht geltende vollständige Offenlegung gegenüber den jeweiligen Unternehmen und die Einholung des Konsenses des Verwaltungsrats ist jedenfalls ein geeigneter Mechanismus, um den Anschein des Interessenkonflikts und eine mögliche Haftung zu vermeiden.[24]

IV. Sonstige Haftungsquellen

Besonders angeordnet ist die Schweigepflicht der Verwaltungsratsmitglieder über vertraulichen Angaben und Informationen der Gesellschaft gem. Art. 49 SE-VO. Nicht geschäftsführende Mitglieder des Verwaltungsrats, die ihre **Schweigepflicht** schuldhaft verletzen, sind der Gesellschaft zum Ersatz des daraus entstehenden Schadens verpflichtet.

Gem. § 40 Abs. 3 S. 2 SEAG haben die geschäftsführenden Direktoren den Vorsitzenden des Verwaltungsrats über die Zahlungsunfähigkeit oder die Überschuldung unverzüglich zu informieren. Die **Insolvenzantragspflicht** gem. § 15 a Abs. 1 InsO obliegt nach § 22 Abs. 5 S. 2 SEAG dem Verwaltungsrat und nicht – wie vor Klarstellung durch das MoMiG vertreten – den geschäftsführenden Direktoren.[25] Dies erhöht das Haftungsrisiko nicht geschäftsführender Direktoren in diesem Zusammenhang gegenüber dem Aufsichtsrat in der dualistischen Struktur.

V. Durchsetzung

Bei der Geltendmachung von Ersatzansprüchen der Gesellschaft gegen ihre Organmitglieder ergibt sich das Problem des monistischen Systems, dass die Verfolgungspflicht grundsätzlich dem **Board** im Rahmen seiner Geschäftsführungsbefugnis obliegt.[26] Wegen der Loyalität unter den Mitgliedern wird es zur Durchsetzung in der Regel nur kommen, wenn die betroffenen Organmitglieder nicht in

---

21 § 40 Abs. 7 SEAG ordnet diese Verweisung nur für geschäftsführende Direktoren an. So auch *Reichert/Brandes*, MüKoAktG, VO (EWG) 2157/2001 Art. 51, Rn. 29; *Eberspächer*, in: *Spindler/Stilz*, Kommentar zum AktG SE-VO Art. 51, Rn. 2 bes. Fn. 8.

22 Für Aufsichtsrat vgl. dazu 6. Kap. II.2.b)(3). Für SE ablehnend: *Reichert/Brandes*, MüKoAktG, VO (EWG) 2157/2001 Art. 51, Rn. 30.

23 Ziff. 5.4.2 S. 4 DCGK ist hier entsprechend anzuwenden.

24 Vgl. dazu 7. Kap. II.2.b)(4).

25 So *Hommelhoff/Teichmann*, Organhaftung in der SE, Rn. 38 bes. Fn. 4 (in der 1. Aufl.).

26 Vgl. dazu Ausgangsthese 4.

den Entscheidungsprozess miteinbezogen sind. So soll nach dem Rechtsgedanken des § 34 BGB das betroffene Verwaltungsratsmitglied bei einer möglichen Abstimmung ausgeschlossen sein.[27] Die gerichtliche Geltendmachung obliegt den geschäftsführenden Direktoren.[28] Solange der Verwaltungsrat in seiner Zusammensetzung weiterhin besteht, ist die Verfolgung von Ansprüchen der Gesellschaft im Zweifel wohl nur durch die abgeleitete Aktionärsklage nach § 148 AktG zu erreichen.[29] Hier zeigt sich erneut die Wichtigkeit einer **effektiven Klagemöglichkeit** einer Minderheit.

Der durch das VorstAG eingefügte § 93 Abs. 2 S. 3 AktG über die Verpflichtung zur Vereinbarung eines Selbstbehaltes bei Abschluss einer **D&O Versicherung** dürfte im monistischen System über §§ 39, 40 Abs. 8 SEAG auch für Mitglieder des Verwaltungsrates gelten.[30]

---

27 So *Hommelhoff/Teichmann*, Organhaftung in der SE, Rn. 50 bes. Fn. 3.
28 § 41 Abs. 1 SEAG.
29 Vgl. zur Rechtslage 6. Kap. IV.2., zum Reformbedarf 7. Kap. IV.2.
30 So *Manz/Mayer/Schröder*, Europäische Aktiengesellschaft, Art. 51 SE-VO, Rn. 25 (str.) m. w. N.

7. Teil: Zusammenfassung der Ergebnisse und rechtspolitische Schlussfolgerungen

22. Kapitel: Fazit, Schlussfolgerungen und Ausblick

Im letzten Teil werden sowohl die wichtigsten Ergebnisse der Arbeit zusammengefasst als auch rechtspolitische Schlussfolgerungen für das deutsche Recht gezogen werden. Schlussfolgerungen sollen insbesondere der Methodik der Arbeit entsprechend aus rechtsvergleichender Sicht aufgestellt werden. Die zentrale Frage lautet: Inwiefern können Lösungsansätze aus dem angloamerikanischen Rechtskreis zur Verbesserung der deutschen Ausgestaltung interner Kontrolle durch den Aufsichtsrat herangezogen werden? An dieser Stelle wird nur auf wenige zentrale Aspekte ausführlich eingegangen, während andere Fragen kurz angesprochen werden bzw. bereits in den jeweiligen Kapiteln „Rechtsvergleich und Schlussfolgerungen“ abgehandelt wurden.[1] Aus aktuellem Anlass werden einige Ausführungen zur organhaftungsrechtlichen Verantwortlichkeit von Aufsichtsräten im Zusammenhang mit der Finanzkrise gemacht.

Zunächst wird zu der im 1. Teil aufgeworfenen Frage Stellung genommen, ob die Haftung ein geeignetes Mittel zur Verbesserung der Überwachungstätigkeit des Aufsichtsrats darstellt (I). Daran schließt sich – ausgehend von dem Zweck der Aufsichtsratshaftung – die Frage nach der Haftungsintensität und der Ausgestaltung der Haftungsdurchsetzung an (II.). Dem Aufbau der Arbeit folgend, wird unterschieden zwischen der Innenhaftung einschließlich deren Durchsetzung und der Außenhaftung.

I. Haftung als geeignetes Mittel zur Verbesserung der Überwachungstätigkeit des Aufsichtsrats?

Die Corporate Governance Bewegung hat die Bedeutung der internen Unternehmenskontrolle hervorgehoben. Ein Aspekt, der sich im internationalen Vergleich strukturell bewährte hat, um dem Problem der Trennung von Unternehmensträgerschaft und Unternehmensführung entgegenzuwirken, ist, die Kontrolle der Unternehmensleitung auf Organmitglieder, die nicht an der Geschäftsführung unmittelbar beteiligt sind, zu übertragen. Hinsichtlich der Überwachungsaufga-

1 Vgl. 3. Kapitel: Haftungsdivergenzen und Konvergenz; 7. Kapitel: Innenhaftung; 11. Kapitel: Außenhaftung; 15. Kapitel: Strafsanktionen; 19. Kapitel: Haftungsfreistellung und D&O Versicherung.

be, die nicht geschäftsführenden Direktoren und Aufsichtsräte zu erfüllen haben, ist eine **erhebliche Konvergenz der Rechtssysteme** zu beobachten.[2]

Nur eingeschränkt hat sich jedoch die tatsächliche Ausübung der Kontrollleistung bewährt. Es stellt sich daher die Frage, wie sich das interne Kontrollorgan zur ordnungsgemäßen Aufgabenerfüllung anhalten lässt. Die Antwort ergibt sich aus einem Zusammenspiel verschiedener positiver und negativer Anreize. Vorliegende Untersuchung hat sich mit einem entscheidenden Aspekt auseinandergesetzt: Der persönliche Haftung von nicht geschäftsführenden Direktoren im einstufigen Verwaltungssystem und von Aufsichtsratsmitglieder im zweistufigen Verwaltungssystem. Die Untersuchung bestätigt eine zentrale Annahme: **Nicht geschäftsführende Direktoren und Aufsichtsratsmitglieder werden in allen untersuchten Rechtsordnungen im Sinne einer guten Corporate Governance zunehmend in die Verantwortung genommen.** Der Aufgabenkreis und das Pflichtenprogramm nicht geschäftsführender Organmitglieder wurde in den verschiedenen Rechtsordnungen sowohl durch Regelgeber als auch durch die Rechtsprechung deutlich erweitert. Beispielhaft als Reaktion auf Bilanzskandale zu Beginn des Jahrtausends sind in den USA die erhöhten Anforderungen durch den Sarbanes-Oxley Act und zugleich die erhebliche Inanspruchnahme nicht geschäftsführender Direktoren im Zusammenhang mit den größten Unternehmenspleiten in den USA (Enron und WorldCom) sowie in Deutschland die Reformmaßnahmen zur Förderung des Zusammenwirken von Vorstand und Aufsichtsrat zur effektiveren Kontrolle der Unternehmensleitung anzuführen. Zuletzt hat der deutsche Gesetzgeber durch Verabschiedung des VorstAG und des Restrukturierungsgesetzes auf die Finanzmarktkrise reagiert und z.B. die Haftung von Aufsichtsratsmitgliedern für unangemessene Vorstandsbezüge in § 116 S. 2 AktG kodifiziert und die Verjährungsfristen von Organhaftungsansprüchen teilweise verschärft. Aus diesen Vorgaben folgt, dass eine äußerst passive Besetzung eines Aufsichtspostens mit guter Corporate Governance nicht mehr zu vereinbaren ist.[3] Drängt sich der Verdacht auf, Organmitglieder, die mit der internen Unternehmenskontrolle bedacht sind, haben ihre Aufgaben nicht mit der zu erwartenden Ordnungsmäßigkeit erfüllt, werden sie vermehrt zum Gegenstand sowohl von zivil- als auch von strafrechtlichen Verfahren.[4] Auch wenn diese Prozesse im Ausgang selten zur persönlichen Haftung führen, sind damit jedoch teils langjährige Verfahren und nicht nur unerhebliche Ansehensverluste verbunden.

Zwangsläufig wird die Frage aufgeworfen, ob die **persönliche Haftung** der internen Kontrollorgane ein **geeignetes Mittel** zur Verbesserung ihrer Kontrollleistung ist.[5] Unbestritten ist, dass die Ausstattung mit effektiven Kontrollinstrumentarien (Informationsrechte, Möglichkeiten zur Durchsetzung) für die Ausübung

2 Dazu oben 7. Kap. II.1.

3 Für Deutschland: *Drygala*, in: *K. Schmidt/Lutter* (Hrsg.), AktG, § 116 Rn. 18.

4 Vgl. die bereits in der Einleitung genannten Beispiele sowie Verfahren im Zusammenhang mit der Finanzkrise unten II.1.b)(2).

5 *Paal*, Die persönliche Haftung – ein wirksames Mittel zur Verbesserung der Kontrolltätigkeit des Aufsichtsrats bei kapitalmarktorientierten Unternehmen? (Teil I) DStR 2005, 382–385, (Teil II) DStR 2005, 426–432.

der Überwachung der Geschäftsleitung sowie die individuelle Geeignetheit von Aufsichtspersonen von vorrangigerer Bedeutung sind als die Androhung strenger Haftung.[6] Aber selbst bei geeigneten Personen, die sämtliche Fähigkeiten mitbringen, in international tätigen Großunternehmen das Management zu überwachen, ist die entsprechende Umsetzung nicht immer zwangsläufig gewährleistet. Häufig ist dies auf mangelnde zeitliche Auseinandersetzung mit dem zu überwachenden Unternehmen, auf Interessenkonflikte oder auf unzureichende persönliche Motivation und Bereitschaft zurückzuführen. Zwar sollten Aufsichtspersonen mit Gesellschafterstellung bzw. Vertreter von Anteilseignern ein ausreichendes Interesse an der Kontrolle der Unternehmensleitung haben. Aufsichtsratsvertreter eines Großaktionärs werden jedoch weniger die Interessen sämtlicher – insbesondere kleinerer Anteilsinhaber –, sondern vielmehr die Interessen ihres Prinzipals versuchen zu wahren. Für die unvoreingenommene und neutrale Kontrolle, ausgerichtet am Gesellschaftsinteresse, sind daher unabhängige Organmitglieder notwendig. Diese unabhängigen Organmitglieder sind darüber hinaus zur ordnungsgemäßen Lösung von Interessenkonflikten unabdinglich und werden sowohl im Hinblick auf europäische Vorgaben als auch internationaler Praxis im deutschen System zunehmende Bedeutung erlangen (müssen).[7] Bei Aufsichtspersonen, die keinen Großaktionär vertreten, oder bei gänzlich unabhängigen Organmitgliedern kann jedoch wiederum das Kontrollinteresse weniger stark ausgeprägt sein. Die Unabhängigkeit nicht geschäftsführender Organmitglieder soll zudem durch eine verhältnismäßig geringe Vergütung gewährleistet werden, da bei übermäßiger Vergütung die Gefahr der Abhängigkeit von bzw. der Gefügigkeit gegenüber dem Management der Gesellschaft besteht.[8] *Davies* bezweifelt, dass bei niedriger Vergütung nicht geschäftsführender Organmitglieder – allein neben dem Risiko, ihren Ruf zu verlieren – ausreichend Anreize für eine adäquate Überwachung der geschäftsführenden Mitglieder des Boards bestehen.[9] Ein größeres Maß an direkter Verantwortlichkeit gegenüber Aktionären könnte seiner Ansicht nach hierbei einen zusätzlichen Anreizfaktor darstellen.[10] Von den negativen Anreizen hat die persönliche Haftung für den Schaden die schärfste Wirkung.[11] Gera-

---

6 Die Finanzmarktkrise hat besonders eklatante Mängel hinsichtlich der Kompetenz von Aufsichtsräten öffentlich-rechtlicher Banken offenbart. Laut einer Studie des Ifo-Instituts können Aufsichträte im öffentlich-rechtlichen Bankensektor im Vergleich zu Aufsichträten privater Banken im Hinblick auf Finanzmarkt- und Managementerfahrung deutlich weniger Kompetenz aufweisen (weniger als 10% haben Erfahrung mit Finanzmärkten und nur 11% haben Erfahrung in Top-Managementpositionen). Ihnen fehle eindeutig die Kompetenz, ihre Kontrollfunktion effektiv auszufüllen, vgl. Handelsblatt v. 28. 10. 2008, Schwache Kontrolleure, 27.

7 *Hopt*, European Company Law and Corporate Governance, in: *Hopt/Wymeersch/Kanda/Baum* (Hrsg.), Corporate Governance in Context, 119, 133. Vgl. dazu unten II.1.c).

8 So auch *Chew*, Directors' and Officers' Liability, § 1:6.2(A), 1-19, mit Verweis auf *Lublin*, While Outside Directors' Pay Increase, Independence from Managers May Fade, Wall ST.J., Apr. 22, 1991; *Gilson/Kraakman*, Reinventing the outside director: an agenda for institutional investors, Stanford Law Review, CA, 1990.

9 *Davies*, Struktur der Unternehmensführung in Großbritannien und Deutschland: Konvergenz oder fortbestehende Divergenz? ZGR 2001, 268–293, 281.

10 *Davies*, Gower's Company Law, 14-33, 410.

11 *Goette*, in: *Hommelhoff/Hopt/v. Werder* (Hrsg.), Handbuch Corporate Governance, 714.

de weil der Aufsichtsrat nicht wie der Vorstand durch ein anderes Organ überwacht wird, ist seine Haftung ein entscheidender Faktor.[12] Tendenzen zur sorgfältigeren Überwachung, bedingt durch die Diskussion zur Aufsichtsratshaftung, zeichnen sich auch in der deutschen Wirtschaftspraxis bereits ab.[13] Als ein wesentliches Ergebnis der Arbeit ist daher festzuhalten, dass eine **ausgewogene Haftungsandrohung** gegenüber nicht geschäftsführenden Organmitgliedern zur **Förderung der Ausübung der sorgfältigen Überwachung** durchaus beitragen kann. Die Haftungsandrohung gegenüber Organmitgliedern darf jedoch nicht (außer in Fällen von Vorsatz und allenfalls grober Fahrlässigkeit) existenzvernichtend ausgestaltet werden, insbesondere wenn die entstandenen Schäden ohnehin nicht beglichen werden können.[14] Darüber hinaus garantieren selbst offensichtlich hohe Haftungsrisiken nicht implizit eine sorgfältige Unternehmensleitung und deren entsprechende Kontrolle. Eine solche These ist durch die Missbrauchsfälle des Managements und deren nachlässige Überwachung durch nicht geschäftsführende Direktoren in Enron und WorldCom deutlich widerlegt worden.[15] Die Haftungsandrohung macht freilich nur Sinn, wenn die Möglichkeit der effektiven Durchsetzung von Schadensersatzansprüchen entweder durch die abgeleitete oder direkte Aktionärsklage gewährleistet ist.[16]

II. Haftungsintensität

Daran schließt sich die Frage nach dem richtigen Maß der Haftungsandrohung und der Ausgestaltung der Haftungsdurchsetzung an. Ist die derzeitige Haftungsintensität ausreichend oder sind weitere Haftungsverschärfungen notwendig, um nötige Anreize zur ordnungsgemäßen Aufgabenerfüllung zu setzen? Ausgegangen werden muss jeweils von dem Zweck, den die Haftung erfüllen soll. Soll vorrangig eine repressive Schadensbeseitigung bezweckt werden oder überwiegen die Motive der Generalprävention? Zu unterscheiden ist zwischen Innen- und Außenhaftung.

1. Innenhaftung

a) Allgemein

Wie jeder Haftungsnorm liegt den §§ 116, 93 AktG ein doppelter Schutzzweck zugrunde: Der Schadensausgleich und die Schadensprävention.[17] Bei der Durch-

---

12 *Thümmel,* Organhaftung nach dem Referentenentwurf des Gesetzes zur Unternehmensintegrität und Modernisierung des Anfechtungsrechts (UMAG) – Neue Risiken für Manager?, DB 2004, 473, Fn. 24.
13 Vgl. bereits Einleitung, bes. Fn. 11.
14 *Grundmann/Hofmann/Möslein,* Finanzkrise und Wirtschaftsordnung, 32.
15 Ausführlich dazu 8. Kap. I.1.b) und c).
16 Zu dem Ergebnis, dass entscheidend für die tatsächliche Geltendmachung von Ansprüchen ist, wie effektiv sich die Durchsetzung der Ansprüche der Gesellschaft gegen ihre Organmitglieder durch Aktionäre darstellt, vgl. oben 6. Kap. IV.1. und 7. Kap. IV.2.
17 *Hüffer,* § 93, Rn. 1; *Habersack,* § 116, Rn. 1: „Zunächst einmal sollen die Aufsichtsratsmitglieder durch die Haftungssanktionen zu sorgfaltsgemäßem und loyalem Verhalten angehalten werden.

setzung von **Innenhaftungsansprüchen** überwiegt nach dem deutschen Verständnis bei der Aktionärsklage, die der Wahrung des Gesellschaftswohls dienen soll, der Zweck der Kompensation.[18] Die tatsächliche **Schadensbeseitigung** ist bei der Haftung von Organmitgliedern jedoch in den wenigsten Fällen möglich. Die aus Kontrolldefiziten resultierenden Schadenssummen werden regelmäßig sehr viel größer sein, als sie eine Gruppe von Aufsichtsratsmitgliedern je tragen kann. Rein beschränkt den Zweck der Schadenskompensation betrachtet, läuft das Haftungsregime des Kapitalgesellschaftsrechts daher teilweise leer. Durch die Zunahme von D&O Versicherungen ist die Möglichkeit der Kompensation jedoch wahrscheinlicher geworden.[19] Eine Haftungsverschärfung im Innenverhältnis wirkt sich dann im Prinzip zulasten der Versicherungen aus, die wiederum ihre Prämien erhöhen und schließlich langfristig diese finanziellen Belastungen auf die Gesellschaften abwälzen werden. Die Durchsetzung von Ansprüchen im Einzelfall kann sehr wohl der Schadensbeseitigung dienen, eine strenge Verschärfung der Innenhaftung kann jedoch langfristig nicht vollumfänglich im Gesellschaftsinteresse liegen.

Daher wird bei der Innenhaftung der **präventiven Zwecksetzung** teilweise eine größere Bedeutung zugesprochen.[20] Abgemildert wird die Präventivfunktion einer drohenden Haftung wiederum durch eine Versicherungsdeckung.[21] Ein angemessener Selbstbehalt kann der Präventivfunktion Wirkung vermitteln. Jedoch kann neben finanziellen Nachteilen allein schon ein mit einem Klageverfahren einhergehender Ansehensverlust abschreckend wirken. In Großbritannien und den USA wird auf die **Vereinbarung eines Selbstbehalts** verzichtet. Bei geringen Selbstbehalten hat die bloße psychologische Belastung eines Klageverfahrens wohl erheblich stärkere präventive Wirkung. Darüber hinaus wurde von der deutschen Wirtschaftspraxis diese Empfehlung kaum beachtet, sodass die Bedeutung dieses Institutes in Frage gestellt wurde.[22] Die zurückhaltende Befolgungsquote und die niedrigen Selbstbehalte konnten keine ernsthaften Präventionseffekte bewirken.[23] Durch die gesetzliche Verpflichtung zur Vereinbarung eines Selbstbehalts durch das VorstAG bei Abschluss einer D&O Versicherung zur Absicherung eines Vorstandsmitglieds wird der persönlichen Verantwortung nunmehr Nachdruck verliehen. Überraschend ist allerdings, warum der Aufsichtsrat von dieser Regelung ausgenommen wird. Um **gegenüber Aufsichtsratsmitgliedern** gleiche Präventiveffekte zu erzielen, **wird die Vereinbarung eines Selbstbehalts** entsprechend der

---

Neben diesen auf Schadensprävention gerichteten Zweck tritt aber auch der auf Schadensausgleich gerichtete Zweck."

18 Vgl. schon oben 6. Kap. IV.2.; auch *Grotheer*, Außenhaftung von Aufsichtsratsmitgliedern: Ein Anreiz zur Verbesserung der Überwachungstätigkeit? WM 2005, 2070, 2074 mit weiterem Nachweis.

19 *Goette*, in: *Hommelhoff/Hopt/v. Werder* (Hrsg.), Handbuch Corporate Governance, 715.

20 *Goette*, in: *Hommelhoff/Hopt/v. Werder* (Hrsg.), Handbuch Corporate Governance, 715.

21 *Spindler*, in: *Spindler/Stilz*, Kommentar zum AktG § 116 Rn. 159.

22 Vgl. *Peltzer*, in: *Wellhöfer/Peltzer/Müller*, Haftung von Vorstand, Aufsichtsrat und Wirtschaftsprüfer: mit GmbH-Geschäftsführer, § 20, Rn. 213 f.

23 Vgl. 18. Kap. II.

Neuregelung des § 93 Abs. 2 S. 3 AktG – wie auch durch den DCGK – **dringend empfohlen.** Selbst mit Vereinbarung eines beachtlichen Selbstbehalts wird die Präventivwirkung jedoch nur erreicht werden können, wenn das Risiko einer Geltendmachung tatsächlich droht.[24]

Mit der deutlichen Erweiterung des Aufgabenkreises und des Pflichtenprogramms nicht geschäftsführender Organmitglieder wird rechtsordnungsübergreifend mit einer Zunahme der Haftungsrisiken gerechnet bzw. eine strengere Haftung hat sich bereits abgezeichnet.[25] Zu einer Haftungsverschärfung trägt auch die zunehmende Professionalisierung von Organmitgliedern bei, da es dadurch zwangsläufig zu einer Anhebung des Mindeststandards kommt.[26] Nach deutschem Recht haften Aufsichtsratsmitglieder im Prinzip schon für die einfachsten fahrlässigen Pflichtverletzungen gegenüber der Gesellschaft.[27] Entsprechendes gilt auch für die Haftung nicht geschäftsführender Direktoren in England, mit der wichtigen Ausnahme für den Jahresabschlussbericht, bei dem jedenfalls bedingt vorsätzliches Überwachungsverschulden (für die strafrechtliche Verantwortlichkeit) vorliegen muss. Bei der Einhaltung gewisser Mindeststandards sind Sorgfaltsverstöße im Ergebnis jedoch trotz dieser strengen materiellen Regeln kaum fassbar.[28] In beiden Rechtsordnungen hat sich in der Vergangenheit die Durchsetzung als problematisch erwiesen. Im Ergebnis sind es daher weniger die materiellen Regeln, sondern die Durchsetzung, die das eigentliche Problem darstellt. Die Durchsetzung durch Aktionäre gestaltet sich in den USA dagegen erheblich einfacher.[29] Folge dieses extensiven Haftungsrisikos in den USA war jedoch, dass erhebliche Schutzmechanismen und Absicherungsstrategien entwickelt wurden, die im Ergebnis bei Sorgfaltspflichtverletzungen nicht mal bei grober Fahrlässigkeit zu haftungsbegründendem Verhalten führen. Denn die Abschreckung erscheint zu groß, wenn strenge materielle Haftungsregeln gelten, die schon bereits bei geringfügigsten Pflichtverletzungen eintreten, und gleichzeitig ein erhebliches Klagerisiko be-

---

24 *Goette*, in: *Hommelhoff/Hopt/v. Werder* (Hrsg.), Handbuch Corporate Governance, 714: Sämtliche Maßnahmen zur Verbesserung der Corporate Governance können ihre volle Wirksamkeit allerdings nur dann entfalten, wenn auch für die Durchsetzung solcher Maßnahmen Sorge getragen ist.

25 Für Deutschland: *Hüffer*, § 116, Rn. 8: „Praktische Bedeutung der AR-Haftung nimmt unverkennbar zu."

26 Dazu oben 7. Kap. II.1.a).

27 Darüber hinaus führt die Beweislastumkehr zu einer weiteren Verschärfung.

28 Vgl. *Leyens*, Deutscher Aufsichtsrat und U.S.-Board: ein- oder zweistufiges Verwaltungssystem?, 90.

29 Dazu oben 7. Kap. IV. Vgl. auch *Lutter*, Entwicklung der Organpflichten und der Organhaftung, in: *Krieger/Schneider* (Hrsg.), Handbuch Managerhaftung, § 3 Rn 22. Das erheblich größere Klagerisiko zeigt sich in den USA deutlich im Rahmen der weltweiten Finanzkrise: Im Zusammenhang mit der Subprime- und Kreditkrise sind bis zum 1. Oktober 2008 in den USA bereits 120 securities class action lawsuits, dazu weitere 23 derivative lawsuits und 15 ERISA lawsuits eingereicht worden. Unter den Verklagten sind prominente Gesellschaften wie Merrill Lynch, AIG sowie Lehmann Brothers einschließlich einer beachtlichen Zahl von Direktoren und Officers. In Großbritannien wurden Direktoren in diesem Zusammenhang bislang weitgehend von Klagen verschont, so hat Northern Rock keine ausreichenden Grundlagen für eine Klage gegen ihre Direktoren ausmachen können. Vgl. dazu Online Artikel WORLD FINANCE, Directors beware, einsehbar unter http://www.worldfinance.com/news/corporate-practices/article419.html (1. 3. 2011).

steht. Die Auswahl geeigneter Kandidaten wird erschwert und unternehmerisches Risiko übermäßig beschränkt.

Vor diesem rechtsvergleichendem Hintergrund erscheint daher weniger eine Haftungsverschärfung im Innenverhältnis notwendig,[30] entscheidender sollte vielmehr die Erarbeitung eines eindeutigen **Anforderungsprofils für Aufsichtsratsmitglieder** sein, das den zu erwartenden Mindeststandard festlegt. Bei Haftungsverschärfungen besteht die Gefahr, dass es innerhalb der EU zu einem „Wettbewerb der Rechtsordnungen" kommt, wie dies sich in den USA durch die weit reichende Zulässigkeit von Haftungsausschlüssen in Delaware (Delaware-Effekt) abgezeichnet hat. Harmonisierung auf EU-Ebene kann dem entgegenwirken. An einem eindeutigen Anforderungsprofil können Aufsichtsräte ihre Aufgabenerfüllung ausrichten und die Identifizierung haftungsrelevanten Verhaltens wird erleichtert. Wird ein so definierter Mindeststandard nicht befolgt, insbesondere hinsichtlich Erklärungen über die Finanzlage (mit Ausnahmen im Bereich der Ad-Hoc-Offenlegung) und zentrale nicht finanzielle Daten des Unternehmens, der Richtigkeit der jährlichen Corporate Governance Erklärung und grundlegender Strategieentscheidungen, sind Aufsichtsratsmitglieder in die persönliche Haftung zu nehmen.

b) Sorgfaltspflicht

(1) Verantwortung für ex ante Überwachung

Das an das angloamerikanische Vorbild anlehnende Prinzip, dass Aufsichtsräten auch die Verantwortung zur ex ante Kontrolle obliegt, bedarf haftungsrechtlich einer klaren Ausgestaltung. Das Gesetz trifft in § 111 Abs. 1 AktG die lapidare Aussage, der Aufsichtsrat hat die Geschäftsführung zu überwachen. Das hierzu die nachträgliche Kontrolle der Geschäftsführungsmaßnahmen des Vorstands gehört, ist selbstverständlich. Der moderne Aufsichtsrat hat jedoch im Lichte guter Corporate Governance nach dem Vorbild nicht geschäftsführender Direktoren aus dem angloamerikanischen Rechtskreis auch bei der Planung der Unternehmensstrategie mitzuwirken.[31] Durch einen unmittelbaren Einfluss auf wesentliche Strategieentscheidungen sind die Voraussetzungen für eine effiziente Überwachung der Geschäftsführung gegeben.[32] Der Aufsichtsrat hat vorausschauend die Tätigkeit des Vorstands zu überwachen und eine begleitende Beratungsfunktion zu übernehmen, die zukünftige Fehlentwicklungen bereits im Vorfeld verhindern soll. Nachträgliche Kontrolle kommt oft zu spät. Auf die stärkere Einbeziehung des Aufsichtsrates in die ex ante Kontrolle drängt die Rechtsprechung und Wissen-

---

30 Auch *Goette*, Aktuelle Entwicklungen im deutschen Kapitalgesellschaftsrecht im Lichte der höchstrichterlichen Rechtsprechung, DStR 2009, 51, 56, erachtet eine Verschärfung der gesetzlichen Vorschriften für die Managerhaftung als unnötig und sieht die Defizite vielmehr in der Umsetzung derselben.
31 Ausführlich dazu 1. Teil, 3. Kap. II.
32 Dazu 7. Kap. II.1.b).

schaft.[33] Durch Reformen hat auch der Gesetzgeber diese ex ante Verantwortung bestätigt. Der Aufsichtsrat soll durch die Neufassung des § 90 Abs. 1 Nr. 1 AktG in die Unternehmensplanung mit eingebunden werden. Nach Ziff. 3.2 und 5.1.1 DCGK soll die strategische Ausrichtung des Unternehmens mit dem Aufsichtsrat abstimmt werden, mit ihm in regelmäßigen Abständen der Stand der Strategieumsetzung erörtert werden und er soll in Entscheidungen von grundlegender Bedeutung für das Unternehmen eingebunden werden. Dass die Umsetzung dieser Vorgaben in der täglichen Unternehmenspraxis bisher nicht vollständig gelungen ist, wurde bereits eingehend dargelegt.[34] Für **grundlegende Strategieentscheidungen** ist eine **Gesamtverantwortlichkeit des Vorstands und des Aufsichtrats** zu befürworten.[35] Um den Aufsichtsrat zu einer ordnungsgemäßen Pflichterfüllung anzuhalten, muss er für die ex ante Kontrolle stärker in die Verantwortung genommen werden. Denn eine unzureichende ex ante Aufsicht stellt eine Pflichtverletzung dar und hat, wenn der mangelhaft beaufsichtigte Vorstand einen Schaden verursacht hat, der bei ordnungsgemäßer ex ante Beaufsichtigung vermieden worden wäre, grundsätzlich zu einer persönlichen Haftung zu führen.

Eine solche stärkere Haftungsandrohung darf jedoch nicht überspannt werden. Denn die Haftung von Organmitgliedern ist zwar ein wichtiger Teil der Corporate Governance, darf jedoch nicht persönliche Initiativen und unternehmerische Risikobereitschaft beeinträchtigen.[36] Ein Aufsichtrat soll sich aktiv in die Ausrichtung der Unternehmensstrategie einschalten und diese konstruktiv mit dem Vorstand beraten. Die Haftungsandrohung darf ihn jedoch nicht dazu veranlassen, etwaige risikoträchtige Entscheidungen, die der Vorstand unter Wahrung seines unternehmerischen Ermessensspielraums getroffen hat, zu unterbinden. Die **business judgment rule** muss weit ausgelegt werden, um eine unternehmerische Überbeschränkung zu vermeiden,[37] und muss bei der Teilhabe des Aufsichtsrates an unternehmerischen Entscheidungen entsprechende Anwendung finden.[38]

(2) Finanzmarktkrise

Die stärkere Verantwortung des Aufsichtsrats für die ex ante Überwachung soll beispielhaft anhand der durch die infolge von Spekulationen auf dem US-Hypo-

---

33 Zuletzt: *Hüffer,* Die leistungsbezogene Verantwortung des Aufsichtsrates, NZG, 2007, 47; vgl. auch Nachweise 3. Kap. II.

34 Vgl. 3. Kap. II und 7. Kap. II.1.b).

35 Zur Frage, welche Bereiche als grundlegende Strategieentscheidungen konkret der Mitbefassung des Aufsichtsrates bedürfen und wo die Grenze zwischen operativem Handeln und unternehmerischer Kontrolle gezogen werden muss, vgl. 7. Kap. II.1.b). Bei einer strikten Anwendung dieser ex ante Verantwortlichkeit wird die Ausgangsthese Nr. 2 (vgl. 3. Kap. II.) erheblich abgeschwächt.

36 Vgl. schon das Zitat im Rahmen des Ausgangspunktes: *Hopt,* Corporate Governance in Germany, in: *Hopt/Wymeersch* (Hrsg.), Capital Markets and Company Law, 2003, 289, 298 f., 323: „Liability is a part of corporate governance, but it must not paralyse personal initiative and lead to risk aversion".

37 *Grundmann/Hofmann/Möslein,* Vortrag Finanzkrise und Wirtschaftsordnung, Humboldt-Universität zu Berlin am 5. 12. 2008.

38 Vgl. 7. Kap. II.1.c).

thekenmarkt (sog. **Subprime-Krise**) in Bedrängnis geratenen privaten deutschen Bankeninstitute erläutert werden. Zahlreiche deutsche Banken, insbesondere auch die Landesbanken, konnten im Rahmen der Finanzkrise nur durch umfassende Maßnahmen der Bundes- und Landesregierungen vor der Insolvenz gerettet werden.[39] Die IKB Deutsche Industriebank AG musste Mitte 2007 als erste deutsche Bank durch den Wertverlust spekulativer Investments in US-Hypotheken durch den Bund und andere Banken gestützt werden. Neben den genannten gesetzgeberischen Reaktionen beschäftigen sich nunmehr auch die Gerichte mit der Aufarbeitung der Finanzmarktkrise.[40]

Lutter spricht sich für eine **Haftung der Vorstandsmitglieder** jedenfalls der privaten Institute aus.[41] Die Risikoträchtigkeit der Investments folge aus folgenden

---

39 Darunter waren insbesondere die Landesbank Baden-Württemberg (LBBW), die HSH Nordbank, die BayernLB, die SachsenLB, und der Münchener Immobilienfinanzierer Hypo Real Estate (HRE), die IKB und KfW.

40 Zur Klärung der Verantwortlichkeit von Vorständen und Aufsichtsräten der **IKB** Mittelstandsbank ist eine Sonderprüfung gem. §§ 142 ff. AktG initiiert worden, OLG Düsseldorf Beschluss v. 9.12. 2009 – I-6 W 45/09. Der Beschluss ist rechtskräftig; die Beschwerde wurde zurückgewiesen; der BGH hat bestätigt, dass eine weitere Beschwerde nicht vorgesehen ist, vgl. BGH v. 1.3. 2010 – II ZB 1/10. Vgl. dazu *Florstedt*, Zur organhaftungsrechtlichen Aufarbeitung der Finanzmarktkrise, AG 2010, 315–323; *Spindler*, Sonderprüfung und Pflichten eines Bankvorstands in der Finanzmarktkrise, NZG, 2010, 281–285 sowie entsprechende Presseberichte, z. B. *Financial Times Deutschland* v. 25.3. 2009, IKB verschleiert Prüfungsergebnisse. Zudem wurde Klage auf Schadensersatz wegen falscher Kapitalmarktinformationen gegen die Bank und ihren ehemaligen Vorstand eingereicht, vgl. *Handelsblatt* v. 31.3. 2009, Postbank-Fonds verklagt IKB (LG Düsseldorf Az. 9069/09). Das LG Düsseldorf verhängte am 14. Juli 2010 gegen den ehemaligen Vorstandsvorsitzenden der IKB, Stefan Ortseifen, zehn Monate Haft auf Bewährung wegen Marktmanipulation nach § 20 a WpHG, vgl. *Handelsblatt* v. 15.7. 2010, 2, 7, 54. In weiten Bereichen wird im Rahmen staatsanwaltlicher Ermittlungen die Verantwortung auch bei Aufsichtsräten gesucht (z. B. Hypo Real Estate). Zum Anlegerschutz in der Bankenkrise auch OLG Düsseldorf, Urteil v. 4.3. 2011 – I-6 U 94/09 (nicht rechtskräftig), AG 2011, 31–36. Bei der **HRE** ist vor dem OLG München im Januar 2011 ein Musterkläger nach dem KapMuG bestimmt worden. Aktionäre werfen der HRE und zwei ihre ehemaligen Vorstände vor, sie über den wahren Zustand der Bank getäuscht und ihnen wichtige Informationen vorenthalten zu haben. Laut Gerichtsbeschluss wird auch der Börsenzulassungsprospekt für die Übernahme der in Irland ansässigen Depfa durch die HRE 2007 geprüft, vgl. Artikel v. 20.1. 2011 abrufbar unter www.juve.de (1.3. 2011). Der Verwaltungsrat der **BayernLB** hat Klage gegen den ehemaligen Vorstand Gribkowsky beim LG München eingereicht. Die Forderung beläuft sich auf insgesamt 200 Millionen Euro und ist nunmehr auch auf weitere Vorstände erweitert worden. Den Ex-Vorständen werden Pflichtverletzungen beim dem Kauf der HGAA als auch im Zusammenhang mit ABS-Investments vorgeworfen. Gegen frühere Verwaltungsratmitglieder sollen jedoch zunächst keine Ansprüche erhoben werden, da sie sich nach einem Rechtsgutachten der Kläger nicht schadensersatzpflichtig gemacht haben, vgl. Artikel v. 28.10. 2010, v. 25.1. 2011 u. v. 30.6. 2011. abrufbar unter www.juve.de (30.6. 2011). Der Vorstand und Aufsichtsrat der Berliner Verkehrsbetriebe (**BVG**), letzterer unter Führung des früheren Berliner Finanzsenators Sarrazin, sieht sich den Vorwurf ausgesetzt, die Risikostruktur eines erworbenen Wertpapierpakets falsch eingeschätzt zu haben, wodurch der BVG Ausfälle in Höhe von bis zu 157 Millionen Euro drohen, vgl. *Berliner Morgenpost* Onlineausgabe v. 5.5. 2009, BVG verzockt sich am Finanzmarkt, abrufbar unter http://www.morgenpost.de/berlin/article1086229/BVG_verzockt_sich_am_Finanzmarkt.html (1.3. 2011).

41 *Lutter*, Bankenkrise und Organhaftung, in: *Grundmann/Hofmann/Möslein* (Hrsg): Finanzkrise und Wirtschaftsordnung, 77–85 = ZIP 2009, 197–201; nun wohl auch hinsichtlich der öffentlich-rechtlichen Institute, vgl. *Lutter*, Haftung und Verantwortlichkeit – Verantwortung von Organen und Beratern, DZWIR 2011, 265–270. Vgl. auch *Fleischer*, Aktuelle Entwicklungen der Managerhaftung, NJW 2009, 2337, 2342 f.; *Fleischer*, in: *Spindler/Stilz*, Kommentar zum AktG § 93 Rn. 92 f. Zur

Umständen: Zunächst ist eine Emittentenhaftung der Zweckgesellschaften, in denen die hypothekarisch gesicherten Forderungen ausgelagert und gebündelt wurden, nicht gewährleistet gewesen. Die Verträge der Zweckgesellschaften waren äußerst komplex und ließen ausdrücklich auch die Auswechslung einzelner Forderungen zu. Das Verlassen auf die Rating-Agenturen war von sehr großem Vertrauen geprägt. Erstens wird den jeweiligen Vorständen der Bankinstitute vorgeworfen, sie hätten bei den Investitionsstrategien nicht auf fundierter Grundlage gehandelt.[42] Bei dem Erwerb der Wertpapiere sei eine ausreichende Informationsversorgung nicht gegeben gewesen. Die Rahmenbedingungen der Risikobehaftetheit hätten bekannt sein müssen, es hätte eine eigene Due Diligence Prüfung stattfinden müssen. Ein Berufen auf die Rating-Agenturen gehe insoweit fehl, da dieses bloße Vertrauen kein eigenverantwortliches Handeln der Geschäftsführung darstellt.[43] Zweitens haben Vorstände durch ein solches Geschäftsgebaren weit überzogene Risiken übernommen.[44] Das Risiko, dass das eigene Unternehmen von der Investitionsstrategie in die Insolvenz geraten kann, darf von einem sorgfältig handelnden Vorstand nicht eingegangen werden.[45] Drittens haben Vorstände gegen die Sorgfaltsregeln der Branche verstoßen, da langfristige Engagements nicht kurzfristig hätten finanziert werden dürfen. Zudem verstößt das sog. Klumpenrisiko gegen den Sorgfaltsstandard eines ordentlichen Bankiers.[46] Die jeweiligen Vorstände sollen daher nach § 93 Abs. 2 S. 1 AktG der Gesellschaft gegenüber auf Ersatz des dadurch entstandenen Schadens haften.[47]

---

strafrechtlichen Verantwortlichkeit: *Brüning/Samson*, Bankenkrise und strafrechtliche Haftung wegen Untreue gem. § 266 StGB, ZIP 2009, 1089–1094. Aus betriebswirtschaftlicher Sicht: *v. Werder*, Wirtschaftskrise und persönliche Managementverantwortung – Sanktionsmechanismen aus betriebswirtschaftlicher Sicht, ZIP 2009, 500–507.

42 Differenzierend *Florstedt*, Zur organhaftungsrechtlichen Aufarbeitung der Finanzmarktkrise, AG 2010, 317 ff; zuletzt *Lutter*, Haftung und Verantwortlichkeit – Verantwortung von Organen und Beratern, DZWIR 2011, 265, 266.

43 Differenzierend *Krieger/Sailer-Coceani*, in: *K. Schmidt/Lutter* (Hrsg.), AktG, § 93. Rn. 15.

44 Anschließend nun OLG Düsseldorf v. 9. 12. 2009 – I-6 W 45/09. Zur Eingehung unvertretbarer Risiken auch *Fleischer*, Aktuelle Entwicklungen der Managerhaftung, NJW 2009, 2337, 2342; *Fleischer*, in: *Spindler/Stilz*, Kommentar zum AktG § 93 Rn. 92. Nach *Florstedt*, Zur organhaftungsrechtlichen Aufarbeitung der Finanzmarktkrise, AG 2010, 323, ist nicht jedes „Eingehen „existentieller“ oder besonders „klumpiger“ Risiken (...) den Geschäftsleitern kategorisch verboten, wohl aber das Eingehen unmäßiger Risiken, welche die Geschäftsleiter schlechter als der Markt verstehen und beherrschen.“ Kritisch auch *Krieger*, Organpflichten und Haftung in der AG, § 3 Rn. 7; *Krieger/Sailer-Coceani*, in: *K. Schmidt/Lutter* (Hrsg.), AktG, § 93. Rn. 13.

45 BGHZ 135, 244 ff (ARAG).

46 Für die weitere Konkretisierung zu den Verhaltenspflichten bei Klumpenrisiken *Fleischer*, Aktuelle Entwicklungen der Managerhaftung, NJW 2009, 2337, 2343.

47 In einer ersten Entscheidung zur Haftung von Direktoren in den USA wegen Fehlspekulationen im Rahmen der Subprime-Krise, hat der Delaware Chancery Court (*IN RE CITIGROUP INC. SHAREHOLDER DERIVATIVE LITIGATION*, Civil Action No. 3338-CC) die Zulassung einer Klage von Aktionären der Citigroup gegen deren Direktoren in wesentlichen Punkten nicht stattgegeben. Das Gericht führte aus, die Kläger hätten nicht ausreichend dargelegt, dass Direktoren ihre Pflichten zur Überwachung und Offenlegung von Risiken aus Subprime-Krediten verletzt hätten. Die Direktoren hätten weder in bösem Glauben noch in bewusster Missachtung ihrer Pflichten gehandelt. Ihre Geschäftsentscheidungen waren vielmehr von der business judgment rule und dem weitreichenden Satzungsausschluss gedeckt. („The warning signs alleged by the plaintiffs are not evidence

Unterlässt der Aufsichtsrat die Geltendmachung des Schadensersatzanspruchs gegen den Vorstand, macht er sich selbst haftbar.[48] Bei einer **Haftung des Aufsichtsrats** wegen Aufsichtsfehlverhalten bedarf es nach *Lutter* einer Aufklärung im Einzelfall.[49] Im Fall der IKB hat der Vorstand den Aufsichtsrat erst kurz vor dem Bekanntwerden der Liquiditätsengpässe über das Subprime-Risiko der Portfolio-Investments informiert. Aktionärsvertreter sahen neben dem Vorstand den Aufsichtsrat der Mittelstandsbank in der Verantwortung. Dieser habe eine Kontroll- und Beratungsfunktion, die er offensichtlich nicht ausgeübt habe. Die Fehlentwicklungen hätte er früher erkennen müssen. Der Aufsichtsrat hingegen betonte, er habe seine Pflichten erfüllt. Das Gremium sei vom Vorstand zu spät informiert worden. Der Aufsichtsrat könne seiner Überwachung nur in dem Umfang nachkommen, wie er vom Vorstand informiert werde. Die Schuld an der Beinahepleite trage daher allein der ehemalige Vorstand. Dementsprechend prüfe der Aufsichtsrat Schadensersatzforderungen gegen den Vorstand.

Der Aufsichtsrat muss jedoch bei erheblichen strategischen Ausrichtungen, wie z.B. der Risikoausrichtung, hier der Risikostruktur der Investments seiner Gesellschaft, in den Unternehmensplanungsprozess mit einbezogen werden.[50] Die Behauptung, zu dem Zeitpunkt, zu dem er von der strategischen Ausrichtung erfahren habe, sei ein Einschreiten bereits zu spät gewesen, wird den Aufsichtsrat nicht immer entlasten können.[51] Der Aufsichtsrat muss aktiv auf die rechtzeitige Einbeziehung in die Unternehmensstrategie und eine ausreichende Informationsversorgung durch den Vorstand hinwirken, um eine effektive voraussehende Kontrolle ausführen zu können. Im Zweifel hat er dies durch gezieltes Nachfragen bzw. durch das Verlangen entsprechender Unterlagen zu bewirken.[52] Selbst bei aktivem Verschleiern durch den Vorstand hätten Aufsichtsräte, aufgrund der über Jahre hinweg hohen Erträge, bei sorgfältiger Überwachung solche Risiken erkennen

---

that the directors consciously disregarded their duties or otherwise acted in bad faith; at most they evidence that the directors made bad business decisions. It is well established that the mere fact that a company takes on business risk and suffers losses – even catastrophic losses – does not evidence misconduct, and without more, is not a basis for personal director liability."). Zu dem Sorgfaltstandard nach dem Recht in den USA vgl. 4. Kap. II.1. insb. e). Der Sorgfaltsmaßstab, der nach deutschem Recht an Organmitglieder gestellt wird, ist natürlich deutlich strenger, zudem obliegt ihnen die Beweislast, rechtsvergleichend vgl. 7. Kap. II.1.

48 BGHZ 135, 244 (ARAG); vgl. dazu 6. Kap. II.1.c).

49 *Lutter*, Bankenkrise und Organhaftung, in: *Grundmann/Hofmann/Möslein* (Hrsg): Finanzkrise und Wirtschaftsordnung, 83; eine Verletzung der Überwachungspflichten der Aufsichts- und Verwaltungsräte der öffentlichen Banken sowie der IKB nun bejahend *Lutter*, Haftung und Verantwortlichkeit – Verantwortung von Organen und Beratern, DZWIR 2011, 265, 267; zur nachlässigen Überwachung durch Aufsichtsräte von Finanzinstituten, vgl. *Fleischer*, Zukunftsfragen der Corporate Governance in Deutschland und Europa, ZGR 2011, 155, 157.

50 Bei der IKB umfasste das Portfolio risikoträchtiger Wertpapiere des US-amerikanischen Immobilienmarkts rund ein Drittel der Bilanzsumme.

51 Die Einlassung von Aufsichtsratsmitgliedern, nichts gewusst zu haben, wird sogar als durchweg unerheblich angesehen, vgl. *Hüffer*, Die leistungsbezogene Verantwortung des Aufsichtsrates, NZG, 2007, 47, 51. Vgl. dazu auch *Florstedt*, Zur organhaftungsrechtlichen Aufarbeitung der Finanzmarktkrise, AG 2010, 322.

52 Z.B. durch sog. Anforderungsberichte gem. § 90 Abs. 3 S. 1 AktG, vgl. *Manger*, Das Informationsrecht des Aufsichtsrats gegenüber dem Vorstand – Umfang und Grenzen, NZG 2010, 1255 f.

können und verhindern müssen.[53] Ansonsten haben die Aufsichtsräte jedenfalls ihre Pflicht zur Selbstinformation nicht ausreichend wahrgenommen. Bei nachträglicher Informationsversorgung kann eine Überwachung freilich nicht mehr korrigierend erfolgen. Für ein solches Fehlverhalten hat der Aufsichtsrat die Verantwortung zu tragen. Macht er dies nicht, muss er mit stärkerer Haftungsandrohung hierzu angehalten werden. So hat das OLG Düsseldorf die Bestellung des Sonderprüfers für die IKB als zulässig erachtet.[54] Gemäß Leitsatz Nr. 5 „besteht hinrechender Verdacht, dass der Vorstand und Aufsichtsrat bei einem Anteil des Geschäftsvolumens von ca. 46% im Verbriefungssektor in grobem Maße gegen den satzungsgemäßen Unternehmensgegenstand verstoßen und damit ihre Sorgfalts- und Überwachungspflicht in erheblichem Maße verletzt haben." Das OLG Düsseldorf nimmt berechtigterweise hinreichende Anhaltspunkte für ein pflichtwidriges Kontrollversagen des Aufsichtsrats an.

c) Treuepflicht: Bedeutung unabhängiger Aufsichtsratsmitglieder

Die Überlegenheit des US-amerikanischen Systems zeigt sich bei **Treuepflichtverletzungen.**[55] Die erhöhte Haftungsintensität ergibt sich vor allem durch den einfachen Fahrlässigkeitsmaßstab und durch die Umkehr der Beweislast. Rechtspolitisch erscheint dies auch sinnvoll, da bei Treuepflichtverletzungen in der Regel das Organmitglied einen Vermögenszufluss erhält, der bei Sorgfaltspflichtverletzungen grundsätzlich nicht gegeben sein wird. Bei Interessenkonflikten von Organmitgliedern scheint daher diskussionswürdig, Prinzipien, die im angloamerikanischen Rechtskreis zur Lösung von solchen entwickelt worden sind, sowohl im deutschem zweistufigen Boardsystem als auch in der monistisch ausgestalteten SE nach deutschem Recht[56] zu berücksichtigen. Treuepflichten von Aufsichtsratsmitgliedern in Deutschland bedürfen der weiteren Konkretisierung.

Die Bedeutung **unabhängiger Aufsichtsratsmitglieder** ist in Deutschland nachdrücklich zu betonen. Die Unabhängigkeit von Aufsichtsratsmitgliedern ist hierzulande im Vergleich zum angloamerikanischen Recht noch wenig ausgeprägt, obwohl auch Konvergenztendenzen zu konstatieren sind. Jüngstes Bespiel ist der durch das VorstAG neu eingeführte § 100 Abs. 2 Nr. 4 AktG, der die Beachtung einer 2-jährigen Karenzzeit fordert, um den sofortigen Wechsel vom Vorstand in den Aufsichtsrat zu vermeiden und so eine gewisse Unabhängigkeit zu gewährleisten. Unabhängige Aufsichtsratsmitglieder sind zur effektiven Überwachung des Vorstands von grundlegender Bedeutung und daher verstärkt zu fordern. Darüber hinaus kommt diesen eine entscheidende Rolle bei der Vermeidung und der effizienten Lösung von Interessenkonflikten zu. Z.B. können unabhängige Aufsichtsratsmitglieder erheblich zur Entschärfung bei Konflikten bei Beraterverträgen mit Organmitgliedern und bei der Kreditgewährung beitragen. Unabhängige Auf-

---

53 In diese Richtung auch *Florstedt*, Zur organhaftungsrechtlichen Aufarbeitung der Finanzmarktkrise, AG 2010, 322 f.

54 OLG Düsseldorf Beschluss v. 9. 12. 2009 – 6 W 45/09, AG 2010, 126.

55 Dazu oben 7. Kap. II.2.

56 Dazu oben 21. Kap.

sichtsratsmitglieder sind aufgrund der gängigen Definitionen von der persönlichen Beteiligung an solchen Verträgen mit der eigenen Gesellschaft ausgeschlossen und werden mangels Eigeninteressen, und um einer drohenden Haftung zu entgehen, solche Verträge für die Gesellschaft regelmäßig nur zu marktüblichen Konditionen schließen.[57]

d) Durchsetzung: Erleichterung der Aktionärsklage

Eine effektive Durchsetzung von materiell berechtigten Ansprüchen ist zu gewährleisten, ohne dabei Gefahr zu laufen, dass es bei „zu einfacher Klagemöglichkeit“ zu einer übermäßigen Zahl von Klagen kommt, die sich nachträglich als unberechtigt herausstellen. Klageverfahren binden personelle und finanzielle Ressourcen und führen zu nicht immer erwünschter Offenlegung von Unternehmensinterna. Missbräuchlichen Klagen sollen in allen untersuchten Rechtsordnungen durch gerichtliche Zulassungsverfahren vorgebeugt werden.[58] Reformen in Deutschland und Großbritannien haben sich auf die erleichterte **Durchsetzung** von abgeleiteten Aktionärsklagen konzentriert. Die Reformen in Deutschland waren notwendige Maßnahmen, jedoch ist eine darüber hinaus gehende Vereinfachung der Klagezulassung anzudenken.

Die Geltendmachung von Ansprüchen der Gesellschaft gegenüber ihren Aufsichtsratsmitgliedern durch den Vorstand wird als geradezu „grotesk“ beschrieben.[59] Abhilfe kann die Aktionärsklage nach § 148 AktG schaffen. Obwohl die Reformen ein wichtiger und richtiger Schritt zur Verbesserung der Corporate Governance waren, bleiben jedoch zwei wesentliche Kritikpunkte bestehen. Für die Rechtsdurchsetzung ist es nicht immer förderlich die abgeleitete Aktionärsklage nur bei Überschreiten des kapitalmäßig geforderten Quorums und bei Unredlichkeit bzw. der grob fahrlässigen Pflichtverletzung zuzulassen. Die Zulassungsvoraussetzungen müssten auch in Deutschland für die Klage gelockert werden, da sonst die erweiterten Aktionärsrechte kaum Bedeutung erlangen.[60] Die Haftungsklage der Aktionäre erweist sich – anders als in den USA und Großbritannien – als außerordentlicher Rechtsbehelf. Vor diesem rechtsvergleichenden Hintergrund besteht weiterer Reformbedarf dahingehend, sowohl ein **Individualklagerecht** einzuführen als auch auf die Zulassungsvoraussetzung der **grob fahrlässigen Pflichtverletzung zu verzichten.**[61]

Im Ergebnis erscheint es daher ausgewogen, nicht geschäftsführende Direktoren und Aufsichtsräte für die Verletzung ihrer Überwachungspflicht in die persönliche

---

57 Dazu 7. Kap. II.2.
58 Dazu oben 7. Kap. IV.
59 *Lutter,* Vortrag Bankenkrise und Organhaftung, Humboldt-Universität zu Berlin am 5.12. 2008.
60 So auch *Thümmel,* Organhaftung nach dem Referentenentwurf des Gesetzes zur Unternehmensintegrität und Modernisierung des Anfechtungsrechts (UMAG) – Neue Risiken für Manager?, DB 2004, 471–474; zuletzt *Helwig,* Die Finanzkrise – Fragen und Anmerkungen, in: FS Maier-Reimer 2011, 201, 213 f.
61 Dazu 7. Kap. IV.2.

Haftung gegenüber der eigenen Gesellschaft zu nehmen, wenn sie gewisse Mindeststandards, die einer konkreten Ausgestaltung bedürfen, nicht erfüllen, und die effektive Durchsetzung – insbesondere durch Aktionäre im Namen der Gesellschaft – weiter zu fördern.

2. Außenhaftung: Kodifikation der Organaußenhaftung

Maßgeblicher Grund für eine Außenhaftung von Organmitgliedern ist die zu erwartende **Präventivwirkung.**[62] Die direkte Verantwortung gegenüber Aktionären setzt zusätzliche Anreize für eine ordnungsgemäße Aufgabenerfüllung des Aufsichtsrats und ist ein treffendes Mittel zur Verbesserung seiner Kontrolltätigkeit. Rechtsvergleichend hat sich die Annahme bestätigt, dass nicht geschäftsführende Organmitglieder in den USA deutlich höheren Außenhaftungsrisiken ausgesetzt sind als Aufsichträte in Deutschland. Nach dem geltenden Recht in Deutschland haften Aufsichtsratmitglieder gegenüber Dritten für die Verletzung ihrer Überwachungspflicht im Ergebnis nur bei vorsätzlichem Fehlverhalten. Die Kapitalmarktinformationshaftung von nicht geschäftsführenden Direktoren in den untersuchten ausländischen Rechtsordnungen ist dagegen deutlich strenger und zudem spezialgesetzlich geregelt. Die geltende deutsche Rechtslage wird dieser Präventivfunktion nicht gerecht. Anstatt durch eine Haftungsandrohung Anreize zur sorgfältigen Überwachung zu setzen, wird vielmehr durch die geltende Vorsatzhaftung gefördert, dass sich Aufsichtsräte umfassender Informationsversorgung verschließen, um nicht in den Bereich der Haftung zu gelangen.[63] Es wird für eine kapitalmarkspezifische **Kodifikation der Organaußenhaftung** einhergehend mit einer **Haftungsverschärfung** durch Herabsenkung des Verschuldensmaßstabs auf grobe Fahrlässigkeit und **Beweiserleichterungen** plädiert.[64] Zusätzliche Präventionseffekte sind dadurch zu erwarten.[65]

---

62 *Grotheer,* Außenhaftung von Aufsichtsratsmitgliedern: Ein Anreiz zur Verbesserung der Überwachungstätigkeit? WM 2005, 2070, 2074.
63 Vgl. dazu 11. Kap. II.2.
64 Vgl. 11. Kap. II.
65 Vgl. 11. Kap. II.1.

23. Kapitel: Wesentliche Ergebnisse in Thesenform

1. Nicht geschäftsführende Direktoren und Aufsichtsratsmitglieder werden in allen untersuchten Rechtsordnungen für eine gute Corporate Governance zunehmend in die Verantwortung genommen.

2. Bei der Überwachung der Unternehmensführung durch nicht geschäftsführende Organmitglieder ist eine erhebliche Konvergenz der Rechtssysteme festzustellen.

3. Eine ausgewogene Haftungsandrohung gegenüber nicht geschäftsführenden Organmitgliedern trägt zur Förderung einer sorgfältigen Überwachung der Unternehmensleitung bei. Obwohl gesetzlich nicht zwingend gefordert, ist die Vereinbarung eines Selbstbehalts von Aufsichtsratsmitgliedern entsprechend den gesetzlichen Vorgaben zum Vorstand bei Abschluss einer D&O Versicherung zu empfehlen.

4. Für grundlegende Strategieentscheidungen ist eine Gesamtverantwortlichkeit des Vorstands und des Aufsichtrats zu fordern. Der Aufsichtsrat ist daher bei nicht ordnungsgemäßer ex ante Kontrolle verstärkt in die Verantwortung zu nehmen.

5. Die Unabhängigkeit von Aufsichtsratsmitgliedern in Deutschland ist im Vergleich zum angloamerikanischen Recht wenig ausgeprägt. Unabhängige Aufsichtsratsmitglieder sind zur effektiven Überwachung des Vorstands von grundlegender Bedeutung und daher verstärkt zu fordern. Zudem können diese zur Entschärfung und Lösung von Interessenkonflikten erheblich beitragen.

6. Die Durchsetzung von Ansprüchen der Gesellschaft gegen nicht geschäftsführende Organmitglieder wird im Wesentlichen durch eine effektive Aktionärsklage gewährleistet. Die Möglichkeit der Durchsetzung von Ansprüchen gegen Aufsichtsratsmitglieder ist weiter zu verbessern.

7. Mit der Kodifikation einer spezialgesetzlichen Anspruchsgrundlage, welche die Außenhaftung von Organmitgliedern für Kapitalmarktinformationen regelt, würde eine auf die besonderen Bedürfnisse des Kapitalmarkts zugeschnittene Haftungsnorm zur Verfügung stehen. Diese hat auch die besondere Bedeutung von Aufsichtsratsmitgliedern zu berücksichtigen

8. Die Sanktionierung von Fehlverhalten von Aufsichtsratsmitgliedern, insbesondere die Verletzungen von Aufsichtspflichten, hat vorrangig durch das Zivilrecht zu erfolgen. Strafrechtliche Sanktionen müssen ultima ratio bleiben. Das Kernstrafrecht erscheint in komplexen wirtschaftlichen Bereichen oft unangemessen, Rechtssicherheit zu schaffen und ausgewogene Sanktionen zu finden. Es bedarf daher der Konkretisierung des Kapitalmarktstrafrechts.

9. Bei der Lösung von Problemfeldern, die sich durch die Einführung der SE mit monistischen Verwaltungssystem und nicht geschäftsführende Direktoren in Deutschland ergeben haben, scheint der Blick auf das Boardsystem angloamerikanischer Prägung empfehlenswert. Insbesondere gilt dies bei den Fragen, ob differenzierte Haftungsmaßstäbe an verschiedene Direktoren angelegt werden können, welche Funktionen, Pflichten und Rechte nicht geschäftsführende Direktoren haben und welche Auswirkungen dies auf ihre Haftung hat, wie Treuepflichtverletzungen vermieden werden können und schließlich, wie eine effektive Durchsetzung von Ansprüchen gewährleistet ist. Empfehlungen des Deutschen Corporate Governance Kodex an Aufsichtsratsmitglieder sind auf nicht geschäftsführende Organmitglieder entsprechend anzuwenden.

Literaturverzeichnis

I. Literatur zum deutschen Recht

Altmeppen, Persönliche Haftung des Aufsichtsrats für die Verletzung der Massesicherungspflicht der Geschäftsleiter, ZIP 2010, 1973–1979

Alversammer, Die Sorgfaltspflicht der Arbeitnehmervertreter im Aufsichtsrat, Peter Lang Frankfurt 2000

Assmann/Schütze, Handbuch des Kapitalanlagerechts, 3. Aufl., Verlag C.H. Beck München 2007

Baeck/Winzer, Gesetz zur Angemessenheit der Vorstandsvergütung (VorstAG), NZG 2009, 823

Bayer, Aktionärsklagen de lege lata und de lege ferenda, NJW 2000, 2609–2619

Berg/Stöcker, Anwendungs- und Haftungsfragen zum Deutschen Corporate Governance Kodex, WM 2002, 1569–1582

Bertrams, Die Haftung des Aufsichtsrats im Zusammenhang mit dem Deutschen Corporate Governance Kodex und § 161 AktG, 1. Aufl., Duncker & Humblot Berlin 2004

Beukelmann, Strafbarkeit des Aufsichtsrats, NJW-Spezial 2009, 152

Bihr/Kalinowsky, Risikofrüherkennungssystem bei nicht börsennotierten Aktiengesellschaften – Haftungsfalle für Vorstand, Aufsichtsrat und Wirtschaftsprüfer, DStR 2008, 620–627

Bihr/Blättchen, Aufsichtsräte in der Kritik: Ziele und Grenzen einer ordnungsgemäßen Aufsichtsratstätigkeit – Ein Plädoyer für den Profi-Aufsichtsrat, BB 2007, 1285–1291

Böttcher, Organpflichten beim Unternehmenskauf, NZG 2007, 481–485

Brüning/Samson, Bankenkrise und strafrechtliche Haftung wegen Untreue gem. § 266 StGB, ZIP 2009, 1089–1094

Buchta/van Kann, Die Haftung des Aufsichtsrats einer Aktiengesellschaft – aktuelle Entwicklungen in Gesetzgebung und Rechtsprechung, DStR 2003 Heft 39, 1665–1670

Conrad/Panetta, Neuerungen durch das Gesetz zur Angemessenheit der Vorstandsvergütungen, NJOZ 2009, 3199–3205

Dahnz/Grimminger, Manager und ihr Berufsrisiko: Die zivil- und strafrechtliche Haftung von Aufsichtsräten, Vorständen und Geschäftsführern, 3. Aufl., Murmann Verlag Hamburg 2007

Deilmann/Otte, Auswirkungen des VorstAG auf die Struktur der Vorstandsvergütung, GWR 2009, 287105

v. der Linden/Ogorek, Anmerkung, Zur Organhaftung des Aufsichtsratsvorsitzenden, EWiR 2008, 3–4

Dittrich, Die Untreuestrafbarkeit von Aufsichtsratsmitgliedern bei der Festsetzung überhöhter Vorstandsvergütungen, Duncker & Humblot Berlin 2007

Dreher, Der angemessene Selbstbehalt in der D&O-Versicherung, ZIP 2003, 2321–2329

Dürr, Die Haftung von Aufsichtsratsmitgliedern einer Aktiengesellschaft, 2. Aufl., Verlag Dr. H. H. Driesen Taunusstein 2008

Ebenroth/Boujong/Joost/Strohn, Handelsgesetzbuch, Verlag C.H. Beck/Verlag Vahlen, München
Bd. I: 2008, Bd. II: 2001, Akt.-Band 2003
zitierter Bearbeiter: *Grundmann*

Ek, Haftungsrisiken für Vorstand und Aufsichtsrat, 1. Aufl., Verlag C.H. Beck München 2005

Elster, Die Kodifizierung der Business Judgement Rule im deutschen Aktiengesetz – ein Überblick, PHI 2006, 232–236

Ettinger/Grützediek, Haftungsrisiken im Zusammenhang mit der Abgabe der Corporate Governance Entsprechenserklärung gemäß § 161 AktG, AG 2003, 353–366

Findeisen, Die Bedeutung der haftungsbegründenden Kausalität einer fehlerhaften Ad-hoc-Mitteilung für die Anlageentscheidung des Schadensersatzklägers, NZG 2007, 692–695
Fischer, Das Haffa-Urteil: Kapitalmarktstrafrecht auf dem Prüfstand, NJW 2003, 2584–2586
Fischer, Die persönliche Haftung, ein wirksames Mittel zur Verbesserung der Kontrolltätigkeit des Aufsichtsrats bei kapitalmarktorientierten Unternehmen? Der Konzern 2005, 67–79
Fleischer, Handbuch des Vorstandsrechts, Verlag C. H. Beck München 2006
Fleischer, Die „Business Judgement Rule" im Spiegel von Rechtsvergleichung und Rechtsökonomie, FS Wiedemann 2002, 827
Fleischer, Wettbewerbs- und Betätigungsverbote für Vorstandsmitglieder im Aktienrecht, AG 2005, 336–348
Fleischer, Das Vierte Finanzmarktförderungsgesetz, NJW 2002, 2977–2983
Fleischer, Das Gesetz zur Angemessenheit der Vorstandsvergütung (VorstAG), NZG 2009, 801–806
Fleischer, Aktuelle Entwicklungen der Managerhaftung, NJW 2009, 2337–2343
Fleischer, Vorstandshaftung und Vertrauen auf anwaltlichen Rat, NZG 2010, 121–125
Fleischer, Zukunftsfragen der Corporate Governance in Deutschland und Europa: Aufsichtsräte, institutionelle Investoren, Proxy Advisors und Whistleblowers, ZGR 2011, 155–181
Florstedt, Zur organhaftungsrechtlichen Aufarbeitung der Finanzmarktkrise, AG 2010, 315–323
Geibel/Süßmann, Wertpapiererwerbs- und Übernahmegesetz, 2. Aufl., Verlag C.H. Beck München 2008
zitierter Bearbeiter: *Schwennicke*
Geist, Bestellungshindernisse und Tätigkeitsverbote von Geschäftsleitern im Kapitalgesellschafts-, Kapitalmarkt- und Bankaufsichtsrecht: eine vergleichende Untersuchung unter Einschluss des deutschen, englischen und US-amerikanischen Rechts, Verlag Cuvillier Göttingen 2006
Goette, Pflichten der Mitglieder eines fakultativen Aufsichtrats, DStR 2007, 356–357
Goette, Neuere aktienrechtliche Rechtsprechung des II. Zivilsenats des Bundesgerichtshofes, DStR 2007, 2264–2267
Goette, Aktuelle Entwicklungen im deutschen Kapitalgesellschaftsrecht im Lichte der höchstrichterlichen Rechtsprechung, DStR 2009, 51–57
Grotheer, Außenhaftung von Aufsichtsratsmitgliedern: Ein Anreiz zur Verbesserung der Überwachungstätigkeit? WM 2005, 2070–2078
Grundmann/Hofmann/Möslein (Hrsg), Finanzkrise und Wirtschaftsordnung, de Gruyter Recht Berlin, New York 2009
Grundmann, Der Treuhandvertrag – insbesondere die werbende Treuhand, Verlag C. H. Beck München 1997
Habersack, Schranken der Mitbestimmungsautonomie in der SE, AG 2006, 345–355
Habersack, Die Verantwortlichkeit des Aufsichtsorgans der Gesellschaft, ZSchR 2005, 533–568
Hanau, Der (sehr vorsichtige) Entwurf eines Gesetzes zur Angemessenheit der Vorstandsvergütung, NJW 2009, 1652–1653
Harbarth/Jaspers, Verlängerung der Verjährung von Organhaftungsansprüchen durch das Restrukturierungsgesetz, NZG 2011, 368–376
Helwig, Die Finanzkrise – Fragen und Anmerkungen, FS Maier-Reimer, Verlag C. H. Beck München 2010, 201–207
Hirte, Kapitalgesellschaftsrecht, 5. Aufl., Verlag RWS Kommunikationsforum 2005
Hoffmann, Der Aufsichtsrat, 5. Aufl., Verlag C. H. Beck München 2003
Hoffmann-Becking, Rechtliche Anmerkungen zur Vorstands- und Aufsichtsratsvergütung, ZHR 2005, 155–180
Hoffmann-Becking, Vorstandsvergütung nach Mannesmann, NZG 2006, 127–131
Hoffmann-Becking, Das Recht des Aufsichtsrats zur Prüfung durch Sachverständigung nach § 111 Abs. 2 S. 2 AktG, ZGR 2011, 136–154
Hommelhoff/Hopt/v. Werder (Hrsg), Handbuch Corporate Governance – Leitung und Überwachung börsennotierter Unternehmen in der Rechts- und Wirtschaftspraxis, 2. Aufl., Verlag Dr. Otto Schmidt Köln/Schäffer-Poeschel Verlag Stuttgart 2009

Hopt, Die Haftung von Vorstand und Aufsichtsrat, FS Mestmäcker 1996, 909

Hopt/Roth, in: GroßKomm. z. AktG, 4. Aufl., 24. Lfg., 2005

Huber, Zur Frage der Haftung des Aufsichtsrates für die Zustimmung zu nachteiligen Geschäften ohne die gebotene Information, GmbHR 2007, 309–310

Hübner, Allgemeiner Teil des BGB, 2. Aufl., de Gruyter Recht Berlin, New York 1995

Hüffer, Aktiengesetz, 9. Aufl., Verlag C.H. Beck München 2010

Hüffer, Die leistungsbezogene Verantwortung des Aufsichtsrates, NZG 2007, 47–54

Hutter/Kaulamo, Transparenzrichtlinie-Umsetzungsgesetz: Änderungen der Regelpublizität und das neue Veröffentlichungsregime für Kapitalmarktinformationen, NJW 2007, 550–556

Jäger, Rechtsprechungsübersicht, Die Entwicklung der Judikatur zur AG im Jahr 2007, NZG 2008, 176–180

Jahn, Das VorstAG: Neue Vorschriften gegen „unangemessene" Managerbezüge, GWR 2009, 135

Jürgens, Mitbestimmung und Verantwortlichkeit: Die Haftung der Arbeitnehmervertreter im Aufsichtsrat unter besonderer Berücksichtigung ihrer Rechtsstellung dargestellt am Beispiel der Aktiengesellschaft, Peter Lang Frankfurt 2001

Kersting, Auswirkungen des Sarbanes-Oxley-Gesetzes in Deutschland – Können deutsche Unternehmen das Gesetz befolgen? ZIP 2003, 233–242

Kersting, Das Audit Committee nach dem Sarbanes-Oxley-Gesetz – Ausnahmeregelungen für ausländische Emittenten, ZIP 2003, 2010–2017

Kiefner/Langen, Massesicherungsflicht und Versagen des Überwachungsorgans – Zum Haftungsgefälle zwischem obligatorischem und fakultativem Aufsichtsrat, NJW 2011, 192–196

Kiethe, Die zivil- und strafrechtliche Haftung von Aufsichtsräten für Geschäftsrisiken, WM 2005, 2122–2130

Kiethe, Anmerkung, Strafrechtlicher Anlegerschutz durch § 400 I Nr. 1 AktG, NStZ 2004, 73–77

Kiethe, Falsche Erklärung nach § 161 AktG – Haftungsverschärfung für Vorstand und Aufsichtsrat? NZG 2003, 559–567

Kling, Die Innenhaftung des Aufsichtsratsmitglieds in der Aktiengesellschaft, DZWIR 2005, 45–56

Knapp, Die Treuepflicht der Aufsichtsratsmitglieder von Aktiengesellschaften und Directors von Corporations, Verlag Utz München 2004

Knapp, Auswirkungen des MoMiG auf Aktiengesellschaften und ihre Organmitglieder, DStR 2008, 2371–2375

Knapp, Die Entwicklung des Rechts des Aufsichtsrats im Jahre 2007 – Aktuelle Rechtsprechung für die Praxis, DStR 2008, 1045–1052

Koch, Keine Ermessensspielräume bei der Entscheidung über die Inanspruchnahme von Vorstandsmitgliedern, AG, 2009, 93–102

Köhler/Marten/Hülsberg, Haftungsrisiken für Gesellschaftsorgane – Aktuelle Beurteilung und Gegenmaßnahmen, BB, 2005, 501–510

Kort, Corporate Governance-Fragen bei der Größe und Zusammensetzung des Aufsichtsrats bei AG, GmbH und SE, AG 2008, 137–149

Kort, Das Mannesmann-Urteil im Lichte von § 87 AktG, NJW 2005, 333–336

Kort, Mannesmann: Das „Aus" für nachträglich vorgesehene Vorstandsvergütungen ohne Anreizwirkung?", NZG 2006, 131–133

Krieger/Schneider (Hrsg.), Handbuch Managerhaftung: Risikobereiche und Haftungsfolgen für Vorstand, Geschäftsführer, Aufsichtsrat, 2. Aufl., Verlag Dr. Otto Schmidt Köln 2010

Kubiciel, Gesellschaftsrechtliche Pflichtwidrigkeit und Untreuestrafbarkeit, NStZ 2005, 353–361

Kuthe/Geiser, Die neue Corporate Governance Erklärung – Neuerung des BilMoG in § 289a HGB-RE, NZG 2008, 172

Lambach, Das Gesetz über die Beteiligung der Arbeitnehmer in einer Europäischen Gesellschaft (SE-Beteiligungsgesetz – SEBG), Recht der Internationalen Wirtschaft BB International 2005, 161–168

Leuering/Rubel, Aufsichtsrat und Prüfungsausschuss nach dem BilMoG, NJW-Spezial 2008, 559–560

Liebscher, Zur Frage der Haftung des fakultativen Aufsichtsrats einer GmbH bei sorgfaltswidriger Zustimmung zu einem nachteiligen Geschäft, LMK 2007, 78–79

D. *Lorenz/Pospiech,* Beratungsverträge mit Aufsichtsratsmitgliedern in Zeiten moderner Corporate Governance, NZG 2011, 81–86

Lutter/Krieger, Rechte und Pflichten des Aufsichtsrats, 5. Aufl., Verlag Dr. Otto Schmidt Köln 2008

Lutter, Haftung von Vorständen, Verwaltungs- und Aufsichtsräten, Abschlussprüfern und Aktionären, ZSchR 2005, 415–463

Lutter, Die Business Judgement Rule und ihre praktische Anwendung, ZIP 2007, 841–848

Lutter, in: *Schweizer/Burkert/Gasser* (Hrsg.), Festschrift für Jean Nicolas Druey zum 65. Geburtstag. Schulthess Zürich 2002

Lutter, Zur Durchsetzung von Schadensersatzansprüchen gegen Organmitglieder, FS Schneider, Verlag Dr. Otto Schmidt Köln 2011, 763–770

Lutter, Bankenkrise und Organhaftung, ZIP 2009, 197–201

Lutter, Haftung und Verantwortlichkeit – Verantwortung von Organen und Beratern, DZWIR 2011, 265–270

Luttermann, Unabhängige Bilanzexperten im Aufsichtsrat und Beirat, BB 2003, 745–750

Manger, Das Informationsrecht des Aufsichtsrats gegenüber dem Vorstand – Umfang und Grenzen, NZG 2010, 1255–1258

Mann/Wolf, Erfolgshonorare bei Rechtsanwälten, Steuerberatern und Wirtschaftsprüfern, BB-Spezial 2008, 19–23

Manz/B. Mayer/Schröder, Europäische Aktiengesellschaft SE, 2. Aufl., Nomos Verlagsgesellschaft Baden-Baden 2010

Marsch-Barner/Schäfer (Hrsg.), Handbuch börsennotierte AG, Aktien- und Kapitalmarktrecht, 2. Aufl., Verlag Dr. Otto Schmidt Köln 2009

Martin, Berufsverbote für Geschäftsleiter von Kapitalgesellschaften: Analyse und Änderungsvorschläge mit rechtsvergleichender Würdigung des Company Directors Disqualification Act 1986, Verlag Peter Lang Frankfurt 2007

Martinek, Wettbewerbliche Interessenkonflikte von AG-Aufsichtsräten im Lichte der Corporate Governance-Diskussion, WRP 2008, 51–67

Mense, Interessenkonflikte bei Mehrfachmandaten im Aufsichtsrat der AG, Nomos Baden-Baden 2008

Möllers, Konkrete Kausalität, Preiskausalität und uferlose Haftungsausdehnung – ComROAD I – VIII, NZG 2008, 413–416

Mülbert/Steup, Das zweispurige Regime der Regelpublizität nach Inkrafttreten des TUG – Nachbesserungsbedarf aus Sicht von EU- und nationalem Recht, NZG 2007, 761–770

Münchener Kommentar zum Aktiengesetz (MüKoAktG), Verlag C. H. Beck München
Bd. 1 §§ 1–75 AktG
Bd. 2 §§ 76–117 AktG, MitbestG, DrittelbG
Bd. 4 §§ 118–147 AktG
Bd. 5/1 §§ 148–151, 161–178 AktG; §§ 238–264 c, 342, 342 a HGB
Bd. 6 §§ 179–221 AktG
Bd. 7 §§ 222–277 AktG
Bd. 8 §§ 278–328 AktG
Bd. 9/1 §§ 327 a–327 f AktG, WpÜG, SpruchG
Bd. 9/2 §§ 329–410 AktG, Europäisches Aktienrecht
zitierte Bearbeiter: *Spindler,* in 3. Aufl. 2008; *Habersack,* in 3. Aufl. 2008; *Reichert/Brandes,* in 2. Aufl. 2006; *Semler,* in 2. Aufl. 2004
Münchener Kommentar zum StGB, Verlag C. H. Beck München
Bd. 4 §§ 263–358 StGB, §§ 1–8, 105, 106 JGG
zitierter Bearbeiter: *Dierlamm,* in 1. Aufl. 2006

Mutter/Gayk, Wie die Verbesserung der Aufsichtsratsarbeit – wider jede Vernunft – die Haftung verschärft, ZIP 2003, 1773–1776

Mutter, Anpassung der Aufsichtsratsvergütung an das BilMoG, AG-Report 2009, R180

Nießen, Die Harmonisierung der kapitalmarktrechtlichen Transparenzregeln durch das TUG, NZG 2007, 41–46

Noack, ARUG: das nächste Stück der Aktienrechtsreform in Permanenz, NZG 2008, 441–447

Oltmanns, Geschäftsleiterhaftung und unternehmerisches Ermessen – die Business Judgement Rule im deutschen und im amerikanischen Recht, Verlag Peter Lang Frankfurt 2001

Osterloh, Directors' Dealings: § 15a WpHG im Vergleich mit den Regelungen in den Vereinigten Staaten von Amerika, Großbritannien sowie der europäischen Marktmissbrauchsrichtlinie unter besonderer Berücksichtigung des persönlichen Anwendungsbereichs, Duncker & Humblot Berlin 2007

Paal, Die persönliche Haftung – ein wirksames Mittel zur Verbesserung der Kontrolltätigkeit des Aufsichtsrats bei kapitalmarktorientierten Unternehmen? (Teil I) DStR 2005, 382–385, (Teil II) DStR 2005, 426–432

Paefgen, Die Inanspruchnahme pflichtvergessener Vorstandsmitglieder als unternehmerische Ermessensentscheidung des Aufsichtsrats, Die Aktiengesellschaft 2008, 761–769

Park, Kapitalmarktstrafrecht, 2. Aufl., Nomos Verlagsgesellschaft Baden-Baden 2008

Patzina/Bank/Schimmer/Simon-Widmann, Haftung von Unternehmensorganen: Vorstände, Aufsichtsräte, Geschäftsführer, C. H. Beck München 2010

Peltzer, Deutsche Corporate Governance – Ein Leitfaden, Verlag C. H. Beck München 2004

Peltzer, Verschärfung der Haftung von Vorstand und Aufsichtsrat und dadurch entsprechende Zielkonflikte – Eine Mahnung, die Nebenfolgen zu bedenken, Festschrift für Walther Hadding zum 70. Geburtstag, 539

Peltzer, Konstruktions- und Handhabungsschwierigkeiten bei der D&O Versicherung, NZG 2009, 970–975

Pelzer, Das Zulassungsverfahren nach § 148 AktG wird von der Praxis nicht angenommen! Warum? Was nun?, FS Schneider, Verlag Dr. Otto Schmidt Köln 2011, 953–968

Plaßmeier, Brauchen wir ein Kapitalanleger-Musterverfahren? – Eine Inventur des KapMuG, NZG 2005 Heft 15, 609–616

Poelzig, Der Referentenentwurf eines Gesetzes zur Umsetzung der Aktionärsrechterichtlinie im Kampf gegen „räuberische Aktionäre", DStR 2008, 1538–1541

Preußner, Risikomanagement und Compliance in der aktienrechtlichen Verantwortung des Aufsichtsrats unter Berücksichtigung des Gesetzes zur Modernisierung des Bilanzrechts (BilMoG), NZG 2008, 574–576

Ransiek, Anerkennungsprämien und Untreue – Das „Mannesmann"-Urteil des BGH, NJW 2006, 814–816

Reichert/Ullrich, Haftung von Aufsichtsrat und Vorstand nach dem VorstAG, FS Schneider, Verlag Dr. Otto Schmidt Köln 2011, 1017–1037

Ringleb/Kremer/Lutter/v. Werder, Die Kodex-Änderungen vom Mai 2010, NZG 2010, 1161–1166

Roth, Unternehmerisches Ermessen und Haftung des Vorstands, Verlag C. H. Beck München 2001

Roth, Zu den Kontrollpflichten eines Aufsichtsrats, WuB II C § 52 GmbHG 1.07

Roth/Wörle, Die Unabhängigkeit des Aufsichtsrats – Recht und Wirklichkeit, ZGR 2004, 565–630

Roth/Altmeppen, GmbHG, 5. Aufl., Verlag C. H. Beck München 2005
zitierter Bearbeiter: *Altmeppen*

Rubner, Zivilrechtliche Haftung des Aufsichtsrats, NJW-Spezial 2009, 111–112

Säcker, Die Zukunft der Unternehmensmitbestimmung in Deutschland, AG 2008, 17–25

Sattler/Jursch/Pegels, Haftung von Vorstand und Aufsichtsrat einer Aktiengesellschaft: Die wichtigsten Haftungsrisiken von Vorstand und Aufsichtsrat – und wie man sie vermeiden kann, 2. Aufl.,Vsrw Bonn 2008

Schaeffer/Missling, Haftung von Vorstand und Aufsichtsrat, NZG 1998, 441–447

Schäfer, Die Binnenhaftung von Vorstand und Aufsichtsrat nach der Renovierung durch das UMAG, ZIP 2005, 1253–1259

K. Schmidt/Lutter (Hrsg.), Aktiengesetz Kommentar, 2. Aufl., Verlag Dr. Otto Schmidt 2010
Bd. 1 §§ 1–149
zitierter Bearbeiter: *Drygala; Krieger/Sailer-Coceani; Spindler*

Schürnbrand, Überwachung des insolvenzrechtlichen Zahlungsverbots durch den Aufsichtsrat, NZG 2010, 1207–1213

Schwintowski, Finanzmarktkrise Ursachen – Folgen – Reformkonzept – Pittsburgh –, abrufbar unter http://schwintowski.rewi.hu-berlin.de/_pdf/Finanzmarktkrise.pdf (01. 3. 2011)

Schnorbus, Grundlagen der persönlichen Haftung von Organmitgliedern nach § 25 Abs. 1 UmwG, ZHR 167, 2003, 666–701

Schuster, Kapitalmarktrechtliche Verhaltenspflichten von Organmitgliedern am Beispiel des § 15a WpHG, ZHR 2003, 167, 193–215

Schwark/Zimmer, Kapitalmarktrechts-Kommentar, 4. Aufl., Verlag C. H. Beck München 2010
zitierter Bearbeiter: *Zimmer; Schwark/Kruse; Zimmer/Osterloh*

Seibt, Deutscher Corporate Governance Kodex und Entsprechens-Erklärung (§ 161 AktG-E), AG 2002, 249–259

Seltmann, Erfolgshonorar und andere Änderungen des RVG, NJW-Spezial 2008, 350–351

Semler, Die Überwachungsaufgabe des Aufsichtsrats, Carl Heymanns Verlag Köln 1980

Semler/v. Schenck, Arbeitshandbuch für Aufsichtsratsmitglieder, 3. Aufl., Verlag C. H. Beck München/Verlag Vahlen München 2009

Semler, Zur aktienrechtlichen Haftung der Organmitglieder einer Aktiengesellschaft, AG 2005, 321–336

Semler/Gittermann, Persönliche Haftung der Organmitglieder für Fehlinformationen des Kapitalmarktes – Zeigt das KapInHaG den richtigen Weg?, NZG 2004, 1081–1087

Spindler/Stilz, Kommentar zum Aktiengesetz, 2. Aufl., Verlag C. H. Beck München 2010
Bd. 1 §§ 1–149
Bd. 2 §§ 150–410, SpruchG, SE-VO
zitierter Bearbeiter: *Fleischer; Mock; Spindler; Eberspächer*

Spindler, Beratungsverträge mit Aufsichtsratsmitgliedern – Grundlage und Grenzen einer analogen Anwendung von § 144 AktG, FS Graf von Westphalen, Verlag Dr. Otto Schmidt Köln 2010, 641–657

Spindler, Haftung und Aktionärsklage nach dem neuen UMAG, NZG 2005, 865

Spindler, Sonderprüfung und Pflichten eines Bankvorstands in der Finanzmarktkrise, NZG, 2010, 281–285

E. Stein, Die rechtswissenschaftliche Arbeit: methodische Grundlegung und praktische Tipps, Mohr Siebeck Tübingen 2000

M. Stein, Zur eine Haftung des Aufsichtsratsmitglieds einer GmbH auslösenden Pflichtverletzung, DZWIR 2007, 329–330

Theisen, in: *Potthoff/Trescher*, Das Aufsichtsratsmitglied – Ein Handbuch der Aufgaben, Rechte und Pflichten, 6. Aufl., Verlag Schäffer-Poeschel Stuttgart 2003

Thümmel, Persönliche Haftung von Managern und Aufsichtsräten, 3. Aufl., Verlag Boorberg Stuttgart 2008

Thümmel, Aufsichtsratshaftung vor neuen Herausforderungen – Überwachungsfehler, unternehmerische Fehlentscheidungen, Organisationsmängel und andere Risikofelder, AG 2004, 83–91

Thümmel, Haftungsrisiken von Vorständen und Aufsichtsräten bei der Abwehr von Übernahmeversuchen, DB 2000, 461–465

Thümmel, Aufsichtsräte in der Pflicht? – Die Aufsichtsratshaftung gewinnt Konturen, DB 1999, 885–888

Thümmel, Organhaftung nach dem Referentenentwurf des Gesetzes zur Unternehmensintegrität und Modernisierung des Anfechtungsrechts (UMAG) – Neue Risiken für Manager?, DB 2004, 471–474

Thümmel, Zur Frage der Rechtsfolge bei Verstoß gegen den Deutschen Corporate Governance Kodex, BB 2008, 11–13

Thum/Klofat, Der ungetreue Aufsichtsrat – Handlungsmöglichkeiten des Vorstands bei Pflichtverletzungen des Aufsichtsrats, NZG 2010, 1087–1091
Torwegge, Treue- und Sorgfaltspflichten im englischen und deutschen Gesellschaftsrecht – vor und nach Inkrafttreten des Companies Act 2006, Verlag Gabler Wiesbaden 2009
Ulmer, Haftungsfreistellung bis zur Grenze grober Fahrlässigkeit bei unternehmerischen Fehlentscheidungen von Vorstand und Aufsichtsrat? DB 2004, 859–863
Vetter, Zur Compliance-Verantwortung des Vorstands und zu den Compliance-Aufgaben des Aufsichtsrats, FS Graf von Westphalen, Verlag Dr. Otto Schmidt Köln 2010, 719–739
Vetter, Stock Options für Aufsichtsräte – ein Widerspruch?, AG 2004, 234–238
Wabnitz/Janovsky, Handbuch des Wirtschafts- u. Steuerstrafrechts, 3. Aufl., Verlag C.H. Beck München 2007
Wastl, Directors' Dealings und aktienrechtliche Treuepflicht – Ein exemplarischer Beitrag zur Bedeutung aktienrechtlicher Treuepflichten im Kapitalmarktsektor, NZG 2005, 17–23
Wellhöfer/Peltzer/Müller, Haftung von Vorstand, Aufsichtsrat und Wirtschaftsprüfer: mit GmbH-Geschäftsführer, 1. Aufl., Verlag C.H. Beck München 2008
Weiss, Beratungsverträge mit Aufsichtsrats- und Beiratsmitgliedern in der Aktiengesellschaft und der Gesellschaft mit beschränkter Haftung, BB 2007, 1853–1860
v. Werder/Talaulicar, Der Betrieb 61, 2008, 827
v. Werder, Wirtschaftskrise und persönliche Managementverantwortung – Sanktionsmechanismen aus betriebswirtschaftlicher Sicht, ZIP 2009, 500–507
Wiegel, Die Prospektrichtlinie und Prospektverordnung – Eine dogmatische, ökonomische und rechtsvergleichende Analyse, de Gruyter Berlin, New York 2008
Wilsing/Ogorek, Zur Außenhaftung des Aufsichtsrats gegenüber den Aktionären nach Deliktsrecht, DB 2008, 1963–1965
Zieglmeier, Die Systematik der Haftung von Aufsichtsratsmitgliedern gegenüber der Gesellschaft, ZGR 2007, 144–166
Zöller/Greger, Zivilprozessordnung, 26. Aufl., Verlag Dr. Otto Schmidt Köln 2007

II. Literatur zum U.S. amerikanischen Recht

Abikoff, Corporate Governance: Avoiding and Responding to Misconduct, New York Law Journal Press 2007
American Law Institute, Principles of Corporate Governance: Analysis and Recommendations, St. Paul American Law Institute Publishers 1994
Black/Cheffins/Klausner, Outside Director Liability, Stanford Law Review, 2006, 1055–1159
Block/Barton/Radin, The Business Judgement Rule – Fiduciary Duties of Corporate Directors, 5. Aufl., New York Aspen Law & Business Supplement 2002
Bungert, Gesellschaftsrecht in den USA: Eine Einführung mit vergleichenden Tabellen, 3. Aufl., Jehle Rehm Heidelberg 2003
Chew, Directors' and Officers' Liability, Incorporating Release No. 10, New York City Practising Law Institute 2003
Choper/Coffee/Gilson, Cases and materials on corporations, New York Aspen Publishers 2004
Coffee/Seligman/Sale, Securities Regulation, Cases and Material, 10. Aufl., New York Foundation Press 2007
Coffee Jr., Gatekeepers: The Professions and Corporate Governance, Oxford New York Oxford University Press 2006
Cohen/Loeb, Duties and responsibilities of outside directors, New York Practising Law Institute 1978
Cox/Hazen, Corporations, 2. Aufl., New York Aspen Publishers 2003 (2008 Cumulative Supplement)
Dravis, The role of independent directors after Sarbanes-Oxley, ABA Section of Business Law, Chicago 2007
Estes, Outside Directors: More Vulnerable Than Ever, 51 Harv. Bus. Rev., Jan–Feb. 1973, 107

Fanto, Directors' and officers' liability, 2. Aufl., 2005, New York City Practising Law Institute Release 2007
Gilson/Kraakman, Reinventing the outside director: an agenda for institutional investors, Stanford Law Review, CA 1990
Hamilton/Booth, Corporations, 5. Aufl., St. Paul Thomson/West 2006
Jiangyu Zhu, Liability of Outside Directors and Corporate Governance – A Comparative Study, Perspectives, Vol. 3, No. 3, 2001
Knepper/Bailey, Liability of Corporate Officers and Directors, 7. Aufl., no. 9, Newark LexisNexis 2003
Leech/Mundheim, The outside director of a public corporation, New York Korn/Ferry International 1976
Merkt/Göthel, US-amerikanisches Gesellschaftsrecht: Recht der Internationalen Wirtschaft, 2. Aufl., Recht und Wirtschaft Frankfurt am Main 2006
Merkt, Abwehr der Zustellung von „punitive damages"-Klagen, Recht und Wirtschaft Frankfurt am Main 1995
Monks/Minow, Corporate Governance, 3. Aufl., Malden Blackwell Pub. 2004
Peloso/Indek, Outside Directors and Red Flags, Morgan, Lewis & Bockius LLP, abrufbar unter http://www.morganlewis.com/pubs/outsidedirectors.pdf (01. 3. 2011)
Reimann/Ackermann, Einführung in das US-amerikanische Privatrechrecht, C.H. Beck Verlag München 2004
Soderquist/Gabaldon, Securities Law, New York Foundation Press, St. Paul Thomson/West 2007

III. Literatur zum englischen Recht

Birds/Boyle, Boyle & Birds' Company Law, 6. Aufl., Jordan Publishing Bristol 2007
Boyle, Minority Shareholders' Remedies – Cambridge Studies in Corporate Law, Cambridge University Press 2002
Bruce, Rights and Duties of Directors, 8. Aufl., Tottel Publishing West Sussex 2006
Butcher, Directors' Duties – A New Millennium, A new Approach? 7. Aufl., Kluwer Law International The Hague, London, Boston 2000
Company Law Review, Developing the Framework, Department of Trade and Industry 2000
Davies, Gower and Davies' Principles of Modern Company Law, 7. Aufl. 2003, 8. Aufl. 2008, London Sweet & Maxwell
Dine, Company Law, 5. Aufl., Palgrave Macmillan Hampshire 2005
Department of Trade and Industry (DTI), Building better Boards, 2004
Department of Trade and Industry (DTI), The current population of non-executive directors, 2003
Edwards, EC Company Law, Oxford University Press 1999
Fischer/Bewsey/Walters/Ovey, The Law of Investor Protection, 2. Aufl., Sweet & Maxwell London 2003
Griffin, Personal Liability and Disqualification of Company Directors, Hart Publishing Oxford, Portland 1999
Griffin, Company Law – Fundamental Principles, 4. Aufl., Pearson Longman Harlow England 2006
Higgs, Review of the role and effectiveness of non-executive directors, Department of Trade and Industry 2003
Hannigan, Company Law, LexisNexis UK 2003
Omar, Directors' Duties and Liabilities, Ashgate Dartmouth 2000
Mayson/French/Ryan, Company Law, Aufl. 2003–2004, Oxford University Press
Morse/Davies u.a., Palmer's Company Law: Annotated Guide to the Companies Act 2006, 1. Aufl., Sweet & Maxwell London 2007
Pennington, Pennington's Company Law, 8. Aufl., Butterworth London 2001
Pettet, Company Law, 2. Aufl., Pearson Longman Harlow England 2005
Reisberg, Derivate Actions and Corporate Governance – Theory and Operation, Oxford University Press 2007

Roach, Equitable Life and non-executive directors: clarification from the High Court?, The company Lawyer 2005, Vol. 26 No 8, 253
Smerdon, A Practical Guide to Corporate Governance, 2. Aufl., Sweet & Maxwell London 2004
Tyson, The Report on the Recruitment and Development of Non-Executive Directors, London Business Scholl 2003

IV. Rechtsvergleichende Literatur (schwerpunktmäßig)

Black/Cheffins, Outside Director Liability Across Countries, Texas Law Review Vol. 84, 1385–1480 (University of Texas at Austin – School of Law and University of Cambridge – Faculty of Law 2006), abrufbar auf dem Social Science Research Network: http://ssrn.com/ (01. 3. 2011) (verkürzte deutsche Version: *Black/Cheffins/Klausner,* Nicht-geschäftsführende Direktoren, Haftungsrisiko und Corporate Governance: Eine rechtsvergleichende Analyse (German version of Outside Directors, Liability Risks and Corporate Governance: A Comparative Analysis), 2005, in: *Grundmann/Schwintowski/Singer/Weber* (Hrsg.), Anleger- und Funktionsschutz durch Kapitalmarktrecht – Symposium und Seminar zum 65. Geburtstag von Eberhard Schwark, 2006
British Institute of International and Comparative Law, Welch/Pannier u. a., Comparative Implementation of EU Directives (I) – Insider Dealing and Market Abuse, 2005, abrufbar unter www.cityoflondon.gov.uk/economicresearch (01. 3. 2011)
Davies, Board Structure in the United Kingdom and Germany: Convergence or Continuing Divergence, 2 Intl and Comparative Corporate LJ 2000, 435–456 (deutsche Version: Struktur der Unternehmensführung in Großbritannien und Deutschland: Konvergenz oder fortbestehende Divergenz? ZGR 2001, 268–293)
Fleischer, Haftungsfreistellung, Prozesskostenersatz und Versicherung für Vorstandsmitglieder – eine rechtsvergleichende Bestandsaufnahme zur Enthaftung des Managements, WM 2005, 909–920
Friedrich, D&O Liability: Die Haftung des Managements nach deutschem und US-amerikanischem Recht, VVW Karlsruhe 2002
Girnghuber, Das US-amerikanische Audit Committee als Instrument zur Vermeidung von Defiziten bei der Überwachungstätigkeit der deutschen Aufsichtsräte, Verlag Peter Lang Frankfurt 1998
Grundmann, Europäisches Gesellschaftsrecht – Eine systematische Darstellung unter Einbeziehung des Europäischen Kapitalmarktrechts, C. F. Müller Verlag Heidelberg 2004
Grundmann, European Company Law. Organization, Finance and Capital Markets, Intersentia Antwerpen Oxford 2007
Hess, Sammelklagen im Kapitalmarktrecht, AG 2003, 113–125
High Level Group I/II, Bericht der Hochrangigen Gruppe von Experten auf dem Gebiet des Gesellschaftsrechts über die Abwicklung von Übernahmeangeboten vom 10. 1. 2002 und Bericht der Hochrangigen Gruppe von Experten auf dem Gebiet des Gesellschaftsrechts über moderne gesellschaftsrechtliche Rahmenbedingungen in Europa vom 4. 11. 2002
Hopt/Leyens ©, Board Models in Europe. Recent Developments of Internal Corporate Governance Structures in Germany, the United Kingdom, France and Italy, 2004, abrufbar unter www.ecgi.org (01. 3. 2011)
Hopt/Teubner (Hrsg.), Directors' Liabilities, de Gruyter Berlin, New York 1985
Hopt/Voigt (Hrsg.), Prospekt- und Kapitalmarktinformationshaftung, Mohr Siebeck Tübingen 2005
Hopt/Wymeersch (Hrsg.), Capital Markets and Company Law, Oxford University Press 2003
Hopt/Wymeersch/Kanda/Baum (Hrsg.), Corporate Governance in Context Corporations, States, and Markets in Europe, Japan, and the US, Oxford University Press 2005
Hopt, Auf dem Weg zu einer neuen europäischen Finanzmarktarchitektur, EuZW 2009, 513
Kämmerer/Veil, Paritätische Arbeitnehmermitbestimmung in der monistischen Societas Europaea – ein verfassungsrechtlicher Irrweg?, ZIP 2005, 369–376

Kraakman/Davies/Hansmann/Hertig/Hopt,/Kanda/Rock, The Anatomy of Corporate Law, A Comparative and Functional Approach, Oxford University Press 2004

Lederer, A Comparative Analysis of the Liability of Non-executive Directors in the UK and of Members of the Supervisory Board in Germany, European Business Law Review 2006, 1575–1614

Leyens, Information des Aufsichtsrats: Ökonomisch-funktionale Analyse und Rechtsvergleich zum englischen Board, Mohr Siebeck Tübingen 2006

Leyens, Internal Corporate Governance in Europe –Towards a More Market-Based Approach – Kyoto Journal of Law and Politics 2007, Vol. 4, No. 1, 17

Leyens, Deutscher Aufsichtsrat und U.S.-Board: ein- oder zweistufiges Verwaltungssystem?, RabelsZ 2003, 57–105

Norton/Rickford, Corporate Governance Post-Enron: Comparative and International Perspectives, British Institute of International and Comparative Law London 2006

Reimann/Zimmermann (Hrsg.), The Oxford Handbook of Comparative Law, Oxford University Press 2006

Sorensen (Hrsg.), Directors' liabilities in case of insolvency, Kluwer Law International The Hague, Boston 1999

J. Schmidt, „Deutsche" vs. „britische" Societas Europaea (SE) – Gründung, Verfassung, Kapitalstruktur, Jenaer Wissenschaftliche Verlagsgesellschaft 2006

V. Internet Quellen (zuletzt konsultiert: 1. 3. 2011)

California Public Employees' Retirement System: http://www.calpers-governance.org/

Companies Act 2006: http://www.opsi.gov.uk/acts/acts2006/pdf/ukpga_20060046_en.pdf

The D&O Diary: http://www.dandodiary.com/articles/subprime-litigation/

European Corporate Governance Institute: www.ecgi.org

Europäische Kommission: http://ec.europa.eu/index_de.htm

FindLaw: http://news.findlaw.com

Financial Reporting Council, The Combined Code on Corporate Governance: http://www.frc.org.uk/CORPORATE/COMBINEDCODE.CFM

New York Stock Exchange: Listed Company Manual: http://www.nyse.com

NASDQ, Marketplace Rules: http://www.nasdaq.com

Regierungskommission Deutscher Corporate Governance Kodex: http://www.corporate-governance-code.de/

Social Science Research Network: http://ssrn.com/

The U.S. Securities and Exchange Commission (SEC): http://www.sec.gov/index.htm

Towers Watson (vormals Towers Perrin):

http://www.towersperrin.com/tp/lobby.jsp?country=global

Workers' participation at board level in the European Company (SE): http://www.worker-participation.eu

Sachregister